住房和城乡建设部"十四五"规划教材

高等学校土建类专业课程教材与教学资源专家委员会规划教材

高等学校智能建造专业系列教材

丛书主编　丁烈云

智能建造概论

Intelligent Construction

丁烈云　主编

朱合华　主审

中国建筑工业出版社

图书在版编目(CIP)数据

智能建造概论 = Intelligent Construction / 丁烈

云主编. -- 北京：中国建筑工业出版社，2024. 9.（2025.8 重印）

（住房和城乡建设部"十四五"规划教材）（高等学校土

建类专业课程教材与教学资源专家委员会规划教材）（高

等学校智能建造专业系列教材/丁烈云主编）. -- ISBN

978-7-112-30430-1

Ⅰ. TU74-39

中国国家版本馆 CIP 数据核字第 2024TR9276 号

智能建造是以智能技术为核心的现代信息技术与以工业化为主导的先进建造技术深度融合，通过数据驱动工程勘察、设计、生产、施工和交付全过程，实现建造活动和过程的自感知、自学习、自决策、自控制，人机共融协作完成复杂建造任务的新型建造模式。本书给出了智能建造的概念与内涵，构建了智能建造框架体系，指出了智能建造推动建筑业产品形态数字化、建造方式工业化、经营理念服务化、商业模式平台化和行业治理现代化等产业变革。按照这一思路，全书主要内容包括：智能建造领域关键技术、建筑智能设计与结构智能设计、智能工厂、智能工地、智能物流、建筑机器人与建筑 3D 打印、智慧运维与服务和建筑产业互联网。

本书为智能建造本科专业教材，兼顾建筑学专业、土木工程专业、工程管理专业选用，也可供建设行业专业技术人员和管理者使用、高等院校相关专业师生学习参考。

为更好地支持相应课程的教学，我们向采用本书作为教材的教师提供教学课件，有需要者，请加 742095346 QQ 群下载。

总　策　划：沈元勤

责任编辑：张　晶　牟琳琳　冯之倩

责任校对：张惠雯

住房和城乡建设部"十四五"规划教材
高等学校土建类专业课程教材与教学资源专家委员会规划教材
高等学校智能建造专业系列教材
丛书主编　丁烈云
智能建造概论
Intelligent Construction
丁烈云　主编
朱合华　主审

＊

中国建筑工业出版社出版、发行（北京海淀三里河路 9 号）
各地新华书店、建筑书店经销
北京红光制版公司制版
天津安泰印刷有限公司印刷

＊

开本：787 毫米×1092 毫米　1/16　印张：22¼　字数：555 千字
2024 年 12 月第一版　　2025 年 8 月第二次印刷
定价：**65.00** 元（赠教师课件）
ISBN 978-7-112-30430-1
(41771)

高等学校智能建造专业系列教材编审委员会

主　任：丁烈云

副主任（按姓氏笔画排序）：

　　朱合华　李　惠　吴　刚

委　员（按姓氏笔画排序）：

　　王广斌　王丹生　王红卫　方东平　邓庆绪　冯东明

　　冯　谦　朱宏平　许　贤　李启明　李　恒　吴巧云

　　吴　璟　沈卫明　沈元勤　张　宏　张　建　陆金钰

　　罗尧治　周　迎　周　诚　郑展鹏　郑　琪　钟波涛

　　骆汉宾　袁　烽　徐卫国　翁　顺　高　飞　鲍跃全

出 版 说 明

　　智能建造是我国"制造强国战略"的核心单元，是"中国制造2025的主攻方向"。建筑行业市场化加速，智能建造市场潜力巨大、行业优势明显，对智能建造人才提出了迫切需求。此外，随着国际产业格局的调整，建筑行业面临着在国际市场中竞争的机遇和挑战，智能建造作为建筑工业化的发展趋势，相关技术必将成为未来建筑业转型升级的核心竞争力，因此急需大批适应国际市场的智能建造专业型人才、复合型人才、领军型人才。

　　根据《教育部关于公布2017年度普通高等学校本科专业备案和审批结果的通知》（教高函〔2018〕4号）公告，我国高校首次开设智能建造专业。2020年12月，住房和城乡建设部办公厅印发《关于申报高等教育职业教育住房和城乡建设领域学科专业"十四五"规划教材的通知》（建办人函〔2020〕656号），开展了住房和城乡建设部"十四五"规划教材选题的申报工作。由丁烈云院士带领的智能建造团队共申报了11种选题形成"高等学校智能建造专业系列教材"，经过专家评审和部人事司审核所有选题均已通过。2023年11月6日，《教育部办公厅关于公布战略性新兴领域"十四五"高等教育教材体系建设团队的通知》（教高厅函〔2023〕20号）公布了69支入选团队，丁烈云院士作为团队负责人的智能建造团队位列其中，本次教材申报在原有的基础上增加了2种。2023年11月28日，在战略性新兴领域"十四五"高等教育教材体系建设推进会上，教育部高教司领导指出，要把握关键任务，以"1带3模式"建强核心要素：要聚焦核心教材建设；要加强核心课程建设；要加强重点实践项目建设；要加强高水平核心师资团队建设。

　　本套教材共13册，主要包括：《智能建造概论》《工程项目管理信息分析》《工程数字化设计与软件》《工程管理智能优化决策算法》《智能建造与计算机视觉技术》《工程物联网与智能工地》《智慧城市基础设施运维》《智能工程机械与建造机器人概论（机械篇）》《智能工程机械与建造机器人概论（机器人篇）》《建筑结构体系与数字化设计》《建筑环境智能》《建筑产业互联网》《结构健康监测与智能传感》。

　　本套教材的特点：（1）本套教材的编写工作由国内一流高校、企业和科研院所的专家学者完成，他们在智能建造领域研究、教学和实践方面都取得了领先成果，是本套教材得以顺利编写完成的重要保证。（2）根据教育部相关要求，本套教材均配备有知识图谱、核心课程示范课、实践项目、教学课件、教学大纲等配套教学资源，资源种类丰富、形式多样。（3）本套教材内容经编写组反复讨论确定，知识结构和内容安排合理，知识领域覆盖全面。

　　本套教材可作为普通高等院校智能建造及相关本科或研究生专业方向的课程教材，也可供土木工程、水利工程、交通工程和工程管理等相关专业的科研与工程技术人员参考。

　　本套教材的出版汇聚高校、企业、科研院所、出版机构等各方力量。其中，参与编写的高校包括：华中科技大学、清华大学、同济大学、香港理工大学、香港科技大学、东南大学、哈尔滨工业大学、浙江大学、东北大学、大连理工大学、浙江工业大学、北京工业大学等共十余所；科研机构包括：交通运输部公路科学研究院和深圳市城市公共安全技术研究院；企业包括：中国建筑第八工程局有限公司、中国建筑第八工程局有限公司南方公司、北京城建设计发展集团股份有限公司、上海建工集团股份有限公司、上海隧道工程有限公司、上海一造科技有限公司、山推工程机械股份有限公司、广东博智林机器人有限公司等。

　　本套教材的出版凝聚了作者、主审及编辑的心血，得到了有关院校、出版单位的大力支持，教材建设管理过程严格有序。希望广大院校及各专业师生在选用、使用过程中，对规划教材的编写、出版质量进行反馈，以促进规划教材建设质量不断提高。

中国建筑出版传媒有限公司

2024 年 7 月

前　言

新一轮科技革命的技术特征是人工智能，产业形态是数字经济。智能建造是智能技术赋能建筑产业数字化转型升级，推动建筑业高质量发展的新质生产力。发展智能建造已纳入"十四五"规划和 2035 年远景目标纲要。

数字经济是继农业经济、工业经济之后的主要经济形态，数字经济发展速度快、辐射范围广、影响程度深，正推动生产方式、生活方式和治理方式深刻变革。发展数字经济包括数字产业化和产业数字化两个方面。数字产业化可以理解为数字经济的核心产业部分，即通常意义的信息通信产业（ICT）；产业数字化是应用智能技术和数据资源为传统产业带来的产出增加和效率提升。数字产业化和产业数字化是垂直赋能关系，信息通信产业为传统产业（如建筑业、制造业）提供数字技术、产品和服务等，传统产业则为信息通信产业提供广阔的应用场景。现代信息技术赋能垂直行业催生新业态，例如建筑业与信息通信产业融合产生智能建造新建造方式，并产生智能健康建筑、智能绿色建筑、智慧城市等新业态；制造业与信息通信产业融合产生智能制造、制造服务化新业态；医疗卫生行业与信息通信产业融合产生智慧医疗新业态等。

垂直行业利用智能技术实现价值增值，催生新业态，并涌现出新职业和新岗位，必然对人才提出新要求，即要适应以数据资源为关键生产要素的产业数字化转型需求，培养复合型创新人才。这也体现了教育部积极推进实施的新工科建设精神，即以"新的工科专业，工科的新要求"为建设内涵，探索应对未来科技革命和产业变革下的新型工程人才培养模式。

智能建造通过数据-知识驱动工程勘察设计、生产、施工和交付全过程，实现建造活动的自感知、自学习、自决策和自控制，人机协作共融完成复杂建造任务。智能建造将推动建筑产业发生深刻变革，包括产品形态数字化、建造方式工业化、经营理念服务化、商业模式平台化和行业治理现代化。

"数据-知识驱动工程"是智能建造的重要特征，工程设计、制（建）造、运维都离不开数据和模型的支持。如建筑产品通过算法和软件来定义，借助数字孪生技术，实物产品与数字产品有机融合，在计算机虚拟空间里对建筑性能、施工过程等进行模拟、仿真、优化和反复试错，通过"先试后建"获得高品质的建筑产品。施工阶段围绕人机料法环各个工程要素、各个建造环节，实现对工地数据的实时、动态和全面采集、监控、分析与处理等，建立智慧工地，实现项目全程高效管控。

以"数据-知识驱动工程"重塑人才能力，需要突出两方面：一是数据驱动机器人完成建造任务，即"掌握算法、驱动设备、解决工程问题"的能力，实现建造过程从"人工建造"向"机器人建造"转变；二是采集数据、建模分析、服务工程决策的能力，实现工程活动从"经验逻辑"向"科学逻辑"转变。同时，工程属性不仅体现其技术性，更有其社会性，包括工程伦理、生态环境、以人为本和可持续发展等，智能建造要关注其技术的工具理性，更要强调其社会责任的价值理性。

基于上述对智能建造的认识，参与已出版《数字建造》丛书的主要作者，在原丛书的基础上，进一步总结了智能建造理论研究和工程实践成果，编写了《智能建造概论》。全书共分 10 章，首先探讨了智能建造的概念内涵与框架体系；接着介绍了智能建造的关键技术；然后重点阐述了智能建造的主要应用，包括建筑智能设计、结构智能设计、智能工厂、智能工地、智能物流、建筑机器人与建筑 3D 打印、智慧运维与服务以及建筑产业互联网。希望能为读者建立包括理论、技术和应用的智能建造整体概念。

在撰写过程中，尽量体现如下特点：理论性与实践性结合，既有系统的智能建造理论知识的阐述，又关注生动的应用实践；学科交叉融合，强调以人工智能为核心的现代信息领域知识与建筑与土木工程领域知识的融合应用；知识的系统性，即涵盖了智能建造从设计、生产、施工到运维全过程；纸质教材与数字资源结合，通过扫二维码以视频呈现，便于读者更好地学习理解；反映了智能建造发展的前沿方向。

本书由华中科技大学丁烈云主编、同济大学朱合华主审。具体分工如下：第 1 章，丁烈云（华中科技大学）；第 2 章，丁烈云、钟波涛（华中科技大学）；第 3 章，徐卫国（清华大学）；第 4 章，何政（大连理工大学）；第 5 章，许剑锋、白龙、陈珂（华中科技大学）；第 6 章，房霆宸（上海建工集团）、周诚（华中科技大学）；第 7 章，郭红领（清华大学）；第 8 章，袁烽（同济大学）；第 9 章，张建（东南大学）、周迎（华中科技大学）、李丹（东南大学）；第 10 章，钟波涛（华中科技大学）。全书由丁烈云拟定总体结构、确立全书核心知识点及定稿。

本书为住房和城乡建设部"十四五"规划教材、高等学校土建类专业课程教材与教学资源专家委员会规划教材，是教育部战略性新兴领域"十四五"高等教育教材体系的智能建造领域教材。本书为智能建造本科专业教材，兼顾建筑学专业、土木工程专业、工程管理专业选用，也可供建设行业专业技术人员和管理者使用、高等院校相关专业师生学习参考。

本书得到了编审委员会的各位专家的悉心指导，中国建筑工业出版社原社长沈元勤编审、张晶编审等多位编辑为本书的出版付出了辛勤劳动。书中引用了国内外相关研究与应用的新成果，在此表示衷心的感谢。

智能技术日新月异，智能建造技术方兴未艾，正改变着建造模式并塑造建筑业未来。由于认识局限，对智能建造的理解难免存在偏差，甚至谬误，恳请大家批评指正。

丁烈云
2024 年 7 月于武昌喻家山

目　　录

智能建造的概念内涵与框架体系

知识图谱

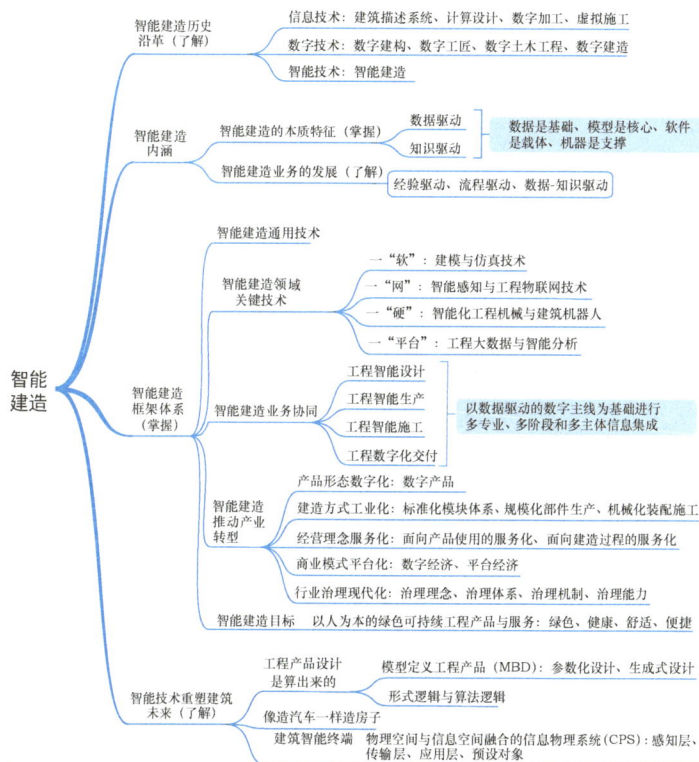

本章要点

知识点 1. 智能建造的概念和内涵。

知识点 2. 智能建造的框架体系。

知识点 3. 智能技术重塑建筑未来。

学习目标

（1）了解科技革命推动下建筑业的发展。

（2）了解智能建造提出的历史沿革，掌握智能建造的概念与内涵。

（3）了解智能建造推动下的建筑业产业转型的五个方面。

（4）掌握智能建造的理论框架体系。

（5）了解智能技术如何影响了建筑发展的未来。

工程建造是人类重要的造物活动，也是国民经济的重要引擎和支柱。在以数字化、网络化和智能化为标志的新一轮科技革命的浪潮下，工程建造正面临着产业转型升级的新机遇。本章分析智能建造提出的背景与发展逻辑，阐述其概念内涵及理论框架，并展望智能技术重塑建筑未来的趋势。

1.1　科技革命为建筑业发展提供新机遇

1.1.1　科技革命推动建筑业发展

科技革命通过科技成果产业化，改造传统产业、催生新行业、塑造产业新格局。科技革命引发工业革命，并延展到建筑业生产力与生产关系变革。

第一次工业革命开始于 18 世纪 60 年代，蒸汽机技术的发明开创了机械化时代。这不仅是一次技术进步，更是深刻的社会变革。机器生产代替了手工劳动，工厂代替了手工工场，并催生了蒸汽机车和轮船等交通运输工具。建筑业也受其影响，瓦特改良蒸汽机之后，为工程机械提供了动力条件。18 世纪末，英国马修·博尔顿（Matthew Boulton）和格里姆肖（Grimshaw）设计了第一台蒸汽驱动的挖掘机；19 世纪初，英国工程师伦尼（Lenny）为伦敦船坞建造了第一批蒸汽起重机。蒸汽动力工程机械的出现对建筑业产生了革命性的影响，提高了施工效率、扩大了施工范围、提升了施工安全性，进而推动了建筑业的发展。

第二次工业革命源于电力技术推动，发生在 19 世纪 60～70 年代。1866 年，德国西门子公司工程师研制成第一台发电机，电力成为新动力来源，电动机、电灯、电车等电气产品纷纷问世，人类进入"电气时代"。1870 年辛辛那提屠宰场诞生了第一条生产流水线，标志着电力技术进入了实用化阶段。电力电子、石油化工、汽车、航空等一大批技术密集型产业兴起，大规模生产方式日益普及，生产力有了巨大飞跃。应运而生的工程建造专用机械和配套设备逐渐完善，出现电力驱动的起重机、混凝土搅拌机等。同时造就了引领全球工程机械的品牌企业，如日本的小松、美国的卡特彼勒等。

20 世纪 40～50 年代以电子计算机技术及其广泛应用为标志开启了第三次工业革命。随着液压技术、电子技术的不断发展，工程机械自动化程度不断提高，机器人开始用于工程建造。1982 年日本清水公司开发名为 SSR-1 的耐火材料喷涂机器人，被认为是首台建筑施工机器人；随后美国、澳大利亚和欧洲发达国家相继推出了不同种类的建筑机器人。第三次工业革命也被称为信息革命，它推动了工程建造向信息化发展。计算机辅助设计（Computer Aided Design，CAD）使得建筑设计的信息从图纸转变为计算机中的二维数据；以 ANSYS 为代表的计算机辅助工程（Computer Aided Engineering，CAE）软件进行工程仿真分析开始普及；1975 年，查克·伊士曼（Chuck Eastman）借鉴制造业的产品信息模型，提出建筑描述系统（Building Description System），成为建筑信息模型（Building Information Modeling，BIM）的概念起源。

从技术发展的角度来看，科技革命给建筑业带来了革命性的变革，然而工程建造对科技革命的吸纳与应用，与制造业相比，是较缓慢且滞后的。1784 年，制造业将蒸汽机技术与纺织技术相结合，推出了珍妮纺织机，直到约五十年后，第一台蒸汽挖掘机才出现在工程建造领域；随着计算机技术发展出现的 CAD 计算机辅助设计，革命性地改变了制造业设计和分析方式，而其在工程建造领域的应用，整体上也要滞后约 20 年。总体来看，科技革命对建筑业的促进作用要比制造业滞后一拍，但其滞后的程度在逐步缩小。

世界经济论坛创始人克劳斯·施瓦布（Klaus Schwab）认为，人类正在进入第四次工业革命时代。具备指数级增长特性的数字技术正在与人类社会各要素进行快速、深入、大范围地融合，催生出包括但不限于智能互联机器在内的一系列突破性技术，从基因测序到纳米技术，从可再生能源到量子计算，这些技术之间的融合，形成横跨物理、数字和生物几大领域的互动效应，推动着人类文明的系统性变革。制造业已经在快速响应这一变革趋势，如美国提出的基于工业互联网的先进制造战略、德国提出的基于信息物理系统的工业 4.0 战略、日本提出的基于工业价值链参考架构（Industry Value Chain Initiative, IVRA）的机器人制造发展战略、我国制定的中国制造 2025 发展战略等，皆在致力于将工业制造推向智能制造时代。在工程建造领域，也出现了一些新兴技术与应用，如依托海量的设计数据，借助人工智能算法来实现工程生成式设计，有望在显著降低设计成本的同时，大幅提高工程设计的速度与品质；利用无人机与各类感知、分析与活动执行组件的集成应用，在特殊工况下实现超越人力活动局限的施工与检测作业，显示出提升现场作业效能与安全性方面的巨大潜力；建筑机器人技术正在成为行业创新探索的热点，虽然在实践应用中还存在一系列挑战，但是由机器人主导的未来建筑工地愿景正在逐渐变得清晰。

1.1.2 数字化智能化引领建筑业发展方向

为了抓住新一轮科技革命的新机遇，实现工程建造的创新发展，发达国家积极推动建筑业通过工业化、数字化、智能化等方式增强产业竞争力，探索行业发展的智能化未来。

建筑信息模型（BIM）是智能建造的基础技术，美国高度重视 BIM 技术的应用。早在 2003 年，美国总务管理局（GSA）就制定了国家 3D-4D-BIM 计划，随后发布了一系列 BIM 指南，如美国总承包商协会发布的《承包商 BIM 使用指南》、美国国家建筑科学学会与 Building SMART 联盟合作发布的第三版 BIM 实施标准等。与此同时，在建筑产品的低碳和可持续性方面，美国"建筑设计 2030"组织倡导"到 2030 年，建筑所需的能源完全来自于可再生能源"，发布了"AIA2030 承诺"，提出了减少石油材料依赖、实现碳中和的工程建造策略框架。为了践行"AIA2030 承诺"，路面坑洞的自动感测、智能公路、弹性桥梁、智能水泥、水质诊测、管网检测机器人等新一代信息技术不可或缺。2017 年，美国白宫发布了《美国基础设施重建战略规划》[1]，明确建筑产品和基础设施要实现安全、韧性、绿色和耐久，并关注建造过程的经济效益和可持续发展。该规划提出到 2025 年，建筑产品全生命周期的成本要比现在降低 50%；到 2030 年，工程建设百分之百要实现碳中和设计。此外，近年来，美国发布多项文件以指导制定人工智能相关法律、法规及标准，持续增加人工智能预算，快速推进人工智能的发展，例如 2021 年 5 月美国参议院的商务委员会通过的《无尽前沿法案》（Endless Frontier Act）将人工智能作为优先发展领域。

英国政府于 2013 年发布"Construction 2025"战略[2]，具体目标是到 2025 年，将工程全生命周期成本降低 33%，工程进度加快 50%，工程相关的温室气体排放减少 50%，工程建造出口增加 50%。围绕这一战略，英国建筑业协会 BIM2050 项目组提出了英国建筑业数字化创新发展路线图：到 2020 年，实现数字技术的局部集成应用以及移动技术的部署与集成；2020～2030 年，实现数字化集成，将业务流程、结构化数据以及预测性人工智能进行集成，实现智慧化的基础设施和运营；2030～2040 年，实现预测性人工智能的广泛应用及实时后评价，建筑机器人实现日常应用；自 2040 年后，人工智能在工程建造中得到广泛应用，智能自适应材料和基础设施产品日益普及，生态化基础设施成为主流。

新加坡是最早应用 BIM 处理与审查建筑物全生命周期项目文件的国家之一。2010年，公共工程全面要求设计施工应导入 BIM；2015 年起，所有公私建筑必须以 BIM 送审及兴建，处理与建筑物整个生命周期项目文件相关的议题。同时，新加坡政府致力于建设成为全球第一个智慧国家。在 2006 年与 2014 年，新加坡政府先后启动了"智能国家2015"计划和"智慧国家 2025"计划。通过人工智能科技为新加坡人带来更大的社会与经济效益，并在"研究、创新与企业 2025 计划"（Research Innovation and Enterprise 2025，RIE2025）中承诺增加投入加快人工智能研究。2021 年，新加坡建屋发展局与新加坡科技研究局下属的资讯通信研究院（Institute for Infocomm Research）签署研究合作协定，研发和采用可连接 5G 网络的机器人和无人机队，来提升工地的生产力和安全，推动智能建筑。

日本政府在 2016 年出台的《第五期科学技术基本计划》中提出"社会 5.0（Society 5.0）"概念[3]，指出利用人工智能、物联网和机器人等技术，用数据取代资本连接并驱动万物。同时，日本制定了"i-Construction（建设工地的生产力革命）"战略，为建筑企业和建筑行业制定了发展目标。通过采用信息与通信技术（Information and Communication Technology，ICT）技术，着力提升建筑产品的品质、安全和效益，明确到 2025 年将建筑工地的生产率提高 20%，并将由内因造成的安全事故降至零，到 2030 年实现建筑生产与三维数据全面结合。

德国联邦交通与数字基础设施部 2015 年发布《数字化设计与建造发展路线图》，对数字设计、施工和运营的变革路径进行了描述，目的是在德国联邦运输和数字基础设施部所辖领域逐步采用建筑信息模型（BIM），持续提高工程设计精确度和成本确定性，不断优化工程全生命周期成本绩效，并保证改革委员会的各项决议能够有效得到落实。德国联邦铁路公司也发布了与《工业 4.0 战略》相对应的《铁路 4.0 战略》，明确了铁路数字化举措：建立智能化铁路运营系统，形成以客户为中心的服务系统，营造创新驱动型文化氛围。此外，德国完善人工智能国家战略，着眼远期发展，德国联邦政府对 2018 年版《德国人工智能发展战略》进行了完善，对人工智能的资助从 30 亿欧元增加到 50 亿欧元。

过去 30 多年，我国工程建造取得了巨大成就，建筑资产规模已成为全球最大的国家[4]。然而，传统的碎片化、粗放式的建造方式带来了一系列问题，如产品品质欠佳、生产效率较低、劳动力短缺、作业环境恶劣和环境污染严重等，制约着我国建筑业的发展。建造过程的智能化有助于提高建筑行业生产力水平，实现建造过程的高质高效、节能减排，是建筑行业高质量发展的方向。

在建筑业向工业化、数字化、智能化转型方面，我国也在逐步加大对相关政策的推进力度，因地制宜地制定我国建筑业的发展策略。如 2017 年起陆续颁布的《建筑信息模型应用统一标准》《建筑信息模型施工应用标准》《建筑信息模型设计交付标准》和《建筑工程设计信息模型制图标准》，旨在通过采用协调一致的 BIM 工作方法指导建筑工程全生命周期内建筑信息模型的建立、应用和管理，最大限度地提高生产效率。2020 年印发的《关于推动智能建造与建筑工业化协同发展的指导意见》，指出要大力发展以建筑工业化为载体，以数字化、智能化升级为动力，创新突破相关核心技术，加大智能建造在工程建设各环节应用，形成涵盖科研、设计、生产加工、施工装配、运营等全产业链融合一体的智能建造产业体系。2021 年公布的《中华人民共和国国民经济和社会发展第十四个五年规划和 2035 年远景目标纲要》提出"发展智能建造，推广绿色建材、装配式建筑和钢结构住宅，建设低碳城市"。2022 年颁布的《"十四五"建筑业发展规划》明确提出"智能建造与新型建筑工业化协同发展的政策体系和产业体系基本建立，全面提升产业链现代化水平"是建筑业"十四五"时期的重要发展目标，并指出要大幅提升建筑工业化、数字化、智能化水平，打造一批建筑产业互联网平台，形成一批建筑机器人标志性产品，培育一批智能建造和装配式建筑产业基地，推动形成一批智能建造龙头企业，为"中国建造"升级提供产业发展基础。

1.2 智能建造的概念与内涵

1.2.1 智能建造的概念沿革

智能建造是随着数字技术在工程建造领域不断深入应用发展而来的，即在工程对象上，从数字技术在工程设计、施工某阶段应用拓展到工程建造全过程之间信息转换与共享；在技术上，从工程数字化建模分析延伸到基于数据智能的工程建造活动。

数字技术用于工程设计和施工，催生了建筑描述系统（Building Description System，BDS）、计算设计（Computational Design）、数字加工（Digital Fabrication）、虚拟施工（Virtual Construction）等。1975 年美国学者查克·伊士曼（Chuck Eastman）提出建筑描述系统，主张利用三维可视化技术进行建筑设计[5]。计算设计则是将计算科学与技术同工程设计系统结合的工程设计新方法，其理念是在数字化环境下重新理解设计，以数理计算逻辑优化几何形态逻辑，强调利用数字化工具，以更为全面和灵活的方式来支持设计师完成更好的工程设计。计算设计形成的复杂建筑造型，对传统的施工技术提出了巨大挑战。美国学者威廉·米切尔（William Mitchell）提出数字加工概念，核心是借助数控机械、激光切割装置、3D 打印以及机器人，通过建立机器与计算机图形系统之间的接口，实现 CAD 与 CAM（Computer Aided Manufacturing）集成支持下的建筑构件制造与装配[6]。为了发现和避免施工过程中的问题，美国发明者协会提出虚拟施工，即通过计算机虚拟仿真实际施工过程，在施工前及时发现和解决施工方案是否合理的问题[7]。

尽管数字技术分别在工程设计和施工中取得成功应用，但也面临新的问题，如设计产生的信息如何在施工阶段发挥作用以及懂建筑设计的人不熟悉数字加工，懂数字加工的人不懂建筑设计，其间如何衔接等。因此，需要从更大范围探索数字技术在工程建造全生命周期中的应用。英国学者尼尔·里奇（Nil Leach）等人提出数字建构（Digital Tectonics），其核心理念聚焦于建筑物的结构、建造过程的完整性，以及建筑师、结构工程师与施工工程师之间的交流与合作，形成既符合设计师构思又适合科学建造的建筑设计方案[8]。数字工匠（Digital Crafting）概念与数字建构类似，也是针对具有艺术审美和设计天赋的建筑师不熟悉先进的数字化设计与加工工具这一问题而提出来的，但是其侧重点在于如何使用数字工具来支持创造性的工艺实践，数字工匠主要探讨三个问题：数字逻辑如何成为建筑设计文化的有机组成部分；数字工具作为材料成型的一个组成部分，如何改变传统以形态逻辑为主的设计思维；数字设计与加工逻辑如何扩展建筑设计师对于形态、结构和施工的理解[9]。进一步，工程运维服务也被纳入工程建造数字化的范围，英国弗雷德·米尔斯（Fred Mills）于 2016 年提出数字建造概念，主张利用数字工具来改善工程产品的整个交付和运维服务流程，使建筑环境的交付、运营和更新更加协调、安全、高效，确保在建造过程全生命周期的每一个阶段都获得更好的结果[10]。国际土木工程协会主席蒂姆·博纳德（Tim Broyd）将数字化的理念由建筑拓展到更为广泛的土木工程，提出数字土木工程概念，认为数字技术可以改变工程设计、施工和运维方式，帮助人们提升土木工程产品与服务的综合品质。2019 年，丁烈云在《数字建造导论》中将数字建造表述为：数字流连接驱动工程勘察、测量、设计、构件生产、物流供应、现场施工以及验收交付的高效集成协同[11]。

BIM 技术是数字建造的重要基础。美国 Autodesk 公司率先推出基于建筑信息模型（Building Information Modeling，BIM）的 Revit 和 Civil 3D 软件，在行业内掀起了模型化变革浪潮。BIM 技术的核心是突破二维投影的图纸束缚，通过三维建模和多维信息集成，实现工程建造全过程信息集成与共享。

与此同时，人工智能技术在工程建造领域的应用正在快速推进。2015 年日本小松公司提出智慧施工（Smart Construction），即自动感知采集施工现场信息，实时传送给后台系统分析处理，快速反馈施工现场，指导工程机械施工作业。达索公司（Dassault）的约翰·斯托科（John Stokoe）于 2016 年提出智能建造（Intelligent Construction）概念，强调利用工程设计、开发、建设和使用过程产生的大量数据，从中挖掘数据价值。2018 年英国发布《面向用户需求的住房智能建造指南》，认为智能建造是在建筑设计、施工和运营阶段，充分利用数字技术和工业化制造技术，提高生产率、降低全生命周期成本和实现可持续性。2020 年我国政府颁布《关于推动智能建造与建筑工业化协同发展的指导意见》，明确智能建造是建筑业转型升级的重要路径。

可以说，数字建造与智能建造两者相互联系又相互区别，智能建造与数字建造在目标上具有一致性，在技术上具有高度的重合性，在发展过程中具有阶段性，数字建造是智能建造的必备基础，智能建造是数字建造发展的必然趋势。

1.2.2 智能建造的内涵

智能建造是以智能技术为核心的现代信息技术与以工业化为主导的先进建造技术深度融合，通过数据-知识驱动工程勘察、设计、生产、施工和交付全过程，实现建造活动和过程的自感知、自学习、自决策和自控制，人机共融协作完成复杂建造任务的新型建造模式。

智能建造的本质特征为数据-知识驱动工程。数据-知识驱动强调充分利用数字化带来的工程数据这一生产要素，将工程问题转化为融合领域知识的数据智能问题，并用数据智能指导工程活动，包括数据采集存储、分析建模、决策执行、反馈改进。其中，数据是基础，涉及建造各阶段、各主体、全要素的数据，如设计、生产、施工、交付等各阶段建造活动的数据，并通过工程物联网传感器等实现工程要素的自感知；模型是核心，通过对数据的自学习，从中提取模式、发现规律和洞见，形成数据模型和机理模型，并嵌入知识，不断优化算法和模型自身，对建造任务和问题进行自动推理和决策；软件是载体，软件是数据-知识驱动工程的具体体现，将智能感知、数据建模、计算分析和智能决策通过软件定义，对工程进行描述、诊断、预测和决策，实现实体工程与数字工程的交互映射；机器是支撑，机器通过软件自动调控行动，特别是在复杂建造环境中，面向工程的不确定性，重视专家经验和人的价值，人机交互协作完成复杂建造任务。由于工程建造具有高度的不确定性以及个性化特征，数据-知识驱动工程的智能建造是不断探索和迭代的过程。

工程建造业务经历了由经验驱动转向流程驱动，并正在发展到数据-知识驱动。经验驱动是指在决策、行动或学习过程中，倾向于依赖先前的经验来指导其决策和行为。流程驱动是指决策和行动按照预先定义的流程、规范或程序进行，强调其标准化、可重复性和一致性，以确保任务的顺利进行和结果的可预测性，驱动方式是工作流引擎。数据-知识驱动则是指流程中的决策和行为是建立在数据分析和知识支撑的基础上，而不是人的直觉和经验，甚至可以不依靠既有流程而完全由机器自行决定。相比于经验驱动和流程驱动，数据-知识驱动强调数据对变化的及时感知与反馈，从而弥补经验驱动带来的主观片面性以及基于预先设置的固化流程带来的僵化等不足。将经验结构化、知识化，并嵌入规范化的流程中，用流程驱动业务，进一步充分利用流程运作中数据，实现数据-知识驱动建造活动。

1.3　智能建造框架体系

智能建造有着丰富的内涵，涉及建造技术、建造方式、企业经营和产业转型等多个方面。构建智能建造框架体系有助于进一步分析智能建造构成要素的内在逻辑关系，如图1-1所示。

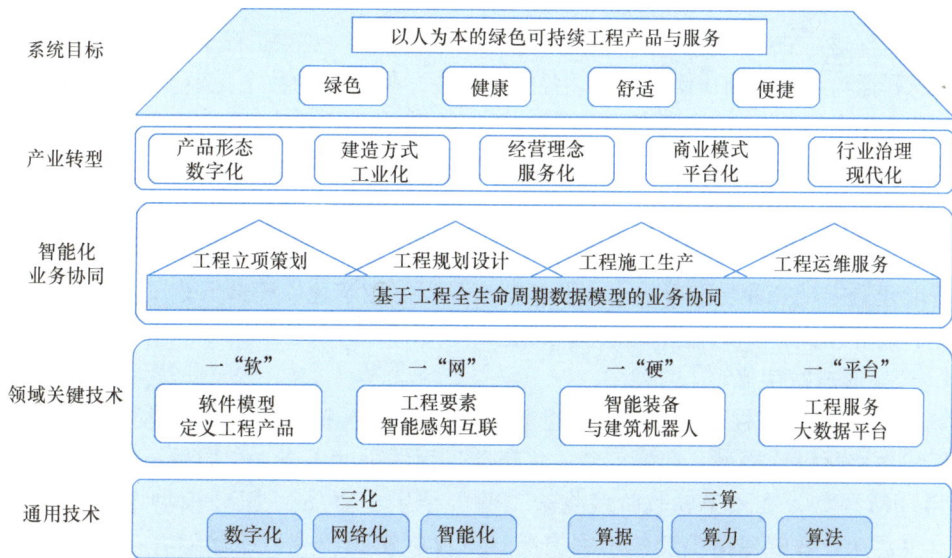

图1-1　智能建造框架体系

1.3.1　智能建造通用技术

数字化、网络化和智能化技术是智能建造的通用支撑技术。数字化是将众多复杂动态信息转化为可度量的数字、数据，形成一系列二进制代码，便于计算机处理，为智能算法提供丰富的算据。网络化是利用计算机技术和网络通信技术，按照相应的标准化网络协议，实现分布在不同地点的各类电子终端设备共享软件、硬件和数据资源，网络化是工程建造各方高效利用算据和算力资源的载体。智能化是通过数据分析挖掘、模拟仿真实现对数据中信息和知识的认知，从而实现动态决策和优化，其中，海量的算据、强大的算力和高效的算法是人工智能的三大核心要素。

1.3.2　智能建造领域关键技术

新一代信息技术与工程建造活动结合，形成面向工程建造全过程的建模与仿真技术、面向智能工地的智能感知与工程物联网技术、面向人机协同的智能化工程机械与建筑机器人，以及面向智能决策的工程大数据与智能分析等领域关键技术。其中，以数字主线串联起工程数字化建模和相关软件，形成基于模型软件定义工程的数字孪生系统，为工程建造各方主体认知和参与工程提供直观高效的平台；通过智能感知和工程物联网实现工程要素数据的采集和传输，为智能分析提供算据，为工程建造的各参与主体及时分享工程建造信息；对海量的工程大数据进行智能分析，为各类工程决策提供支持；通过智能化工程机械和建筑机器人显著改善作业环境、提高建造效率。智能建造关键技术将在第 2 章和第 8 章进一步介绍。

1.3.3　智能建造业务协同

工程建造的业务过程具有多专业、多阶段和多参与主体特点，需要解决其全过程业务协同问题。通过提供一致的工程语言和可视化的三维模型表达，并以数据驱动的数字主线为基础进行多专业、多阶段和多主体信息集成，从而克服不同专业主体之间的认知不一致的障碍，解决工程建造的碎片化难题。与此同时，基于数字主线建立工程全生命周期中各业务过程的信息联通与反馈机制，使各专业、各阶段和各主体之间的数字化模型都能够双向沟通，保证工程全生命周期各个环节的数字化模型的一致性，从而实现工程产品当前及未来的功能和性能动态评估，最终实现覆盖工程全生命周期的实时管理和协同控制。

1.3.4　智能建造推动产业转型

智能建造推动产业转型升级，主要包括产品形态数字化、建造方式工业化、经营理念服务化、商业模式平台化和行业治理现代化[11]。

1. 产品形态数字化

数据-知识驱动工程，是通过工程建造的信息流服务工程建造物质流的过程。在设计阶段形成数字化设计模型，在施工阶段将建造过程的进度、成本、质量、安全等动态信息加载到 BIM 模型，在竣工验收阶段将竣工验收结果也添加到 BIM 模型中形成数字化交付。这也意味着智能建造提交的工程产品，不仅有实物产品，还伴随着一种新的产品形态——数字产品。如果说工程物质产品只是某个时空的状态，而工程数字产品则能够承载工程产品全息时空的完整信息，数字产品可视为数字资产，在工程运营维护阶段继续发挥作用，体现数字产品的价值增值。

2. 建造方式工业化

建筑工业化是建筑业转型升级必由之路。建筑产品的典型特征是个性化，一栋建筑产品对应一份设计图纸、一处施工工地，产品难以复制。建筑产品的个性化比较好地满足用户个性化需求，但也伴随着生产规模化不够高、建造效率低、生产条件差、招收工人难、资源利用率低、建筑垃圾多等问题。在体现建筑整体个性化的同时，借鉴制造业产品的工业化生产方式，将建筑产品的部品部件在工厂实现机械化、自动化生产，然后运送到建筑工地进行机械化装配施工。标准化的模块体系，规模化的部品部件生产，以及精准化的现场装配施工是建筑工业化的主要内容。

3. 经营理念服务化

经营理念服务化可以理解为建造服务化，包括面向产品使用的服务化和面向建造过程的服务化。建造服务化是一种新业态，从建造产品到"产品＋服务"，体现了企业从"以产品为中心"向"以服务为中心"的价值转变，也是建筑企业转型升级的新机遇。

面向产品使用的服务化不仅关注工程产品的功能质量，更重视用户对产品使用的体验。尽管建筑业对其他产业的拉动作用显著，但仍然处于国民经济产业链的价值低端，附加值不高。作为为工业服务的产品如车间、厂房，仅仅是中间过渡产品，需要安装机器设备后才能发挥作用；作为为社会和经济发展服务的产品，如住宅、办公楼，仅仅是建筑物本身的基本功能。建造服务化能为用户提供增值服务，采用先进的数字技术，企业可以与用户直接联系和信息交换，不局限在已经建成的产品上，而是从产品设计到使用都与用户建立密切联系，使得整个生产服务体系更加贴近用户和更加柔性化。例如可以打造线上线下一体化的家居服务平台，为用户提供在线装修服务，并以此为基础可以构建以家居为中心的家庭消费服务生态圈。在办公设施市场，也可以为用户定制个性化的办公空间服务，建立办公设施价值链，塑造出一种全新办公模式。甚至可以进一步延伸价值链，利用工程产品全生命周期的数据，在运营服务过程中不断评估用户需求满足程度，发现新需求，如智能家居、共享住宅、智慧社区等。这些个性化的用户体验正在赋予用户在价值链中的主导地位，实现从基于建造转换活动的价值增值向以客户为中心的服务价值增值转变。

建造过程的服务化是指专业性生产服务。在工程建造价值链中，包含着丰富的服务活动，如工程设计、策划、咨询、招标投标、项目管理、设施运维等。通过专业化的工程机械服务，改进工程建造物质与能量流效率；通过相关软件技术服务，提高工程建造信息流效率；通过工程金融服务，实现工程建造资金流效率增值；通过工程电子商务服务，支持多流合一，建立快速、准确、高效、低成本的物流链，降低整个工程价值链体系的成本。

4. 商业模式平台化

数字经济颠覆了人们对市场的传统理解，也影响到工程建造市场，建造的交易活动正在从传统的产品交易向平台经济转变。平台经济是以平台为载体、以双边或多边市场为支撑，实现双边或多边主体供求匹配的资源配置模式。随着多要素融合发展，特别是平台经济的融入，工程建造市场逐渐向依托平台、基于数字化的多边主体的资源配置模式转变。平台经济是数字经济时代的典型特征，也是建造服务化实现的主要形式之一。

平台市场商业模式呈现出新的竞争关系。工业经济发展初期，主要是企业之间的竞争，其核心竞争力主要来自组织内部，如所提供产品或服务的质量、数量、营销渠道等，竞争优势体现在企业拥有的生产资源或市场规模上。随着经济水平的提高和社会分工协作的不断细化，产业链日益丰富和完善，企业的竞争开始扩大到产业链上，体现为产业链间的较量，但仍然集中在行业内部。在平台经济发展阶段，互联网平台使跨界竞争成为常态，竞争方式已不再是传统的个体之间的单打独斗，或者供应链和价值链之间的链式竞争，而是拓展到商业生态圈之间的整体竞争。其竞争优势主要来自行业整合，打造多方共赢的生态系统。组织的持续发展从竞争逻辑向合作共进、合作共享、合作共赢的共生逻辑转变。

建筑业商业模式平台化包括：通过数字化平台，各类参与者可以共享项目信息、市场需求和业务数据，实现信息的透明度和流动性；供应商、设计方、施工方等各类参与者可以通过平台进行交互、合作和交易，形成多方利益共享和合作创新；根据用户需求提供个性化的解决方案，并支持灵活的业务模式，满足不同参与者的需求和偏好；通过数据分析和人工智能技术，支持参与者进行决策和优化业务流程；不同环节的参与者可以在平台上互相合作，分享资源、专业知识和技术能力，提高整体效率和降低成本；提供全过程的项目管理、监理、维护等服务，满足用户对项目整体管理的需求，提供更全面的价值。

5. 行业治理现代化

产业技术创新，离不开行业治理创新。行业治理是国家治理现代化的重要领域，涉及治理理念、治理体系、治理机制以及治理能力多个方面。建筑业作为国民经济的重要支柱产业，要在国家治理现代化的总体目标和要求下，不断深化改革，提高治理水平，实现从传统的自上而下的单向行政管控，向发挥行业各主体作用协同共生治理转变。

治理理念要坚持正确的价值取向。工程建造具有投资大、建设周期长、工程安全和质量控制难等特点，这些都直接影响投资者、建设者和广大用户的切身利益。一般地，企业有内动力实现投资建造的经济效益，但是，当效益与质量、安全相矛盾时，政府需要有监督措施保障工程产品的质量和安全。为用户提供高质量的工程产品和保障建设者劳动安全应是最基本的价值取向。

治理体系的关键点是多元主体协同共治。工程建造市场空间庞大、参与主体众多、业务关系繁杂，单纯依赖政府行政管控，不利于发挥行业群体智慧，推动行业持续创新发展。需要将建筑行业协会、企业乃至社会公众，纳入工程建造行业治理体系，形成开放、扁平化的治理结构体系。

治理机制主要包括政府权力运行机制和社会组织的支持、合作与监管机制。需要建立合理的信任机制、激励机制、共赢机制以及协调发展机制，调整和优化政府的权力运行机制，秉承"赋权"与"赋能"并举的原则，真正发挥行业协会、企业以及社会公众在行业治理中的作用，实现"法治""自治"与"共治"三者相结合的现代化治理机制。

治理能力是行业治理现代化能否有效运行的保证，主要包括行业监管能力、体制优化能力、从业人员素质、创新以及持续发展能力等。提升行业治理能力重在建立涵盖工程建造全过程、全主体、全业务的大数据平台，如建立电子政务网、工程物联网以及行业信息资源网，通过大数据分析决策，实现数据驱动的政务服务、行业协调和企业自治。

1.3.5　智能建造目标

遵循"适用、经济、绿色、美观"的建筑方针，为用户提供高品质的建筑产品。随着生活水平提高、技术进步和社会发展，用户对建造产品的品质需求也不断发生变化，且要求越来越高，建筑方针的内涵也在不断丰富。如最大限度减少工程建造过程中的浪费，构建高效的资源循环利用模式；更加突出绿色健康、安全舒适；建筑产品不只是被动的空间，而是一个能够与用户进行互动的对象，能够主动地识别、理解并响应人的个性化行为和需求的智能空间。

对于行业发展而言，智能建造支撑建筑业高质量发展。绿色、智能、工业化已成为建筑行业高质量发展主题，以绿色低碳为发展目标，以智能建造为技术支撑，以建筑工业化为产业路径，以建造国际化提升企业品牌和国际竞争力，以行业治理现代化为改革动力，共同推动中国建造高质量发展。

1.4 智能技术重塑建筑未来

1.4.1 工程产品设计是算出来的

工程产品设计包括方案设计、初步设计和施工图设计三个阶段，以及建筑、结构、设备及管线等专业设计。实际上，上述设计都离不开建模和计算仿真，如建筑设计方案优化、建筑结构力学性能分析，以及建筑设备的参数选择计算等。但是，在整个工程设计过程中还存在大量的人的主观因素，如建筑方案设计与建筑师的美学素养和审美价值密切相关，结构设计离不开结构工程师丰富的经验积累，各种设备管线协调靠逆向建模发现碰撞问题，各专业之间的设计协调往往通过不断地试错和交互迭代完成。

"工程产品设计是算出来"是指基于模型定义工程产品，包括将人的经验作为知识嵌入到人工智能算法中，实现工程设计方案的智能生成，而不只是验证式的仿真计算。

数字化智能化时代，人们对工程设计价值目标的理解正在发生变化。如果说工业时代的产品价值主要通过原材料价值和体力劳动价值来衡量，那么数字化智能化时代的产品价值，则主要以先进知识在产品和新型服务中所占比例来衡量。也就是说，产品的价值载体正在从"以硬件物质为主"转变为"以软件服务为主"，设计对象不再局限于传统意义上的产品几何形态和性能，而是人们在工程空间中能获得的各种场景化服务。这种以人为本的设计价值观，要求设计者系统考虑人与环境、人与物、人与人之间的和谐统一关系，尊重人类目标和自然法则，力求实现人的需求、技术可行性以及商业市场价值的最优平衡。基于模型的定义所带来的设计手段和方法上的数字化创新，能够支持设计者将使用者、互动过程和空间产品进行三位一体的整合，开展真正以人为本的服务化设计。

问题定义是问题求解的前提。正如赫伯特·西蒙所说，工程设计本质上是一个病态问题（Wicked Problem），难以完全采用结构化、形式化的逻辑进行定义。在传统的设计模式中，通常采用分解、假设、简化等方法对复杂的设计问题进行定义，但是利用基于模型的定义技术，人们有可能在更全面获取工程设计相关的自然与社会环境、用户需求、可用资源等方面的数据基础上，描述各维度之间的联系，通过集成信息建模来对复杂的设计问题进行定义，为问题的求解提供更为有效的支持。

工程设计问题的求解，通常有以下几种模式：一种是以抽象（逻辑）、形象（直觉）和灵感（顿悟）为代表的设计求解方式，这种求解模式高度依赖于设计者的主观想象力；

另一种求解模式是图示（草图）思维模式，这种模式因受到人脑的限制，在逻辑上过于复杂的构思很难快速转变成直观的视觉信息；还有一种更有前途的求解模式，即数字（计算）求解模式，强调借助性能越来越强大的计算工具，使得逻辑上的复杂性不再成为设计构思与视觉信息转换过程的障碍。借助基于模型的定义技术，设计者可以将拓扑几何与计算机算法相结合，利用计算机强大的算力，对工程环境、用户的行为、工程产品的功能等进行全面深入的研究与探索，并将其规范地转化为一系列运算法则，进而编制计算机程序进行高效率运算，通过与计算机的交流协作，生成大量满足既定约束的解决方案，一方面促成了此前仅通过人脑无法设计出的新型建筑空间和形式的出现，另一方面，也为设计师实现新的且更为复杂的建筑空间和形式提供了技术保障。

计算机编程思维的重要性将日益凸显。引入编程思维可以帮助设计师了解什么是抽象、复用、结构化和参数化，进而在搭建组件库或整理设计规范时，可以充分利用软件工程的理论技术成果，考虑怎么把最开始看起来杂乱的元素抽取出来形成多种模式。从这个意义上说，软件工程师有可能在计算机辅助下，转变成工程设计师。计算机不仅仅是扮演辅助工具的角色，而且是可以与设计师进行互动协作的主体。在人机互动协作过程中，设计师可以更多关注设计创意与审美，将有关工程产品形态、性能、成本等方面的逻辑转变为以高性能计算为支撑的数理逻辑，交给计算机进行自动化集成处理，从而将设计师从繁重的计算和绘图任务中解放出来，以更好地发挥人的直觉思维、形象思维、抽象思维、发散思维、逆向思维以及联想思维在工程设计问题求解中的作用。

基于模型定义工程产品的发展趋势是工程智能设计。在各类虚拟现实、建模与仿真等技术和人工智能算法支持下，将人的创意与计算机的数据处理能力相结合，支持灵感到方案的智能生成，实现算法生形，探索镶嵌成型、分形结构等多种复杂形态；利用生成式设计等理念，基于结构力学等理论，结合人工智能技术，探索结构体系智能选型方法，发展包括基于有限元模型的生成算法、基于图像的生成算法等结构方案自动生成方法，创造性地生成与复杂形态相适应的工程结构设计方案，并构建基于灾害预演的结构方案智能改进方法；将建筑机电系统整体作为设计对象，设定多种设计参数和约束条件，如几何空间、能源形式、功能要求、性能指标及用户偏好等，自动生成多种建筑机电系统管线综合方案，不仅满足各机电专项方案的优化要求，还实现建筑机电系统整体最优，避免先进行各机电专项设计，再进行管线碰撞检查协调的低效率设计问题。

基于模型定义工程产品的设计方法包括参数化设计、生成式设计等，将在后续章节中进一步介绍。

1.4.2　像造汽车一样造房子

"像造汽车一样造房子"出自建筑大师勒·柯布西耶。勒·柯布西耶是 20 世纪最有影响力的建筑师之一，他提出了建筑工业化的理念，即通过工业化、标准化、批量化的生产方式来建造住宅，提高建筑的效率和质量。一个个散乱却标准化的零件可以拼成一辆汽车。而用标准化的房屋组件，同样可以像搭积木一样拼装出一个完整的建筑结构。然而，由于工程产品的个性化，以及建造过程的不确定性特征，很难完全像生产工业产品那样建造工程产品。"像造汽车一样造房子"更多的是一种理念，或者说是新型建筑工业化的高级阶段。

"像造汽车一样造房子"的内涵是在满足用户个性化需求的同时，寻求批量化的生产效率。工业化的典型特征是规模化生产。20 世纪，亨利·福特等人对制造业的生产模式进行了革命性的改造，提出了大规模生产（Mass Production），利用通畅的生产流水线、专用机器设备、专业分工、中心化生产过程、标准化产品以及统一的市场来获得规模经济。但是，随着用户对产品和服务的要求越来越高，多样性的需求越来越突出。统一的大市场已经日趋多元化，规模化生产已无法快速应对市场个性化需求的变化。面对制造业的这一变化，1987 年，达维斯提出以大批量生产的成本控制、生产效率和质量保障优势，提供定制的个性化产品和服务，即大规模定制（Mass Customization）。其理念是采取标准化、模块化技术减少产品零部件的多样性，以便于大批量生产；运用集成化技术增加客户对产品外观感受和功能体验的多样性，以满足个性化需求。例如福特汽车提供的立体声音响使汽车成为小型音乐厅；奔驰设置 13 种不同的调节装置，客户可根据爱好调节汽车的环境。

大规模定制有效解决了工业产品的规模化生产与个性化需求的矛盾，也为建筑产品生产的改造升级提供了借鉴。建筑产品的特点是充分满足个性化需求，但生产的规模化不够。建筑产品可以实行类似于工业产品的规模化定制，以建筑部品部件的规模化换效益，提高建筑生产效率与建筑品质；以装配建造的多样化满足个性化需求。采用规模化定制，两者的区别是：工业产品是从保持规模化生产优势中考虑满足客户的个性化需求；建筑产品则从保持满足客户个性化需求特征中探索规模化生产的路径。

智能建造与建筑工业化深度融合，从而推进新型建筑工业化发展，使造汽车一样造房子成为可能。

构建标准化的模块体系。构建标准化的模块体系是建筑工业化的基础性工作，需要满足力学性能，保障结构安全；便于流水线作业，形成批量生产优势；能够组合成集装箱运输，节省物流成本；适应吊装要求，易于装配式施工；部品部件连接方便、牢靠，保证施工质量；特别是能为建筑师提供足够的设计创作空间，满足用户个性化的定制需要以及市场审美要求。通过 BIM 等技术构建标准化的模块体系，可以方便模块的设计调用、生产、运输、吊装、拼接和组合仿真。还可以与参数化、交互式，甚至生成式等数字化设计结合，为用户提供更多的个性化方案选择。

部品部件规模化智能生产。调用标准化模块体系中的设计模型，将其转化为数字加工模型，驱动生产设备和生产线高效、自动、柔性地完成部品部件加工与生产。其中，基于工业互联网、5G、云计算、机器人等技术构建智能工厂，支持生产原料、机器、流水线的高效协同，实现生产过程的自动化，利用机器人在流水线上执行生产任务；基于三维激光扫描、计算机视觉等技术实现部品部件质量检测和零部件缺失检查；数据驱动生产决策，实时监测流水线状况和功效，智能分析预测、优化生产过程和资源调配。

工地现场智能化装配施工。利用工程物联网与传感装置，结合 BIM 等建模与仿真工具，以及机器人和各类自动化装备，将工地"人、机、料、法、环"施工要素和资源互联互通，形成工地信息物理系统（Cyber Physical System，CPS），实现对工地全息感知与控制以及施工资源的智能调度和优化；将自动化、智能化机器和工程师智慧连接，形成人机协作智能施工体系；在复杂建造环境中智能化施工机械能够通过自我感知和学习施工环境、自我规划施工任务，并驱动执行机构完成施工作业；通过施工现场的数据采集存储、建模分析、知识的积累与复用，实现施工现场智慧化管控。

面向智慧运维的数字化交付。交付一个嵌入各类智能传感装置的工程实物产品以及与之对应的数字产品，形成面向工程智慧运维的数字孪生系统。数字产品既能反映和回溯工程实体形成中设计、生产、施工、采购等过程信息，也能实时采集工程实体运行阶段的各类性能和状态数据，为智慧运维提供感知分析和决策控制，实现设备互联与数据共享、设备与空间智能监控与预警、能耗优化管理、设施健康智能诊断等。

1.4.3 建筑智能终端

手机智能终端、汽车智能终端，下一个改变人们生活方式的智能终端是什么？这是一个值得探讨的问题。

1. 建筑智能终端的涵义

建筑物通常被视为相对静止的物理实体，其设计和功能主要基于预先设定的参数和条件。随着传感器、互联网、人工智能等技术的不断发展，建筑物正逐渐演变为具有高度智能化特征的建筑终端。这不仅代表了建筑设计理念的变革与进步，也预示着建筑行业在智能化、自动化方面的深远发展。

建筑智能终端是指利用环境智能技术构建的、对用户行为敏感的可控制的智能空间。建筑智能终端将物理空间和信息空间融合一体，各种传感器、计算设备、人工智能算法嵌入到建筑空间中，用户通过便捷的人机交互方式与建筑智能终端互动，传感设备与人工智能算法结合，感知用户的状态、生理、心理、行为，根据这些状态、用户身份、用户行为习惯和建筑空间属性，理解用户的需求，并提供相应的服务。

建筑智能终端与普适计算、上下文理解和以人为中心的计算机交互设计密切相关。具有如下特性：一是嵌入式，各种传感器和计算设备集成到环境中，尽量让智能设备对用户不可见；二是上下文理解，可以识别用户，也能识别用户所处的建筑空间和情景上下文；三是自适应，根据用户身体或精神状态的变化改变其环境，并且能够适应用户生活习惯的变化；四是透明，以被动的方式满足用户的需求，而不需要用户主动进行操作或额外增加负担；五是安全，保障用户的隐私权和信息安全。

2. 建筑智能终端体系架构

包括感知层、网络层、应用层和预设对象。如图1-2所示。

感知层。是实现建筑智能终端的基础，以音视频传感器、被动红外传感器、无线射频传感器，以及一系列可穿戴设备为主，检测各种与用户相关的信息。

网络层。各类信息资源在此层中汇聚，主要包括网络、计算和存储等信息资源处理功能，涉及各类信息互通的协议标准、流程规范、服务接口等。经过处理的信息，具有语义化特征，为下一层调用做好准备。一般选择本地数据库存储，以避免数据传输延迟和隐私问题。

应用层。遵循对用户透明的原则，结合预设对象信息、感知数据和上下文理解系统，预测用户的需求，提供相应服务。如生活辅助系统、跌倒检测、建筑节能等，不需要用户动手操作。

预设对象。预设对象为建筑空间和用户，其中建筑空间包含建筑功能类型和几何模

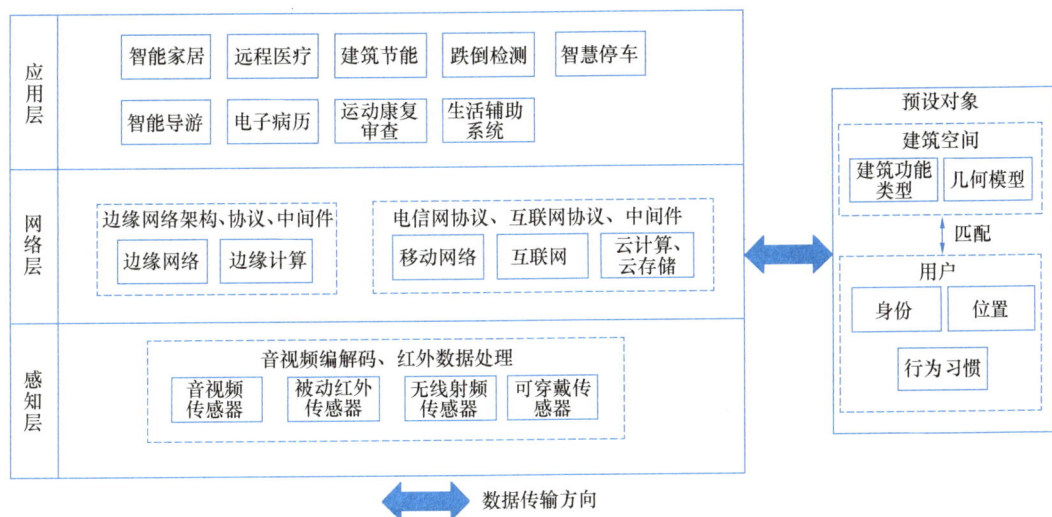

图 1-2　建筑智能终端体系架构

型，用户对象包含身份、位置、行为习惯。建筑空间和用户进行匹配可以得到用户当前所处的位置，这些信息作为上下文理解系统的输入，从而为用户提供个性化的服务。

　　体系架构的数据传输过程为：感知层采集数据，传入网络层，并更新预设对象的信息（如建筑设备位置、用户位置等），预设对象信息传入网络层，然后网络层进行数据的存储与分析（目标识别、行为检测、上下文理解、需求分析）、预测用户需要的服务，并将相应的数据传输到应用层，提供相应的服务。

3. 应用举例

　　建筑智能终端有着丰富的应用场景，如智能健康空间、智能生活空间、智能绿色空间、智能娱乐空间、智能学习空间等。

　　智能健康空间实现对用户健康状态的实时监测、分析和响应，从而提供个性化的健康服务，特别是居家养老服务。我国已成为全球人口老龄化最严重的国家之一，构建以人的健康为核心的生活环境和服务可以切实降低健康风险、减少健康隐患、规避健康损害。在保护隐私的前提下，建筑智能终端监测建筑空间中的各种因素，如空气质量、用水量、温湿度、光照、声音和家电使用情况等，同时使用人工智能技术来检测用户的健康状态、姿态和行为轨迹，实现对老年人健康需求的精准分析，提供多元服务模式。当用户发生危险（摔倒或异常姿态等）时能够及时通知家属，以避免因不及时处理而产生的后续伤害，形成"医中有养，养中有医"医疗机构和养老机构结合的医养结合服务模式，如图 1-3 所示。

　　智能生活空间则侧重于提高居住者的日常生活质量和便利性。这种空间集成了智能家居系统，能够通过语音助手、移动应用程序或者其他智能设备为用户提供更加直观和便捷的交互方式，使用户能够轻松控制家中的各种设施，如照明、暖通空调、安防系统和娱乐设备。借助人工智能和机器学习技术，建筑智能终端能够学习用户的行为模式和偏好，从而提供定制化的服务和自动化的家居管理。例如，系统可以根据用户的日常活动自动调节照明和温度，或者在用户离家时自动启动安防系统。

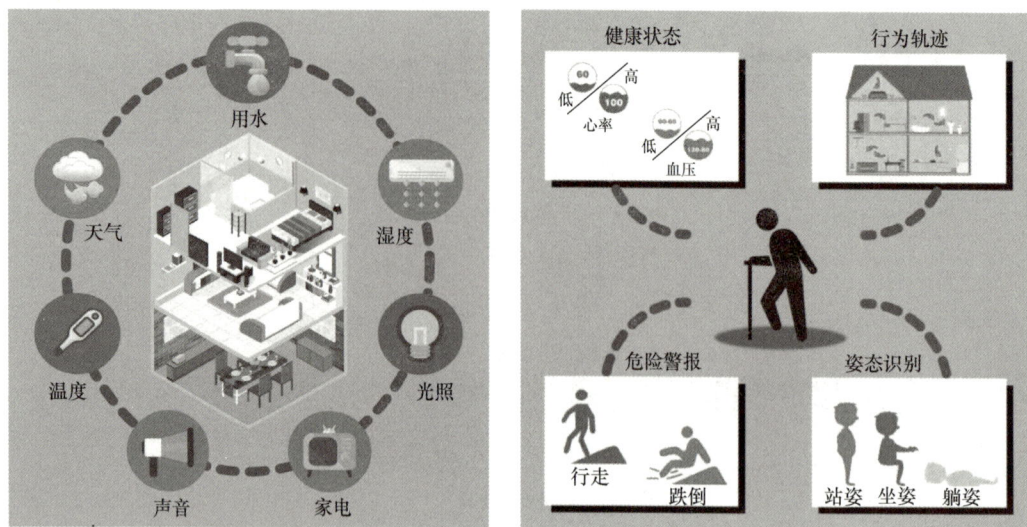

图 1-3 智能健康住宅示意图

(图片来源：华中科技大学国家数字建造技术创新中心)

　　将建筑智能从家庭场景外延到小区环境中，还可衍生出智能物业、智能安防、智慧社区服务等智能服务，进一步形成智慧社区概念。在智慧社区中，借助物联网、云计算、移动互联网等新一代信息技术，可以实现社区资源实时调度、社区状态立体化全面监控、空气质量/水质/能耗实时监测与自适应调整及其他智能社区服务，为居民提供便捷、安全、舒适、环保的生活空间。

　　智能技术拓展应用到智慧交通、智慧基础设施和公共服务等，形成高效、便捷、绿色运行的智慧城市。如在路灯中安装雨雪和温湿度传感器，智能适应天气，调整照明情况，避免能源浪费，为行人提供更好的照明条件，并根据气候条件和意外事件（如事故或交通堵塞）提供警告信息和改道出行建议。再如，智能感知和检测城市供水和排水管网，以及城市燃气管网的泄漏风险与病害状态，及时预警和维修，保障城市基础设施安全。

　　智能技术也可用于体育基础设施，如智慧雪车雪橇赛道。雪车、雪橇和钢架雪车项目是冬奥会中观赏性较强的赛事，竞技性强、时速快、弯道急，运动员需要高度集中注意力，用全身的控制力掌握方向与速度。为了运动员更好地熟悉赛道特点，针对不同的弯道采取相应的滑行技巧，将智能感知技术用于训练，构建数据驱动的训练系统。采用超宽带技术实时感知运动员滑行轨迹，惯性测量仪（Inertial Measurement Unit，IMU）、空速管和可穿戴设备实时感知运动员的滑行姿态，包括离心率加速度、速度、翻转角，以及运动员的心率等，并实现滑行三维轨迹及核心运动参数集成，将数据驱动的训练建议智能推送给运动员，如优化入弯和出弯姿态、关注离心加速度大于 $5g$ 可能引发运动员身体过载的赛道位置等。还可以在赛道 BIM 模型中计算出最优滑行轨迹，将运动员实际滑行轨迹与其比较，不断优化滑行线路，如图 1-4 所示，扫二维码视频 1-1。

视频1-1 雪橇运动数字化训练系统

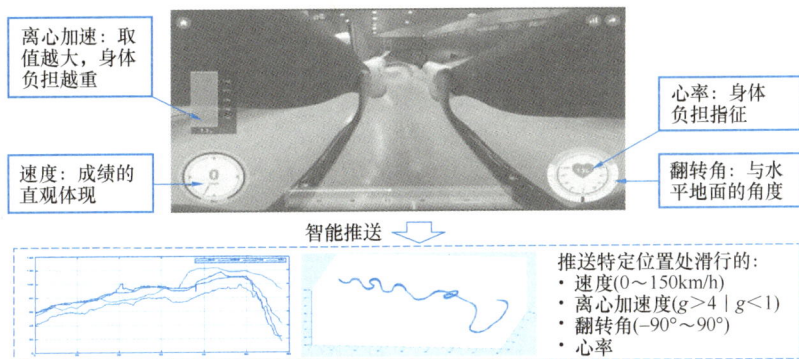

图 1-4　雪橇运动数字化训练系统

(图片来源：华中科技大学国家数字建造技术创新中心)

本章小结

　　本章内容主要包括智能建造的概念和内涵、框架体系和智能技术重塑下的建筑未来。科技革命推动建筑业发展，为建筑业提供新机遇，指明了建筑业数字化、智能化的发展方向。通过梳理智能建造发展的历史沿革，提出智能建造的概念，明确智能建造的内涵。在此基础上，构建了智能建造框架体系，即以新一代信息技术为基础，与工程建造的融合创新形成工程建造领域关键技术，实现工程建造全生命周期的业务协同，促进建筑业转型升级，最终实现向用户高效率地交付以人为本、智能绿色工程产品与服务目标。智能技术正在重塑建筑发展未来，通过数字化、智能化设计方法和工具，实现个性化与批量化生产的结合，以及建筑空间的智能化管理和服务，从而推动建筑行业向更高效、环保、人性化的方向发展。

思考题

　　1. 智能建造的内涵是什么？

　　2. 智能建造的框架体系包含哪些内容？

　　3. 从工程建造全生命周期角度谈谈智能建造推动下的产业转型。

　　4. 智能技术在哪些方面重塑了建筑发展的未来？

本章参考文献

[1]　任吉蕾. 美国基础设施重建计划：实施前景与中国企业的机遇[J]. 国际经济合作，2017(7)：59-62.

[2]　HM Government. Industrial strategy: Government and industry in partnership[R]. 2013.

[3]　薛亮. 日本第五期科学技术基本计划推动实现超智能社会"社会 5.0"[J]. 华东科技，2017（2）：46-49.

[4]　Consultancy A. Arcadis global built asset wealth index 2015[R]. 2015.

[5]　Mellado N，Yan X，Mitra N J. Computational design and construction of notch-free reciprocal frame

structures[J]. La Houille Blanche，2017，44(1)：52-58.

［6］ Mitchell W J. Constructing complexity[J]. Computer Aided Architectural Design Futures 2005，Springer，Dordrecht，2005：41-50.

［7］ Clayton M J，Warden R B，Parker T W. Virtual construction of architecture using 3D CAD and simulation[J]. Automation in Construction，2002，11(2)：227-235.

［8］ Leach N，Turnbull D，Williams C J K. Digital tectonics[M]. Pittsburgh：Academy Press，2004.

［9］ Tamke M，Thomsen M R. Implementing digital crafting：Developing：It's a small world[C]. Design Modelling Symposium Berlin 2009. University of the Arts，2009：321-329.

［10］ Mills F. BIM and social media[J]. Construction Manage's BIM Handbook，2016：127-132.

［11］ 丁烈云. 数字建造导论[M]. 北京：中国建筑工业出版社，2019.

智能建造领域关键技术

知识图谱

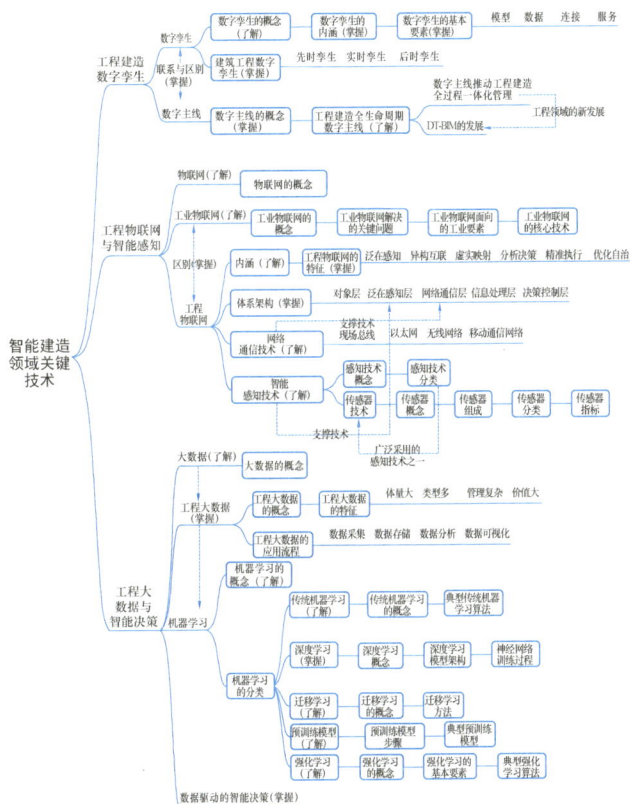

本章要点

知识点1. 工程建造数字孪生的概念、基本要素及应用。

知识点2. 工程物联网的概念、体系架构。

知识点3. 工程大数据的概念、特征、应用流程及其支持的智能决策。

学习目标

（1）了解工程建造数字孪生的概念、发展及其应用，了解工程建造全生命周期数字主线，理解数字孪生的基本要素。

（2）了解工业物联网与工程物联网的区别，理解工程物联网的概念与内涵，掌握工程物联网的体系架构。

（3）了解工程大数据的概念及其特征，理解工程大数据中涉及的机器学习算法、深度学习案例及其支持的智能决策，掌握工程大数据的应用流程。

智能建造领域关键技术是通用的信息技术与工程建造深度融合所形成的行业领域技术，包括面向工程建造全过程的数字孪生、面向智能工地的工程物联网与智能感知、面向智能决策的工程大数据和面向人机协同的建筑机器人技术。本章将重点介绍工程建造数字孪生、工程物联网与智能感知和工程大数据与智能决策，工程建筑机器人将在第 8 章介绍。

2.1 工程建造数字孪生

2.1.1 数字孪生的概念与发展

数字孪生（Digital Twin，DT）的概念始于航天军工领域，最早在 1969 年被 NASA 应用于阿波罗计划中，用于构建航天飞行器的孪生体，反映太空中航天器在任务期间的工作状态，以辅助紧急事件的处置。2003 年前后，密歇根大学的 Michael Grieves 教授提出了"与物理产品等价的虚拟数字化表达"的概念[1]。2010 年，美国国家航空航天局（NASA）在其技术报告中正式提出了"数字孪生"这一概念，并将其定义为"集成了多物理量、多尺度、多概率的系统或飞行器的仿真过程"[2]。2011 年，Tuegel 等人在航空领域将"数字孪生"定义为"结构寿命预测和管理再造"的过程[3]。IT 研究与顾问咨询公司 Gartner 在 2019 年十大战略科技发展趋势中将数字孪生作为重要技术之一，其对数字孪生的描述为：数字孪生是现实世界实体或系统的数字化体现[4]。2019 年，陶飞在《Nature》杂志的评述文章《Make More Digital Twins》中认为，数字孪生作为实现虚实之间双向映射、动态交互、实时连接的关键途径，可将物理实体或系统的属性、结构、状态、性能、功能和行为映射到虚拟世界，形成高保真的动态多维/多尺度/多物理模型，为观察物理世界、认识物理世界、理解物理世界、控制物理世界、改造物理世界提供了一种有效手段[5]。

综合以上对数字孪生概念的描述，数字孪生的内涵可以概括为以下几个方面：

（1）数字孪生是一种旨在精确反映物理对象的数字模型。利用历史数据、实时数据以及算法模型等，在数字空间中映射物理实体的行为和状态，可以形成物理对象的数字孪生模型。物理实体不同、描述的目标不同、描述的方式不同，呈现的数字孪生也不同。面向不同专业、不同主体以及同一物理实体不同尺度、不同维度，最终呈现的数字孪生体也不同，体现出其多面向、多专业、多尺度等特性。

（2）数字孪生与物理实体"共生"，动态双向精准映射。数字孪生与物理实体是孪生的一体两面，相互依存共生，体现为双向映射与交互过程。基于源自物理实体的多源数据持续完善数字模型，以动态、精确地刻画物理实体，确保基于数字孪生的仿真结果的可靠性。同时，将数字空间中的数据和信息反馈给物理实体，为其优化和迭代过程提供了数据支持，确保了物理实体的持续改进和创新。此外，物理实体总是处在特定环境中并与外界交互，为此，数字孪生需要与环境交互的接口。

（3）数字孪生是数据-知识双重驱动的模型。数据和知识是数字孪生的基础，驱动数字孪生的数据和知识来自于设计-生产-建造-运维等各个阶段。通过设计参数、环境参数、运行状态等数据的采集，并将这些数据与专业领域知识相融合，在建模与仿真技术的支持下，实现数字孪生模型的构建和基于数字孪生模型的仿真与优化。

（4）数字孪生模型在产品全生命周期不断演化与完善。基于产品全生命周期各阶段数据的积累与应用，数字孪生模型不断演化生长，在广度和深度上持续丰富和拓展，从而为产品从设计到运维等不同阶段的应用提供精确的数据服务和决策支持，实现对产品从采集感知、决策分析到反馈控制的全流程闭环应用。

2.1.2 数字孪生的基本要素

数字孪生是在多技术多要素支持下不断发展的长期的、综合的、动态的、不断进化的过程。数字孪生的基本要素主要包括模型、数据、连接和服务等[6]。基于物理实体或系统全生命周期的数据，通过数据的融合，对物理实体或系统进行数字化建模，实现不同主体、不同要素的互联互通，最终满足面向各主体的功能或服务需求。

1. 模型

模型是一个以系统的、数学的或其他方式的逻辑表达，它以某种确定的形式（如文字、图片、公式、实物等）提供关于系统的知识。模型是用来研究相应系统的工具，是对系统的某个或某些方面属性的描述、模仿和抽象。因此，模型一般不是系统本身，但其反映了某些能够展示系统本质特性的主要因素，集中体现出这些主要因素之间的关系。从模型需求和功能的角度出发，数字孪生是三维模型，是对物理实体或系统的模拟。理想的数字孪生模型涉及多要素、多时空、多尺度模型，具有高真实性、高可靠性、高精确性的特点，能真实准确地再现物理世界。此外，数字孪生模型往往强调虚拟和现实之间的交互，并需要对模型进行校验与演化，以保证数字孪生模型的虚实一致性。通过与物理实体或系统之间的交互与反馈，数字孪生模型能够生成策略来对物理实体或系统进行控制，并将现实世界的结果以数据的形式反馈回来，进一步优化数字孪生模型，实现实时的更新和动态的演化。

产品设计具有多样性的特点，采用的模型往往是多种多样的，需要根据每件产品的特性进行个性化的建模，以准确展现产品的实际情况，从而提高模型的预测性和实用性。根据所描述的属性和研究目标的不同，可以将模型主要分为四个类别：几何模型、物理模型、行为模型和规则模型。

（1）几何模型：几何模型是用几何概念描述物理实体或系统状态的模型，如描述实体的形状、大小和位置等几何属性。几何模型通常使用几何图形和坐标系统来表示。

（2）物理模型：物理模型用于表达实体系统的构成要素以及要素之间的关系。依据各要素的内在工作方式和在一定环境条件下相互联系、相互作用的运行规则和原理，提取出主要的、本质的要素，可以建立轮廓清晰、主题突出、易于研究的物理模型。

（3）行为模型：行为模型用于描述实体或系统的功能与行为，集中体现为物理实体或系统在运行、维护过程中的性能表现，主要关注物理实体或系统及其各个组成部分在不同环境条件下的动态响应。

（4）规则模型：规则模型用于表达实体系统运行的内在逻辑和机理。规则模型体现为预先定义的一组规则，这些规则可以是基于专家知识、经验法则或特定领域的知识等。清晰的规则模型的刻画有助于理解数字孪生系统的运行规律，驱动着上述几何模型、物理模型、行为模型的运行。

2. 数据

数据是数字孪生的核心驱动力，数字孪生的数据不仅涵盖了贯穿物理实体或系统全生命周期的全要素/全流程/全业务的相关数据[7]，还强调数据的融合，如信息物理虚实融合、多源异构融合等[6]。此外，不同于只采集离线静态数据的建模形式，数字孪生大多是基于行为的建模。数字孪生模型具备的高真实性、高可靠性、高精确性的特征使其能够真实地刻画物理世界，因此数字孪生必须具备强大的对动态实时数据的采集能力，以确保数字孪生模型与物理实体或系统在全生命周期中保持一致。对此，利用工程大数据技术可以对工程数据进行全过程分析，为全过程数字孪生的信息物理虚实融合和数字孪生模型的建立提供了坚实的数据基础。

3. 连接

从满足信息物理全面连接映射与实时交互的角度和需求出发，理想的数字孪生不仅要支持跨接口、跨协议、跨平台的互联互通，还强调数字孪生不同要素（模型、数据、连接、服务）间的双向连接、双向交互、双向驱动，且强调实时性，从而形成信息物理闭环系统[6]。对此，作为数字孪生双向映射、实时在线连接的重要技术支撑，工程物联网为连接工程建造的物理世界和数字空间提供了机会，帮助实现对物理实体或系统和环境持续的数据收集，其也是实现可计算、可分析、可优化以及可控制的全过程数字孪生的基础。因此，数字孪生实现了从物理世界到虚拟世界的感知接入、可靠传输和智能服务。

4. 服务

从功能需求的角度对数字孪生支持的部分功能/服务进行解读，数字孪生是仿真、虚拟验证和可视化[6]。基于模型和数据的驱动，数字孪生的应用价值还体现在可以针对不同的对象和需求，在产品设计、运行监测、能耗优化、智能管控、故障预测与诊断、设备健康管理、循环与再利用等方面提供相应的功能与服务，其服务呈现出多元化的特点[8]。同时，数字孪生在提供服务时是以物理实体或系统全生命周期各阶段积累的数据为基础的。可以通过各种智能算法将已有的设计、建造、运维等各阶段的数据进行分析和处理，最终实现对过去和现在的分析、诊断以及对未来的预测。

2.1.3 数字孪生的价值与应用

建筑工程数字孪生根据数字模型与物理实体或系统在时间维度上构建的先后顺序可分为三类：先时孪生、实时孪生以及后时孪生。其中，先时孪生强调在建筑实体建造之前通过数字模型进行设计、仿真与优化；实时孪生则着眼于对建筑实体、人员、环境等的实时监测、分析与预测；后时孪生则是强调对既存的实体系统基于采集的数据进行规律的探索与挖掘，并优化孪生模型和反馈控制物理实体系统。

1. 先时孪生

先时孪生强调"先数后物"，即先建立数字模型，再根据数字模型建立物理实体或系统。基于先时孪生，可以在进行物理实体或系统建造之前，提前建立各种数字模型，通过仿真模拟、实时渲染、可视化等技术手段准确地反映物理实体或系统的结构、性能和行为等各方面属性，模拟不同设计方案的效果、工程建造的过程和建筑实体运行的情况，评估工程建造的经济性、安全性和可行性等。

在工业产品与建筑产品的制造或建造中，存在共通之处——先设计再制造或建造，即先建立数字模型，再依据数字模型指导产品的制造或建造。然而，两者也存在显著区别。在制造业中可利用产品的数字样机完成数字模型的仿真优化迭代，而后构建工业物理样机进一步验证其可行性，并继续进行物理样机的迭代优化，在验证无误后进行批量化生产。而在建筑工程中，由于受到建筑环境、场地条件、功能需求等多重因素的影响，建筑产品呈现出一次性、个性化、独特性的特征，出于成本等考虑，很难搭建工程物理样机并进行迭代优化和验证，所以建筑产品在设计阶段进行数字模型的构建及后续的仿真显得更为重要。依赖于数字模型，通过仿真技术来模拟和评估各种复杂因素对建筑工程的影响，对模型进行反复迭代优化，有效降低潜在风险，使得先于建筑产品的数字模型能够更好地指导实际建造过程。

为了高效地进行建模并获得较好的建模成果，可以借助数字化建模方法辅助设计，如多主体交互式协同设计、参数化设计、生成式设计等。多主体交互式协同设计能够让不同专业人员在计算机支持下，围绕同一建模项目展开高效的交互与协同工作，以解决传统建模中存在的项目管理、建模与建造之间的脱节问题，最终得到符合要求的综合设计成果。参数化设计通过将影响建模的各要素组织成参数化模型，并利用计算机语言进行描述，使得建模过程不再受传统技术的束缚，而能够根据参数的调整实现更大范围和更高效的建模应用。生成式建模是一种模仿自然的进化建模方法，通过构建一系列建模规则和算法，在用户深度参与的过程中，持续快速迭代以获得建模解决方案，从而节约时间、降低成本，并促进高品质建筑形态的创造。

在应用上述数字化建模方法进行建模时，基于不同的建模目标，构建的模型是多尺度、多专业的，需要一个集成的视角来完整呈现建筑实体。在数字模型建立之后，就需要对不同尺度、不同专业的模型进行融合，即依据物理实体或系统的复杂层次结构，将模型从单元级别逐步扩展到系统级别甚至复杂系统级别。同时，为确保模型的准确性，验证模型是否可以精准、有效地刻画物理实体或系统的各项属性，需要对模型与物理实体或系统进行一致性检验，对多尺度、多专业的单元级模型及融合后的模型进行验证，以保证模型的准确性。如果模型验证结果不符合需求，则需要对模型进行校正，模型验证与校正是一个反复迭代的过程，每次校正后都要重新进行验证，直到模型验证结果符合需求，即确保模型能够准确描述物理实体或系统的各项属性。

构建数字模型需要注意建造过程中面临的不确定性。一方面，在设计阶段难以完全感知人机料法环等各工程要素，在构建模型时也就难以充分描述工程实际情况。另一方面，模型从设计、施工到运维等阶段处于不断地更新和完善中，如施工阶段可以在设计阶段创建的 BIM-3D 的基础上添加质量安全、成本进度等信息，形成 BIM-ND，这种多阶段的模型演进要求模型具备灵活性和可扩展性。另外，模型在不同阶段面向不同的价值主体，各价值主体出于对自身利益的考量，往往难以实现模型从上一阶段向下一阶段的传递，也就难以对模型进行持续的迭代与优化，这一问题的解决需要协同与激励机制的支持。

建筑实体的数字模型不仅集成了建筑的结构、功能、材料等多维度信息，而且能够精准反映建筑物的各种特性和性能。然而，数字模型的真正价值不仅在于其静态地展示建筑物的各项属性，更在于它能够作为仿真分析的基础，帮助我们深入理解并优化建筑在不同场景下的性能表现。通过输入关于建筑产品的各种参数和条件，生成一系列仿真模拟结果，帮助理解、分析建筑产品，及时发现潜在的问题并进行模型的调整，为构建物理实体提供指导，降低建造成本和风险，最大限度地降低建造过程中的不确定性。借助计算机进行仿真分析，在工程实践中已经得到了广泛应用，如工程项目管理仿真分析、静力分析、模态/动力学分析、大型工程的流体分析、声场分析、热分析、电磁分析、光分析等。工程仿真内容、工具及应用如图 2-1 所示。

仿真原理	仿真工具	仿真应用

图 2-1　工程仿真内容、工具及应用

具体来说，在建筑工程中，可以充分利用计算机仿真工具对工程设计方案进行虚拟仿真分析。例如，通过设计成果的动态高仿真可视化，可以将建筑以近乎真实的面貌呈现在工程各参与方的面前，帮助各参与方对整体的效果、性能等进行全面了解，方便调整方案，并对各种方案进行对比、优化；通过工程环境影响与节能减排仿真分析，可以进行一年四季的日照与建筑物阴影相互影响的分析、工程周围风场模拟、建筑外壳隔热和自然通风的性能分析；通过工程人流交通性能仿真分析，可以为设计人员提供建筑内可能出现的人员拥挤、行人空间安全等问题，以最低的成本和最少的损失在工程人流交通设计的早期阶段作出科学的决策，帮助建立安全高效的人群疏散机制、事故应急预案等；通过工程环境美学性能仿真，可以模拟建筑物在各种动态环境中的外观变化，评价各个设计方案的环境适应性并进行优化；通过对施工过程的仿真分析，能够模拟施工过程中各项复杂且交叉进行的作业过程，以提前发现可能存在的空间冲突，优化交叉作业的顺序，避免空间碰撞。

通过工程项目管理仿真分析，在工程三维几何模型的基础上进行维度的拓展，加上时间、成本等维度，就可以形成工程项目管理模型。通过与时间、成本等信息的关联，可以分析工程计划方案的可行性和经济性，及时进行调整与矫正。通过上述各类仿真分析，可以提前检验建筑物的各项性能，有利于促进工程管理水平的提升，推动工程建造由"粗放型"向"精细化"方向发展。

2. 实时孪生

实时孪生强调"数物同步"，即数字孪生模型与物理实体实现实时同步、感知映射和数据的双向交流。通过实时孪生，物理实体的结构、性能和行为等各方面属性能够准确映射到数字孪生模型中，同时模型能够感知到物理实体或系统的变化并进行实时更新，还能够监测、分析和预测物理实体的运行状况，为实体的优化、维护和决策提供支持，最终形成感知、描述、诊断、预测、决策和优化的闭环，实现物理空间与数字空间的交互与融合。

实时孪生强调实现数字孪生模型与现实物理实体之间的即时准确映射，不仅要对物理实体的性态行为等准确捕捉，还需要将其映射到数字孪生的具体空间位置，这些都依赖于高精度的物联感知技术和先进的数据处理方法。在工程物联网和传感器等技术的支持下，实时采集反映物理实体性态和行为的数据，并映射到数字孪生模型对应部位中，为实时孪生的实现提供数据支持，使数字孪生模型能够保持与物理实体的同步；在边缘计算、云计算、机器学习等技术支持下，对数据进行及时处理和深度挖掘，支持基于孪生模型与数据驱动的优化决策和反馈控制。

实时孪生在工程中有着广泛的应用，如在石化工程建设中，涉及一系列危险作业工序，可在实时孪生空间中基于作业区域、作业类型、作业工种、作业时间等实时反映并优化控制工人作业位置及行为。在进行动火作业等高危作业之前，需向基于实时孪生的数字化监控平台提出申请并获得作业许可票，在正确时间才能进入指定作业区域，确保没有与当前作业相冲突的其他作业正在进行，保证作业环境的安全性。针对危险作业工序划分高风险作业区，并在孪生空间中设置高危作业电子围栏，基于作业人员佩戴的定位标签等设备实时跟踪人员的位置和行为轨迹，并实时映射到工地孪生空间中，当非作业区域许可人员进入电子围栏，会立即触发报警，如图 2-2 所示，扫二维码 2-1 可观看视频。

视频2-1 基于实时孪生的电子围栏预警系统

图 2-2　基于实时孪生的人员位置和行为轨迹跟踪
（图片来源：华中科技大学国家数字建造技术创新中心）

在起重吊装作业中，针对现场可能遇到的空间碰撞问题，可以通过吊车关键部位的传感器数据（如底盘旋转角度、吊臂抬升角度、吊臂伸长长度等）重建吊车的实时姿势，并通过现场激光扫描得到的点云数据获取现场环境状况。基于实时孪生，可以实时比较吊车姿态数据和现场环境点云数据，判断是否存在空间碰撞问题，以保证起重吊装作业的安全进行。在吊装作业中，还要充分考虑中间结构形式或临时措施的受力可靠性问题。现场装配时，临时荷载与吊装荷载等力学因素会对已完成的部分工程结构产生一定的影响，如大型城市桥梁工程预制主梁装配过程中的"体系转换"问题。对此，可以通过实时孪生监测吊装构件、中间结构形式或临时措施的状态，以确保吊装工作的安全进行。

在建筑楼宇的运维过程中，通过智能传感器和监测设备，实时采集电力系统的各种数据，包括电流、电压、功率等参数，这些数据构成了数字孪生模型的基础。利用这些数据，管理人员能够实现对电力系统精准感知，实时监控分析电力的使用情况、负载分布以及可能存在的异常情况。通过智能开关和远程控制系统，可以对电力设备进行智能控制，从而实现对电力系统的灵活调度和管理，以确保电力系统的安全稳定高效运行。此外，通过实时监测人员的分布情况，可以确定人流密集程度和人员活动情况。基于此，可以动态调整电力系统的运行模式和供电策略，并进行灯光的动态调整，以适应不同区域的需求变化。在人员密集区域，可以增加电力供应并在照明情况不佳时调整灯光，以确保建筑物中人员生活、工作的正常进行。而在人员稀少或者闲置区域，可以适当减少电力供应，关闭无人且没有照明需求区域的灯光以节约能源。

3. 后时孪生

后时孪生强调"先物后数"，即依据已经建成的物理实体系统构建相应的数字模型。面对工程中广泛存在的不确定性，如材料特性、环境影响以及人为因素等，为了更深入地理解工程系统的性态特征、运行规律等，在物理实体系统建造后，构建相应的数字模型来反映物理实体系统并基于此进行深入研究。后时孪生模式下构建的数字模型可以通过物联感知器件采集实体对象系统的空间位置、结构特性等多维度数据，使得技术人员能够基于实地观察和测量的数据构建出更为准确和可靠的数字模型，以揭示工程实体系统背后的本质特征和规律，并为优化设计和决策提供科学依据。

盾构法隧道施工可能会引发地表沉降，要想深入探究和理解地表沉降的发生机理，可以通过后时孪生，在总结已建成工程施工过程中引发沉降的主要因素的基础上，通过人工智能和建模仿真等技术基于工程中采集的各类数据进行数字化建模，精确地描绘出地表沉降的空间分布特征和时间变化趋势等，对地表沉降发生机理进行深入研究，如图2-3所示。在盾构法隧道施工中，地表沉降主要归因于两大机理性因素，一是盾体直径大于隧道结构外径，盾构掘进的超挖可能造成地层损失，进而导致地表沉降；二是盾构掘进切削地层会在周边岩土体中引发超孔隙水压力，引发地层的次固结沉降，进而传导至地表。此外，地质空间的非均匀性与盾构机油缸推力调整的滞后性，会导致高度不确定的盾构掘进轴线的空间偏差，也是地表沉降的一大诱因，如图2-4所示。基于盾构工程中积累的盾构生成的海量数据与岩土工程勘察报告、工程人工记录等参数数据集，针对上述引发沉降的主要因素，通过人工智能算法训练形成预测模型，结合迁移学习方法与新建隧道数字化建模，形成对在建盾构隧道工程的监测数据分析、风险演化预测与施工决策支持的后时孪生模式，最大限度地减小盾构作业对周边环境的影响。

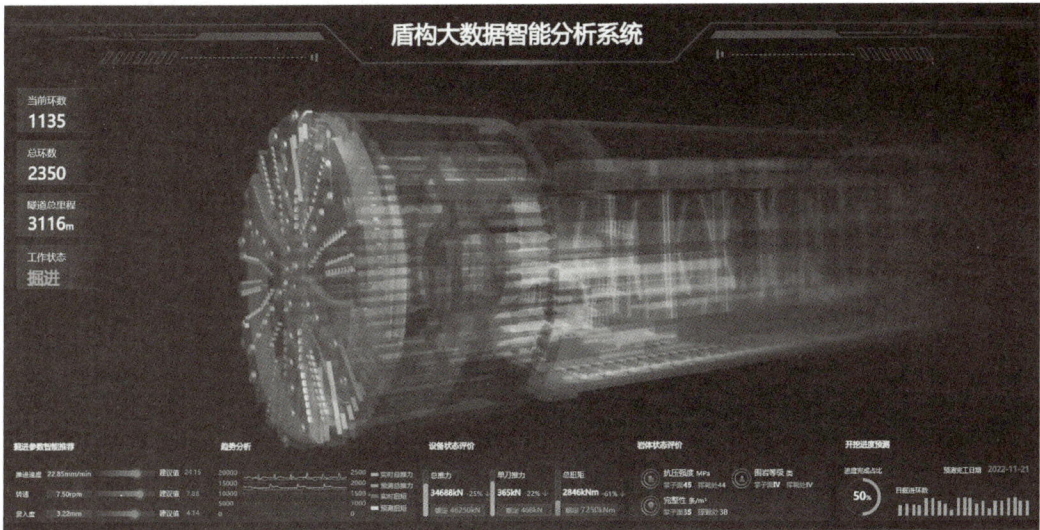

图 2-3　盾构掘进数字孪生

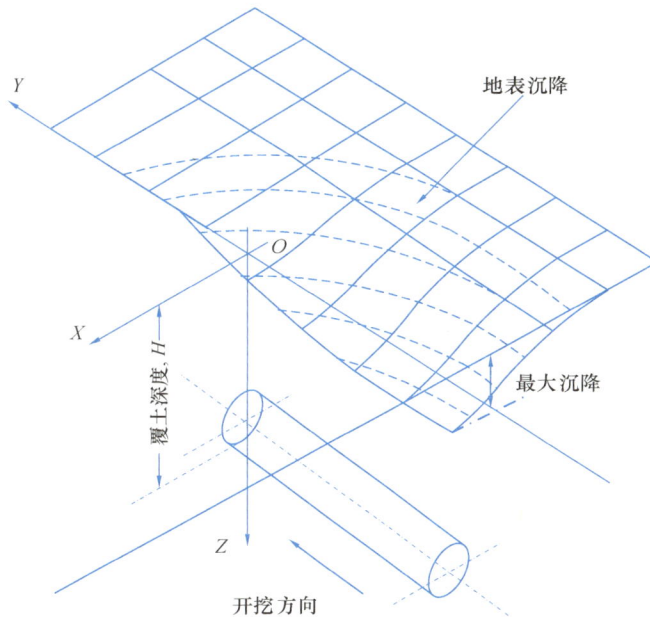

图 2-4　盾构掘进引发地表沉降三维示意图
(图片来源：华中科技大学国家数字建造技术创新中心)

　　再如，在城市更新、历史建筑修复与保护等方面可以充分发挥后时孪生作用。基于历史建筑的三维激光点云数据及既有历史档案数据等来构建其数字孪生模型，展现建筑的历史过往、结构特征、功能性态。通过数字孪生模型对历史建筑物的结构进行全面分析和评估，检测识别潜在的结构损伤和破坏，并借此确定修复的优先级和方案。进一步，通过数字孪生模型评估不同修复方案的成本、效果和影响等，选择最合适的修复方案，确保在维持历史建筑原貌的基础上修复损伤。构建的数字孪生模型详细准确记录了建筑的原始结构、装饰等细节，还能够支持历史建筑在遭受火灾、地震等灾害后由于缺少相关信息而复原困难的问题，使得灾后的修复工作更加有针对性，有效提高了历史建筑综合保护管理水平。

2.1.4 数字主线

数字主线（Digital Thread）的概念起源于航空航天领域，与数字孪生有着紧密联系又存在区别。数字孪生侧重于在相对独立的系统中对物理模型进行动态、高保真的数字化表达；而数字主线则强调系统之间数据的交换、流转，确保在正确的时间将正确的信息传递到正确的地方，同时实现过程可追溯和效果可评估。

尽管数字主线对于系统间数据的交换流转具有重要作用，但业内对于数字主线的定义并没有统一。美国空军与工业界将数字主线定义为一个可扩展、可配置、合成的企业级分析框架，基于数字系统模型模板，无缝地贯穿系统价值链，将相关信息无缝集成的思想，跨越从最初的设计、制造、测试，直至产品的运营维护、退役阶段。CIMdata 公司认为数字主线是一种信息交互的框架，能够打通原来多个竖井式的业务视角，连通设备生命周期数据（即数字孪生模型）的互联数据流。西门子公司通过数据主线对产品、生产、运维三个阶段的数字孪生进行贯通，覆盖企业全业务流程和产品全生命周期，并构建制造企业全面综合的一体化数字孪生。

通过上述对于数字主线的不同理解可以看出，数字主线是一种信息交流框架，基于该框架可以将产品全生命周期的各种数据高效整合，形成贯穿全周期的统一数字模型，并通过将各模型、数据基于特定的业务规则有机衔接起来，建立面向产品全生命周期的数字化网络，从而为不同的角色或系统提供与产品有关的完整的、一致的、准确的信息。

在工程建造领域，面向设计、施工、运维等各阶段各主体的系统中存在着彼此关联但相对分散的数字孪生模型，各个特定阶段的模型和数据无法有效流转，阻碍了建筑全生命周期管理的一体化，影响了建筑实体的持续优化和质量提升。因此，需要一个专门的处理平台对各阶段各类数字孪生模型进行统一组织与管理，通过模型数据的无缝交互转换为全过程一体化管理提供解决方案。数字主线就可以提供这样一个模型数据交换流转的框架，明确各阶段各主体系统中模型数据之间的关联关系并建立沟通桥梁，为工程数字孪生模型数据提供访问、整合和转换功能，将数字孪生扩展到建筑产品的全生命周期。

工程建造全生命周期数字主线通过平台软件等技术手段为工程建造各阶段数字孪生搭建起面向数据的交互框架，同时融合数字孪生和 BIM 技术，发展出 DT-BIM 的新形态。DT-BIM 是基于工业基础类（Industry Foundation Class，IFC）数据交换标准和 WebGL技术的建筑信息模型技术集成管理平台，可提供 BIM 数据管理与转换、协调平台、智能建造管理、智能建筑管理等各类服务。如图 2-5 所示，DT-BIM 提供了建立建筑信息模型的工具和技术，用于处理建筑线性模型的几何形状、属性和行为规则等信息，设计阶段使用设计工具创建包含工程所有关键信息的精确工程模型；施工阶段中的进度、成本、质量控制等实时数据可以通过数字主线反馈给各参与方，以便进行必要的调整；工程交付后，运维阶段的数据也可以通过数字主线进行收集和分析，以优化设施的使用和维护策略。以DT-BIM 生成的建筑信息模型为基础，进一步引入实时数据和模拟算法，可以创建一个动态的数字孪生模型，支持各参与方之间的数据共享并确保数据流转的合规性，实现对建筑物运行状态的追踪、预测和优化，帮助决策者作出科学的决策，提高建筑的效率、可持续性和用户体验，最终实现工程建造全过程数字孪生。

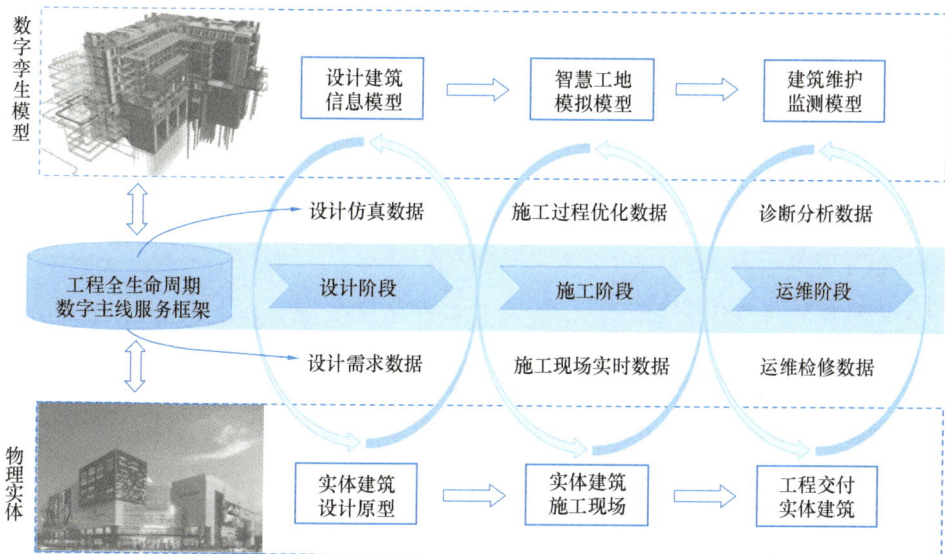

图 2-5　工程建造全生命周期数字主线

2.2　工程物联网与智能感知

工程物联网是物联网（Internet of Things，IoT）技术在建造领域的拓展，为连接工程建造的物理世界和数字空间提供技术路径，是构建智能工地，实现可计算、可分析、可优化和可控制的工程数字孪生的关键性技术。

2.2.1　工业物联网与工程物联网

1. 物联网与工业物联网

1999 年，美国麻省理工学院自动识别中心（AutoID）率先提出了物联网的概念，认为物联网的核心思想是使用 RFID 技术，为物体赋予唯一的标识符（物品编码），并通过互联网进行无线通信和交互。2009 年，工业和信息化部首次明确提出物联网定义：物联网是指通过信息感知设备和互联网技术，将各种物理对象与互联网连接，实现物与物、物与人之间的智能交互、信息共享和协同处理的新一代信息技术[8]。

工业物联网是把物联网技术应用到工业领域，将具有感知、管控能力的各类采集传感器、控制传感器或控制器，通过物联感知和通信技术融入工业生产过程的各个环节，实现将传统工业提升到智能化的阶段。2017 年，中国电子技术标准化研究院发布的《工业物联网白皮书》中将其定义为：工业物联网是通过工业资源的网络互联、数据互通和系统互操作，实现制造原料的灵活配置、制造过程的按需执行、制造工艺的优化和制造环境的快速适应，达到资源的高效利用，从而构建服务驱动型的新工业生态体系[9]。

搭建工业物联网平台，重点要解决多类工业设备接入、多元工业数据集成、海量数据管理与处理、工业应用创新与集成等问题。工业物联网面向的工业要素主要包括：制品、原料、机器、流水线、作业工人等要素，通过智能的感知控制阶段、全面的互联互通阶段、深度的数据应用阶段、创新的服务模式阶段提升价值、优化资源、升级服务以及激发创新。工业物联网的核心技术主要包括：感知控制技术，即传感器、多媒体、工业控制等；网络通信技术，即工业以太网、短距离无线通信等；信息处理技术，即数据清洗、分析、存储等；安全管理技术，即加密认证、防火墙等。

2. 工程物联网

为提升工程建造资源的使用效率，越来越多的传感器、现场网络、数据平台投入工程建造的现场管理中。

（1）工程物联网的内涵

工程物联网是通过工程要素的网络互联、数据互通和系统互操作，实现建造资源的灵活配置、建造过程的按需执行、建造工序的合理优化和建造环境的快速响应，从而建立服务驱动型的新工程生态体系。同时，工程物联网被定位为支撑数字化、信息化工地建设的一套综合技术体系，这套综合技术体系包含硬件、软件、网络、云平台等一系列信息通信和自动控制技术，这些技术的有机组合与应用构建起一个能够将物理实体和环境精准映射到信息空间并进行实时反馈的智能系统，作用于建筑生产全过程、全产业链、全生命周期，重构工程管理的范式。

（2）工程物联网的特征

工程物联网的特征是构建一套工程物理空间与数字空间基于数据自动流动的泛在感知、异构互联、虚实映射、分析决策、精准执行、优化自治的闭环赋能体系，解决建筑生产过程中的复杂性和不确定性问题，减少过程信息损失的同时提高资源的配置效率[10]，如图 2-6 所示。

在数据流动的过程中，大量蕴含在工程物理空间中的隐性数据经过泛在感知、异构互联被转化为显性数据，进而同步映射到数字空间进行计算分析，将显性数据转化为有价值的信息。不同系统的信息经过集中分析形成对外部变化的科学决策，将信息进一步转化为知识。

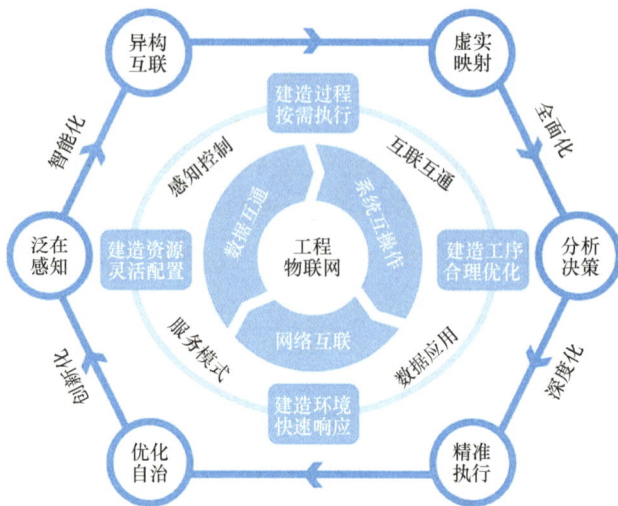

图 2-6 工程物联网的特征

（图片来源：丁烈云. 数字建造导论［M］. 北京：中国建筑工业出版社，2019）

然后以更为优化的数据作用到实际工程中，构成一次数据的闭环流动。

泛在感知是工程数据获取的基础。工程数据包括：现场人员、机械设备、原料及构件、工艺与工法、施工环境、建筑产品等工程要素的状态信息。泛在感知通过传感器、感知融合等一系列数据采集技术，将这些蕴含在物理实体或系统中的数据传递到数字空间，使得物理要素通过数据"可见"。

异构互联是工程数据传输的前提。工程建造包括大量的异构硬件（如各类传感器等）、异构软件（如 BIM、ANSYS、MES 等）、异构数据（如模拟量、数字量、开关量、视频、图片格式文件等）及异构网络（如现场总线、工程以太网、ZigBee、Wi-Fi 等），通过统一定义数据接口协议和中间件技术，形成便携、高效的工程物联网信息通道。异构互联为数据传输各个环节的深度融合打通了交互的通道，为实现融合提供了重要保障。

虚实映射是工程数据表达的方法。虚实映射将工程实施过程中所蕴含的资源及数据映射到数字空间中，在虚拟的世界里模拟施工流程，借助数字空间强大的信息处理能力，实现对工程建造过程"人-机-环境"全要素的抽象建模。目前，比较常用的建模手段包括 CAD、BIM 技术。除此以外，类似基于图片建模等的大尺度场景快速建模技术也被应用到工程物联网中，为管理决策提供可视化的载体。

分析决策是工程数据处理的手段。分析是将感知的数据转化成认知信息的过程，是对原始数据赋予意义的过程，也是发现工程实体状态在时空域和逻辑域的内在因果性或关联性关系的过程。然而，大量的显性数据并不一定能够直观地体现出工程实体的内在联系。这就需要经过实时分析环节，利用数据挖掘、机器学习、聚类分析等数据处理分析技术对数据进行进一步分析估计，使得数据不断"透明"，将显性化的数据进一步转化为直观可理解的信息。决策则是对信息的综合处理，在这一环节工程物联网能够权衡判断当前时刻获取的所有来自不同系统或不同环境下的信息，形成最优决策来对工程实体进行控制。因此，分析决策并最终形成最优策略可以说是工程物联网的核心环节。

精准执行是工程数据价值的体现。在数字空间分析并形成的决策终将会作用到物理空间，而物理空间的施工人员或者机械以数据的形式接受信息空间的决策。因此，执行的本质是将信息空间产生的决策转换成物理实体或系统（人员或机械）可以执行的指令，并进行物理层面的实现。通过输出更为优化的作业指令，使得工程实体中的施工设备运行得更加可靠，人力资源调度更加合理，从而保障工程建造过程的安全、高效。

优化自治是工程数据应用的效果。工程物联网体系能够不断地自我学习和提升，通过对工程资源数据进行采集、传输、处理、分析和存储，形成有效的、可集成的知识库、模型库和资源库。面向工程建造中的人员、机械设备、原料构件、工艺工序以及环境等要素，系统可以不断进行迭代优化，达到最优目标，最终实现系统自治目的。

（3）工业物联网与工程物联网的区别

物联网技术发展给制造业与建筑业带来了变革，它们相互交织也各有侧重点。从技术体系看，工业物联网与工程物联网类似，包括：感知、传输、分析及控制（图 2-7）。

从感知的要素和应用场景看，工业物联网又与工程物联网有明显的差异，具体体现在：感知特点、过程特点、任务特点以及环境特点四个方面[11]，如图 2-8 所示。

工程建造数据感知传输以人为中心。组建工业物联网的目的主要在于实现产品和设备的互联，弱化生产中人的因素，提高生产线的自动化水平。然而，不同于工业生产线作业，工程产品的个性化特点要求工程建造活动需要以人为主，人机协同作业。工程物联网的核心在于感知人与机械设备的状态以及工程本体状态，从而指导人的行为、服务人的决策、保障工程质量和安全。而人员个体的差异性、行为的随机性以及不确定性给工程物联网的部署带来极大的挑战。

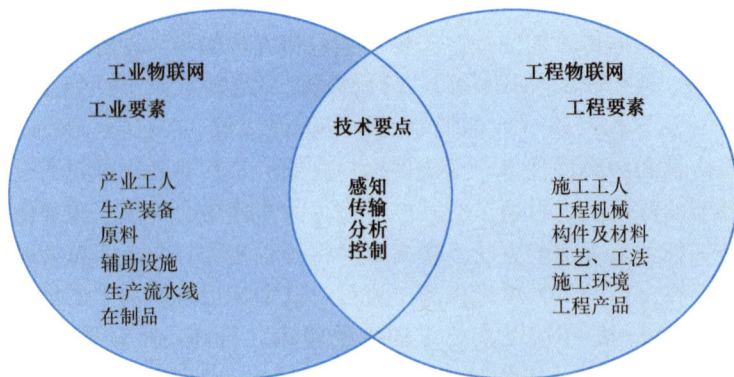

图 2-7　工业物联网与工程物联网的主要交集

(图片来源：丁烈云．数字建造导论［M］．北京：中国建筑工业出版社，2019)

图 2-8　工业物联网与工程物联网的主要区别

(图片来源：丁烈云．数字建造导论［M］．北京：中国建筑工业出版社，2019)

工程建造过程具有时空变化与弱耦合特性。大部分工业生产都在室内开展，各个生产要素的状态固定、位置固定，同时它们之间的相互关系处于高度耦合的状态。一旦作业中的某一环节出现异常情况，系统需要快速响应并及时处理，以避免整个生产线的瘫痪。因此，在部署工业物联网时更多的需求是感知手段的精度以及控制阈值的设定。反观之，工程场景具有时空变化的特性，例如基坑开挖时的地表环境就具有不可控、难以预测等特点。更值得一提的是，工程要素之间的相互关系处于弱耦合状态，局部出现的异常状态不会立即造成整个建造场景的改变，比如难以准确地描述地表异常沉降给周边施工人员以及机械带来的影响。所以，工程物联网部署的关键技术在于建立多传感器融合感知决策，以及通过模糊控制方法来保障整个建造系统的稳定性和可靠性。

工程建造任务具有唯一性与不可重复特点。从生产任务的视角来看，工业活动往往是面向单一的、可重复的任务。在进行工业物联网连接时，往往采用现场总线、工业以太网这种"一劳永逸"的通信组网方式。而工程建造任务其本身具有多样性，可以说每项施工活动都不重复。因此，部署工程物联网需要灵活、便携、易于维护的组网方法，例如无线网络、移动自组网技术等。除此以外，相比于成熟的工业组网体系，工程物联网在组网节点的优化、组网带宽的升级、组网协议的定义等方面还需要逐步探索。

工程建造环境具有复杂性与信号屏蔽效应。 工业生产环境与工程建造环境的复杂程度不同。制造业的极端工况往往与其生产工艺有着极大的关系，例如炼钢的过程往往会承受高温高压、高湿、高浮尘含量等极端条件，此时更加考验的是工业物联网传感节点的可靠性。而工程建造环境极端工况则更加复杂，由于涉及露天作业、地下有限空间作业等，还会面临复杂地质条件、自然灾害和极端天气带来的信号屏蔽干扰。因此对于工程物联网而言，其传输技术必须具备较强的信号穿透能力，通信网络更需要保持较高的鲁棒性，如此才能最终实现整个过程建造全区域活动的无盲点感知。

综上所述，工程物联网是支撑建筑业与信息化深度融合的一套智能技术体系，包含了硬件、软件、网络、云平台等一系列感知、通信、分析及控制技术。在实施过程中，通过工程资源的网络互联、数据互通和系统互操作，实现建造资源的灵活配置、建造过程的按需执行、建造工序的合理优化以及建造环境的快速响应，达到资源的高效利用，从而构建服务驱动型的新工程生态体系。

2.2.2 工程物联网的体系架构

工程物联网的构建需要集成并应用各种感知通信技术、计算机技术、工程控制技术及其相关的硬件、软件设备。参考 IoT 系统基本体系架构，工程物联网的技术体系架构由对象层、泛在感知层、网络通信层、信息处理层以及决策控制层组成[12]，如图 2-9 所示。

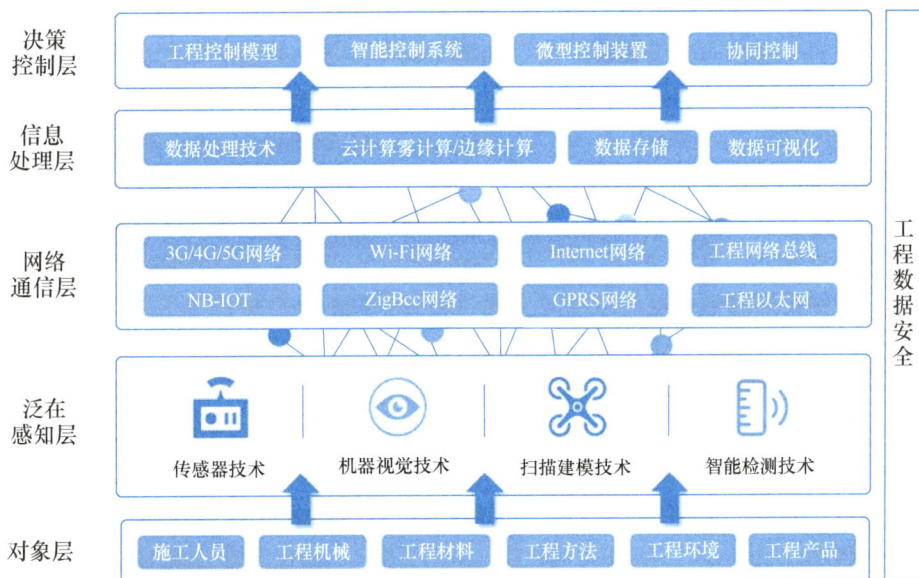

图 2-9　工程物联网技术体系架构

（图片来源：丁烈云．数字建造导论［M］．北京：中国建筑工业出版社，2019）

1. 对象层

工程物联网的对象层即为其感知的工程要素，即"人、机、料、法、环、品"。具体来说，人包含施工员、质量员、安全员、材料员等，根据感知的内容可以分为劳务信息、作业状态、身份认证、位置感知等；机械设备的感知包含实时位置、机械运行状态、作业动作的视觉捕捉感知等；工程材料的感知包括材料的识别、相关参数的获取和数量的统计、物流信息的追踪、到现场之后的使用情况等；工程方法的感知大多是间接感知，利用对其他要素进行感知与分析，以生成施工流程和施工计划的对比情况并验证实际施工方法的正确性；工程环境感知的内容主要包括风速、尘埃、气体、光照、温度等气候条件和噪声环境等；工程产品的感知一般指运维阶段的产品感知，包括对建筑产品运行状态的感知和使用者状态的感知等。

2. 泛在感知层

工程物联网泛在感知层包含不同类型的数据采集技术，用以实时测量或感知工程要素的状态和变化，同时转化为可传输、可处理、可存储的电子信号或其他形式的信息，是实现工程物联网中建造过程自动检测和自动控制的首要环节。

3. 网络通信层

工程物联网网络通信层颠覆了传统的基于金字塔分层模型的控制层级，取而代之的是基于分布式的全新范式。由于各种智能设备的引入，工程建造过程中的各个要素可以相互连接从而形成一个网络服务。每一个层面都拥有更多的嵌入式智能和响应式控制的预测分析，都可以使用虚拟化控制和工程功能所需求的云计算技术。与传统工地信息传输严格的基于分层的结构不同，高层次的系统单元是由低层次系统单元互连集成，灵活组合而成。从工程物联网技术应用的角度来看，不同层次的接入技术不尽相同。对于工序级所涉及本地工程机械及装备往往通过工程现场总线技术进行连接；对于工地级项目应用，除了工程物联网总线以外，还会采用工程以太网技术；对于企业级需求，传输则一般采用工程无线网络上传至企业云端；而对于复杂工况（如超深地下工程、超密集结构区域）难以布设有限网络时，工程无线网络往往是较好的选择。随着5G通信技术的发展，工程数据的传输会更加快速、可靠。

4. 信息处理层

工程物联网信息处理层被认为是工程物联网建设中最重要的一环。数据分析既是将感知到的工程数据转化成可认知的信息，对原始数据赋予意义，也是挖掘工程实体状态在时空域和逻辑域的内在因果性或关联性关系的过程。例如，现有的深基坑监测系统即利用数据挖掘技术进行分析计算，将采集的沉降监测数据（如日沉降量、累计沉降值）转化为可识别的风险分布图，警示现场工程师对危险部位进行查控，避免不安全事件的发生。通过泛在感知获取的工程信息往往具有以下特征：①海量性，如施工现场用于监控工人不安全行为的单个摄像头24h的数据量即达Gb级，另外工程数据要求作为信息资产永久保存，随着项目的推进，数据量会持续增长；②异构性，工程数据中涉及结构化数据（变形数据、温湿度数据、尺寸等）、半结构化数据（施工日志等量化及非量化数据）以及非结构化数据（流媒体数据等非量化文件）；③高速性，如定位传感器采样频率约4～20次/s；④工程数据涵盖项目全生命周期，对数据的一致性、存储性、可访问性要求较高；⑤工程数据需要强大的数据计算和分析能力，但更强调图形运算。工程数据特征给数据中心处理平台的计算能力、储存能力、决策能力、管理能力提出了较高的要求。但传统碎片化的数据分析计算方法无法解决海量数据批量化处理问题，不能揭示显性数据中的"隐藏信息"，且非系统化的数据储存方式时常会导致施工数据丢失。为此，工程物联网平台引入云计算、边缘计算等技术进行数据的加工处理，形成对外提供数据服务的能力，并在数据服务基础上提供个性化和专业化智能服务。

5. 决策控制层

工程物联网决策控制层是工程物联网实际效益的体现。不论是制造业还是建造业，工程控制的基本理论可谓是一脉相承。经典的控制理论以拉氏变换为基础，通过反馈系统的设计解决"单输入-单输出"的定常系统的问题。现代控制理论则是融入了更多的统计数学模型，通过自动控制系统的建立解决"多输入-多输出"系统的问题，其分析的对象可以是多变量、非线性、时变和离散等更加复杂的问题。近年来，人工智能技术的发展催生了智能控制理论，对于一些无法用精确数学模型描述的问题，其通过模拟人类智能的方式解决复杂系统控制问题。对于系统性的工程项目而言，大部分被控要素及过程都具有非线性、时变性、变结构、多层次、多因素以及各种不确定性特征。例如基坑开挖时地表沉降的影响因素就包括桩顶水平位移、深层位移、地下水位、支撑轴力等十余种，其间的相互关系更是难以建立明确的数学关系式。在实际施工过程中，往往通过工人经验判断进行风险管理，显然这样的控制方式既缺乏实时性，也难以保证可靠性。因此，在工程控制理论的基础上，建立工程物联网指导建造活动的决策控制成为更优的方式。在这个过程中，工程控制系统的建立尤为关键。控制系统一般包括控制器与被控对象，可以分为开环控制系统与闭环控制系统。在工业领域，常见的控制系统包括监控和数据采集（SCADA）系统、分布式控制系统（DCS）和其他较小的控制系统，如可编程逻辑控制器（PLC）。相比于制造业，建筑业所面临的控制问题更加难以用准确的数理模型描述，建立在工程物联网基础上的控制技术也逐步朝着智能化、微型化以及协同化的方向发展。

2.2.3 工程物联网的网络通信技术

网络是物联网最重要的基础设施之一，承担着泛在感知层与信息处理层之间的纽带作用，以实现高效、稳定、及时、安全地传输上下层的数据。

1. 现场总线

现场总线技术是计算机、网络通信、超大规模集成电路、仪表和测试、过程控制和生产管理等现代高科技迅猛发展的综合产物，主要解决工程现场的施工装备、机械等设施间的数字通信以及这些现场控制设备和高级控制系统之间的信息传递问题。现场总线作为工地数字通信网络的基础，建立了建造过程现场及控制设备之间及其与更高控制管理层次之间的联系，因此现场总线的内涵并非是指具体的某一根通信线或一种通信标准。总线在运动控制中的应用使得施工自动化控制技术正在向智能化、网络化和集成化方向发展，为自控设备与系统开拓了更为广阔的领域。现场总线的控制系统主要有如下特点：全数字化通信、开放型的互联网络、互可操作性与互用性、现场设备的智能化、系统结构的高度分散性、对现场环境的适应性等。

2. 以太网

以太网是指在工程环境自动化控制及过程控制中应用的相关组件及技术。当前广泛使用的以太网技术有十余种，如 Ether CAT、Ethernet、Powerlink 等。这些以太网技术基本上都是各家厂商基于 IEEE802.2（Ethernet）百兆网，增加实时特性获得的。以太网提供了一个无缝集成到新的多媒体世界的途径。此外，当前 IEEE802 正在对实时以太网

TSN 进行标准化，以满足工程环境中时间敏感的需求，这同时也增加了以太网技术在施工过程中的实用性。TSN 作为一个标准的开放式网络基础设施，可支持不同厂商仪器之间的相互操作和集成。同时，TSN 可支持制造应用中的其他网络传输，进而驱动企业内部信息系统网络与现场控制系统网络的无缝融合，有助于以太网在工程领域的应用。

3. 无线网络

无线网络是一种新兴的利用无线技术进行传感器组网以及数据传输的技术。由于其具有节省线路布放与维护成本、组网简单（支持自组网，不需要考虑线长、节点数等制约）等特点，无线技术已应用于实际工程建造的一部分场景，如基于 IEEE802.15.4 的 Wireless HART 与 ISA100.11a 技术，当前已有一些在环境感知、过程测量与控制等方面的应用，尤其是在极端工况下不适宜有线布放，如超大面积的吊装盲区观测，无线网络几乎是唯一选择。

（1）无线宽带网络

宽带网络是指带宽超过 1.54Mbps（T1 网络带宽）的网络。无线宽带技术覆盖范围较广，传输速度较快，是为物联网提供高速、可靠、廉价且不受接入设备位置限制的互联手段，如 Wi-Fi、WiMAX、UWB 等。

（2）无线窄带网络

物联网背景下连接的物体既有智能的也有非智能的。物联网中智能程度较低的设备具有低速率、低通信半径、低计算能力和低能量来源等特征，以 ZigBee、蓝牙、红外、NB-IoT、LoRa、NFC 等低速网络协议为代表的无线窄带网络能够适应物联网中能力较低的节点的这些特征。

4. 移动通信网络

移动通信（Mobile Communications）是移动用户与固定点用户之间或移动用户之间的通信方式。通信网是一种使用交换设备、传输设备将地理上分散的用户终端设备互连起来实现通信和信息交换的系统。移动通信网络是通信网的一个重要分支，由于无线通信具有移动性、自由性，以及不受时间地点限制等特性而广受用户欢迎。

第五代移动通信技术（5th Generation Mobile Networks 或 5th Generation Wireless Systems、5th-Generation，5G 或 5G 技术）是最新一代蜂窝移动通信技术，也是继 2G（GSM）、3G（UMTS、LTE）和 4G（LTE-A、WiMax）系统之后的延伸。5G 网络峰值理论传输速度可达到每秒数十 Gb，比 4G 网络的传输速度快数百倍。5G 是发展物联网的重要技术手段之一，能够解决 4G 与物联网结合的弊端，推动物联网在智能交通、智能电网等方面的广泛应用，是不可或缺的通信技术。此外，5G 技术的应用也可以进一步优化工程物联网的使用效益与用户体验。例如从 5G-eMBB 新生业务角度来看，5G 网络的高速的接入速率可以使 AR 技术得到更广泛的应用。这也意味着如果缺乏足够现场经验的工人，只需要通过手中的平板或者相关 AR 眼镜设施就能立刻获取相关工况信息，并进行最优的工程决策。除此以外，5G 网络还将促成更加安全可信的网络架构，实现网络自动化管理等。

2.2.4　工程物联网的智能感知技术

感知技术是通过物理、化学和生物效应等手段，获取被感知建造的状态、特征、方式和过程的一种信息获取与表达技术，从泛在感知技术的角度出发，包括传感器技术、机器视觉技术、扫描建模技术、质量检测技术等，见表2-1。传感器作为采集数据的基础节点，是工程物联网中最广泛采用的感知技术之一。

工程物联网泛在感知技术（部分）　　　　　　　　　　　　表 2-1

技术类别	技术名称	技术描述
传感器技术	力学感知	用于测量机械、构件或土体关键性部位的局部应力、变形等受力情况，常用技术包括应变计、位移计、土压力盒等
	环境感知	用于采集建造或运营过程中的环境指标，主要内容包括噪声、地质、气候感知等
	人体感知	用于感知人体的心率、体温、肌电、心电、关节运动角度、力矩、加速度等多个指标，从而判断人员的动作、生理和心理状态
	位置感知	用于定位建造场景中人员、机械、材料等工程要素的位置，常用技术包括GPS、UWB、RFID、激光定位仪、激光测距仪、IMU等
机器视觉技术	质量检测	用于快速检测工程建造表观质量问题，例如混凝土裂缝检测、墙体质量检测等
	身份及材料识别	用于快速识别工地人员身份及材料的类型
	目标定位与跟踪	用于快速定位工程要素的位置，跟踪其运动轨迹并分析其运动趋势
	人员姿态与行为	用于快速识别工人作业的姿态与行为，判别工人操作是否合格和是否处于安全状况
扫描建模技术	三维激光扫描	激光扫描通过连续发射激光，将空间信息以点云形式记录，目前已经有了广泛的应用，涉及工程建模、测量、变形监测、进度测量、土地测绘、结构预拼装等多个方面
	图像快速建模	图像建模通过连续的图片采集形成工程场景模型，相比于激光扫描建模，图像建模更加快速，同时适用于大尺度的工程场景
	SLAM	利用激光测距、超声波测距或机器视觉同步完成定位与周围环境地图的构建，在工程领域具有广泛的应用前景
质量检测技术	雷达检测	雷达检测是利用电磁波探测介质内部物质特性和分布规律的一种方法，常用的应用包括岩土工程勘察、工程质量检测、结构质量检测等

1. 传感器概述

传感器是能感受被测量并按照一定的规律转换成可用输出信号的器件或装置，通常由敏感元件和转换元件组成。其中，敏感元件是指传感器中能直接感受或响应被测量的部分；转换元件是指传感器中能将敏感元件感受或响应的被测量转换成适于传输或测量的电信号部分。传感器组成框图如图2-10所示。

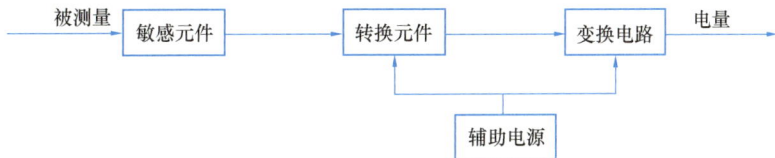

图 2-10　传感器组成框图

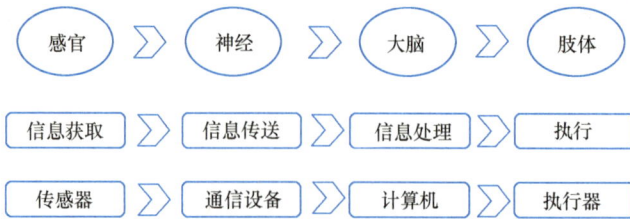

图 2-11　人与机器功能对应关系

在工程物联网中，传感器是承载"感、传、知、控"四大功能的基础，如图 2-11 所示。"感"即感知，传感器在感知阶段模拟人体感官，是机器系统获取外界信息的窗口；"传"是传输，传感器将外界信息变换为电信号，易于处理与传送；"知"是知识，外界信息被有效处理形成知识以供使用，随着传感器与微处理器、微型计算机相结合，信息的利用变得更加便捷；"控"是控制，利用传感器采集与处理的信息，有助于建造时对相应部位进行控制，同时基于传感器与计算机形成的自动化系统，能有效通过工程机械作用于智能建造。

不同的分类方法从不同视角理解传感器，有助于针对工程项目目标选用合适的器材，从而事半功倍。传感器的主要分类方法有以下几种：

（1）按用途分类，可分为温度、湿度、压力、位移、加速度、角速度、气体浓度、流量、流速等传感器，这种分类方法便于根据目标选择、应用传感器。

（2）按工作原理分类，可分为电学式、磁学式、光电式、电势型传感器等。这种分类方法主要聚焦于传感器原理的阐述，有利于研究、设计传感器。

（3）按输出量类型分类，可分为模拟传感器和数字传感器。模拟传感器将被测量的非电学量转换成模拟信号，而数字传感器将被测量的非电学量转换成数字信号。

2. 传感器的指标

决定传感器性能的指标有很多。在工程实践中，不能一味寻求性能指标全面良好的传感器，应根据实际需要，在确保主要性能指标实现的基础上放宽对次要性能指标的要求，以求得高的性价比。表 2-2 是传感器的一些常用性能指标，可将其作为检验、使用和评价传感器的依据。

传感器常用性能指标　　　　　　　　　　　　　　　　　　　　　表 2-2

基本参数指标	量程指标	量程范围、过载能力等
	灵敏度指标	灵敏度、满量程输出、分辨率和输入/输出阻抗等
	精度方面的指标	精度（误差）、重复性、线性度、迟滞性、灵敏度误差、阈值、稳定性及漂移等
	动态性能指标	固有频率、阻尼系数、频率范围、频率特性、时间常数、上升时间、响应时间、过冲量、衰减率、稳态误差、临界速度及临界频率等
环境参数指标	温度指标	工作温度范围、温度误差、温度漂移、灵敏度温度系数和热迟滞等
	抗冲振指标	各向冲振容许频率、振幅值、加速度及冲振引起的误差等
	其他指标	抗潮湿、抗介质腐蚀及抗电磁场干扰能力等
可靠性参数指标		工作寿命、平均无故障时间、保险期、疲劳性能、绝缘电阻、耐压及反抗飞弧性能等
其他指标	使用方面	供电方式（直流、交流、频率和波形等）、电压幅度与稳定度、功耗及各项分布参数等
	结构方面	外形尺寸、重量、外壳、材质及结构特点等
	安装连接方面	安装方式、馈线及电缆等

2.3 工程大数据与智能决策

随着工程物联网与智能感知技术的发展，大量工程环境、要素、过程和产品数据被采集、传输和存储形成工程大数据，一方面为工程建造全过程数字孪生的信息物理虚实融合和数字孪生体建模提供了数据基础；另一方面，通过各类机器学习算法对工程大数据进行挖掘分析，形成数据驱动的决策与服务，支持工程管理与行业治理。

2.3.1 工程大数据及其特征

"大数据"的概念始于 20 世纪 90 年代，最早可追溯到 Apache.org 的开源项目 Nutch。当时，大数据主要指更新网络搜索索引所需要处理和分析的大量数据集。近 10 年来，大数据逐渐引起广泛关注和重视，《自然》杂志于 2008 年出版的大数据专刊 *Big Data* 和《科学》杂志于 2011 年出版的大数据专刊 *Dealing with Data* 均强调了大数据的机遇与挑战。大数据涉及面极广，包括物理学、生物学、环境生态学、金融学以及军事领域、通信领域。

那么，何谓大数据？可从两个方面理解：

一方面是指数据量大，且超出了常规计算设备的处理能力。麦肯锡公司认为大数据是指无法在一定时间内用传统数据库软件工具对其进行采集、存储、管理和分析的数据集合。我国《促进大数据发展行动纲要》中指出，大数据是"以容量大、类型多、存取速度快、价值密度低为主要特征的数据集合，正快速发展为对数量巨大、来源分散、格式多样的数据进行采集、存储和关联分析，从中发现新知识、创造新价值、提升新能力的新一代信息技术和服务业态"[13]。

另一方面是指处理数据的过程复杂。如国际数据公司（International Data Corporation，IDC）将大数据描述为一个复杂的动态过程。大数据本身不仅是一个固定的主体，更是一个横跨很多信息技术边界的动态活动。

工程建设的过程中会产生大量的工程环境数据、工程要素数据、工程过程数据和工程产品数据[11]，如图 2-12 所示。对工程环境数据和工程产品数据进行分析可以服务工程全产业链的一体化设计；对工程过程数据和工程环境数据进行分析可以实现精确感知的数字工地；对工程要素数据和工程过程数据进行分析可以为自动化建造提供帮助；对工程产品数据和工程要素数据进行分析可以为工程运维、行业治理、智慧城市等提供支持[11]。

以工程为载体的工程大数据可以理解为在工程项目全生命周期中利用各种软硬件工具所获取的数据集，通过对该数据集进行分析可为项目本身及其利益相关方提供增值服务。工程大数据具有如下显著特征：

（1）体量大

工程项目数据随着项目的不断推进，其体量将迅速增长。据测算，一个普通单体建筑所产生的文档数量就达到了 10^4 数量级。另外，国内很多城市为了提升交通管理、社会治安、环境保护能力，铺设了大量摄像头、线圈等硬件设施。据测算，一个城市的全部摄像头每天记录的视频数据量相当于 1000 亿张图片。如果一个人要全部看完这些视频，可能需要超过 100 年的时间。

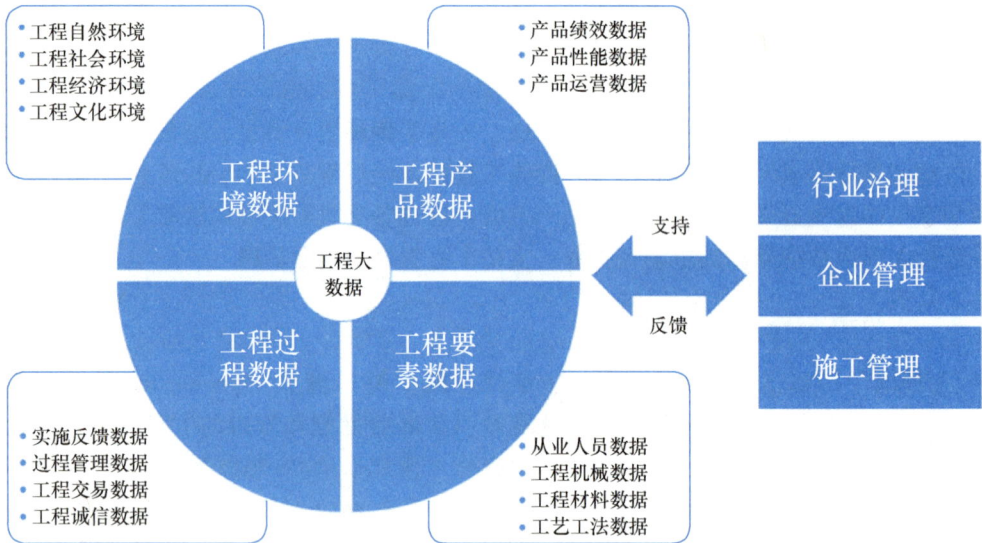

图 2-12　工程大数据架构图

（图片来源：丁烈云. 数字建造导论 ［M］. 北京：中国建筑工业出版社，2019）

（2）类型多

工程大数据由各种结构化、半结构化以及非结构化的数据构成。结构化数据也称作行数据，其可以通过交换或解析存储在关系型数据库中，并能用二维表结构进行逻辑表达。结构化数据的特点为数据以行为单位，即一行数据表示一个实体的信息，而每一列数据的属性是相同的，如建筑产品的几何尺寸、构件属性、质量、成本等。非结构化数据的结构不规则或不完整，即没有预定义的数据模型，且难以用二维表结构进行逻辑表达。非结构化数据一般是由无结构的自然语言描述的文本数据、图片、音频、视频等构成，无法通过计算机直接解析出其内容，且在数据库中的检索会遇到困难。半结构化数据介于结构化数据和非结构化数据之间，数据的结构和内容融在一起，没有明显的区分，如施工日志等。结构化数据与半结构化数据的最大区别在于，结构化数据的结构是固定的，即先有结构后有数据。而半结构化数据是先有数据，再根据数据的属性调整数据的结构。大部分工程信息保存在半结构化和非结构化数据文件中，结构化数据文件往往只占整体信息的10％～20％。

（3）管理复杂

工程建设具有较大的不确定性和复杂性，这也导致了工程数据的快速更新与迭代。考虑到数据收集、集成和共享往往会涉及知识产权和管理权限等问题，用户权限管理是必要的工作。同时，工程数据之间的关系和结构非常复杂，如施工变更会引起工程项目进度、成本和其他相关数据的变化。因此，高效的数据处理和版本控制有助于将实时数据结合到业务流程和决策过程中。

（4）价值大

工程大数据能够通过规模效应将低价值密度的数据整合为高价值密度的信息资产。比如在盾构施工过程中，通过收集掘进参数数据与地层变形参数数据，分析盾构掘进与地层变形之间复杂的规律性关系，从而有效预测复杂条件下的地层变形，防止地面隆起或坍塌事故。

2.3.2 工程大数据应用流程

工程大数据的应用流程一般分为数据采集、数据存储、数据分析、数据可视化，如图 2-13 所示。

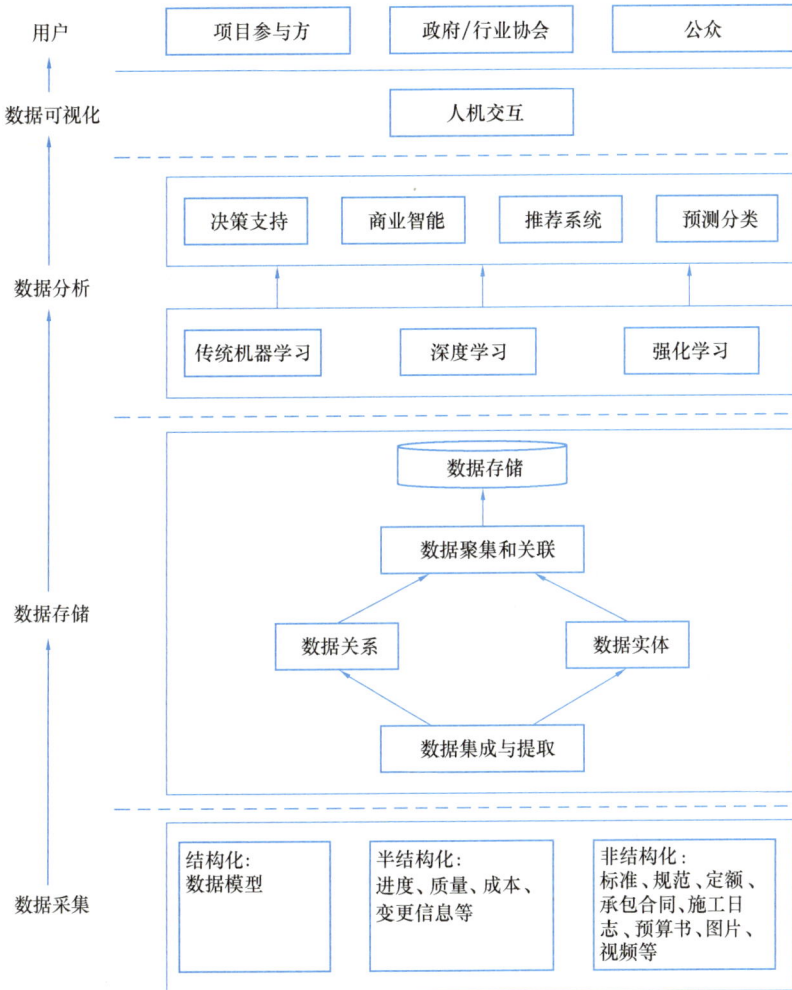

图 2-13 工程大数据应用流程
(图片来源：丁烈云 . 数字建造导论 [M]. 北京：中国建筑工业出版社，2019)

1. 数据采集

数据采集是指从不同数据源（如施工机械、现场环境等）获得相应的数据，例如通过物联网、互联网等方式采集各种类型的海量数据，包括施工进度、机械作业状态等。准确的数据测量是数据采集的基础，采集的数据可以是模拟量，也可以是数字量。另外，采集的数据大多是瞬时值，但也可以是某段时间内的均值。

2. 数据存储

数据存储是指对采集到的数据进行保存，以便将来能够对数据进行检索或使用。数据存储可分为两种方式，即文件系统和数据库系统。文件系统是把数据组织成相互独立的数据文件，负责文件存储并对存入的文件进行保护，实现文件记录内的结构化——明确文件内部各种数据间的关系；数据库系统是在文件系统的基础上发展而来，主要用于为实际可运行的存储、维护和应用系统提供数据，保证数据可以被多个用户、多个应用共享使用，从而减少数据冗余。结构化数据一般采用关系型数据库系统存储，而半结构化、非结构化数据可以采取文件系统或非关系型数据库系统存储。

3. 数据分析

工程大数据的价值产生于分析过程，因此数据分析是工程大数据应用中最为重要的一环。数据分析是指根据不同应用需求，借助机器学习等技术，对工程大数据进行存储和分析，从而挖掘出有价值的信息，为决策者提供帮助。

4. 数据可视化

数据可视化是指把数据通过直观的可视化方式展示给用户。数据可视化可以依靠目前开源的可视化工具，如 R Shiny、JavaScript 的 D3.js 库等，也可以定制具有特定功能的工具以满足不同可视化需求。数据可视化需同时考虑美学形式与功能需要，使关键数据与其特征能够被清晰地展现，从而实现对复杂数据集的洞察。

2.3.3   机器学习算法

工程大数据的主要核心技术在于各种机器学习算法，机器学习是一门涉及统计学、系统辨识、逼近理论、神经网络、优化理论、计算机科学、脑科学等诸多领域的交叉学科。

机器学习可以分为传统机器学习、深度学习以及强化学习等。机器学习具备处理海量大数据的能力，能够充分发挥数据可被挖掘的潜力。通过算法模型，机器学习能够总结出通用规律，并将这些规律应用到新的未知数据上，实现持续学习的过程。

深度学习是机器学习的重要分支，其与传统的机器学习具有明显的区别，深度学习主要基于深度神经网络，参数量巨大，依赖大量的数据学习参数，模型性能能够随着数据规模的增长而不断提升。传统的机器学习算法依赖于制定的规则，对数据量的要求相对深度学习小一点，且当模型性能达到一定程度之后，不会随着数据规模的增长而明显增长。另外，深度学习由于计算量巨大，涉及大量的矩阵运算，与传统的机器学习方法相比，对 GPU 等计算资源的要求更高。

1. 传统机器学习

传统机器学习是指利用基于统计学习的经典算法和技术，如决策树、支持向量机、朴素贝叶斯等，处理数据并解决分类、回归、聚类等问题的方法。其算法相对简单且易于解释，适用于小规模数据集和对模型解释性要求较高的场景。表 2-3 展示了几项典型的传统机器学习算法。

典型的传统机器学习算法 表 2-3

算法	简介
朴素贝叶斯	贝叶斯分类法是基于贝叶斯定理的统计学分类方法。它通过预测一个给定的元组属于一个特定类的概率来进行分类。朴素贝叶斯分类法假定一个属性值在给定类的影响独立于其他属性的值，这一假定称为类条件独立性

续表

算法	简介
决策树	决策树是一种简单但广泛使用的分类器，它通过训练数据构建决策树，对未知的数据进行分类
支持向量机	支持向量机（Support Vector Machine，SVM）把分类问题转化为寻找分类平面的问题，并通过最大化分类边界点距离分类平面的距离来实现分类
逻辑回归	逻辑回归是用于处理因变量为分类变量的回归问题，常见的是二分类或二项分布问题，也可以处理多分类问题，它实际上是属于一种分类方法
线性回归	线性回归是处理回归任务最常用的算法之一。该算法的形式十分简单，它期望使用一个超平面拟合数据集（只有两个变量的时候就是一条直线）
回归树	回归树（决策树的一种）通过将数据集重复分割为不同的分支而实现分层学习，分割的标准是最大化每一次分离的信息增益。这种分支结构让回归树很自然地学习到非线性关系
K 邻近	通过搜索 K 个最相似的实例（邻居）的整个训练集并总结 K 个实例的输出变量，对新数据点进行预测
Adaboosting	Adaboost 的目的就是从训练数据中学习一系列的弱分类器或基本分类器，然后将这些弱分类器组合成一个强分类器
K 均值聚类	将数据分为 K 组，随机选取 K 个对象作为初始的聚类中心，然后计算每个对象与各个种子聚类中心之间的距离，把每个对象分配给距离它最近的聚类中心
层次聚类	层次聚类通过计算不同类别数据点间的相似度来创建一棵有层次的嵌套聚类树
主成分分析	主成分分析（Principal Component Analysis，PCA）是把多指标转化为少数几个综合指标，经常用于减少数据集的维数，同时保持数据集对方差贡献最大的特征。这是通过保留低阶主成分、忽略高阶主成分做到的，这样低阶主成分往往能够保留住数据的最重要方面

2. 深度学习

深度学习作为机器学习的重要分支，其基于人工神经网络（Artificial Neural Network，ANN）发展而来，旨在模仿人脑的神经系统进行数据处理和学习。深度学习模型由多层相互连接的神经元节点构成，每一层的节点都在前一层的基础上建立。如图 2-14 所示，按照功能，深度学习的层次结构通常分为输入层、隐藏层和输出层三类。神经网络的训练过程一般包括前向传播、误差计算和反向传播三个阶段。在前向传播阶段，训练数据通过神经网络的多层结构进行多次计算和传递，以获取当前训练轮次的预测或分类结果。如果网络输出与期望结果不符，就会产生误差信号。在误差计算阶段，根据设定的损失函数，计算出当前轮次的模型误差。反向传播的目的是将这种误差信号传回网络，使各层共同分担误差，并调整神经网络参数以降低误差。

典型的深度学习算法主要包括深度神经网络（Deep Neural Network，DNN）、卷积神经网络（Convolutional Neural Network，CNN）、循环神经网络（Recurrent Neural Network，RNN）和生成对抗网络（Generative Adversarial Network，GAN）等，见表 2-4。

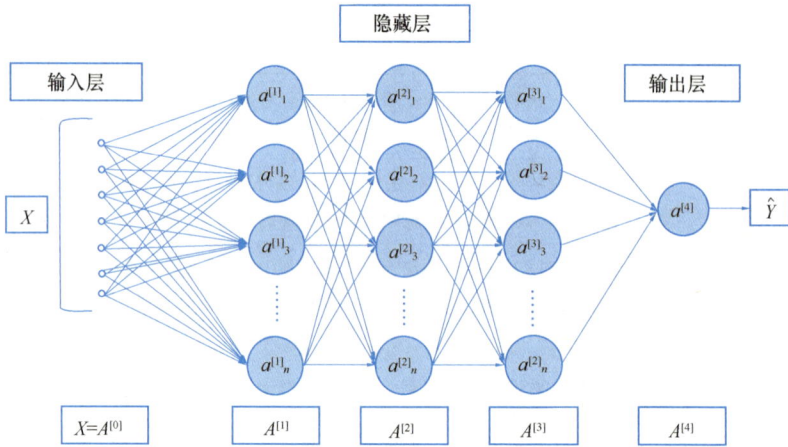

图 2-14 深度学习架构

典型的深度学习算法   表 2-4

算法	简介
DNN	深度神经网络（DNN）是一种由多层神经元节点组成的人工神经网络模型。DNN 是深度学习的基础，用于解决各种机器学习任务，特别是在处理复杂的非线性问题上表现出色。DNN 的核心结构包含输入层、多个隐藏层和输出层。每个隐藏层都由许多神经元节点组成，这些节点与前一层和后一层的所有节点相连接。每个连接都有一个权重，代表了神经元之间的连接强度。在训练过程中，DNN 会自动学习适当的权重，以便更好地捕捉数据中的特征和模式
CNN	卷积神经网络（CNN）是一种深度学习算法，主要用于处理计算机视觉任务。它受到生物视觉系统的启发，通过模仿人类视觉感知方式来自动学习和提取图像特征。CNN 的核心思想是使用卷积层和池化层交替堆叠的结构。CNN 由一个或多个卷积层和顶端的全连通层（对应经典的神经网络）组成，同时也包括关联权重和池化层（Pooling Layer）。这一结构使得卷积神经网络能够利用输入数据的二维结构。与其他深度学习结构相比，卷积神经网络在图像和语音识别方面能够给出更好的结果。这一模型也可以使用反向传播算法进行训练。相比较其他深度、前馈神经网络，卷积神经网络需要考量的参数更少，使之成为一种颇具吸引力的深度学习结构
RNN	循环神经网络（RNN）是一种具有记忆能力的人工神经网络，主要用于处理序列数据。与传统的前馈神经网络（Feedforward Neural Network）不同，RNN 在处理序列数据时引入了循环连接，使得信息能够在网络中传递并保留历史信息。RNN 的核心思想是将当前时间步的输入与上一时间步的输出合并，形成一个循环结构。这样的设计使得 RNN 能够对任意长度的序列数据进行处理，例如文本、音频、视频等数据
GAN	生成对抗网络（GAN）是一种无监督的深度学习模型，在计算机视觉、自然语言处理、人机交互等领域都有深入的应用。GAN 的核心思想是基于一种二人零和博弈，通过两个神经网络模型——生成器（Generator）和判别器（Discriminator）相互对抗学习，以此来生成具有逼真度的数据。在训练过程中，生成器试图欺骗判别器，尽可能地从随机噪声中生成与真实数据相似的样本，而判别器则努力区分真实数据和生成器生成的数据，二者不断调整参数，以致达到一种平衡状态，即生成器生成的数据足够逼真，判别器无法区分真实数据和生成数据的区别。这样的设计使 GAN 可以产生更好的样本，在图像生成、图像修复、风格转换、超分辨率重建等任务中取得很大成功

尽管深度学习在许多领域取得了成功，但它也面临一些挑战，例如需要大量的标注数据、计算资源要求较高等。因此迁移学习应运而生，以解决这些问题并推动深度学习的发展。

迁移学习（Transfer Learning）利用在一个任务上学到的知识，来改进在另一个相关任务上的学习表现。通常情况下，在一个任务上学到的知识指的是在已有的大规模数据集上进行预训练得到的模型的知识（通常是权重参数）。迁移学习的主要优势在于它可以加速模型的训练过程和提高模型的性能，尤其是在目标任务数据较少的情况下。迁移学习方法主要包括以下类型：微调，即在预训练模型的基础上，用目标任务的数据对模型进行进一步训练，这样可以保留预训练模型的知识，并在特定任务上进行适应；特征提取，即冻结预训练模型的一部分或全部层，只保留模型的特征提取能力，然后在这些特征的基础上训练一个新的分类器；领域适应，即从一个领域收集的数据应用到另一个不同但相关的领域中，可以通过一些领域自适应技术来实现，以使模型更好地适应新领域的数据。

迁移学习在计算机视觉、自然语言处理和语音识别等领域取得了许多成功应用。例如，在计算机视觉领域，研究人员已经证实，通过在大规模图像数据上预训练的卷积神经网络可以提取出通用的图像特征，然后将这些特征应用于特定任务，如物体识别、人脸检测和图像分割。类似地，在自然语言处理领域，预训练模型已经成为广泛使用的基础，通过在大量文本数据上学习语言模式，然后在文本分类、命名实体识别、文本生成等任务上进行微调，以获得针对不同自然语言处理任务的适配模型。

在数据驱动和迁移学习理论基础上，通过自动学习特征表示、降低数据需求等方式，预训练模型成为现代机器学习领域的重要技术和方法。预训练模型是一种在大规模数据上进行训练的机器学习模型，其目标是学习出通用的特征表示或模式，以便在后续任务中进行微调或迁移学习，从而提高模型在特定任务上的性能。预训练模型通常使用无监督的方法，通过对数据中的特征进行建模，学习出数据中的统计模式和语义信息。预训练模型的一般步骤如下：

（1）数据收集。收集大规模的无标签数据，这些数据可以有多种来源，如互联网、社交媒体、系统语料库等。

（2）模型架构选择。选择适合预训练的模型架构，如 Transformer。这些模型通常具有强大的自注意机制，可以有效地捕获序列数据中的依赖关系。

（3）预训练阶段。在大规模数据上进行预训练，目标是最大化模型对数据的似然性。对于语言模型，预训练阶段通常是通过预测序列中的下一个词来实现的。在这个阶段，模型逐渐学会理解语义、上下文和语言模式。

（4）微调。在特定任务的有标签数据上对预训练模型进行微调。这样模型可以根据任务要求调整其特征表示，以更好地适应目标任务。微调可以在较少的标注数据上实现较好的性能。

预训练模型在自然语言处理、计算机视觉和其他领域都取得了显著成功。著名的预训练模型包括 BERT（Bidirectional Encoder Representations from Transformers）、GPT（Generative Pretrained Transformer）和 T5（Text-to-Text Transfer Transformer）等。

以 GPT 为例，在目前 GPT-4（http：//openai.com/gpt-4）预训练模型的基础上，

经过工程领域专业知识的微调，领域 GPT 模型有望协助工程全生命周期管理。包括工程知识图谱，构建一个涵盖工程领域中涉及人、机、料、法、环等专业实体术语及其相互关系的知识图谱。将图谱嵌入 GPT 模型，在工程文本生成过程中融入领域知识，确保准确理解和应用专业术语；嵌入施工多模态数据，施工现场包含丰富的图片、文本等多模态数据，将这些图片数据与相关的施工文本描述一同融入 GPT 模型，使其能够理解图像内容并生成相应的文本描述，可用于自动生成施工进度报告、巡检日志等文本内容；嵌入工艺流程与序列数据，工程领域涉及复杂的工艺流程和序列关系，将这些信息融入 GPT 模型中，使其能够理解各个阶段的工艺流程和任务依赖。这对于生成建筑项目相关的说明、计划和报告具有重要帮助。

3. 强化学习

强化学习[14]（Reinforcement Learning，RL）是机器学习中的一个分支，RL 的训练不需要带标签的输入输出，它强调基于环境而行动，以获取最大收益。RL 中模型不会被告知应该采取怎样的行为，而是不断试探，然后从已有的经验和错误中学习。该思路和公司里的绩效奖励相似，当发现努力工作年终的时候会获得更高的绩效奖金，将强化努力工作这一行为；同样地，当发现迟到早退会导致奖金变少，将尽量规避此类行为。在游戏中，当知道采取某种策略能够获得更高的分数，于是将强化这种策略的使用，以取得较好的结果。除了围棋机器人 AlphaGo 之外，RL 在机器人、推荐系统、对话系统、金融等领域都有广泛的应用。

在强化学习中主要包含智能体和环境两个可以交互的对象：智能体和环境。智能体感知环境状态，并选择一个动作从而影响环境；然后环境会返回一个状态和奖励。除了交互对象之外，RL 还包含四个基本要素：

（1）策略。智能体根据当前的环境状态选择行为的方法，即环境状态到行为的映射，直接决定了智能体的行动，是 RL 系统的核心。

（2）回报函数。其定义了强化学习的目标，智能体每次采取行动时，环境向智能体发送数值化的奖励。这是一种反馈信号，用于评价智能体在某个时刻所做出的行为的好坏。

（3）价值函数。回报函数只评价当前动作的好坏，而价值函数预测了未来的奖励值。这是因为当前的动作不仅会对当前的回报产生影响，也会对未来的回报产生影响。价值是智能体的长期目标，即奖励累加和的期望，这也是 RL 的长远目标。

（4）环境模型。模拟环境的反应模式，给定一个状态和动作，预测环境可能给出的状态和回报，这是智能体进行策略选择时对回报的预测。这是 RL 中可选的部分，有些方法使用环境模型，而有些方法不使用。

根据学习过程中是否使用了环境模型，可以将强化学习方法分为基于模型的方法和无模型的方法。无模型的方法不去模拟和学习环境可能的反应，而是环境给出什么信息就利用什么信息，如基于策略的 RL 和 Q-learning 的方法。基于模型的 RL 对接下来发生的情况进行预判，然后选择最佳行为，代表性的有基于纯动态规划（Pure Planning）和专家迭代（Expert Iteration）的方法，表 2-5 展示了几种典型的强化学习算法。

算法	简介
Q-learning	Q-learning 使用 Bellman 方程估计最佳动作值函数，该方程迭代地更新给定状态动作对的估计值。Q-learning 以其简单性和处理大型连续状态空间的能力而闻名
DQN	DQN（深度 Q 网络）使用神经网络来逼近 Q 函数。DQN 特别适用于 Atari 游戏和其他类似问题，其中状态空间是高维的，并使用神经网络近似 Q 函数
DDPG	DDPG 是一种用于连续动作空间的无模型、非策略算法。它是一种 Actor-Critic 算法，其中 Actor 网络用于选择动作，而 Critic 网络用于评估动作。DDPG 对于机器人控制和其他连续控制任务特别有用
SARSA	SARASA 也使用 Bellman 方程来估计动作价值函数，但它是基于下一个动作的期望值，而不是像 Q-learning 中的最优动作。SARSA 以其处理随机动力学问题的能力而闻名
A2C	A2C（Advantage Actor-Critic）是一种有策略的 Actor-Critic 算法，它使用 Advantage 函数来更新策略。该算法实现简单，可以处理离散和连续的动作空间
PPO	PPO（Proximal Policy Optimization）是一种策略算法，它使用信任域优化的方法来更新策略。它在具有高维观察和连续动作空间的环境中特别有用。PPO 以其稳定性和高样品效率而著称
Pure Planning	Pure Planning 是一个基础的算法，其策略并不显式地表达出来，而是使用规划技术来选择行动，比如模型预测控制（Model Predictive Control，MPC）
Expert Iteration	Expert Iteration 算法是 Pure Planning 的升级版，它将策略显示地表达出来，并通过学习得到最优策略

2.3.4 深度学习案例

1. 基于 CNN 的工程图片语义分析

卷积神经网络（CNN）是一类包含卷积计算且具有深度结构的前馈神经网络。CNN 使用权重共享的机制，大大减少了需要训练的参数量。CNN 输入的数据通常是以多维数组的形式出现，这样的数据在局部范围内的各个值之间通常具有较强的局部相关性，例如图像相邻像素之间通常颜色接近。CNN 是一个多层的结构，主要包含三种：

（1）卷积层。卷积层是卷积网络的核心层，是一组平行的特征图，该图是通过在输入图像上滑动不同的卷积核计算得到。在卷积核的每一个滑动位置，卷积核和输入图像之间都会进行对于元素相乘并求和的计算，从而得到特征图中的对应元素。卷积层中卷积核的数量等于特征图的数量，且在同一张特征图中的所有元素都是通过同一个卷积核计算得到，因此一张特征图共享了权重和偏置项。

（2）池化层。池化层是一种非线性形式的降采样，不同池化的方式对应了不同的池化函数，其中"最大池化"最为常见。最大池化首先将该层输入的图像划分为若干个矩形区域，将每个区域的最大值拼接为该层的输出图像。池化层能够大大降低输入图像的大小，减少参数量和后续的计算量。除了最大池化之外，还包括平均池化、L2-范数池化等。

（3）全连接层。与 DNN 的隐藏层相同，全连接层通常出现在 CNN 的最后几层，即卷积层和池化层之后，用于完成最后的预测或是高级推理。

一个卷积神经网络的示例如图 2-15 所示。

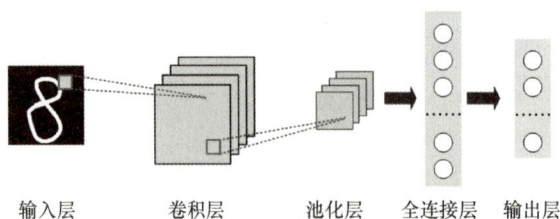

图 2-15　CNN 示意图

输入层　　卷积层　　池化层　　全连接层　输出层

CNN 在工程图片语义分析方面具有广泛的应用，它可以帮助实现对建筑、施工和维护等方面的图片数据进行自动化分析和理解。以下是一些 CNN 在工程图片语义分析中的具体应用：

（1）生成式设计。在生成施工设计图纸的过程中，CNN 可以通过建筑物识别和历史设计数据分析帮助工程师完善设计成果。例如通过识别周边建筑物和基础设施布局，完成建筑规划设计；也可基于历史结构数据和图纸，提供设计建议，优化结构设计，减少因设计不合理造成的施工问题。

（2）施工质量控制。在建筑材料制造过程中，CNN 可以通过分析产品的制作过程监控信息和成品图像信息，检测产品的缺陷和质量问题，例如砖石表面的裂纹、瓦片的损坏等。通过自动化的缺陷检测，提高产品质量并降低不良率。

视频2-2　基于CNN的不安全行为预警

（3）施工安全监控。在工程实际施工过程中，CNN 可以用于工地安全监控，通过分析工地上拍摄得到的现场图片，识别和预警工地上潜在的安全风险，例如工人未戴安全帽、危险区域入侵等不安全行为。这有助于提高工地的安全管理水平，降低事故发生的可能性。扫二维码视频 2-2，可观看不安全行为预警演示。

（4）智能维护。在对建筑设备的维护过程中，CNN 可以通过对建筑设备运行过程中的图像进行分析，帮助实现设备的智能维护、损坏程度识别和故障预测。通过监测设备状态和识别异常情况，可以及时进行维护，避免设备故障造成的损失。

2. 基于 RNN 的工程序列异常数据识别

循环神经网络（RNN）是一类以序列数据为输入，在序列的演进方向进行递归，所有节点（循环单元）按链式连接的递归神经网络。

RNN 在前馈神经网络的基础上增加了一个或多个反馈循环，即在输入当前样本时，会同时将网络之前感知的信息一并输入，以获得当前对应的输出。RNN 就是通过隐藏层的循环结构保存和记录过去的信息。RNN（循环神经网络）在序列异常数据识别中有着广泛的应用。作为一类具有循环结构的神经网络，RNN 适合处理序列数据，如时间序列数据、文本序列等。

在 RNN 算法结构中，如图 2-16 所示，x_t 表示输入层，h_t 表示带有循环的隐藏层，y_t 表示输出层。右图为左图按时间序列的展开形式，$\{x_0, x_1, \cdots\cdots, x_t\}$ 表示了时刻 0 到时刻 t 的输入，各时刻对应的隐藏层为 $\{h_0, h_1, \cdots\cdots, h_t\}$，输出为 $\{y_0, y_1, \cdots\cdots, y_t\}$。

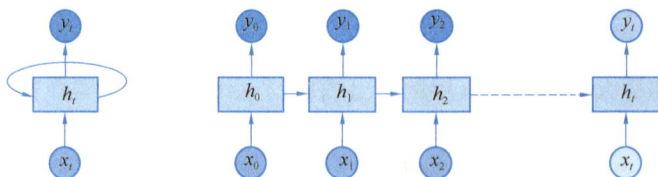

图 2-16　RNN 示意图

最原始的 RNN 结构存在长期依赖问题，即当前的输出依赖了过分长期的过去信息，而有些任务仅希望利用最近的信息来完成，例如单词预测中有时仅凭借最近的几个词即可得出预测结果。此外，RNN 只能够利用之前时刻的信息，而不能利用未来时刻的信息，即仅能看上文而不能看下文。为了解决上述问题，又出现了基于 RNN 的多种变形，例如长短时记忆（Long Short Term Memory，LSTM）网络、双向 RNN 网络等。

工程建造涉及大量的时间序列数据，如传感器数据、施工进度数据等，因此 RNN 在工程建造中的应用非常有价值。以下是 RNN 在工程序列异常数据识别中的一些应用：

（1）施工进度异常检测。RNN 可以通过对施工进度数据进行建模，包括任务执行时间、工人进场时间等，实现对施工进度的日常监测和异常检测。这有助于项目管理人员判断是否存在进度延误或异常情况，及时发现潜在问题并采取措施，避免进度延误对项目造成不良影响。

（2）设备运行状态监测。RNN 可以通过对设备运行状态数据进行建模，实现对设备状态的持续监测和异常识别。这有助于帮助维护人员分析设备运行状态数据，识别设备的故障、异常工作等情况，并采用合适的维护和保养措施，以保障设备的正常运行和延长设备寿命。

（3）建筑能耗异常检测。RNN 可以通过对建筑能耗数据进行建模，实现对能耗异常的检测，包括能耗剧烈波动、异常耗能等情况。通过及时识别这些异常，项目管理人员可以迅速采取调整措施，从而降低能源浪费、提高能源利用效率，为工程的可持续性发展作出贡献。

3. 基于 BERT 的工程文本挖掘

BERT（Bidirectional Encoder Representations from Transformers）是由 Google 开发的自然语言处理（NLP）模型，于 2018 年底发布。它是基于 Transformer 架构的预训练模型，是影响力较大的 NLP 模型之一。BERT 的主要特点是双向编码（Bidirectional Encoding），相比传统的单向语言模型，它能同时考虑前后文的信息。这使得 BERT 在处理自然语言任务时更加强大和灵活。

BERT 的训练过程采用的是一种预训练-微调（Pretraining-Fine-tuning）的方法。预训练（Pretraining）是在预训练阶段，BERT 模型通过大规模的未标记文本数据来学习通用的语言表示，它使用 Masked Language Model（MLM）和 Next Sentence Prediction（NSP）两个预测任务来训练，MLM 在输入的文本中随机 [MASK] 掩码掩去一些单词，然后让模型预测这些被 mask 的单词；NSP 将两个句子随机组合成一个输入序列，然后让模型判断这两个句子是否在原文中是相邻的。预训练过程使得 BERT 能够学习到丰富的语言表示，能够理解句子的语义和上下文信息。微调（Fine-tuning）是在预训练完成后，BERT 可以被用于各种具体的自然语言处理任务，如文本分类、命名实体识别、情感分析等。在微调阶段，使预训练得到的 BERT 模型结构保持不变，将输出层替换成特定任务的分类层，然后使用标记好的任务数据进行有监督微调。

BERT 的优势在于能够从大规模未标记文本数据中学习通用的语言表示，这使得它具有很强的泛化能力。另外，由于 BERT 是双向的，它可以很好地处理词义消歧、上下文依赖等问题，在许多 NLP 任务上取得了显著的性能提升。

BERT 在工程建造文本挖掘中有着广泛的应用。工程建造涉及大量的文本数据，如施工计划、合同文件、工程报告、技术规范等，这些文本数据包含了丰富的信息和知识。BERT 作为一种强大的自然语言处理模型，可以用于对工程建造文本数据进行挖掘和分析，从而帮助提高工程项目管理的效率和决策质量。以下是 BERT 在工程建造文本挖掘中的一些应用：

（1）工程文本自动分类。BERT 可以利用其深度语义理解能力，对大量杂乱的工程文本，如施工事故报告、施工质量安全隐患单等，按照主题、类型等进行分类，这一应用有助于快速整理和归类文本数据，提高文本检索效率。

（2）工程文本关键词提取。BERT 可以从工程文本中完成关键词的提取，例如提取出施工质量安全隐患文本中的隐患要点，从而更快速地理解文本的关键内容和主题。对于文本信息的核心内容整理、快速检索和浏览具有实际价值。

（3）智能自动问答系统构建。BERT 可以用于构建智能问答系统，通过从大量的施工质量安全规范文本数据中获取答案，回答施工工艺相关问题。这可以为项目管理人员提供高效的信息获取工具，协助其更好地应对施工过程中的质量和安全问题。

2.3.5　数据驱动的智能决策

借助上述机器学习算法挖掘其蕴含的知识和规律，从而提供智能决策支持，包括行业治理、企业管理和施工管理[11]。

1. 工程大数据在行业治理中的应用

工程大数据为建设主管部门的政策制定和评估，以及对施工方、设计院等市场主体的行为治理提供了重要支持。

（1）工程审批优化

基于工程建设项目审批管理系统的并联审批将改变原有的项目审批逻辑，使行政主管部门的审批流程得以简化，压缩了项目获取各类许可的时间。同时，在审批过程中汇聚而成的工程建设项目行政审批大数据为进一步推进审批流程再造，以及实现全方位治理提供数据基础。

利用工程大数据，中介服务机构可以为工程规划和设计提供咨询增值服务。各行政主管部门也可以及时掌握工程标准的应用现状，发现标准化实施过程中的冲突点，为标准的更新决策收集建议。对于仍需要进行相关部门专家协审的特殊项目，其审批数据也可通过数据分析和可视化，提取特殊项目审批的关键数据，形成审批标准，从而推动特殊项目审批流程的标准化，实现由基于专家知识的审查转向基于工程大数据的决策，为行业带来了良好的经济效益和社会效益。

（2）工程交易行为评估

许多城市陆续开展工程招标、投标、开标和评标的全过程数字化，建设主管部门可以依据产生的海量交易数据科学地评估各项工程交易行为，从而推动行业规范治理。

例如政府为了评估招标人自主择优定标权的改革实施效果，可以对海量交易数据进行时间序列分析。针对招标投标政策改革实施效果进行时间序列分析，把能够反映采购效益的企业中标率和中标金额下浮率作为分析指标，并针对这两项指标建立时间序列模型。然后根据建立的模型预测拟合出若没有实施评定分离政策各指标的时序趋势曲线，并与实际观测值进行对比，从而定量评估政策实施的效果。

除了对招标投标政策的评估，工程大数据还可用于治理围标、串标等违法行为。基于行为的识别方法有助于治理围标、串标行为。如采用社会网络分析工具，利用海量的法人信息、项目信息、交易信息、资金信息等工程大数据建立相应的检测模型，还原并捕捉市场交易中的围标人和陪标人。这种通过社会网络分析的方法可以清晰地展示交易行为数据背后的行为规律，暴露招标投标过程中的不正当企业合作关系，证明围标、串标行为。分析结果为政府监管部门营造规范的市场环境提供了可靠的线索和依据。

（3）施工质量诚信评价

施工单位是建筑产品的生产者和施工过程的直接参与者，其行为直接影响建筑市场的秩序和人民的生命、财产安全。工程大数据为建筑市场良好信用环境的建立提供了新的动力。例如，基于CPP（Component Process Participant）结构数据模型和图片采集技术的旁站系统不仅解决了施工质量检验过程中人工跟踪和记录质量检查结果耗时、耗材、耗力的缺陷，还实现了施工过程中工序管理和人员管理的统一，以便及时发现工程质量不良行为并追责到人。相互关联的建筑构件信息、现场作业人员信息和工序质量信息也构成了工程大数据中有关质量的主要部分。另外，基于传感器的信息感知技术和基于模式识别的图像解析技术能从复杂动态环境中对作业人员、施工机械的不安全状态进行实时监控。

相关政府主管部门通过对地区内有关质量和安全的工程大数据进行统一分析，利用判别分析方法对这些工程大数据进行数据挖掘，从而准确地抽取诚信评价的关键指标；利用主、客观综合赋权方法，进一步确定关键诚信评价指标的权重。判断结果不仅考虑了专家经验，还考虑了原始数据之间的关系，因此能得到更加客观的评价体系。通过对地区内各施工方的诚信评价分数进行实时计算，分类统计企业每日/月/季/年度的诚信评分评级、每类信用行为的评分评级、每个项目的质量/安全评分评级、各区域项目诚信评分评级，并对各企业、人员、项目的信用评价进行动态公示，从而有效实施质量安全监管的差异化管理。这种基于工程大数据建立质量安全诚信评价体系的方法可以有效促进行业主体的自律与自治，促进行业的透明公开。

2. 工程大数据在企业管理中的应用

将工程大数据分析应用到企业管理，可以帮助企业了解其自身经营状况、业绩排名、竞争力水平、信用级别等信息。建筑企业基于大数据分析结果可以针对性地解决管理中存在的问题，降低企业经营风险。

（1）企业战略

企业战略在企业管理中起导向作用，即明确企业的经营方针、投资规模和远景目标等战略要点。建筑企业需要通过系统性规划，将企业战略分解为下属企业战略和专业职能战略。下属企业战略是企业独立核算经营单位或相对独立的经营单位遵照决策层的战略指导思想，通过市场与产品的竞争环境分析，对自身生存和发展方向进行长远谋划。专业职能战略则更侧重对本专业的长远目标、资源调配等战略支持保障体系进行总体性谋划，例如人力资源战略、资金支持战略等。在动态不确定的市场环境中，企业管理人员仅凭自身经验和个人偏好很难快速制定恰当的战略决策。战略决策问题往往属于非结构化决策问题，即决策过程和方法没有固定的规律和通用模型可遵循。因此，企业战略需依赖工程大数据，从而有效避免战略决策风险。

建筑企业战略决策所需要的数据主要包括国内外政治、经济环境数据，行业发展数据，以及企业内部积累的历史数据等。建筑企业为了实现发展基础设施业务的目标，可以从市场订单、人力资源、资金支持、设备材料等维度进行目标分解，对各分项决策进行分析。以人力资源为例，企业可以收集人员招聘和人才培养的历史数据，判断为实现业务发展目标所需要的人才储备和实现该人才储备的概率，并构建决策树模型，以各分项为叶节点，分析预测各分项决策组合下实现业务发展目标的概率。由于单棵决策树在面对复杂问题时精度不高，容易出现过拟合，因此可以采用随机森林来提高分析精度。随机森林利用Bootstrap重抽样方法从原始数据抽样，然后对所有抽样进行决策树建模，继而组合各预测情况，通过投票得出最终预测结果。建筑企业在业务发展目标实现概率预测的基础上，可以做出及时的战略调整。

（2）市场营销

市场营销是指在创造、传播和交换产品的过程中，为客户、合作伙伴以及整个社会带来价值的一系列活动。建筑企业的市场营销即为企业通过各种方式在市场上获得并完成工程任务的一系列活动。建筑企业主要通过展现自己的技术、能力和品牌优势获得工程任务，其营销过程包括前期考察、信息收集、报名、资格审查、投标、开标、谈判、签订合同等具体环节。在这个过程中，任何一个环节的失误都会导致获取工程任务失败。

工程大数据的应用可以帮助建筑企业定位目标市场，确定营销方式，从而实现精准营销。例如，建筑企业可以搜集有关各地建设趋势和发展方向的数据，并采用文本分类法追踪重点市场和热点投资领域，剖析市场机遇和风险。文本分类是指用电脑对文本集按照一定的分类体系或标准进行自动分类标记。利用文本分类对全国各地方政府机构发布的建设相关指导政策文件中的核心描述内容进行分析。分析国家建筑业发展纲要得到的专项信息技术词频，为建筑企业进行信息化规划和营销策划提供决策依据。再比如建筑企业可以综合多源数据，包括各地公共资源交易中心或建设交易中心电子招标投标平台发布的招标投标公告、政府管理部门发布的建设项目、企业、人员、企业信用等，然后通过统计搜索、比较、聚类和分类等方法对这些多源数据进行分析判断和筛选，对重点项目展开针对性跟踪。

（3）工程报价

工程报价是建筑企业投标的关键性工作，不仅关乎企业能否中标，也和企业中标后的盈利紧密相关。建筑企业的工程报价反映了自身的经营能力和竞争力水平。建筑企业在工程大数据的帮助下，能够快速、精准地形成报价分析和决策，从而提高编制施工投标书等环节的效率。

利用工程大数据形成工程报价主要有两种方式，即典型清单定额法和典型工程数据库法。典型清单定额法采用基于规则的推理（Rule-Based Reasoning，RBR），即建筑企业首先把已完成的项目中所使用的清单按照标准编码方式进行存储，然后按照拟建项目报价要求，基于清单编码规则、项目特征及工程内容，引用较为相似的历史清单，最后在计价软件中进行修订。典型清单定额法可以被视为反复从规则库中选用合适的规则并执行此规则的过程，具有易于理解、规则表示形式一致、易于控制和操作等优点。

典型工程数据库法采用基于案例的推理（Case-Based Reasoning，CBR），即建筑企业利用已经结算完成的工程项目文件，构建"工程样本"数据库，然后根据拟建项目相关信息，基于"工程样本数据库"推理选择一个匹配度较大的工程进行修正。典型工程数据库法具有快速、灵活的推理能力。

综合 RBR 和 CBR 在形成工程报价方面的优点，在实际应用中，建筑企业将工程量清单数据统一采集，并结合企业内部交易信息，形成包含市场价、定额价、成交价等信息的标准案例库。然后，基于 RBR 设置检索策略、相似度计算策略、案例调整策略等规则，并通过 CBR 进行案例检索匹配，从而获取相似项目清单，为投标前目标成本编制、中标后目标成本编制、竣工后实际成本编制提供帮助。

3. 工程大数据在施工管理中的应用

施工管理包含成本、进度、质量、安全管理和绿色施工等多个方面。传统施工管理主要依靠管理人员的实践经验和主观判断来实施，对于建设项目的管理更多的是事中和事后控制，难以实现项目的全面管控以及与各参与主体的协调。工程大数据的应用为施工管理提供了新的思路，即由"经验驱动的管理"转向"数据驱动的管理"。

（1）成本管理

施工成本管理是指对施工成本的预测、计划、控制、核算和分析，是提高企业利润的关键工作。施工成本包括材料成本、机械成本、人工成本、其他直接成本以及组织管理等间接成本，其相关数据的主要来源包括生产、销售企业发布的材料、机械价格、劳务市场发布的用工信息、施工方历史数据等。施工方利用这些与成本管理相关的工程大数据，可以针对单位工程、分部工程、分项工程、施工工序等不同层次的需求，根据拟建工程的地域、工期、合同条件分包模式等具体情况，判断最优的成本构成，并在成本预测、成本过程管控等方面起到更好的效果。

面对各种施工方案组合的庞大搜索空间，采用粒子群优化算法能够有效地在整个解空间寻优。群优化算法最初是通过对动物社会行为的观察，发现在群体中对信息的社会共享提供一个演化的优势，并以此为基础开发的算法。如今，群优化算法已逐渐形成多个版本以提升该算法的性能和实用性，包括自适应粒子群算法和离散粒子群算法等。由于施工方案选择是一系列离散状态的组合，因此可以采用离散粒子群优化算法遍历空间内的可行解，得到施工项目的最优方案组合。

（2）进度管理

施工进度管理主要是对进度偏差进行分析，建立计划实施的检测记录体系和统计报告制度，并在此基础上采取措施，纠正进度偏差。施工进度计划管理已有不少成熟的软件工具，如 Microsoft Project、P6 等商业软件，也有企业定制的进度计划管理系统。施工方可以利用这些系统，将各项目的进度数据进行整合，统筹分析影响项目进度的因素，并分析工期履约情况、预估延期成本等。

在某隧道项目的施工过程中，施工方整合已完成工程的大量相关数据，基于动态贝叶斯网络建立了隧道工期的概率预测模型。该模型考虑了施工过程中地质水文条件不确定性、施工效率不确定性和极端事件（如安全事故）不确定性所带来的工期延误风险，并进一步提炼出开挖区域、围岩等级、隧道几何尺寸、施工方法、人员因素、开挖时间、不利事件性质、不利事件发生频率、不利事件造成的延误时间等变量。然后，施工方基于专家知识建立变量之间的关系和对总工期的影响，通过采集对应模型节点的历史数据，对模型进行参数学习，并把模型用于新项目的工期实时预测。

（3）质量管理

施工质量管理需要的数据包括管理人员属性数据、工人属性及作业数据、机械设备属性及作业数据、工程材料数据、施工工艺数据、施工作业环境数据、国家及行业设计与施工规范标准等数据。这些数据主要来源于施工过程中各关键环节的过程记录和日常记录等。例如，施工方可以利用手持移动设备在施工现场进行机械设备检查和运转记录、材料检查和验收记录、材料管理台账记录、复检合格记录、施工方日常自检记录等工作，并记录发现的质量问题。记录的数据可以通过网络进入服务器端进行集成和处理。

针对施工过程中出现的质量问题，对采集到的相关工程大数据进行关联分析，可以快速识别出问题发生的主次原因。关联分析又称关联挖掘，即在关系数据或其他信息载体中，发现其对象集合间的关联，甚至因果结构。关联分析通常采用 Apriori 算法。利用 Apriori 算法能有效发现引起不同施工质量问题的各因素间的强关联规则，其结果将有助于施工过程质量检查等工作，明确责任人和问题的具体位置，使得项目质量问题能够得到及时甚至预先处理。这种方法使质量问题的发现和传达得以简化，从而提升质量管理水平，实现精细化质量管理。

（4）安全管理

施工安全管理是对施工过程中的人、机、环等因素的管理，有效控制各类不安全行为，消除或避免安全事故。由于施工本身的复杂性，各种因素相互交错，传统安全管理办法存在监管力度不够、管理效率不高等问题。特别是对于地铁隧道施工，由于其下穿城市腹地，周边环境复杂，地质条件等不确定性因素多，因而需要利用工程大数据建立智能预测模型，对施工过程进行安全风险监测和预警。

地铁隧道施工中一项艰巨的安全管理任务是识别和控制各种变形的发展，而地表沉降是这些变形量测项目中极其重要的一种。利用工程大数据建立的模型分析和预测地表沉降的发展，有助于识别地铁隧道施工中潜在的安全风险。例如，某地铁隧道项目采用泥水盾构施工，主要穿越黏土、淤泥质土和粉质黏土等地质层。该项目中，地表沉降监测点沿着隧道中线以 5~50m 的间距进行布置，共有 31 个监测点，监测频率为每天一次。另外，盾构机装有自动化监测系统，可实时监测包括土仓压力、总推力、刀盘扭矩、泥浆流量、壁后注浆在内的多个盾构参数数据。通过搜集的地表沉降监测点和盾构参数数据，可对该项目盾构施工诱发的地表沉降进行分析，并采用平滑相关向量机模型对地表沉降的纵向发展进行预测。

（5）绿色施工

绿色施工是指在保证质量、安全等基本要求的前提下，通过科学管理和采用先进技术，最大限度地减少对环境的负面影响，实现节能、节材、节水、节地和环保的建设工程施工活动。随着各行业可持续发展战略的不断推进，施工方也开始建立相应的平台，对有关绿色施工的数据进行采集、储存和处理。例如，在建筑废弃物管理方面，施工方能利用基于 GIS 和物联网的建筑废弃物监管系统，对施工现场建筑废弃物的申报、识别、计量、运输、处置、结算、统计分析等环节进行信息化管理。前期工程项目废弃物排放数据的统计分析有助于制定后期废弃物排放计划。同时，地方政府或企业通过分析相关工程大数据，可以全面了解区域内项目建筑废弃物的总体排放及回收资源化利用的情况。

展望

　　智能建造是建筑业转型升级和高质量发展的重要途径。智能建造技术将整合建设工程各阶段和各参与方，减少和消除信息壁垒，实现建筑物全生命期的高质量管理。未来，智能建造技术发展还需深入推进人工智能技术与工程建造技术的深度融合，强化智能建造的基础共性技术、关键核心技术和卡脖子技术的研发，改变碎片化、粗放式、低效率、高耗能、高强度的工程建造模式。同时，智能建造不仅是建筑业的一项通用技术，还将成为支撑产业数字化转型的发展范式，智能设计、智能施工、智能运维等智能化技术推动建筑业的智能化转型。

本章小结

　　本章介绍了智能建造领域关键技术，主要包括面向工程建造全过程的数字孪生、面向智能工地的工程物联网与智能感知和面向智能决策的工程大数据。其中，数字孪生技术以高保真的动态虚拟模型来仿真刻画建筑实体的状态和行为，通过数字主线支持各参与方之间的数据共享和数据流转，实现对工程建造全过程中建筑物运行状态的追踪、预测和优化；工程物联网是支撑建筑业与信息化深度融合的一套智能技术体系，包含了硬件、软件、网络、云平台等一系列感知、通信、分析及控制等技术，通过工程资源的网络互联、数据互通和系统互操作，实现对工程建造全过程的智能感知；工程大数据可以理解为在工程项目全生命周期中利用各种软硬件工具所获取的数据集，结合机器学习算法，实现对工程大数据的高效学习，挖掘其蕴含的知识和规律，从而提供智能决策支持。除此之外，还有面向人机协同的建筑机器人技术，将在第 8 章介绍。

思考题

　　1. 请简述工程建造数字孪生的基本要素。
　　2. 请从工程建造全过程数字孪生的角度谈谈数字孪生与数字主线的关系。
　　3. 请谈谈工业物联网与工程物联网的区别与联系。
　　4. 请简述工程物联网的体系架构。
　　5. 请结合工程建造全过程管理谈谈工程大数据的特征。
　　6. 请从数据驱动的智能决策角度谈谈工程大数据的应用。

【动手作业】根据所学内容，完成一个智能建筑能耗监测与分析系统概念设计，该系统能够实时收集建筑内的能耗数据，分析数据以识别节能机会，并提供优化建议，具体包括：系统架构、系统组件、系统功能、系统概念设计技术路线等。

本章参考文献

[1]　Grieves M W. Product lifecycle management：The new paradigm for enterprises[J]. International

Journal of Product Development，2005，2(1-2)：71-84.

［2］ Piascik R，Vickers J，Lowry D，et al. Technology area 12：Materials，structures，mechanical systems，and manufacturing road map［M］. Washington，DC：NASA Office of Chief Technologist，2010.

［3］ Glaessgen E，Stargel D. The digital twin paradigm for future NASA and US Air Force vehicles［C］. 53rd AIAA/ASME/ASCE/AHS/ASC Structures，Structural Dynamics and Materials Conference AIAA/ASME/AHS Adaptive Structures，2012：1818.

［4］ Kasey Panetta. Gartner Top 10 strategic technology trends for 2019［EB/OL］.［2018-10-15］.

［5］ Fei T，Qinglin Q. Make more digital twins［J］. Nature，2019，573(7775)：490-491.

［6］ 陶飞，张贺，戚庆林，等. 数字孪生十问：分析与思考［J］. 计算机集成制造系统，2020，26(1)：1-17.

［7］ 陶飞，刘蔚然，张萌，等. 数字孪生五维模型及十大领域应用［J］. 计算机集成制造系统，2019，25(1)：1-18.

［8］ 物联网白皮书［M］. 北京：工业和信息化部电信研究院，2014.

［9］ 工业物联网白皮书［M］. 北京：中国电子技术标准化研究院，2017.

［10］ Liu C W，Wu T H，Tsai M H，et al. Image-based semantic construction reconstruction［J］. Automation in Construction，2018，90：67-78.

［11］ 丁烈云. 数字建造导论［M］. 北京：中国建筑工业出版社，2019.

［12］ 物联网标准化白皮书［M］. 北京：中国电子技术标准化研究院，2016.

［13］ 国务院. 促进大数据发展行动纲要［EB/OL］.［2015-08-31］.

［14］ Sutton R S，Barto A G. Introduction to reinforcement learning［M］. Cambridge：MIT Press，1998.

建筑智能设计

知识图谱

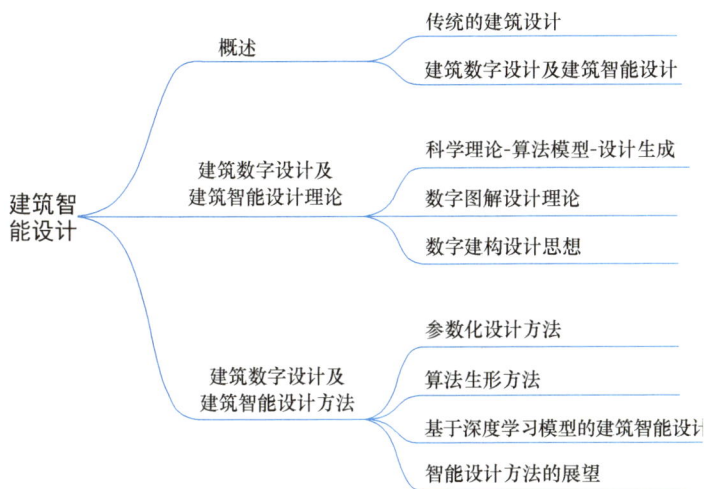

传统的建筑设计
建筑数字设计及建筑智能设计
概述

科学理论-算法模型-设计生成
数字图解设计理论
数字建构设计思想
建筑数字设计及建筑智能设计理论

建筑智能设计

参数化设计方法
算法生形方法
基于深度学习模型的建筑智能设计
智能设计方法的展望
建筑数字设计及建筑智能设计方法

本章要点

知识点 1. 数字设计、智能设计与传统设计方法的区别。

知识点 2. 科学理论、算法模型、设计生成之间的规律。

知识点 3. 数字图解设计理论。

知识点 4. 数字建构设计思想。

知识点 5. 参数化设计方法。

知识点 6. 算法生形方法。

知识点 7. 基于深度学习模型的智能设计方法。

学习目标

运用数字设计、智能设计方法进行建筑方案的设计。

3.1 概述

3.1.1 传统的建筑设计

传统的建筑设计是以建筑师个体设计思维为主导的建筑设计。其设计过程起始于设计任务书，它包含了对所要设计的建筑的各种需求，如功能使用、空间关系、形式风格、环境协调等，建筑师按照设计要求进行建筑方案的设计，其实就是综合考虑各种需求进行建筑空间形体的设计，其结果是将找到一个在某种程度上大约满足需求的建筑形态供下一阶段进行设计深化，称这一过程为"建筑方案设计"。为什么是这样的设计方案而不是那样的，完全取决于个体建筑师的决定，不同的建筑师会有不同的设计结果。因此，建筑师对需求理解的不同、设计出发点的不同、设计观念的不同、设计经验的差别、设计技巧的差别、设计审美趣味的差别、甚至个体建筑师文化素养及生活背景的差别等因素都将影响设计结果。

建筑设计思维能否更理性？建筑设计过程能否更逻辑化？建筑设计结果能否与实际使用需求更吻合？建筑空间与形体能否与人的活动和行为更对应？建筑物能否与其环境的关系更融洽？这些问题促使建筑师寻求新的建筑设计思维方式及科学化的建筑设计方法。

3.1.2 建筑数字设计及建筑智能设计

建筑数字设计是数字技术与建筑设计的结合，一方面，数字技术正渗透到建筑设计的方方面面，其结果是提高了现有建筑设计的效率和质量，对于几何形体的生成及控制变得更容易，设计的精确度大大提高；数字渗透的另一结果在于解决了过去遗留下的许多症结，以建筑信息模型（BIM）及协同设计为基础的设计组织方式使得设计团队中不同建筑师的局部工作得到整体统合、不同专业的矛盾可以在设计阶段被及时发现并消除；数字渗透还实现了建筑师过去的许多建筑理想，比如建构理论推崇建筑形式忠实表现结构及构造逻辑，而算法生形及数控加工可以实现形式与结构系统、材料构造逻辑之间的对应。

另一方面，数字技术催生了新的建筑设计趋势。首先，数字技术改变了建筑师的设计思考方式，比如将寻找"关系"及"规则"作为设计的出发点，将算法作为设计的核心内容，这与传统的设计思维有极大的不同；其次，数字技术还改变了设计过程，它不再是建筑师通过灵感的形式创造过程，而变成了基于设计需求、通过构筑参数模型反复求解的形式搜寻及形式优化过程；再者，数字技术将彻底改变设计、加工、施工的组织方式，在设计过程中，建筑师需要与跨专业的专家如结构工程师、软件工程师、材料工程师、加工厂商、施工技术人员等通力合作来完成设计，而设计与加工、施工之间的联系方式将以数据及软件参数模型为媒介进行传递，建筑师对加工及施工的控制程度将极大地提高。数字技术促使建筑设计向着更科学化的方向发展，形成了数字建筑设计探索。

计算机辅助设计（Computer Aided Design，CAD）、计算机辅助工程（Computer Aided Engineering，CAE）、计算机辅助制造（Computer Aided Manufacturing，CAM）以及建筑信息模型（Building Information Modeling，BIM）这四种基本技术的产生及发展是建筑数字设计及建筑数字建造的基础；进一步将人工智能技术与这四种技术相结合，将形成建筑智能设计及建筑智能建造的核心技术，建筑的虚拟设计与实际物质建造依靠这些核心技术相互连接起来。在设计阶段，通过计算机辅助设计（CAD）及智能算法进行建筑的设计；同时运用计算机辅助工程（CAE）进行实际模拟及计算等工作；在加工和施工阶段，则利用计算机辅助制造（CAM）及智能建造系统将复杂的建筑设计形体由数字模型变为真材实料的建筑构件或建筑实物；建筑信息模型则是集 CAD、CAE 与 CAM 为一体的计算机集成设计及制造系统（Computer Integrated Designing and Manufacturing System），用它的目的在于实现建筑从无到有、全生命周期的建设与管理，包括对项目进行策划、规划、设计、施工、维护等各个阶段的信息进行整合、优化、传递和管理。

传统建造方式面临着种种挑战。如从设计到施工各环节之间衔接不当而造成浪费；施工工地的环境污染如扬尘、噪声等；由于误差或施工质量问题造成能源的浪费；劳动力数量急剧下降、劳动力成本快速上升，使得人工劳动密集型的建筑构件加工及施工成本越来越高。这些问题迫切需要建筑业转型升级，智能建造成为建筑业的发展方向。

智能建造要求建造的全过程及各专业充分利用数字技术及人工智能实现建造目标。其特点在于"全过程"自始至终，"各专业"相互之间具有连续且共享的数字信息流及三维模型。智能建造的起点在于建筑智能设计，经过后续阶段及各专业不断添加、修改、反馈，形成优化的设计建造信息及模型。以此为依据，房屋建设依靠互联网及物联网、CNC 数控设备、3D 打印、机器人等智能机械，实现高精度、高效率、环保性的物质建造与运营服务，从而形成一个新的建筑产业链。

3.2　建筑数字设计及建筑智能设计理论

3.2.1　科学理论-算法模型-设计生成

这里的"科学理论"指复杂性科学理论，是针对复杂性的系列理论研究，致力于模拟、再现复杂的自然现象或者解决实际生活中的复杂问题。由于建筑设计形态的复杂度、设计过程的多变性、建筑整体的复合性，建筑设计问题属于复杂问题，因而可以借助复杂性科学理论来解决设计问题。在建筑数字设计中，要实现这一想法，可以通过建立复杂性理论的算法模型，运用计算机程序进行计算，由此自动生成形态作为设计雏形。可见，科学理论-算法模型-设计生成三者之间存在内在联系，这一联系表明建筑设计可以基于设计需求，以某种复杂性科学理论作为基础，建立算法模型，通过计算得到建筑设计的形态。

1. 建筑数字设计的复杂性

"复杂"本义即"事物的组成多且杂"，又指"难于理解和解释，不容易处理，不清楚"[1]。在复杂性科学的研究中，对于"复杂性"尚缺乏明确、统一的定义，而各研究学派对复杂性定义的差异性也反映了复杂性这一概念本身的复杂、不确定特征。随着复杂性科学的发展，复杂性的概念也不断涌现。其中，计算复杂性（Computational Complexity）以计算量、计算时间的耗费为主要衡量，柯尔莫格洛夫（Kolmogorov）复杂性从描述算法的程序代码的长度来衡量复杂性[2]，代数复杂性以代数计算的次数为衡量，语法复杂性是对形式语言的复杂性的测度等[1]。此外，司马贺提出分层复杂性的概念，强调复杂系统的复杂层次结构；而朗顿（C. Langton）则把复杂性理解为混沌边缘，认为复杂性出现于有序事物向无序转换的过程中，或者介于有序与无序之间；霍兰则认为复杂性是一种隐秩序，认为适应性造就了复杂性，而复杂性就是系统的一种涌现；钱学森则以系统再分类为基础，认为复杂性可以概括为：系统子系统之间各种方式的通信、多种类的子系统、不同知识表达的子系统、结构会演化的子系统等[1]。

建筑数字设计中的复杂性主要表现在三个方面。首先，从形态上，数字设计的建筑形态相比于一般建筑形态具有更高的复杂度。这种复杂度可能表现为基于某种复杂几何关系而构成的建筑形态，也可能表现为大量简单单元之间的复杂组合而形成的复杂形态。其次，其生成过程具有一定的难度。这一难度前期来源于复杂形态的设计生成，该过程涉及大量的几何学、计算机图形学或者计算机编程，需要建筑设计师具备超乎一般建筑设计师的设计与编程能力；而在后期深化的过程中，对复杂形态的功能布局安排、流线组织、构造实现、成本控制等也都具有较高的难度。最后也是最为关键的部分，在数字设计中，建筑表现为一个复杂系统，其内部组成部分（如建筑构件、空间单元、设备系统等）共同、有组织组成整体建筑系统，这一特点使之与复杂性科学的研究密切关联。只有应用复杂性科学中的相关理论方法，才能驾驭和解决数字设计中建筑这一复杂系统的方方面面。

2. 基于自组织理论及鸟群迁徙模型的设计生成

自组织即系统通过自身的力量自发地增加它的活动组织性和结构的有序度的进化过程，它是在不需要外界环境和其他外界系统的干预或控制下进行的。从系统论的观点看，自组织是指一个系统在内在机制的驱动下，自行从简单向复杂、从粗糙向细致方向发展，不断地提高自身的复杂度和精细度的过程；从热力学的观点看，自组织是指一个系统通过与外界交换物质、能量和信息，而不断地降低自身的熵含量，提高其有序度的过程；从进化论的观点看，自组织是指一个系统在遗传、变异和优胜劣汰机制的作用下，其组织结构和运行模式不断地自我完善，从而不断地提高其对于环境的适应能力的过程[3]。

在数字设计中，自组织理论对自然现象的模拟能够用于形态生成。如鸟群的迁徙、鱼群的游动、反应扩散系统、涡流现象等，这些动态模型的建立都基于自组织理论，通过内部单元之间的通信、决策以及多次迭代实现。基于以上自然现象所建立的模型，能够反映出自组织的特点，在大量子系统的反复相互作用中呈现出一种新的、有序的、适应性的状态，从而带来新的、具有一定适应性的空间结构，能够用于建筑形态的生成。

这里以鸟群迁徙为例来进行说明。鸟群迁徙是一种集群行为，也是一种自组织现象。在鸟群迁徙过程中，除了邻近个体之间持续不断地相互作用外，每一只鸟都受到一个自我驱动（Self-Propelled）的力量，即不断挥动翅膀向着迁徙方向飞行。

基于鸟群迁徙的代理模型目标是对鸟群迁徙过程中的集群形态进行仿真模拟，这一模拟能够构建出鸟群迁徙的模拟算法，主要包括生成初始鸟群、分离、协调方向、趋向中心、向前行进五部分。首先，设置好飞行时间、飞行速度、鸟的数量、初始鸟群的范围、初始鸟群的飞行方向范围、随机数种子、初始时间等；而后，初始鸟群在给定的空间范围内随机生成，并将行进方向控制在一定范围内；此后，根据当前的时间来执行对应的程序。若当前时间小于飞行时间，且时间为奇数，则对每只鸟依次执行分离、协调方向、趋向中心三步算法；若是当前时间为偶数，则每只鸟沿着当前方向向前行进一定距离；若是当前时间等于预设的飞行时间，则结束循环，并输出鸟群的飞行轨迹。其中，分离算法对每只鸟的位置进行检测，选取最近邻居、判断距离，若距离过小，则按照一定比例远离当前的最近邻居；协调方向算法则对每只鸟的行进方向进行检测，同时观察邻近的若干只鸟的行进方向，并朝着邻近鸟的飞行方向的平均值调整当前鸟的行进方向；趋向中心算法对每只鸟的位置进行检测，使之靠近其观察范围内的鸟群中心[4]（图 3-1）。

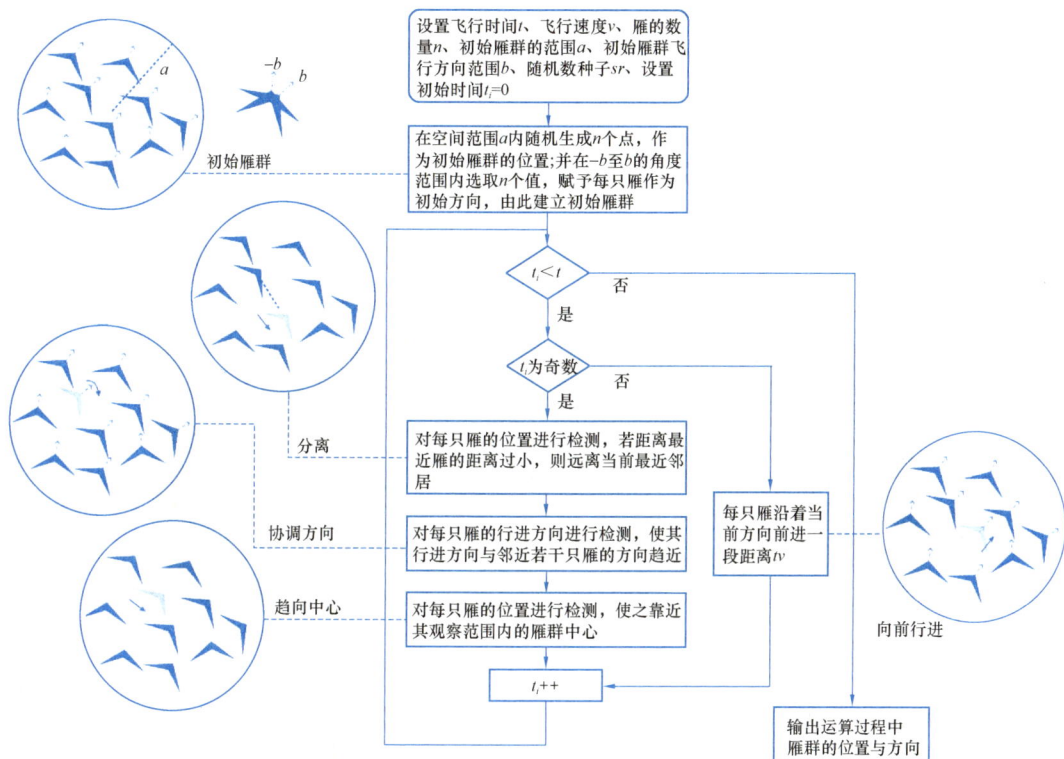

图 3-1　鸟群迁徙的模拟算法与图解

随机提取鸟群迁徙过程中某几只鸟的行进轨迹，通过放样的方法能够生成三维形体。选取不同的鸟的行进轨迹会获得不同的形态结果。就每一个形态结果而言，整体呈现为带状或筒状，表面有较多的凹凸纹理，而这些凹凸变化的纹理则来源于鸟在迁徙过程中曲折前进的行进轨迹，并与之相契合（图 3-2）。

图 3-2　五只鸟的行进轨迹放样形成的三维形体示意

3. 基于混沌动力学理论及奇怪吸引子模型的设计生成

混沌（Chaos）存在于很多自然系统中，如天气和气候，其核心特征为"并非随机却貌似随机"[5]。在混沌理论中，混沌的含义并不是无序，而是更倾向于难以预测，即使在简单混沌（Simple Chaos）系统中，没有随机因素、完全由初始状态决定，该混沌系统仍旧是不可预测的[6]，当下的情况能够决定未来，但是接近当下的情况并不能较为接近地预测未来的状态[7]。对于一个动力学系统而言，如果它同时具备对初始状态敏感、拓扑混合、有密集的周期轨道，那么它就是一个混沌动力系统[8]。混沌动力学理论包含有蝴蝶效应（初始条件的极细微变化随着时间的推移会显著地影响系统的宏观行为）、函数迭代

（无论经过多少次迭代也不会回到初始值的非周期点）、虫口模型（逻辑斯谛方程）、奇怪吸引子等内容[3]。

混沌动力学中的一些理论和公式模型能够直接应用于数字设计中的形态生成，如奇怪吸引子。它是具有复杂几何结构的吸引子，具有某种类型的双曲性[8]。在动力系统中，一个奇怪吸引子就是某个混沌系统的核心[5]。并非所有的吸引子都是奇怪吸引子，其中最简单的是吸引不动点。对于吸引不动点而言，所有的轨道都具有同样的渐近性，因而，其对初始条件并不敏感，初始条件的微小改变不会对其渐近结果产生影响。而奇怪吸引子则不同，初始条件的微小变化会对结果产生显著影响；此外，奇怪吸引子还具有分形结构，并且广泛地存在于动力系统中[6,8]。

依据奇怪吸引子对应的函数公式，可以在 Mathematica 中生成对应的三维曲线形态，也可以在 Chaoscope 中选择对应的吸引子进行形态生成（图 3-3）。

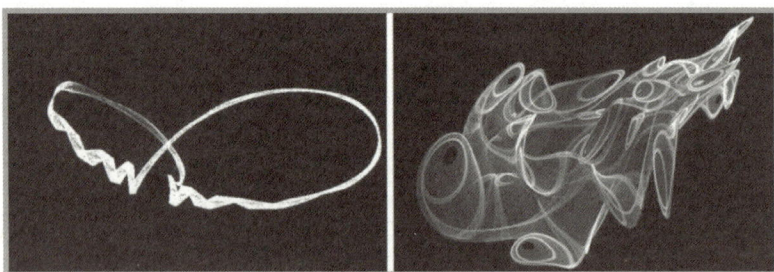

图 3-3   利用 Chaoscope 生成的三维点云形态

基于奇怪吸引子能够生成一系列具有循环运动之感的形体，可以用于建筑场地或建筑单体的形态设计。以《Chaotic》设计方案为例，该方案利用吸引子的原理进行场地规划与建筑单体的生成。就场地规划而言，首先，在给定的场地范围内设置吸引子与点阵，以吸引子驱动、影响点阵的运动，从而形成回旋、交织的平面形态。进一步，通过不同的吸引子与参数设置，将多种形态结果叠加以形成场地的整体形态。在生成建筑单体时，基于奇怪吸引子的空间曲线生成线性的结构骨架与面状的建筑表皮，两者结合共同构筑建筑形态（图 3-4）。

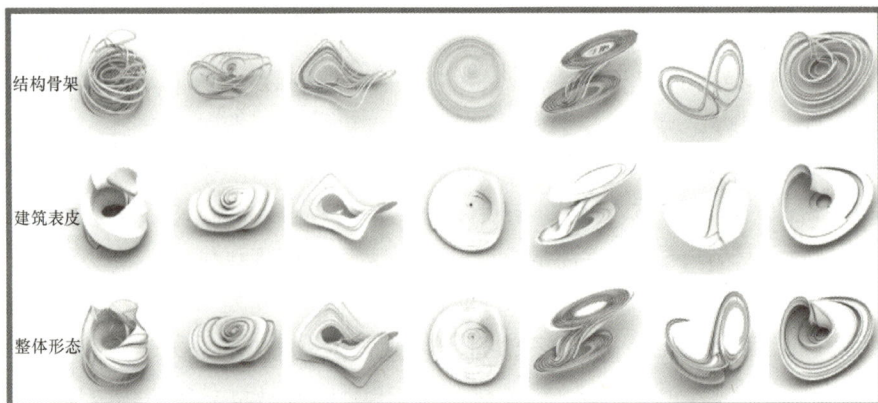

图 3-4   基于奇怪吸引子的建筑单体生成

（图片来源：清华大学建筑学院学生作业，学生：杜光瑜、王佳怡）

3.2.2　数字图解设计理论

20 世纪末，新一代先锋建筑师运用图解工具进行建筑设计取得了革命性的进展，他们主要获益于哲学家吉尔·德勒兹对米歇尔·福柯图解概念的重新解释[9,10]，从而在哲学层面上定义了图解概念。同时，基于图解哲学定义的特征，借助计算机软件技术在建筑设计上实现了图解概念的具体操作，结果给建筑设计带来了新的历史开端，一种新的适用于建筑设计的数字图解工具及相关理论正在形成之中。

1. 数字图解的概念

图解表示各种力之间的联系关系，它是一部抽象的机器，一边输入可述的功能，另一边输出可见的形式。建筑设计过程与其相似，也是将一些可述的功能要求及影响设计的要素通过某种关系转化成各种可能的可见的形态，因而可以认为，前述埃森曼开发的生成性图解也正是基于这一点，在设计过程中引入图解工具，将传统设计改变成图解过程。

但是，由于图解本身表示各种影响力之间的关系，或称它是一个函数关系，并且输入因素不止一种因素且具有动态性，其输出结果也具有多样性。如果要人为地控制这一过程是不可能的，而计算机技术却可以控制并实现这一过程的转化，计算机技术与图解结合，依靠计算机语言可以将各种影响力之间的关系通过指令集合的方式（算法）写入计算机程序，并输入设计要素信息，运行程序便可获得各种可能的形式作为建筑设计的雏形。在这里，程序即是数字图解，或称数字的抽象机器。

因此，数字图解的设计可以理解为用计算机程序生成形体的操作，程序包含了计算机语言以及算法。算法是一系列按顺序组织在一起的计算操作指令，这些指令包含了对所要生成的形体的要求及形体的特点的描述，它们共同完成某个特定的形体生成任务。在建筑方案设计过程中，基于对人的使用要求或行为以及对建筑所处环境的影响因素的分析，找到可以与分析结果相对应的基本形体关系，进而用算法（规则系统）描述形体关系并编写程序，之后进行计算，从而生成建筑设计雏形[11]。

运用数字图解的理论进行建筑设计，实际上是把建筑放到一个动态系统中进行设计。这是因为图解表示的是各种力之间的关系，具体到建筑设计场合，也就是表示影响建筑设计的各种条件因素之间的关系，它是一个设计的抽象机器，当输入的设计条件因素发生范围或量的变化时，图解的结果也会相应发生变化。作为图解输出结果的形体其实是一个形体范围，是各种可能的形体的集合，正好可满足建筑建成后各种环境条件具有一定变化范围的实际情况的要求，因而它更适用。

2. 数字图解设计案例

建筑形态与外部环境密切关联，同时还与其内部活动密不可分。建筑设计的使命就是让建筑形态产生于建筑所处特定地段的外部影响以及特定的内部要求，使建筑与场所环境以及人的活动协调互动，产生活力。

清华大学南门外的人行天桥是一座简单的一字形过街天桥，设计要求对现存天桥进行改建，增加信息咨询、休息等候功能。新的天桥设计有以下几个步骤：①现场调查研究，通过观察与统计发现经过天桥的人流的目标点，这些目标点产生的人流在不同时间段、人流量、人行速度、人流方向等方面均有不同特点，这些因素构成了影响天桥使用的参变量；②借用流体力学软件 Fluent 进行人流流场模拟，地段的人流可视为流体在容器中的流动，以流体来模拟人流，找出人在地段上自然状态下的流动情况；③对流场模拟结果进行分析，以模拟结果中"流线与空泡图"作为天桥设计的雏形；④研究天桥通道及功能空间处的人体活动尺度，并画出剖面控制线，并通过 Rhino 软件放样生成天桥的三维空间形体雏形，同时考虑其他影响因素，如结构、构造、视线、色彩等进化雏形，获得天桥方案。在这一设计中，流体力学的 Fluent 软件是作为抽象机器的图解，它实际上表示了影响流体的各种因素的动态力学关系，因而设计结果与经过天桥的行人的动态习性相一致，能更好地满足过桥行人的要求；另一方面，由于各时段的统计数据来自场地行人的真实情况，因而，生成的天桥形体是属于这一特定场合的形态（图 3-5）。

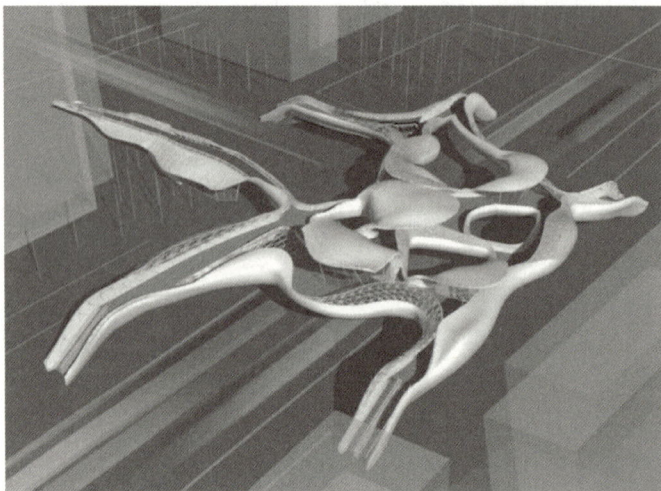

图 3-5　清华大学南门外人行天桥设计

（图片来源：作者教学 studio 学生作品）

3.2.3　数字建构设计思想

1. 数字建构的定义

传统的建构理论在基本建造层面，提倡和推崇建筑的形式应该表现结构逻辑及材料的构造关系，但在基本建造层面之上，还存在建筑学的设计层面，随着人类社会生活的日益多功能化及复杂化，没有建筑设计便不可能进行建造。

数字建构首先把传统的建构思想拓展到建筑学的设计层面，提倡建筑设计的形式应该最高程度地表现人类活动的要求以及环境条件的影响，这两者是设计形式的来源。同时，建筑的建造形式应该最高程度地表现建筑结构逻辑及材料构造关系。再者，数字建构由于在设计文本与建造信息之间使用前后连续的数据流，因而，计算生形的基本几何逻辑将会成为建造形式的基本结构系统，这样保证了设计生成与数字建造的统一性。

数字建构具有两层含义：使用数字技术在电脑中生成建筑形体，以及借助于数控设备进行建筑构件的生产及建筑的建造。前者的关键词是建筑设计的数字生成，其结果应该最高程度地反映人类生活行为及场所环境条件；而后者的关键词是建筑物的数字建造，最终建造形式应该最高程度地表现建筑的结构逻辑及材料的构造关系。这两层含义也可用非物质性和物质性来阐述，在计算机中生成设计属于数字技术的非物质性使用，而在实际中构件的生产及建筑的建造则是数字技术的物质性使用。

数字建构具有如下特点：建筑设计形体最高程度地反映了使用者的生活要求及人类行为特征；建造形式充分表现自身结构逻辑及材料构造关系；以计算生成形体的几何逻辑关系作为建筑结构及材料构造的基础；无论是建筑设计还是材料加工以及建筑物建造，均依靠软件技术及数控设备。

2. 数字设计的形态建模技术

计算机图形学的发展是数字设计的基本前提，数字设计的形态建模依靠图形学研究的数字建模技巧；计算机软硬件技术的不断进步，使它能够更加高效快速地处理复杂的图形及数据问题，从而满足建筑设计对不同形体的创建要求。

数字设计的本质在于按照使用要求建构形态，而形态的获得要依靠数字建模技术。在数字建模方法中，有三种描述物体的三维模型，即线框模型（Wireframe Model）、表面模型（Surface Model）和实体模型（Solid Model）。20 世纪 60 年代，建模方法主要为线框模型，其数据结构和生形算法简单，只需要表达点和线的空间几何关系，同时对计算机硬件要求低，运算速度快，可生成工程视图。20 世纪 70 年代初期开始表面建模技术的尝试，并探索复杂形体的设计和制造，表面模型是通过描述组成实体的各个表面或曲面来构造三维形体模型，它描述物体有两种渠道，一种是基于线框模型的表面模型，另一种是基于曲线曲面描述法构成曲面模型，曲面建模可产生真实感的物体图像，但物体表面边界不存在联系，因而无法区分物体内外从而不可分析计算；20 世纪 70 年代后期发展了实体模型，直至今日它仍然是主要的建模方式，它可以更完整地表达几何体的关系，如内外、体积、重心等；20 世纪 80 年代末出现了非均匀有理 B 样条（NURBS）曲线曲面建模方法，这一方法能够精确表示二次曲线曲面，随后产品设计的建模大都采用 NURBS 方法，国际标准化组织将它作为定义产品形状的数学方法。20 世纪 90 年代，基于约束的参数化、变量化建模技术以及支持线框模型、曲面模型、实体模型统一表示的不规则形体建模技术已经成为几何形体建模技术的主流。随后这些建模技术也从工业设计领域引入建筑设计领域，并成为当前数字设计以及数字建造文件的表达基础。

3. 数字建构的途径

用于工业产品制造的计算机数字控制工具也可用于建筑的数字建造。数控设备已在一定程度上被建筑行业所使用，它以计算机程序把指令集合在一起，并以指令的方式驱动机器实现加工过程的各种操作和运动，它可以对金属、木材、工程塑料、泡沫聚苯等天然材料或人工合成材料进行切割、打磨、铣销等加工，并最终制造出各种形体的建筑构件。数控机床是一种去除成型的加工设备，即从毛坯中除掉多余的部分，留下需要的造型；与此相反，另一种数控加工技术以添加成型的方式工作，即通过逐步连接原材料颗粒或层料等，或通过流体在指定位置凝固定型，逐层生成造型的断面切片，叠合而成所需要的形体，这一技术也称作快速原型技术，如熔融沉积制模法、立体印刷成型法、选域激光烧结法，即三维打印方法。这些数控技术由于通过计算机软件操控加工设备，可将设计与加工联成一体，在不同条件下可处理不同问题，满足不同的需要，从而可以生产各种具有个性的产品。

3.3 建筑数字设计及建筑智能设计方法

3.3.1 参数化设计方法

1. 参数化设计的内涵

参数化设计其实就是参变量化设计，也就是把设计参变量化，即设计是受参变量控制的，每个参变量控制或表明设计结果的某种重要性质。这里要明确一下，"参数"与"参变量"同义，参数分为两种，即不变参数（参量）及可变参数（变量），改变"可变参数"的值会改变设计结果。

参数化设计在计算机出现之前已被应用于建筑设计，高迪在19世纪末到20世纪初的一系列作品中就利用了类似参数化设计方法[12]。比如高迪设计的古埃尔教堂（Church of Colònia Güell），通过悬链线实物模型确定教堂拱顶的形态，通过调节一系列参数，包括绳索长度、固定节点位置、悬吊物重量，生成一系列符合重力关系的结果。在这个设计系统中，绳索长度、固定节点位置、悬吊物重量等是"可变参数"；而"不变参数"为绳索（有别于其他材料）、固定节点的打结方式、悬吊物的材质等。

参数化数字设计是数字技术与参数化设计相结合的产物，它以数字建模技术为基础，需要开发参数化建模软件，通过软件模型进行参数化设计。参数化建模软件是一种用参变量控制模型形态的整体逻辑关系系统，通过规则系统（或称算法）把影响模型形态的各种因素（参数）联系在一起；不同的规则系统可以构建不同类型的模型形态，当改变参变量的输入数值，计算生成的模型形态会发生变化；这里输入的参变量可以是数值，也可以是图形。

参数化建模软件给建筑设计带来灵活性，可以满足设计过程动态连续复杂性要求，当参变量数值改变时，可通过参数模型得到新的结果。同时影响建筑设计的因素除了主要的因素外还有其他因素，当通过参数模型得到设计的雏形后，可以根据其他因素的影响进一步调整雏形，得到更高程度上满足设计要求的设计结果。

与人工操作设计过程相比，计算机参数化设计类似抽象的造型机器，它可以让设计过程反反复复不断反馈，可以输入不同条件得到多个结果，并对设计结果进行多次迭代修正。参数化设计过程中的规则系统及描述规则的语言、软件参数模型、参变量以及生成的形体都是显形可见的，与建筑师传统的设计过程相比，再也不是人脑黑箱生形的不可见过程，相反，它是逻辑化可控的科学设计过程。

参数化数字设计的优势在于能够以一个"模型"对应一系列设计方案，提高设计效率；可以代替设计师完成部分设计工作，节省设计师修改、计算、建模等环节的工作量；能够保证生成的方案满足预先设定的功能与技术要求；同时便于进行多方案比较、寻找具有良好功能及技术性能的方案等。

2. 常见的参数化设计流程

建筑数字设计是通过数字化设计流程实现的。数字化设计流程串接起了建筑从方案设计到初步设计，再到施工图设计各阶段。使用数字工具和技术进行设计工作，实现了各阶段设计工作的无缝连接，特别是为下一步建造提供了准确的数字设计模型和数控加工模型。

在方案设计阶段，建筑师通过绘制草图或制作手工模型的方式快速表达出自己初步的设计想法，在确定方案后再将图形输入计算机中，如弗兰克·盖里，为了更加准确地将草图和草模转译成计算机图形，通常使用扫描仪进行草图的扫描，得到 GPJ 或 PDF 等图元文件作为参考底图，再使用建模软件进行描图建模并深化；而对于实体草模则通过三维扫描，得到记录模型准确形态的三维点阵坐标的 txt 文件，将其输入建模软件中重新生成点云，然后将点云分组连接成 NURBS 曲线，再进行放样等操作生成 NURBS 曲面模型。

除了通过扫描转译草图和草模的方法外，还可以使用三维建模软件直接进行形体建模。比如有些事务所通常先采用 MAYA 的多边形建模方法生成雏形后，提取出特征曲线，再导入 Rhino 中进行曲面重建，得到软件模型。

在初步设计阶段，通过对方案草模进行深化，创建约束及关联，从而建立参数化数字模型。比如通过计算机模拟软件对数字设计模型进行力学、采光等性能的模拟分析，将抽象的环境因素转译为定量数据，建立数据与数字模型中几何体之间的关联，从而推进建筑形态的发展；再如为保证组成建筑的构件单元能够在合理的成本和工期内在工厂中加工出来，通过在参数化建模软件平台上进行编程，对形体进行优化细分以使其满足建造要求。

在施工图设计阶段，会以初步设计阶段的参数化数字模型和各专业设计为基础，应用 BIM 软件搭建各个专业的模型，汇总到平台文件中；然后使用 Navisworks、Navigator 等软件，检查不同专业的设计之间是否发生碰撞，并且进行施工过程模拟等。再如利用 BIM 模型直接生成二维图纸用作存档和审查等工作；通过参数化软件直接导出数控设备可读的文件格式，利用数控机床进行非标准的建筑构件的加工等。参数化设计流程如图 3-6 所示。

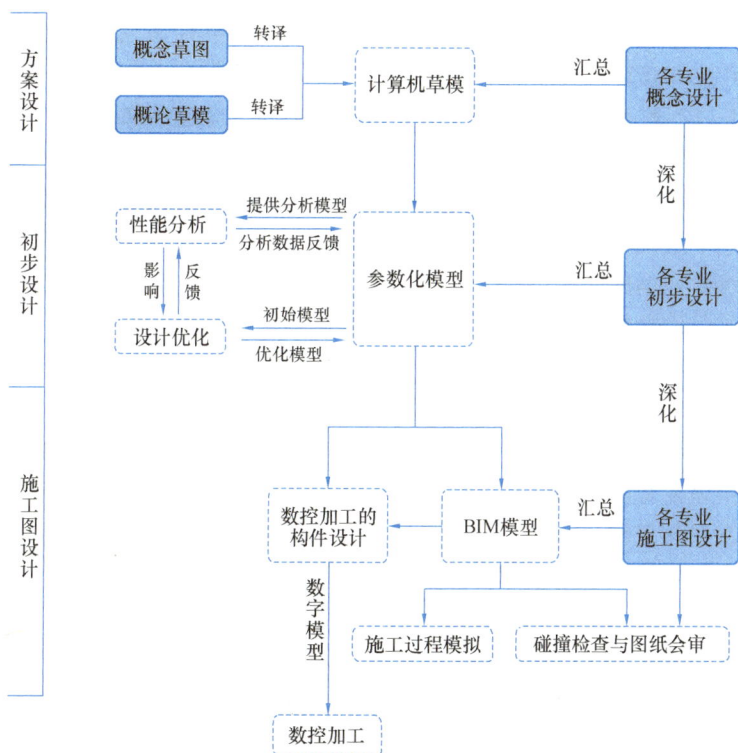

图 3-6　参数化设计流程

3. 参数化建筑方案设计过程

在参数化建筑方案设计中，把影响设计的主要因素看成参变量，并首先找到某些重要的设计要求作为参数，然后通过某种或几种规则系统（即算法）作为指令构筑参数关系，并用计算机语言描述参数关系形成软件参数模型，当在计算机语言环境中输入参变量数据信息，同时执行算法指令时，就可实现生形目标，得到建筑方案雏形。

参数化设计方法可以用在各个不同的方面，如城市设计、建筑单体设计、室内设计、工业产品设计、景观设计等不同领域。就建筑单体设计而言，参数化设计也可用于不同的地方，如对已有形体的参数化控制、对构造节点的参数化设计、对建筑表皮的参数化分形划分等，但把它用在建筑方案的生成上是最重要的内容。就像一般建筑设计方案的设计过程一样，设计过程的关键环节将决定设计结果的合理性及设计质量，同样运用参数化设计方法进行建筑方案生成过程的关键环节也至关重要，其过程的关键环节包括以下六个方面。

（1）设计要求信息的数据化

设计要求是设计的起点，包含了人的活动行为对建筑的要求以及周边环境对设计的要求。对场地进行直观调查有助于我们准确了解周边环境特征，而对未来建筑使用者进行访谈、观察相似功能建筑中使用者的活动行为等可获得更可靠的设计信息；但对于参数化设计来说，对周边环境特征及人的活动行为的数字化描述是最为关键的工作，因为这些数字化的信息将是建筑形态生成的基础。

（2）设计参数关系的建立

建筑设计是一个复杂系统，影响设计的因素众多，在参数化数字设计时，往往首先找到影响设计的某些主要因素表现出来的行为或现象，并用某种关系或规则来模拟这些行为或现象的特征，比如在中国城市规划展览馆建筑中，往往以城市总体模型为中心，参观者通常首先环绕总体模型参观，之后再参观周边的其他展厅，这一像面包圈一样的人流参观动线可以被看成影响设计的主要因素，这里面包圈可以作为设计的基本关系，而中心模型的尺寸、建筑空间的高低、人流量的大小、周边展厅的数量及大小等可被看成决定面包圈这一关系的参数。当我们有了这些认识，我们就有了基本的设计参数关系。

（3）软件参数模型的建立

当有了基本的设计参数关系，我们还要找到某种规则系统（即算法）来构筑参数关系以便生成形体，并用计算机语言描述规则系统，形成软件参数模型。软件参数模型的建立可通过不同的途径，比如，使用已有软件菜单，如 Rhino 软件里的放样操作；也可使用已有的参数化设计软件，如使用 DP、GC、Grasshopper 等建立形态参数模型；或利用已有软件的脚本语言的描述，如 MAYA 里的 MEL 语言或 Rhino 里的 Rhinoscripting 等；当然我们也可在操作系统平台上编写程序描述规则系统，形成软件参数模型。当我们给软件参数模型各变量输入一定的值的时候，就得到设计雏形，当改变输入值时，可得到新的设计雏形。

（4）设计雏形的进化

从设计要求的某些主要因素得到的设计雏形一般只解决了建筑设计这一复杂系统的主要矛盾，许多其他因素也应该对设计结果产生作用，以便最终设计成果能最大限度地满足使用者活动行为的要求，并与环境相适应。这样设计雏形还需在其他因素的作用下进化，正因为设计雏形是在参数化软件条件下生成的图形，所以它可以接受其他的指令操作，从而发生形态优化变形并发展到令人满意的设计结果。

（5）最终设计形体的参数化结构系统及构造逻辑

建筑设计这一复杂系统的各种因素的综合作用，通常导致最终设计形体是一个不规则的非线性形体，仅满足于此是不够的，因为这一非线性形体如果没有结构系统及构造逻辑的支持是没有说服力的，也就是说设计还没完成。进一步考虑设计的基本结构系统及构造逻辑可以打开通向该建筑的构件加工及实际建造的通道。参数化的设计对确立建筑形体的结构系统及构造逻辑十分有利，我们可以研究计算机软件生成非线性形体时的内在逻辑，显示这一建构逻辑并可把它用来作为实际建造的基本结构系统；我们也可以在软件内根据形体的应力分布进行分块并研究单元体之间的连接构造，以这种方法作为基本结构系统；构造逻辑是指在大的结构系统下，有限尺寸的材料块如何被连接到一起，联系的关系应该与结构逻辑具有连续性。

（6）设计成果的测试与反馈

参数化设计过程的终极目标是要获得最高程度满足使用要求的设计结果，尽管设计过程的逻辑性在很大程度上保证了这一点，但是，设计结果究竟是否满足要求仍需进行测试，这是必要的环节。目前，我们还只能依靠有限的手段对结果进行检测，如借用ECOTEC、DUST等软件或自编程序测试设计结果，并把测试的结果借助参数化平台反馈到设计的各个环节，同时调整各个环节使设计结果更趋完善。

参数化设计过程具有以下特点：①参数化设计过程的起点在于对人及环境的尊重；②设计的策略在于建筑师通过判断和取舍、对设计过程进行控制，从而决定设计结果；③设计过程遵循前后连续的因果逻辑关系，以获得与设计起点相对应的设计结果；④结构系统及构造逻辑的研究保证了设计结果的可实施性。

3.3.2 算法生形方法

1. 算法生形的概念及示例

对于任何要在计算机屏幕上显示的图形来说，无论其简单还是复杂，简单到一条直线或一个点、复杂到行云流水，生成这些图形都需要计算程序，程序由计算机语言描述算法而编成，算法是程序的核心；算法表达了要显示的目标图形的计算方法及其计算过程，即计算算式的先后顺序；计算算式实际上是几何等式方程或是几何等式方程的变换公式（对于欧几里得几何来说），也可能是表达几何关系的过程描述（对于非欧几里得几何来说），这里几何关系是算法的实质性内容。因此，在计算机屏幕上图形的生成就是由算法决定的，这也可称为"算法生形：通过算法生成图形"。

但是，如上所述数字图解的设计，虽然也是通过运行程序在计算机屏幕上生成建筑形体，同样算法也是程序的核心、几何关系是算法的实质性内容，然而此处的算法把设计者对目标形体的要求及期许蕴藏其中，这里的要求及期许指目标形体应该满足特定的使用者对其中的某些行为或活动的要求，或目标形体应与所处环境具有某种联系；事实上，在编写程序及形成算法之前，设计者应该已经把使用要求、环境联系与将要编入算法的几何关系进行了匹配，并初步认定两者之间具有较好的适配性。因此，建筑的数字图解设计其实就是通过选择合适的几何关系，并构筑合适的算法，通过程序在计算机上的运算，最终生成形体作为建筑设计的雏形，我们将这一设计过程定义为数字建筑设计的"算法生形"，它是建筑数字图解设计理论的核心内容。

以北京798艺术中心设计为例阐述数字建筑设计的算法生形过程（扫二维码视频3-1）。设计场地位于D-Park中心，在对人的活动及周边环境分析及调研的基础上，确定动态的"观"与"展"关系是设计的重要因素，同时这一特定场地的观展不仅包括艺术中心内部的观与展，并且在建筑内行走时观看到场地周边工业遗产的景观也是非常重要的观展内容。这样周边工业遗产的景点位置、艺术中心室内展品位置、观展者运动路线、观展者视线等成为影响设计的重要因素。分析"观""展"行为，展品是固定在某一特定位置的，而观者则是不断按顺序流动到达展品处观看，根据这一活动行为的特征，选用具有分形枝权几何关系的算法 DLA（Diffusion Limited Aggregation）作为算法生形的基础。

在该设计中，将 DLA 算法拓展为三维 DLA 算法，设计者使用三维 DLA 算法进行设计生形。三维 DLA 算法生形的过程可解释为，在一个三维封闭空间里放入若干个静止的粒子，并在空间边界随机放入若干个新粒子，这些粒子随机行走，如果碰到空间中静止粒子则凝聚不动，如果碰到空间外壁则不考虑它，并可不断放入新的粒子，让它们做同样的运动，直至产生相对理想的凝聚结果，这一结果将是各种各样的分形结构，它们与自然界中的树枝形状相似。

在用这一算法构筑设计关系时，静止的粒子代表展品，随机运动的粒子代表观展者，最后形成的树枝形状结构反映了观展路径；在构筑三维封闭外壁的时候，把实地调研得到的场地上观看周边工业遗产的最好角度以若干条视线作为控制，建立管状外壁，以留出视觉通廊，外壁的其他部分则考虑了退红线、西南广场人流活动要求与保留建筑的关系等因素而确定。接着，选用了犀牛软件的内嵌语言 Rhinoscripting 将算法写入计算机建立了软件参数模型。经过多次试验后可得到作为观展路径的树枝形状图（图 3-7），以此作为设计的雏形。

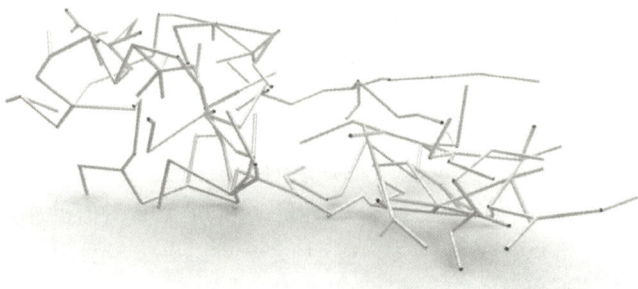

图 3-7　北京 798 艺术中心（树枝形状观展路径）
（图片来源：作者教学 studio 学生作品）

2. 数字设计的生形算法归类

在数字建筑设计的算法生形中，根据设计对象的不同条件及特点，通常采用不同类型的算法来解决问题，可以把用于数字设计的生形算法分成四种类型，即经典算法、自编算法、软件菜单及组合算法。

经典算法指那些具有明确定义并且已经广泛使用在不同领域的著名算法，在数字设计时可直接运用或改写这些算法生成形体。比如上述设计中，设计者使用的 DLA 算法就属于这一类，它被进行了三维改写之后，用来生成 798 艺术中心的空间形体；此外还有如 VORONOI、元胞自动机、L-system、极小曲面、蚁群算法等也是这类算法。

自编算法指面对数字设计的特殊问题，需要通过设计者自己独创某种算法来解决设计形态生成问题。自编算法需要根据具体情况，运用某种科学理论或定律来创造算法解决问题。比如澳大利亚建筑师 Roland Snooks 擅长运用集群智能思想，根据设计项目实际需要构筑算法生成形体，在纤维塔的设计中，通过基于算法的代理过程来探索装饰、结构和空间秩序的生成，使得操作能够在相对简单的几何壳体厚度的纤维网格中产生一个迥异的塔楼；而迭代的继续应用给与外部壳体分离的室内结构和中庭空间的形成带来可能性。

软件菜单也是一种形体生成的渠道，对于有些设计问题，不一定通过算法及编程这种高级的生形手段进行设计，也可以直接使用图形软件里的菜单，直接在这些软件中生成形体，因为这些软件菜单操作指令的背后也是某种算法在起作用。弹性空间设计方案便是用犀牛软件的放样菜单生成的建筑形体，设计者首先分析场地条件及人流流向得到平面轮廓，再对学生在室内的活动进行研究并得到不同部位的剖面轮廓，然后用"放样"菜单生成设计雏形。

组合算法指进行一项设计时，将多个算法组织在一起形成规则系统进行设计生形。事实上，当需要解决一个复杂的建筑形态生成时，一般会将多个不同的算法组合使用，最终通过程序运算得到设计形体。

3.3.3　基于深度学习模型的建筑智能设计

基于大数据、云计算和人工智能等前沿技术的高速发展，特别是深度学习算法在多个领域的应用，普遍提高了人类的生产力，这也给建筑的智能设计带来了新的技术和方法。

近年来，运用人工智能解决建筑设计问题已经引起了广泛的关注。从近五年与计算机辅助设计相关的国际会议，例如 ACADIA、CAADRIA 等的文章发表可以看出，深度学习算法在建筑领域的使用涉及城市和建筑的多个层面，包括城市规划及城市设计的分析预测及空间生成、建设单体设计的生成及结构优化、建筑材料研究评估以及建造全过程控制等。

基于深度学习的设计方法与前文介绍的参数化设计方法有一定的相似性。不同之处在于，参数化设计方法通常是针对特定设计问题的特定解决思路，其生成结果在一定程度上是可预知的。而深度学习方法则针对一类设计问题，试图涵盖各种解决思路，一次开发完成后，该方法可以适用于多位设计师和多个设计任务，可以实现工具开发与具体设计问题的分离，因此具有更广泛的适用性。此外，深度学习通过对大量数据的学习和训练，发现规律并将其映射到结果中。生成的过程是一层层深度神经网络的迭代，生成的结果尽管与训练数据有一定的相似性，但一般来说是不可预知的。因此，基于深度学习进行自动生成设计的一般思路是，首先收集一系列既有设计方案作为数据库，然后通过多层神经网络进行特征提取和分析，学习这类设计问题的共性规则，并将其反映在生成的结果中。设计师只需输入设计的关键参数和目标需求，计算机就能自动生成大量设计方案。

（1）基于卷积神经网络的自动生成设计

卷积神经网络的本质是对图像的识别和分类，例如在 Islam Zohier 等人的研究中，采用基于 CNN 的语义分割算法，实现了对埃及开罗尖塔风格的历史建筑的快速识别和分类[13]。但实现自动生成设计，最早采用的是风格迁移算法（Style Transfer）[14,15]，该算法的原理是将一张图像的内容和风格分开，然后再将这张图像的内容和另一张图像的风格合起来进行图像的重建（图 3-8）。密歇根大学的学者 Matias Del Campo 首先运用这一算法探索了人工智能在建筑生成设计方面实现风格转化的可能性。例如，在一个教堂的设计项目中，成功地将巴洛克风格迁移到现代风格的建筑立面上，生成了融合两种风格的独特建筑形式，为具体设计的建筑意向提供了基础[16]。采用类似的方法，Matias 团队指导了 2020 年秋季学期清华大学深圳国际研究生院的设计课——雄安新区的规划设计，这是一种与传统规划设计大不相同的规划过程，首先学生需要构思雄安新区规划的基本单元形式，然后结合大量现有的城市规划平面为数据集，训练一个风格迁移的模型，最后选择一块现有的雄安城市地段作为设计的内容，利用训练好的风格迁移模型，将构思的基本单元形式迁移到规划的地段上，便生成了规划设计的雏形（图 3-9）。

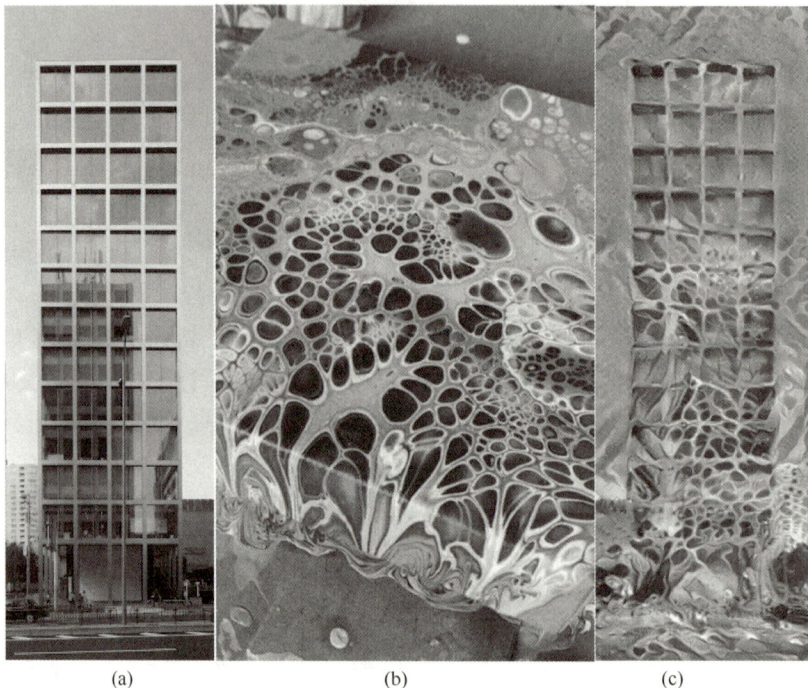

(a)　　　　　　　　　　(b)　　　　　　　　　　(c)

图 3-8　风格迁移算法的原理展示

（a）内容图片；（b）风格图片；（c）生成图片

此外，宾夕法尼亚大学的学者 Hang Zhang 等，将风格迁移算法应用于建筑模型解构出的众多二维剖面，通过叠加算法实现了整体建筑风格的转化[17]。学者 Guüvenç Özel 则开发了一个智能设计系统，对现有建筑外部表现形式进行分类、迭代和再设计，探讨了在人工智能背景下，智能设计、协调、随机化和迭代与图案、颜色、比例、层次结构以及形式语言相关的外部形式和美学特征[18]。

(a)

基础结构　　　　威尼斯　　　　巴塞罗那　　　　塔培拉

(b)

(c)

图 3-9　风格迁移算法生成的城市规划平面图

（a）基本单元形式；（b）结合现有的城市规划平面训练风格迁移模型；（c）生成规划设计的雏形

（图片来源：清华大学深圳国际研究生院未来人居学科研究生设计专题课学生作业，指导教师：Matias Del Campo）

（2）基于生成对抗网络的自动生成设计

生成对抗网络作为一种生成模型，在自动生成设计中具有更大的优势。清华大学的学者黄蔚欣团队最早采用 Pix2pixHD 算法[19]，成功实现了室内户型平面图的识别和生成（图 3-10）[20]。研究中，作者首先通过人工的颜色标注，将户型中的功能房间一一区分，训练模型时将原始的户型图和人工标注的功能划分图同时作为输入，让神经网络学习两者之间的映射关系，一旦模型训练成功，只需输入户型图，计算机便可自动生成功能划分图，反之亦然。采用类似的过程，华南理工大学的学者刘宇波等完成了校园平面图的规划

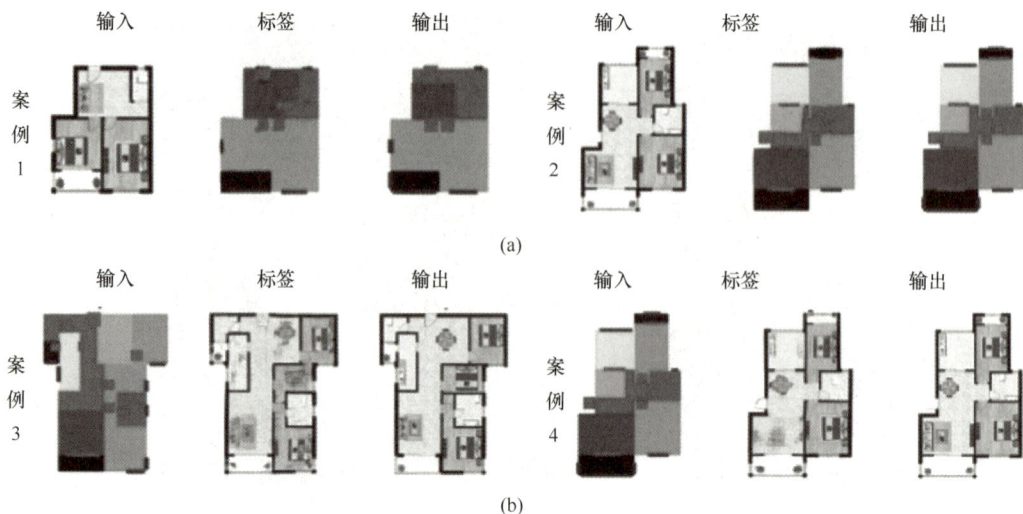

图 3-10　通过生成对抗性网络识别和生成的公寓平面图[27]

(a) 识别；(b) 生成

设计(图 3-11)[21]。Pix2pixHD 算法是 Pix2pix 算法的升级版，这是一类有监督的深度学习模型，输入数据必须是一组完全对齐的数据对[22]，但是这样严格对齐的数据对在现实世界很难找到，需要大量的人工标注，费时费力。因此，部分研究者将目光转向了对无监督算法的应用。例如，清华大学的李煜茜，基于无监督的 CycleGAN 算法，试图将建筑

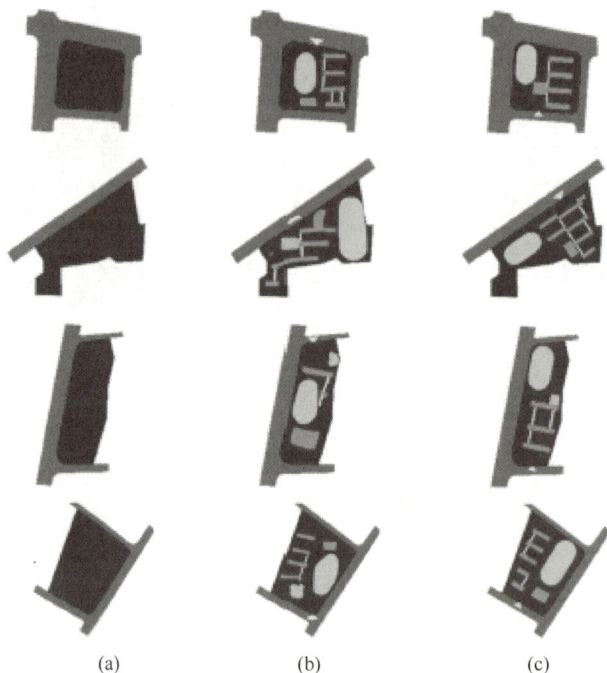

图 3-11　基于 Pix2pixHD 算法生成的校园规划结果与实际的规划比较[28]

(a) 输入；(b) 输出；(c) 实际规划

师的设计草图快速转化为直观清晰的设计方案透视图（图 3-12），在这一研究中，输入是由设计草图和建成的效果图组成的数据对，不需要人工标注的过程，通过对模型的训练，计算机学习了设计草图与效果图之间的循环映射，便可轻松实现设计草图和效果图之间的图像转化，提高了建筑设计初期的效率[23]。不论是以上的无监督算法还是有监督算法，其实质是基于像素化的生成过程，生成结果的质量直接受到像素数量的影响。为了生成更精确的结果，美国宾夕法尼亚大学的学者郑豪等利用矢量化数据的学习和预测方法进行了改进[24]。

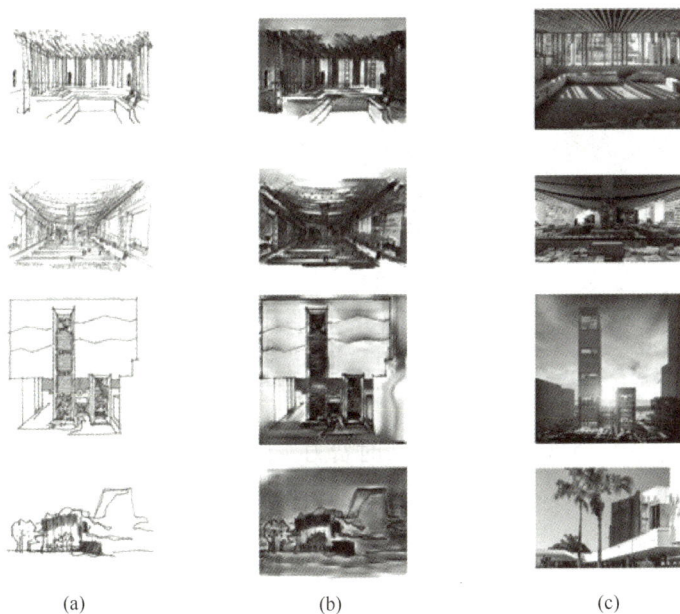

图 3-12　基于 CycleGAN 算法生成的建筑方案图[30]
(a) 草图；(b) 生成的建筑方案图；(c) 真实的建筑方案图

此外，美国内布拉斯加大学林肯分校的学者 David Newton 基于 WGAN 算法，使用柯布西耶的设计平面图为数据集，生成了符合柯布西耶设计风格的新平面，展现了通过机器学习生成特定建筑师设计风格的可行性[25]；同样地，美国密歇根大学的学者 Matias Del Campo，基于 StyleGAN 算法，生成了融合巴洛克和现代风格的建筑平面图，探索和验证了神经网络学习特定风格和空间特征的能力。该算法也被应用在建筑立面图和表现图的生成领域[26]。新加坡国立大学的学者 Jielin Chen 等，结合 StyleGAN 算法和表征学习（Representation Learning）实现了可操控的建筑设计方案的探索，展示了表征学习技术在解决建筑空间设计方面的潜力[27]。奥地利因斯布鲁克大学的学者 Shengyu Meng 则在成功生成建筑立面图的同时，通过对训练模型的潜空间进行分析和操作，实现了对生成立面的属性控制[28]。清华大学的陈致佳在 DCGAN 算法的基础上开发了 embedGAN 算法，解决了原始 GAN 算法在设计过程中无法从选定图像开始设计的问题[29]。

（3）基于扩散模型的自动生成设计

自 2020 年以来，由于扩散模型在图像生成领域表现出的潜力，以扩散模型为内核的开源软件平台相继被推出，如 DALL·E、Midjourney、Stable Diffusion 等，基于大语言

图 3-13　基于 Stable Diffusion 平台生成的建筑方案图

模型，这些软件平台具有图生图、文生图、图文联合等多模态之间的转化能力。通过这些软件平台，设计师不需要自己训练模型便可实现高效的自动设计生成。以 Stable Diffusion 平台的图文联合生成为例，在软件界面中输入设计的意向图片和对设计意向描述的文字的前提下，通过调节随机噪声等参数，便可得到不同类型、大小、密度和形态的纹理和形状输出。通过多次对图像生成过程的控制，最终便可得到设计师满意的设计结果（图 3-13）。在新加坡科技设计大学学者 Immanuel Koh 的研究中，比较了 CycleGAN 和 VQGAN-Clip 两种 GAN 模型以及 DALL·E 和 Midjourney 两种扩散模型在建筑图像生成方向的

性能，结果显示扩散模型 Midjourney 的表现更为出色，其入门门槛较低，但是生成的结果不但分辨率较高而且能更好地将风格映射到结果中[30]。另外，哈佛大学设计研究生院的学者 George Guida 的研究探索了文本-图像-三维模型的多模态语言在实际建筑设计生成过程中的作用，其中从文本到图像的模态转化过程融合了开源的 Stable Diffusion 和 DALL·E2 模型，基于这些新技术的辅助，从文本生产了高质量的图像，这使得建筑创作过程中的语言被赋予了新的意义[31]。

（4）基于 GPT4 和 DALL·E3 平台的上海咖啡屋设计方案

GPT 是基于 Transformer 的深度学习框架在海量通用数据上进行预训练，并结合监督学习和来自人类反馈的强化学习，针对不同的任务采用微调的生成式预训练 Transformer 模型，具备较强的泛化性和实用性[32]。上海咖啡屋是清华大学徐卫国教授团队基于 GPT4[33] 和 DALL·E3[34] 平台智能设计的实际项目。该项目结合了 GPT4 和 DALL·E3，分三步实现了建筑方案的设计：

第一步，首先有一个"咖啡杯"的设计想法。

第二步，使用 GPT4 把生成图片的提示词换成英文（OpenAI 大模型的训练环境主要为英文，所以使用英文作为描述语言的效果会更为准确），适当扩写，并用不同的方式进行描述。

比如询问 GPT4："帮我写三个给 DALL·E3 的 Prompts（提示词工程），生成一个形状有创意的咖啡杯。用英文输出。"

然后 GPT4 回复："Certainly! Here are three prompts for DALL·E3 to generate creatively shaped coffee cups（当然！以下是 DALL·E3 生成创意形状的咖啡杯的三个提示）：

1）Design a coffee cup shaped like a blooming flower, with delicate petals forming the cup wall（设计一个形状像盛开的花朵的咖啡杯，精致的花瓣形成杯壁）。

2）Create a coffee cup inspired by a swirling galaxy, with dark hues blending into bursts of vibrant colors（创造一个咖啡杯，灵感来自一个旋转的星系，深色调融合成鲜艳的色彩）。

3）Imagine a coffee cup that resembles a stack of antique books，with intricate details and a worn，leathery texture（想象一个咖啡杯，它类似于一摞古董书，有着复杂的细节和磨损的皮革质地）。"

借助 GPT 进行转译，可以在 DALL·E3 生成咖啡杯时，速度更快且理解更准确。同时，利用 GPT4 的经验，能够找到更适合于描述给 DALL·E3 的语言，避免语法错误等。而且，GPT4 会用不同词汇和方式扩写，比如它对"创意"给出更详细的描述"shaped like a blooming flower"（形状像一朵盛开的花朵），"inspired by a swirling galaxy"（灵感来自一个旋转的星系）等，能够快速尝试不同的形态生成方向。

第三步，将 GPT4 给出的提示词输入 DALL·E3，就会输出相应的一些图片。值得注意的是，每次输出的结果都具有一定的随机性，无法连续输出相同的内容，比如图 3-14 是同一段提示词输出的不同结果。如果确认某个图片，想要修改局部，作细微调整，DALL·E3 目前是无法实现的。

图 3-14　基于 DALL·E3 平台生成的不同咖啡杯形象

当改变提示词细节，虽然都是生成咖啡杯的任务，生成的图片风格会出现较大差异。在这里，使用 GPT4 事先扩写的提示词，可以激发 DALL·E3 生成各种不同杯子的图片，展现了丰富的可能性（图 3-15）。

图 3-15　修改提示词生成的具有较大差异的咖啡杯形象

　　而对于图片包含的内容修改，如果在提示词中明确给出需求，是可以实现的，比如指明"白色背景""主要表现形态质感""增加一个溢出咖啡杯的泡沫"等（图3-16）。

图 3-16　根据具体需求生成的咖啡杯形象

　　在生成了上述咖啡杯后，建筑师与项目甲方商量确定了图3-15中第二排左侧第一个图形作为项目的设计方案，并继续深化方案直至建筑的建造实施，图3-17是该建筑设计最终的结果。

图 3-17　上海咖啡屋

展望

　　在单体建筑设计方面，自动生成具有著名建筑师设计风格的设计方案已经被谈论得很多了，对于任意一个计划建设的建筑项目而言，能否通过计算自动生成具有诸如扎哈风格、安藤风格抑或赖特风格的建筑方案？从今天已有的人工智能的学习算法、大数据分析技术以及计算速度来看，已经指日可待。但是，自动建筑设计的终极目标是通过机器智能来替代建筑师进行任一项目的设计生成以及设计深化。要实现这一目标，我们目前还缺少对作为人类建筑师的设计创意智能研究，如果可以破解优秀建筑师创造建筑设计作品的创意密码，从而找到创意算法，就真正能让机器替代建筑师进行自动设计了，这需要脑科学专家、神经医学专家、认知心理学家、计算机专家以及建筑设计方法专家通力合作才能完成这一建筑使命。当然，要实现这一目标需要更快的计算速度，目前计算机的计算能力还不能完成这一任务，期待量子计算机的早日面世，使这一愿望的实现越来越近。

同时，我们也应意识到，为了实现建筑设计的智能化，除了各领域专家通力合作创造算法外，更重要的是建筑从业者本身也应该具备相关领域的专业知识和能力，以面对未来新的智能设计需求。这就给建筑设计领域提出了新的要求。首先，建筑师需要广泛学习掌握新的数字及智能知识和方法，如算法思维的习惯、设计编程的能力、设计信息建模的技能，甚至熟悉虚拟现实和增强现实技术；其次，能够理解和分析大数据，利用数据来决策和改进设计；再者，关注技术和工具的最新发展，具有迅速获知新工具并主动尝试学习使用新工具的能力。建筑从业者应该保持终身学习的态度，不断更新自己的知识技能，以适应新的发展。

本章小结

本章在概述了传统建筑设计及建筑智能设计的基础上，介绍了建筑智能设计理论及建筑智能设计方法。

第 2 节设计理论部分首先提出了"科学理论-算法模型-设计生成"三者之间存在内在关系，即建筑设计可以基于设计需求，以某种复杂性科学理论作为基础，建立算法模型，通过计算找到建筑设计的形态，并介绍了基于自组织理论及鸟群迁徙模型的设计生成，以及基于混沌动力学理论及奇怪吸引子模型的设计生成。其次，介绍了数字图解设计理论，即用计算机程序生成形体的操作，程序包含了计算机语言以及算法，算法是一系列按顺序组织在一起的计算操作指令，这些指令内含了对所要生成的形体的要求及形体的特点的描述，它们共同完成某个特定的形体生成任务。最后，还介绍了数字建构设计思想，即提倡建筑设计的形式应该最高程度地表现人类活动的要求以及环境条件的影响，同时，建筑的建造形式应该最高程度地表现建筑结构逻辑及材料构造关系。

第 3 节设计方法部分介绍了三种设计方法，第一为"参数化设计方法"，参数化设计其实就是参变量化设计，也就是把设计参变量化，即设计是受参变量控制的，每个参变量控制或表明设计结果的某种重要性质；而参数化数字设计是数字技术与参数化设计相结合的产物，它以数字建模技术为基础，需要构建参数化软件模型，通过这一软件模型进行参数化设计。第二为"算法生形方法"，它是数字图解设计理论的实际操作办法，通过计算机程序按照算法生成设计形态。第三为"基于深度学习算法的设计方法"，介绍了"基于卷积神经网络的自动生成设计""基于生成对抗网络的自动生成设计""基于扩散模型的自动生成设计"以及"基于 GPT4 和 DALL·E3 平台的设计案例"。

本章最终对建筑智能设计进行了展望，技术的发展日新月异，利用机器智能替代建筑师进行设计生成与深化的时代已指日可待。

思考题

1. 什么是数字图解设计理论?
2. 什么是数字建构设计思想?
3. 什么是参数化设计方法?
4. 什么是算法生形方法?

【动手作业】运用 ChatGPT 和 DALL·E 两个大模型，生成一个读书屋的建筑设计方案。

本章参考文献

[1] 黄欣荣. 复杂性科学的方法论研究 [M]. 重庆：重庆大学出版社，2006.

[2] 威塔涅. 描述复杂性 [M]. 李明，译. 北京：科学出版社，1998.

[3] 吴今培，李学伟. 系统科学发展概论 [M]. 北京：清华大学出版社，2010.

[4] Craig W. Reynolds. Flocks，herds，and schools：A distributed behavioral model[J]. Computer Graphics，1987，21(4)：25-34.

[5] 洛伦兹. 混沌的本质 [M]. 刘式达，译. 北京：气象出版社，1997.

[6] Boeing，Geoff. Visual analysis of nonlinear dynamical systems：Chaos，fractals，self-similarity and the limits of prediction[J]. Systems，2016，4(37)：1-18.

[7] Christopher M. Danforth. Chaos in an atmosphere hanging on a wall [EB/OL]. Mathematics of Planet Earth [2019-2-2].

[8] Boris Hasselblatt，Anatole Katok. 动力系统入门教程及最新发展概述 [M]. 朱玉峻，等，译. 北京：科学出版社，2009.

[9] Michel Foucault. Surveiller et punir-naissance de la prison[M]. Paris：Editions Gallimard Paris，1975.

[10] Gilles Deleuze. Foucault[M]. Les Editions de Minuit，1986.

[11] 徐卫国. 参数化设计与算法生形 [J]. 世界建筑，2011(6)：110-111.

[12] Mark Burry. Innovative aspects of the colònia güell chapel project[C]. In GaudíUnseen：Completing the Sagrada Famíla，Berlin：Jovis，2007：59.

[13] El Antably A，Madani A S. An AI Lens on historic cairo[C]// Proceedings of the 40th Annual Conference of the Association for Computer Aided Design in Architecture (ACADIA)，2020.

[14] Gatys L，Ecker A S，Bethge M. Texture synthesis using convolutional neural networks[J]. Advances in Neural Information Processing Systems，2015，28.

[15] Gatys L A，Ecker A S，Bethge M. A neural algorithm of artistic style[J]. ArXiv Preprint ArXiv：1508. 06576，2015.

[16] Matias D C，et al. The church of AI-An examination of architecture in a posthuman design ecology. [C]// Proceedings of the 24th Conference on Computer Aided Architectural Design Research in Asia (CAADRIA) [Volume 2]，2019.

[17] Zhang H，Blasetti E. 3D architectural form style transfer through machine learning[C]//Proceedings of the 25th International Conference of the Association for Computer-Aided Architectural Design Research in Asia (CAADRIA)，2020：659-668.

[18] Özel G. Interdisciplinary AI：A machine learning system for streamlining external aesthetic and cultural influences in architecture[C]//Architectural Intelligence：Selected Papers from the 1st International Conference on Computational Design and Robotic Fabrication (CDRF 2019). Springer Singapore，2020：103-116.

[19] Wang T C，Liu M Y，Zhu J Y，et al. High-resolution image synthesis and semantic manipulation with conditional gans[C]//Proceedings of the IEEE Conference on Computer Vision and Pattern Recognition，2018：8798-8807.

[20] Huang W，Hao Z. Architectural drawings recognition and generation through machine learning[C]// Proceedings of the 38th Annual Conference of the Association for Computer Aided Design in Archi-

tecture（ACADIA），2018.

[21] Liu Y，Luo Y，Deng Q，et al. Exploration of campus layout based on generative adversarial network：Discussing the significance of small amount sample learning for architecture［C］//Proceedings of the 2020 DigitalFUTURES：The 2nd International Conference on Computational Design and Robotic Fabrication（CDRF 2020）. Springer Singapore，2021：169-178.

[22] Isola P，Zhu J Y，Zhou T，et al. Image-to-image translation with conditional adversarial networks［C］// IEEE Conference on Computer Vision & Pattern Recognition. IEEE，2016.

[23] Li Y，Xu W. Using CycleGAN to achieve the sketch recognition process of sketch-based modeling［C］//Proceedings of the 2021 DigitalFUTURES：The 3rd International Conference on Computational Design and Robotic Fabrication（CDRF 2021）3. Springer Singapore，2022：26-34.

[24] Zheng H，An K，Wei J，et al. Apartment floor plans generation via generative adversarial networks［C］//Proceedings of the 25th International Conference on Computer-Aided Architectural Design Research in Asia（CAADRIA），2020.

[25] Newton D. Deep generative learning for the generation and analysis of architectural plans with small datasets［C］// Sousa，JP，Xavier，JP and Castro Henriques，G（eds.），Architecture in the Age of the 4th Industrial Revolution - Proceedings of the 37th eCAADe and 23rd SIGraDi Conference-Volume 2，University of Porto，Porto，Portugal，11-13 September 2019，pp. 21-28. Editora Blucher，2019.

[26] Matias D C，et al. How machines learn to plan：A critical interrogation of machine vision techniques in architecture［C］// Proceedings of the 38th Annual Conference of the Association for Computer Aided Design in Architecture（ACADIA），2020.

[27] Chen J，Stouffs R. From exploration to interpretation：adopting deep representation learning models to latent space interpretation of architectural design alternatives［C］//Projections，Proceedings of the 26th International Conference of the Association for Computer-Aided Architectural Design Research in Asia（CAADRIA）2021，2021.

[28] Meng S. Exploring in the latent space of design：A method of plausible building facades images generation，properties control and model explanation base on stylegan2［C］//Proceedings of the 2021 DigitalFUTURES：The 3rd International Conference on Computational Design and Robotic Fabrication（CDRF 2021）3. Springer Singapore，2022：55-68.

[29] Chen Z，Huang W，Luo Z. EmbedGAN：a method to embed images in GAN latent space［C］//Proceedings of the 2020 DigitalFUTURES：The 2nd International Conference on Computational Design and Robotic Fabrication（CDRF 2020）. Springer Singapore，2021：208-216.

[30] Koh I. AI-bewitched architecture of hansel and gretel［C］//Proceedings of the 28th International Conference on Computer-Aided Architectural Design Research in Asia（CAADRIA），2023，2：9-18.

[31] Guida G. Multimodal architecture：applications of language in a machine learning-aided design process［C］//Proceedings of the 28th International Conference on Computer-Aided Architectural Design Research in Asia（CAADRIA），2023，2：561-570.

[32] Radford，Alec，et al. Improving language understanding by generative pre-training［EB/OL］. 2018.

[33] Achiam，Josh，et al. GPT-4 technical report［EB/OL］. ArXiv Preprint ArXiv：2303. 08774（2023）.

[34] Ramesh，Aditya，et al. Zero-shot text-to-image generation［C］. International Conference on Machine Learning. Pmlr，2021.

结构智能设计

4

知识图谱

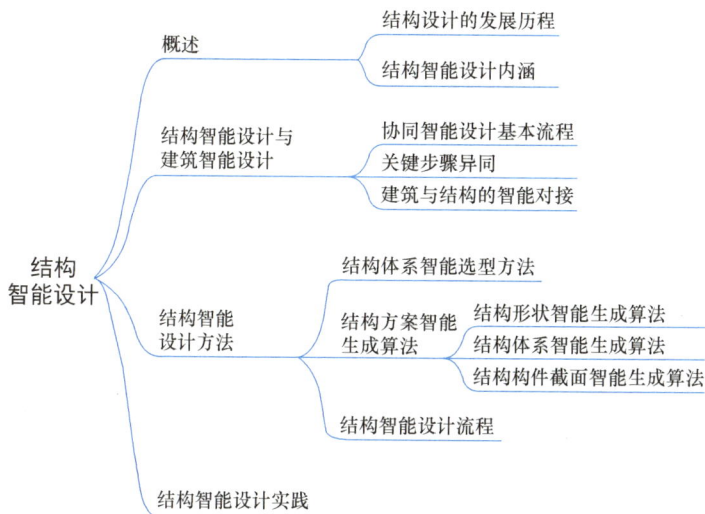

结构智能设计
- 概述
  - 结构设计的发展历程
  - 结构智能设计内涵
- 结构智能设计与建筑智能设计
  - 协同智能设计基本流程
  - 关键步骤异同
  - 建筑与结构的智能对接
- 结构智能设计方法
  - 结构体系智能选型方法
  - 结构方案智能生成算法
    - 结构形状智能生成算法
    - 结构体系智能生成算法
    - 结构构件截面智能生成算法
  - 结构智能设计流程
- 结构智能设计实践

本章要点

知识点1. 结构智能设计的概念与内涵。

知识点2. 结构与建筑智能设计的联系。

知识点3. 结构智能设计方法。

学习目标

（1）了解结构智能设计的发展历程，掌握结构智能设计的概念与内涵。

（2）了解结构智能设计与建筑智能设计在基本概念和实现流程方面的联系。

（3）了解结构智能设计方法的分类，掌握各类方法的基本思想。

4.1　概述

4.1.1　结构设计的发展历程

结构设计理论和技术的发展历程如图 4-1 所示。结构工程的历史可以追溯到公元前 2700 年时由伊姆荷太普（Imhotep）主持修建的左塞尔金字塔（Pyramid of Djoser），伊姆荷太普也是第一个在历史上留下名字的工程师。在现代结构工程出现之前，对建筑材料和测量设备的深入研究是推动结构工程发展的主要动力。工程师们根据累积的设计经验和自发的实践创新来完成结构设计。

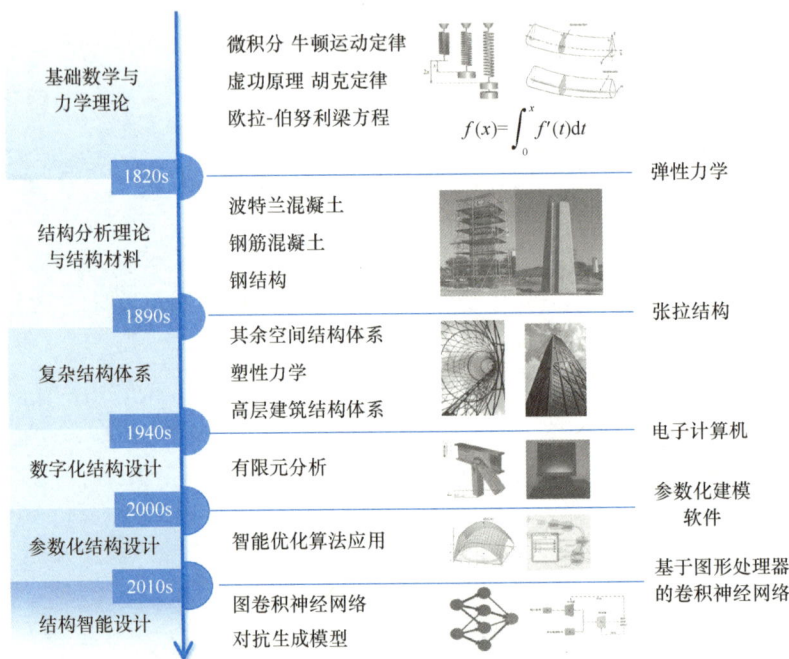

图 4-1　结构设计的发展历程

17～18 世纪一系列科学家的基础理论研究奠定了现代结构工程的基础。其中，伽利略·伽利雷（Galileo Galilei）在《关于两种新科学的对话》中首次尝试提出与梁相关的理论。罗伯特·胡克（Robert Hooke）则提出了胡克定律，为材料在荷载下的行为提供了科学的理解。艾萨克·牛顿（Isaac Newton）在《自然哲学数学原理》一书中阐述了物体运动的定律，他与戈特弗里德·莱布尼茨（Gottfried Leibniz）分别独立发展了微积分基本定理，为结构工程提供了最重要的数学工具之一。之后，莱昂哈德·欧拉（Leonhard Euler）与丹尼尔·伯努利（Daniel Bernoulli）共同提出了结构工程的基础理论之一：欧拉-伯努利梁方程。丹尼尔·伯努利还与他的兄弟合作，提出了虚功原理，根据力平衡和几何协调来分析结构。

基于上述理论研究，克劳德-路易斯·纳维（Claude-Louis Navier）在 19 世纪初期以数学形式建立了弹性力学的基本理论，为结构设计提供了相对科学的理论支撑。虽然波特兰混凝土（Portland Cement）、钢筋混凝土、钢材等一系列结构材料在 19 世纪中期涌现，但直到该世纪的末期，针对张拉结构、薄壳结构和网格壳结构等空间结构的分析方法才开始出现。20 世纪中叶，为了更为准确地分析结构在外力作用下的响应，学者们开始探索材料在达到弹性极限之后的力学规律，发展了塑性力学的相关理论，为提高结构设计的安全性提供了更强大的工具。同一时期，以法兹勒·汗（Fazlur Khan）为代表的结构工程师们提出了适用于高层建筑的诸多结构体系，例如成束筒结构（Bundled Tube）。

1942 年，理查德·柯朗（Richard Courant）提出了有限元分析（Finite Element Analysis）的基础数学理论。这种将结构分割为许多小单元的思路为复杂结构的分析提供了一种通用的数值方法。20 世纪末～21 世纪初，计算机技术的快速发展在推动设计图纸电子化的同时，也进一步提高了有限元分析的实用性。在上述两项关键技术的基础上，得益于设计软件友好的用户界面和规范条文的自动校核功能，结构设计迈入数字化时代。随着复杂工程需求的逐渐增加，结构工程师开始关注建模能力更强的参数化软件，并在逐步发展参数化结构设计基本概念与框架的同时，开始思考结构设计的智能化。在人工智能技术迅速发展的当下，已有学者从设计方案的语义表达、多模态特征融合、生成模型的应用与改进、自动合规性检查等多个角度研究更高智能化水平的结构设计。

4.1.2　结构智能设计内涵

在结构智能设计的过程中，计算机通过人工智能技术来帮助设计人员探索合理的结构形态。在结构形态学中，"形"是指结构形式，包括结构体系、几何形状和内部拓扑关系等内容；"态"主要指结构性能，包括结构的受力状态、适用性以及结构效率等内容[1]。"形态学"一词源于生物学，目的是研究生物形体的本质特征，强调生物内在功能与外部形体的协调统一。对于复杂的建筑结构，"形"与"态"之间的映射关系极其复杂，但随着人工智能算法处理高维强非线性关系能力的不断增强，它们为结构设计"形"与"态"的协调统一提供了强有力的技术基础。

根据人工智能在结构设计中发挥作用的程度，结构智能设计可分为以下 6 个层次[2]：

（1）结构设计完全由工程师掌握。

（2）人工智能可以为结构设计提供改进设计方案的辅助工作。

（3）人工智能可代替工程师完成结构方案的主要设计工作，但是其余工作要工程师完成。

（4）对于某些特定的建筑，人工智能可完成完整的结构设计。

（5）人工智能可完成大部分不同类型建筑的结构设计。

（6）人工智能可完成所有类型建筑的结构设计。

在上述 6 个层次中，第 2 层次的研究与应用较为成熟，例如参数化结构设计。参数化结构设计是在明确结构方案控制参数的基础上，根据特定的规则搭建参数化结构模型，并以此为核心，通过不断调整结构方案的控制参数来得到满足设计意图（主要包括设计的目标和约束）的结果。图 4-2 展示了鱼类外形的参数化设计，其中鱼类外形通过平面网格的参数控制。相比于逐步修改鱼身上的各个部分，这种参数化的建模方式能够有效提升修改模型的速度。然而，参数化模型的建模规则、控制参数的类型和设计意图也在一定程度上限制了结构设计的多样性。例如在图 4-2 中，虽然平面网格的变化可以生成不同种类的鱼，但无法得到其他物种。一个"形"只对应一个"态"，但不同的"形"可能对应于相近的"态"，因此参数化结构设计可能会遗漏潜在的优秀方案。此外，如果参数化结构设计没有使用智能算法，则不属于结构智能设计。

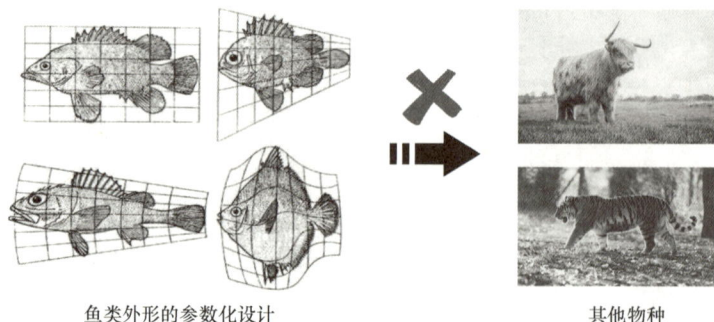

鱼类外形的参数化设计　　　　　　　　其他物种

图 4-2　参数化设计的局限性

结构智能设计也可以不通过参数化建模的方式来描述设计对象。随着面向图像的人工智能技术的不断发展，基于图像的结构智能设计方兴未艾，其中计算机从既有设计资料中自主学习设计经验，生成新的结构平面图。由于设计资料中的案例已经满足了当时的设计要求，与生成结构平面图对应的设计方案可能已经满足了大部分结构设计的要求，因此属于第 3 层次的结构智能设计，如何实现更高层次的结构智能设计仍在探索之中。

事实上，不论是参数化结构设计还是结构智能设计，它们本质上都属于生成式设计，即基于特定的规则来生成形态，核心区别在于生成规则。参数化结构设计是在参数化模型的基础上，根据设计变量对设计目标的影响来设计方案。相比之下，基于图像的结构智能设计直接根据设计条件（包括建筑设计方案）与结构平面图之间的联系来设计方案，智能化程度更高。图 4-3 展示了参数化结构设计、生成式设计和结构智能设计之间的关系。

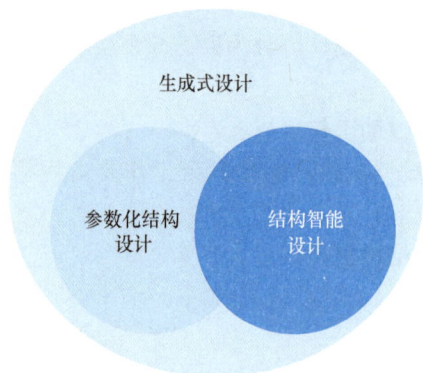

图 4-3　参数化结构设计、生成式设计和结构智能设计的关系

虽然各层次结构智能设计涉及的内容不尽相同，但结构智能设计总体包含图 4-4 中的如下关键要素：

（1）设计知识的获取和表示。结构设计涉及多种形式的知识，例如规范、原理、经验和案例等，如何获取和表示它们是通过计算机开展结构智能设计的前提。

（2）设计人员的设计意图。对于结构设计，设计人员的设计意图是指他们在设计结构方案时的一系列目标，在其结构智能设计中起到指导决策的作用。随着设计方案的细化，设计意图的复杂程度逐渐提高，涉及结构稳定性、构件承载力、建造成本等问题。

（3）结构设计理论。结构设计理论是指处理结构的安全性、适用性、耐久性与经济性的理论及方法。由于结构智能设计本质上是结构设计的智能化，不断完善的结构设计理论是开展结构智能设计的根本。

（4）结构建模与分析。结构在各种荷载作用下的内力与变形是应用结构设计理论的数据条件。因此，建立结构模型并开展结构分析是结构智能设计必不可少的环节。

（5）智能决策与控制系统。为了满足设计人员的设计意图，决策与控制系统需根据模拟、结构设计理论和获取的其他知识来共同决定如何调整结构方案，是驱动结构智能设计的核心。

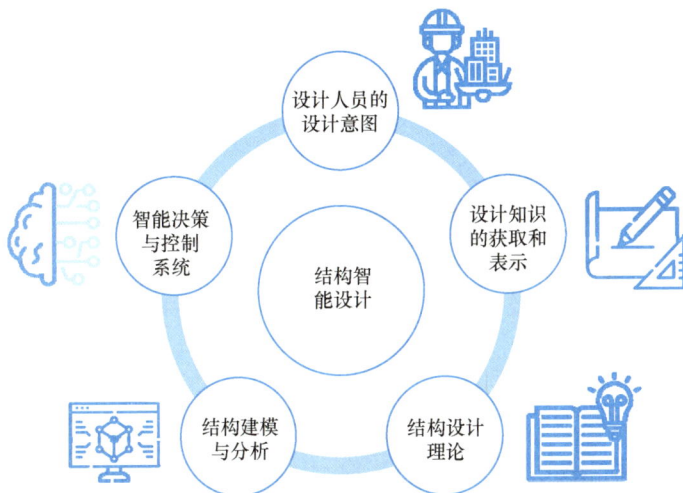

图 4-4　结构智能设计的关键要素

与传统的结构设计相比，结构智能设计的优势主要包括以下几个方面：

（1）设计成本与创新能力。工期和预算要求迫使工程师在结构设计的过程中频繁参照过去的结构设计方案，在结构智能设计中，设计方案的调整可以更多借助人工智能算法来完成。由此，单个项目所需的人力资源和时间成本显著降低，工程师也能够将更多的时间投入设计意图的完善和新型结构体系的研究中，进一步提高结构设计的品质。

（2）设计经验对设计品质的影响力。对于专业能力薄弱的新手，要在短时间内从过去的结构设计方案中获取设计经验相当困难，在结构智能设计中，过去方案的设计资料都被计算机事先学习，直接为新手提供良好的初步设计方案。由此，可以弥补设计经验的不足，缩短资深工程师与新手设计方案品质的差距，提高行业整体设计水平。

（3）多学科交叉的深度。除了结构性能外，结构设计还要兼顾其他专业的设计要求，由于不同专业的设计对象和要求相互交错，协同设计的可行性低。人工智能技术能够帮助建立多学科协同设计的框架，同时发挥其强大的学习和推理能力，对不同学科的知识和方法进行融合和创新，从而提出新的结构设计理论和模型，解决复杂的结构问题。

4.2　结构智能设计与建筑智能设计

4.2.1　协同智能设计基本流程

图 4-5 是建筑与结构协同设计的传统流程。该流程主要分为三个阶段，即方案设计阶段、初步设计阶段和施工图设计阶段。建筑与结构在三个阶段都有交互，但涉及的设计方案、设计要求与修改建议的精细程度不同。其中，结构工程师在三个阶段的主要工作分别

是可行性分析与方案比选、细化初步设计方案以及校核详细设计要求与提供施工文件。当结构方案的力学性能（"态"）不满足设计要求时，则返回迭代调整结构体系、几何形状和内部拓扑关系（"形"）。虽然现有的结构设计软件已能够进行结构整体和构件性能的校核，但是设计方案的调整通常依赖于结构工程师的设计经验。此外，在施工图设计阶段，现有图集中的节点构造可能难以满足一些项目对节点的特殊要求。

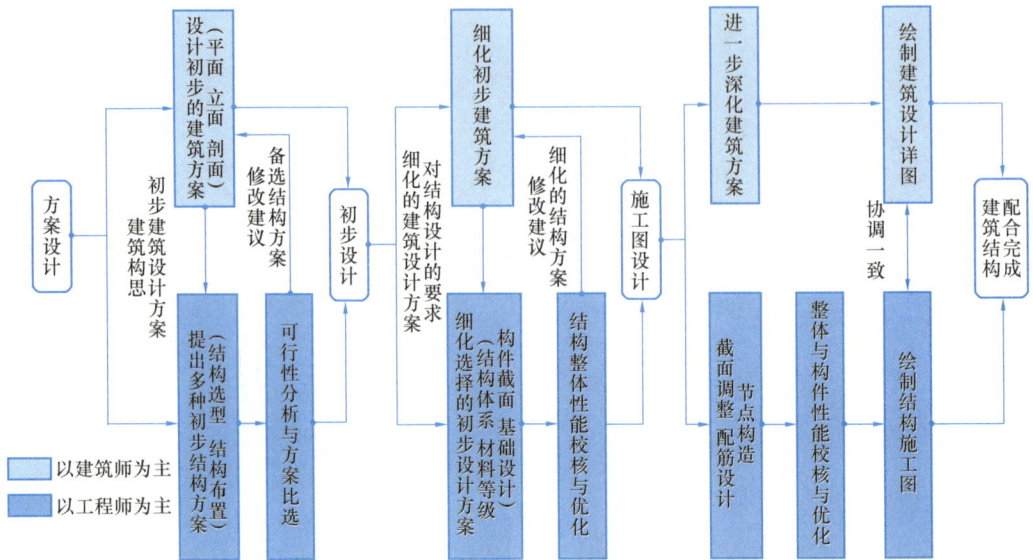

图 4-5 建筑与结构协同设计的传统流程

建筑与结构协同智能设计的流程应以两个专业协同设计的传统流程为基础。在智能设计的大背景下，图 4-5 中建筑与结构设计交互的大多数内容都可以进行数字化，并且转化为对方专业可使用的信息。对于方案设计和初步设计，在图形处理器（Graphics Processing Unit，GPU）加速、参数化建模、云计算（Cloud Computing）等技术的支持下，人工智能算法能够将原本有限数量的方案比选拓展为更深度的方案优化。对于施工图设计，人工智能技术能够帮助定制化设计复杂节点，兼顾其结构性能与施工难度。事实上，建筑与结构的设计方案均可视作设计变量和方案构成逻辑的组合。例如，参数化模型中的设计变量可能是建筑外形的控制参数和结构构件的空间位置，方案构成逻辑即为各自对应的参数化建模逻辑；平面设计图中的设计变量是图纸上各个像素值，方案描述逻辑即为各像素值在图像中的分布规律。因此，上述建筑与结构的协同设计本质上可以从智能设计的角度统一描述为：通过智能算法调整两个专业设计方案的变量，从而满足各自的设计要求。

基于上述思想，图 4-6 提供了建筑与结构一体化智能设计的基本流程，其本质上是对两个专业传统设计流程的重构。随着多专业协同设计框架的完善，建筑与结构的协同设计进一步深化，两者不再呈现明显的上下游关系，各自的设计意图也由建筑师与结构工程师共同决定。设计方案的构成逻辑取决于设计人员的设计经验和专业知识储备。在智能设计中，计算机可在学习这些知识之后指导设计。以两个专业一体化的模型为基础，分别开展建筑与结构分析，可得到对应的性能指标。若在决策之后认为设计方案不满足设计要求，则返回智能调整设计变量。在该流程中，结构智能设计与建筑智能设计的区别主要集中在知识获取、建模逻辑、响应分析与性能评估等方面，具体差别在之后展开讨论。随着设计因素的逐渐丰富，一体化的智能设计框架还可以纳入其他专业（如水、暖和电）的设计要素，进一步提高多专业设计的协同性和产品的设计品质。

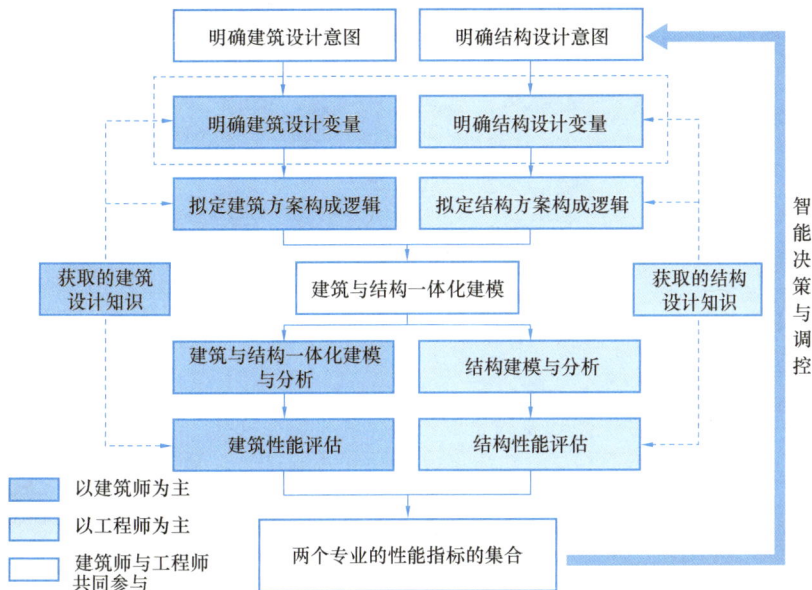

图 4-6　建筑与结构一体化智能设计的基本流程

4.2.2　关键步骤异同

1. 知识获取

建筑设计知识主要包括建筑形式、功能、风格、空间、环境、材料、色彩、光影等方面的知识，以及建筑设计的理论、方法、流程、规范等。建筑设计知识要求设计师具有创造性、审美性和综合性，能够根据客户的需求和场地的条件，创造出符合功能、美学和技术要求的建筑方案。相对地，结构设计知识则主要包括结构力学、结构分析、结构设计原理、结构体系与选型、结构材料与构造等方面的知识，以及结构设计的程序、方法、软件、规范等方面的知识。上述知识的载体包括但不限于图纸、模型、设计报告、设计规范、专利和研究论文。其中，图纸和模型是建筑设计方案不同维度的呈现方式，它们根据设计报告中的项目背景、设计理念和设计规范共同确定。

从机器学习的角度，学习设计知识可以理解为建立设计条件与设计成果之间的映射关系。因此，建筑与结构设计知识差别的根源在于设计条件和成果的不同。例如，在建筑设计中，功能气泡图通过不同形状和大小的圆圈（气泡）来表示不同的功能分区，通过连线来表示不同分区之间的联系和流线（图 4-7）。在功能气泡图的基础上，对其简化、固化和细化，即可逐渐形成建筑平面图。因此，建筑功能分区图与建筑平面图对应。基于上述思想，建筑智能设计可以学习建筑功能分区图与建筑平面图之间的联系（图 4-8）。其中，图 4-8（a）中不同的颜色代表不同的建筑功能。对结构智能设计，其设计的基本条件之一是建筑设计方案。为此，结构智能设计中计算机学习的知识可以是建筑平面图和结构平面图之间的映射关系。

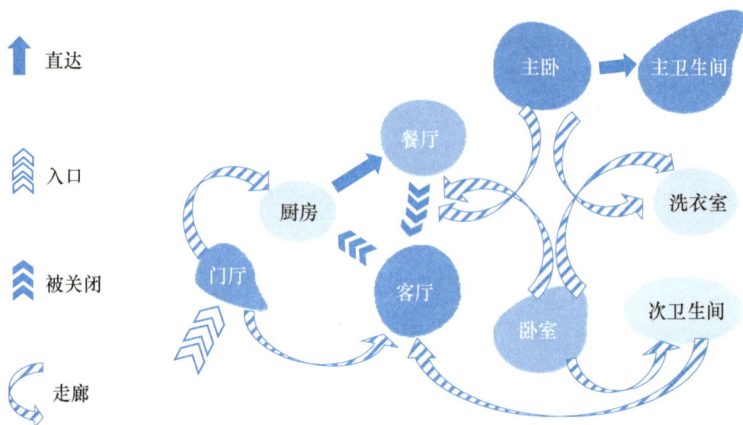

图 4-7   建筑功能气泡图

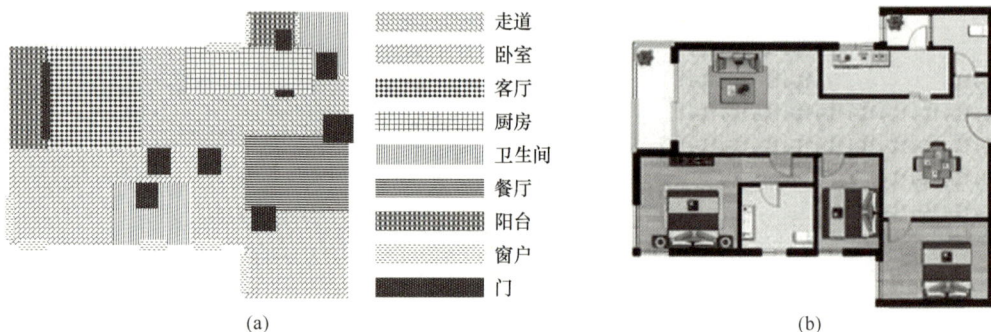

(a)   (b)

图 4-8   建筑设计平面图及其对应的建筑功能划分[3]
（a）建筑功能分区图；（b）建筑平面图

设计条件与设计成果之间的联系可进一步细分。为了得到满足规范要求的设计成果，设计人员需要根据性能指标来判断对应设计方案的可行性，相应的人工智能算法可以学习设计变量与设计方案性能之间的映射关系，在一定程度上代替上述工作。在上述知识学习中，建筑与结构智能设计的主要区别在于设计变量与性能指标的类型。例如，同样是以外形相关的参数作为设计变量，建筑智能设计中计算机可能学习的是不同外形对应的通风、采光和隔热能力，结构智能设计中计算机可能学习的则是不同外形在各种荷载作用下的最大变形和内力分布规律。

2. 建模逻辑

即使在智能化的背景下，建筑的建模算法还是以几何造型和功能划分为主。在《现代建筑结构的十四种表现策略》[4]一文中列举了 14 种结构表现策略：力的图示、纪念性、拉与压的对比、动态、不稳定、漂浮、令人惊奇、装饰性、对历史和文脉回应、对宗教和情感的召唤、对自然物的模拟、与自然景观的对比、透明性和光，每一种表现策略在设计过程中都可以被理解为建模逻辑。例如，以交通枢纽位置作为不同极性和大小电荷的放置位置，根据电场线形态设计出建筑表皮[5]（图 4-9）。

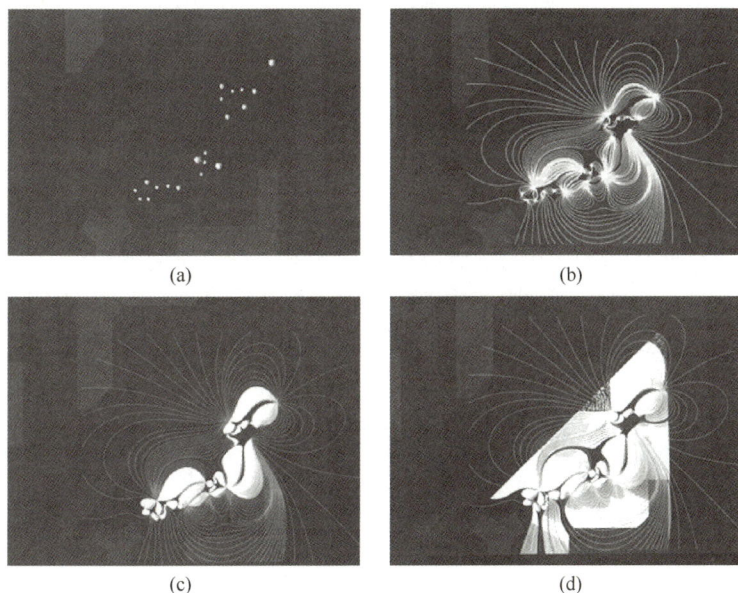

(a)

(b)

(c)

(d)

图 4-9 根据电场线确定的建筑表皮

　　相比之下，结构设计方案的建模逻辑更加有序和规则。根据结构概念与体系，结构设计方案的建模逻辑本质上体现了结构解构之后的重构思路，即整个结构体系由多个结构分体系构成，各分体系又由各结构构件组成。以图 4-10 中的超高层建筑为例，其结构体系可以分解为支撑网格、巨型框架、核心筒等分体系，而分体系可分解为梁、柱、斜撑等构件。

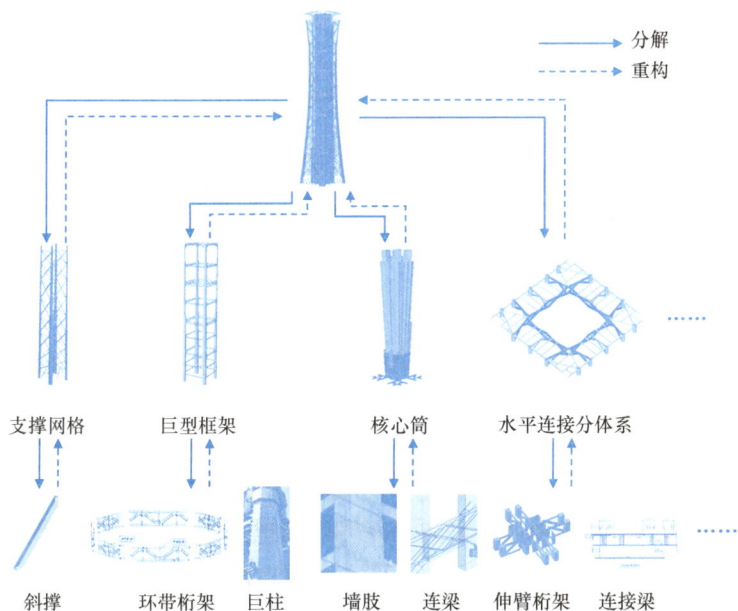

图 4-10 框架-核心筒结构体系的分解与重构

3. 响应分析与性能评估

建筑设计的性能指标涉及能源使用强度、采光、通风、用水强度、碳排放、观景质量等。为了改善室内自然采光的效果，可以在自然采光模拟的基础上调整建筑布局、饰面材料、围护结构的可见光透比例等。对于大风情况下判断哪些区域可能存在安全隐患，可进行室外风环境模拟。对于音乐厅和剧院这类特殊的建筑，则要开展建筑环境噪声模拟分析，控制建筑的声学质量。对于结构设计，其性能指标的评估首先要通过结构分析得到在重力、风、地震等多种荷载作用下的结构响应，如变形和内力。由于结构可能同时承担多种荷载，需要对各种荷载作用下的响应进行组合，不同荷载作用下结构内部各结构构件的变形形状和内力有所不同，结构构件的设计通常根据各自最不利荷载效应组合进行设计以保证结构的安全性。图 4-11 诠释了结构设计中荷载效应组合的基本思想。

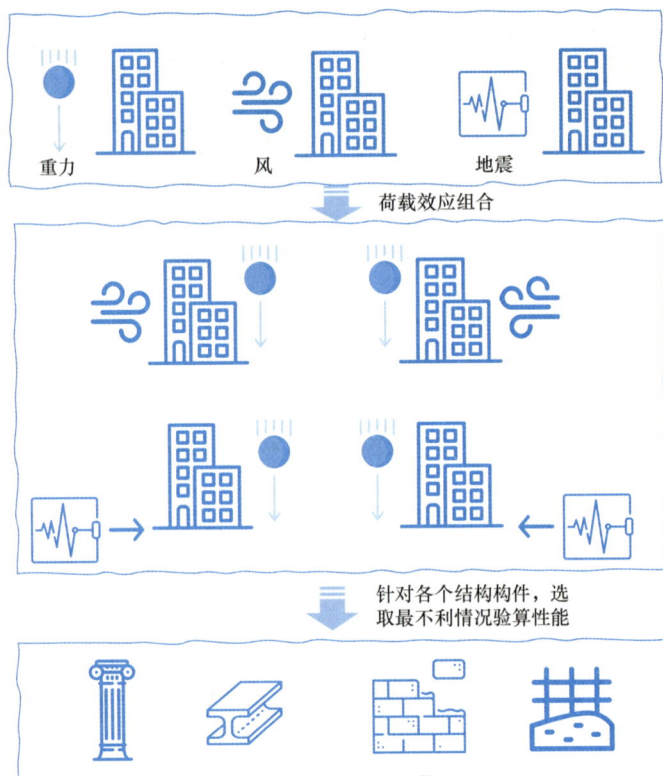

图 4-11　结构设计中的荷载效应组合

不同于构件设计，结构整体性能的评估和校核通常不要求荷载效应组合。强度、刚度和整体稳定性是结构设计关注的三大类结构整体性能。如果将结构视作一个举重运动员，强度和刚度分别是指运动员能承担杠铃的极限重量和在举重时身体抵抗变形的能力。结构的整体稳定性可以理解为运动员举起杠铃不动时，保持平衡的能力。对于一些复杂不规则和特别重要的结构，设计规范要求开展更为精确的模拟分析，例如通过弹塑性动力时程分析来模拟结构在强震下的响应。截面设计的验算也要满足结构整体性能要求，图 4-12 提供了确定构件截面尺寸的基本流程。

除了结构设计本身的要求外，结构工程师在设计过程中也要关注相关的建筑设计需

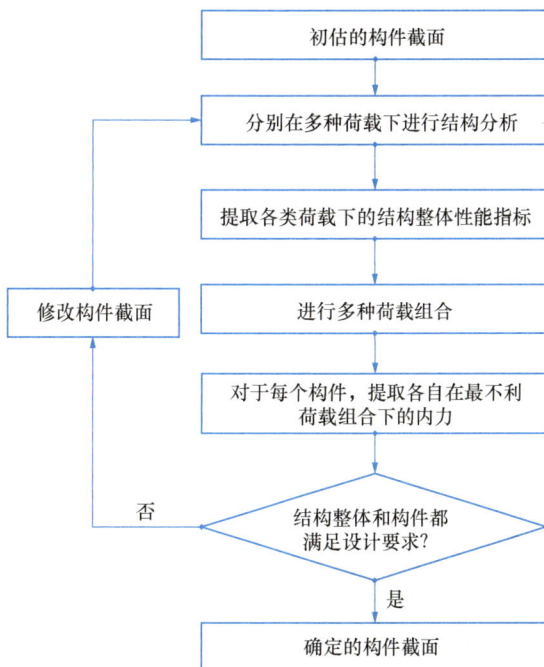

图 4-12　确定构件截面尺寸的基本流程

求。以外立面为曲面的超高层建筑为例，结构工程师为了降低施工难度，倾向于将巨型柱的柱线尽可能简化，减少巨型柱控制点，但建筑设计可能会要求相邻设备层之间直线型巨型柱与弧线幕墙间保持合理的最小距离，最大化室内的有效使用空间，如图 4-13 所示。

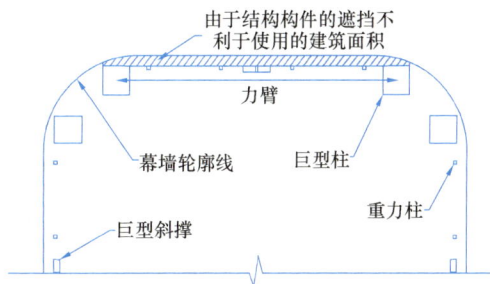

图 4-13　巨型柱尺寸对可利用建筑面积的影响

4.2.3　建筑与结构的智能对接

　　建筑与结构的智能对接是指两个专业以智能化的方式传输彼此的设计要求与修改建议。由于一些设计要求难以数字化，智能对接总体上可分为全自动和半自动两种方式。

　　为了提出合适的结构方案，在建筑方案中读取和判断可设置结构构件的区域是至关重要的。图像的语义化是指通过计算机视觉技术和机器学习算法来理解图像中的内容，并将其转化为有意义的结构化信息，识别图像中的对象、场景、特征和关系，以便计算机能够理解图像的含义，而不仅仅是将其视为一组像素。图 4-14（a）是一张语义化的建筑平面图，其中标注了填充墙、室外门、窗户和室内门的位置。为了模拟结构工程师尽量不改变建筑方案的设计原则，结构的智能设计程序会读取其中填充墙的空间位置，将其作为可设置结构构件的潜在区域，由此形成诸如图 4-14（b）中语义化的结构平面图。可以看到，承重的剪力墙覆盖了一部分填充墙。当建筑师没有提供填充墙的位置时，结构工程师也可以编写几何算法来自动识别。例如，可以通过各楼层平面与内部隔墙相交的方法来快速定位建筑内部隔墙的位置，如图 4-15 所示。

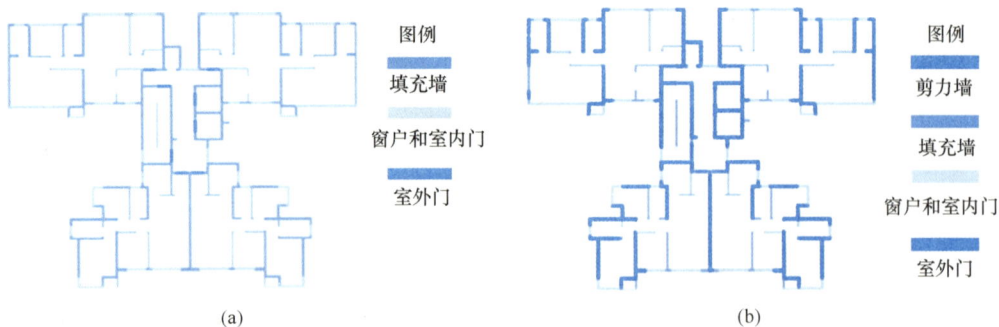

图 4-14 对可设置结构构件区域的读取和判断[6]
(a) 语义化的建筑平面图；(b) 语义化的结构平面图

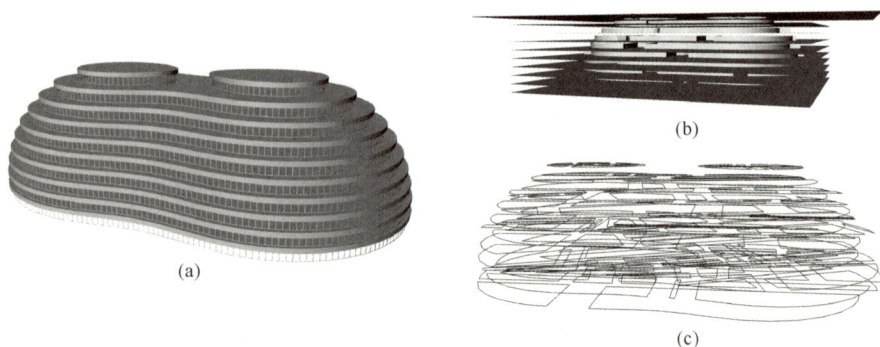

图 4-15 建筑方案内部隔墙的自动定位
(a) 大跨空间结构的几何模型；(b) 平面切割内部隔墙；(c) 内部隔墙定位

除了繁杂的结构性能指标外，出于建筑师的审美要求，结构工程师通常会将结构方案的视觉效果呈现给建筑师。由于建筑师对美学的偏好难以由计算机自主评价，智能设计系统可以集成一个结构方案视觉效果的打分系统，并将该分数作为评价指标之一反馈到结构智能设计模块，调整结构方案的设计方向。

建筑与结构的智能对接可能涉及多个软件之间的信息交互。为了清晰地建立各个软件之间的信息交互路径，可基于本体建立多学科协同设计的框架。本体（Ontology）的概念最初起源于哲学领域，本体论被认为是研究世间万物一般分类的科学，旨在研究事物之间的关系，以及如何将知识组织成有机的结构。Gruber[7]提出本体是关于共享概念模型形式化的明确规范。由于本体的构建本身是以应用目的为主导的，协同多学科专业知识的建筑结构设计应当具有自身的综合性领域本体。

根据知识来源和应用的目的，建筑工程领域本体可以分为面向建筑对象描述的本体和面向建筑规范描述的本体两大类。在前者中，随着建筑信息模型（Building Information Modeling）的普及，IFC（Industry Foundation Classes）数据模型已经成为建筑数据最通用的数据标准之一，IFC 的本体 ifcOWL 也成针对建筑对象特征描述的最典型的本体之一。不过，直接使用完整 ifcOWL 本体不仅难以反映不同设计专业对应场景的信息需求，而且会增加软件开发和数据解析工作的负担。因此，学者们提出了一系列描述建筑信息不同方面的本体。在后者中，建筑规范是设计知识的载体，将其对应的本体与图谱的概念结合可形成建筑工程领域的知识图谱，在设计过程中更系统地辅助多学科设计要求的校核。

知识图谱（Knowledge Graph）是一种结构化的知识表示方法，用于描述现实世界中的实体、概念、关系和属性，并将它们组织成一个图形结构。如图 4-16 所示，知识图谱是一种语义网络，通过节点和边的连接表示不同元素之间的关系，以及它们的属性和特征。Zhou 等[8] 提出了建筑规范知识图谱，该知识图谱的节点是规范条文，节点之间的关系为条文在规范中的编号顺序关系。进一步地，将协同多专业分析模型与规范的框架

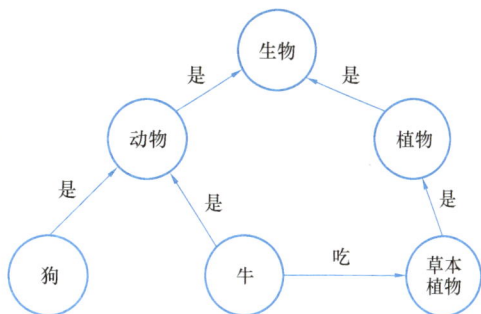

图 4-16　以一些动植物为例的知识图谱示意图

和云模型技术相结合，可提升智能对接的实时化程度，减少传统设计过程中的信息孤岛和沟通障碍，提高设计团队的工作效率以及决策的科学性与准确性。基于云的设计是一种网络化设计模型，它利用云计算、面向服务的架构、Web 2.0 和语义 Web 技术来支持分布式和协作环境下的工程设计。

4.3　结构智能设计方法

4.3.1　结构体系智能选型方法

专家系统（Expert System）是结构体系智能选型的方法之一。专家系统是 20 世纪中后期人工智能的一个重要分支，旨在运用专家多年积累的经验和专业知识，通过计算机模拟专家的思维和判断过程来解决工程问题。因此，专家系统也被称为基于知识的系统。

在专家系统中，普遍运用的知识表示形式是产生式规则。产生式规则以"如果……就……否则"的形式出现，其中"如果"后面跟的是条件，"就"和"否则"之后分别是满足和不满足条件对应的结论或动作。条件与结论均可以通过逻辑运算"与""或""非"进行复合。图 4-17 以一个人决定晚餐食物的思路为例，描述了产生式规则的思路。基于知识的专家系统虽然逻辑简单清晰且应用方便，但存在以下几点明显不足：

（1）大多数结构选型系统只能提供定性结果，难以给出详细的结构设计方案。

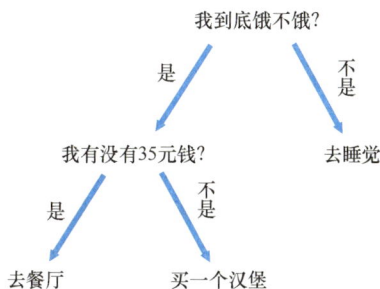

图 4-17　以产生式规则决定晚餐食物

（2）专家系统要不断积累专家知识，但这些知识获取难度高，因此容易出现开发瓶颈。

（3）专家系统通常基于专家的经验和知识，因此局限于既有的结构体系，创新能力不足。

基于实例推理的方法（Cased-based Reasoning）能够在一定程度上避免专家经验和知识获取难的问题。这类方法的基本原理是从既有的实例库中检索与当前项目相近的实例，然后在评价后对该实例进行部分或全部修改，最终应用于当前项目。上述实例推理的方式类似于工程师参照过去项目设计方案的习惯，

如图 4-18 所示。修改后的实例可以作为新实例加入实例库中以实现实例库的动态学习，因此这类方法不存在类似于专家系统的瓶颈问题。相比于专家系统，基于实例推理的智能设计系统虽然不要求显式表达知识，但仍然有以下几点不足：

（1）实例的品质参差不齐，因此难以保障生成设计方案的品质。

（2）实例本身具有时效性，不一定适用于当前及以后的项目。

（3）实例是基于过去知识的设计成果，以此为依据建立的智能设计难以创建新的结构体系。

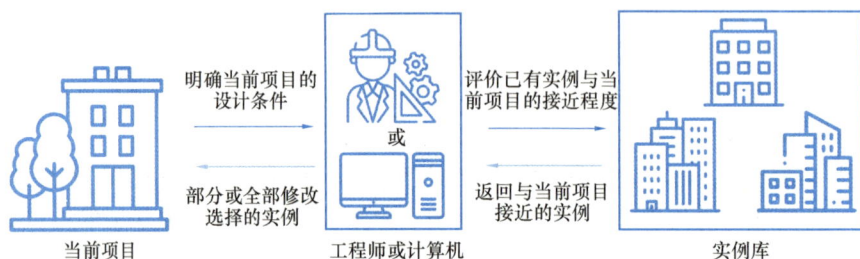

图 4-18　基于实例推理开展结构方案设计的基本思想

4.3.2　结构方案智能生成算法

采用人工智能技术的结构方案智能生成算法简称为结构智能生成算法。按照设计变量类型，结构智能生成算法可以分为以结构形状、结构体系和结构构件截面为对象的三大类算法。

1. 结构形状智能生成算法

除了通用的智能优化算法外，结构形状智能生成算法总体上还可以分为力学原理和几何创意主导的两大类算法。其中，前者包含动力平衡法（Dynamic Equilibrium Method）、几何刚度法（Geometric Stiffness Method）、刚度矩阵法（Stiffness Matrix Method）等。语法类算法则属于以几何创意为主导思路的算法。

动力平衡法中的代表算法之一是动态松弛法（Dynamic Relaxation Method）。该算法由 Day 和 Bunce[9]于 20 世纪 70 年代提出，根据"离散后的非平衡初始构形，在非平衡力的作用下围绕平衡位置进行有阻尼振动，终将达到某一静力平衡状态"来实现动态的结构生成。图 4-19 以弹簧悬挂重物之后的动态平衡过程为例阐述了上述基本思想。该方法可以不组装结构分析中的总体刚度矩阵，节省计算机内存，早期主要被用于设计索网结构，之后逐渐拓展到膜结构设计。图 4-20 中的荷兰海事博物馆是应用动态松弛法生成形状的典型结构。

对于静定结构，即只通过力的平衡方程就可以确定全部内力的几何不变结构，其内力分布与结构构件的材料刚度无关。这类结构可通过其内力分布反过来控制几何构型，找形方法被称为几何刚度法[10]，其中典型的算法包括图解静力法（Graphic Statics）和力密度法（Force Density Method）。图解静力法基于形与力两个空间中形与力向量分别构成的多边形之间的映射关系，通过绘制和分析力的图解来明确静力平衡状态下结构的几何构型。图 4-21 展示了某一人行桥悬索方向与内力的对应关系。当一根悬索的锚固点发生改变时，其内力向量也会出现相应的改变。随着计算机技术的发展，对静力图解法的研究也从二维结构逐渐拓展到三维结构[11]，但难以应用于复杂的超静定结构。

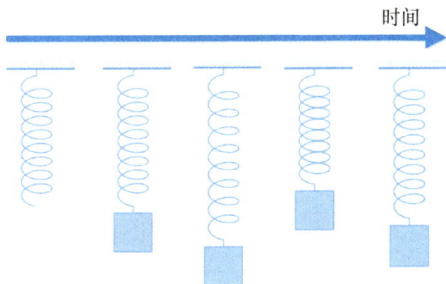

图 4-19　弹簧悬挂重物之后的动态平衡过程

图 4-20　荷兰海事博物馆

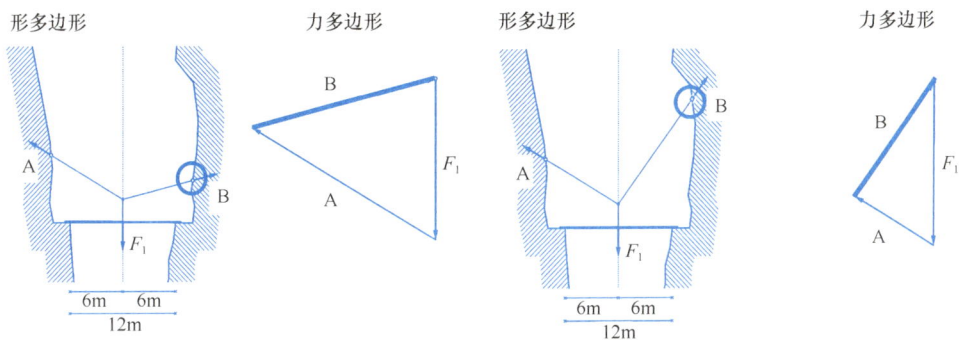

图 4-21　某一人行桥悬索方向与内力的对应关系

　　力密度法最初是索网结构的一种找形方法，其中的力密度被定义为索的内力与其长度的比值。该方法的基本原理是将结构离散成节点和杆的网络模型，根据结构单元和节点之间拓扑关系和预设的力密度值来求解平衡状态下的节点坐标。力密度通常由工程师主观选择或者迭代确定，因此该方法对设计经验和专业知识有一定要求。用于拱壳结构找形的推力网格分析法[12]则进一步融合了力密度法和图解静力法。

　　刚度矩阵法采用了兼顾材料弹性属性和结构几何刚度的刚度矩阵，这类方法改编自有限元分析。为了降低控制结构外形变化的难度，可以将有限元分析与特定的形状控制方法结合。图 4-22 中的 NURBS（Non-Uniform Rational B-Spline）曲面是描述平面或三维曲面的一种数学表示方法，其中的控制点控制了曲面的总体形状，但只对附近区域的曲面形状有影响。每个控制点对应的权重可以用于调整控制点对曲面的影响。在明确 NURBS 控制点位置和权重对设计目标影响机制的基础上，工程师可以通过智能优化算法得到目标结构性能的自由曲面结构[13]。与静力图解法相比，刚度矩阵

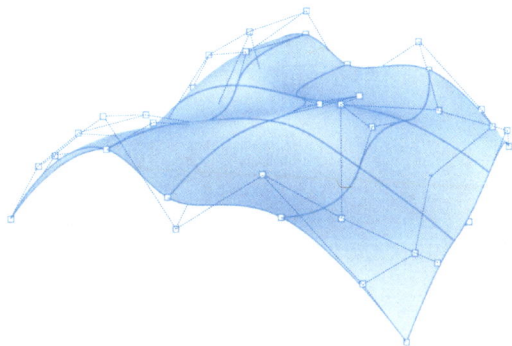

图 4-22　NURBS 曲面

法适用于超静定结构，但计算成本与时间相对较高。

形状语法（Shape Grammer）是一种描述形状的计算机表示方法。类似于造句，语法类算法的基本思想是将形状看作各种基本元素（如线、面、体素等）组成的符号序列，并通过组合应用不同的规则来生成复杂形状。图 4-23 演示了两种添加和删除杆件的语法规则。为了使结构方案满足性能要求，可以将智能优化算法、结构分析与形状语法结合[14]。鉴于有限元分析会耗费高昂的计算时间成本，Lee 等[15]进一步融合了结构语法与图解静力法，但只能得到静定结构。相比于前几种方法，由于形状语法的多样性，语法类算法有着更高的设计自由度。

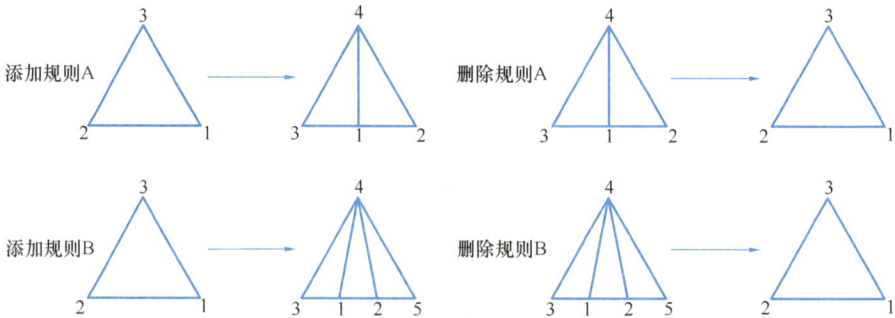

图 4-23　两种添加和删除杆件的语法规则

2. 结构体系智能生成算法

结构体系智能生成算法主要用于确定结构内构件的分布。按照结构的呈现方式，这类算法主要包括基于有限元模型的生成算法和基于图像的生成算法两大类。其中，前者的发展更为成熟，根据设计变量类型可进一步分为基于单元参数的生成算法和基于模块参数的生成算法。

（1）基于有限元模型的生成算法

基于单元参数的生成算法以单个结构构件为控制单元，通过添加或删除结构构件来设计结构体系。对于连续体，其中的控制单元即为划分网格之后的材料单元，控制参数是其材料密度，如图 4-24（a）所示。材料密度与材料力学性能之间的对应关系存在多种假设[16]。各单元的材料密度会根据它们对目标结构性能的影响力在生成过程中会不断更新迭代，直至收敛，如图 4-24（b）所示。当材料密度接近零时，该材料单元会被移除。这种在迭代过程中更新单元材料密度的方式类似于大自然生物进化的淘汰机制[17]。通过进一步细化材料单元的增减条件，这类方法也可以进一步处理多约束条件和多荷载工况下的复杂生成问题[18]。

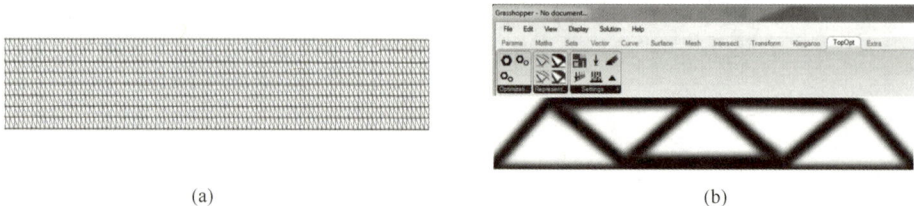

(a)　　　　　　　　　　　　　　　　　　(b)

图 4-24　基于单元参数的简支梁体系生成结果
（a）简支梁的网格划分；（b）生成的材料分布

上述基于连续体的材料分布生成思路可以拓展到离散结构，如基结构法[19]（Ground Structure Method）。基结构法的核心思想是在预设设计空间（基结构）的基础上，通过改变截面尺寸来实现结构构件的增减。图 4-25 展示了基结构法的基本思路。基结构法生成的方案与基结构的选择密切相关。虽然复杂的基结构能够提高设计方案的多样性，但也会提高计算时间和施工成本。

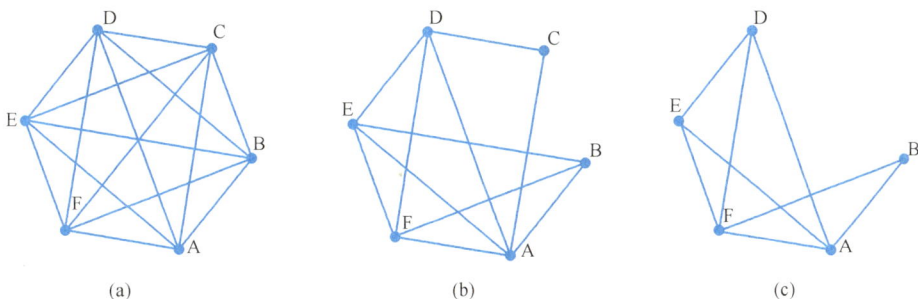

图 4-25　基结构法的基本思路
（a）基结构；（b）第一步迭代；（c）第二步迭代

基于模块参数的生成算法的基本思想是将结构拆分为多个模块，每个模块包含多个由工程师自定义模块参数统一控制的结构构件，模块拆分基于工程师对结构概念与体系的了解。图 4-26 展示了由同一个参数化模型生成的不同框架-剪力墙结构，其中参数包含跨数、跨度、楼层数和剪力墙位置等，该模型在参数化建模工具 Grasshopper 中建立。在 Grasshopper 中，电池（Component）是构建参数化模型的关键元素之一，它们代表了各种功能单元，可以接受输入并生成输出。在图 4-26 中，除了定义关键控制参数（Key Parameters）、材料（Material）、节点约束（Constraint）、节点质量（Mass）、构件截面（Section）和结构构件（Element）的电池外，还有构建结构几何模型（Geometry）、设置分析参数（Analysis Setting）、设置阻尼比（Damping）以及组装模型（Assembly）的电池。连接线将一个电池的输出参数与另一个电池的输入参数相连，帮助数据会从一个电池流向另一个电池。对于基于模块参数的生成算法，关键在于建立丰富的结构模块库和选择适用于模块参数的调整策略。与基于单元参数的生成算法相比，基于模块参数的生成算法具有如下优点：

1）基于模块的建模逻辑是对现有结构体系概念的解构，更容易被工程师理解和接受；

2）模块参数的数量远少于单元参数，更便于工程师控制结构方案的变化；

3）模块参数控制了结构构件之间的耦合关系，更有可能实现大范围的结构体系变化。

（2）基于图像的生成算法

作为一大类机器学习模型，生成模型（Generative Model）在图像处理领域有许多重要的应用，包括图像生成、图像修复、图像风格迁移等。基于图像的生成算法则是通过生成模型来得到结构设计方案。生成对抗网络（Generative Adversarial Networks，GAN）是近几年快速发展的一类生成模型[20]。图 4-27 是 GAN 的基本流程示意图，其核心思想源于博弈论的纳什均衡，即在一个博弈中，每个参与者选择策略时，无论其他人选择什么策略，他们都不愿意改变自己的策略，因为这是他们的最佳选择。在 GAN 中，设定参与游戏的双方分别为一个生成器和一个判别器。其中，生成器负责捕捉真实数据样本的潜在

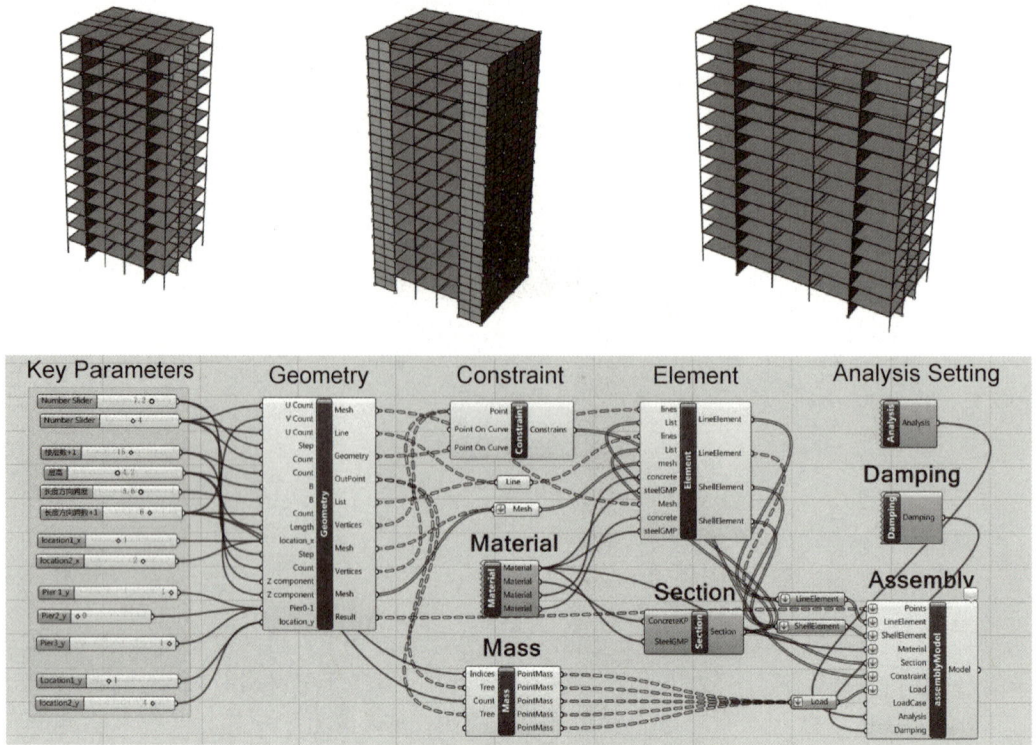

图 4-26　基于模块参数的框架-剪力墙结构模型

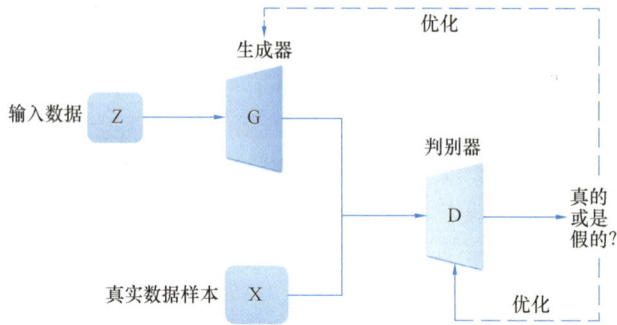

图 4-27　GAN 的基本流程示意图

分布，并生成新数据样本；判别器则负责判别输入的样本是来自真实数据还是生成器。如果判别器被生成的结果欺骗了，则表明生成效果好，判别器的能力需要进一步提升，反之则需要提升生成器的生成质量，最终两者达到纳什均衡。

对于由建筑到结构方案的生成问题，判别器负责评价结构平面图的真实程度。除了信息复杂和数量有限外，结构平面图还存在结构构件的占比低、特征稀少等问题，因此计算机难以识别其中的结构构件。为此，对稀疏关键特征的识别、提取和学习是通过 GAN 生成结构方案的关键问题。为了排除图纸中与结构设计无关的因素，可以对数据特征语义化，即只保留训练图片中的剪力墙、填充墙和门窗洞口，并进行纯色填充。针对设计图纸有限的问题，可以采用诸如旋转和镜像的数据增广技术（Data Augmentation）来增加样本数量。

Liao 等[6]利用开源的 GAN 网络（pix2pixHD）开发出了自动生成剪力墙布置的 StructGAN，Lu 等[21]、Liao 等[22]、Fei 等[23]和 Zhao 等[24]针对 StructGAN 缺乏物理引擎、文本指导、知识引擎以及注意力机制等问题做了进一步的改进，相继推出了 Struct-GAN-PHY，TxtImg2Img，StructGAN-KNWL 以及 StructGAN-AE 衍生版本，如图 4-28 所示。此外，Liao 等[25]还针对剪力墙结构的基地隔震设计提出了 Physics-rule-co-guided GAN 模型。虽然一系列研究逐渐提高了 GAN 网络在结构设计中应用的可行性和可靠性，但这类方法还存在几点固有缺陷：

1）随着设计规范版本的更替，过去的设计图纸直接作为学习样本可能不合适。

2）设计图纸大多涉及规则的住宅和办公楼，难以满足非规则建筑结构体系设计的需求。

3）生成结构平面图对应的结构方案不一定满足设计规范的全部要求。

图 4-28　基于 GAN 的结构智能设计发展

3. 结构构件截面智能生成算法

与结构形状和体系相比，结构构件的设计变量种类多、数量大，并且涉及的约束条件更为复杂。当构件截面生成只涉及楼层位移和构件内力等简单的约束条件和目标函数时，可以从理论上推导出这些函数对构件截面尺寸的梯度，然后通过基于梯度的优化算法（Gradient-Based Optimization Algorithm）来生成结构构件的设计方案[26]。图 4-29 以工程造价作为目标函数，展示了基于梯度优化的基本思路。对于以多元函数表示的设计目标，设计目标的梯度是其对所有设计变量偏导数构成的向量。

除上述简单的约束条件外，构件截面的约束条件还包括设计规范为了提高结构安全性提出的一系列构件内力调整措施，如"强剪弱弯""角柱效应"和"底柱效应"。此外，强震下的性能约束条件还要求对结构进行非线性分析。上述两点原因使得基于梯度的优化算法在复杂构件截面生成中难以直接应用。启发

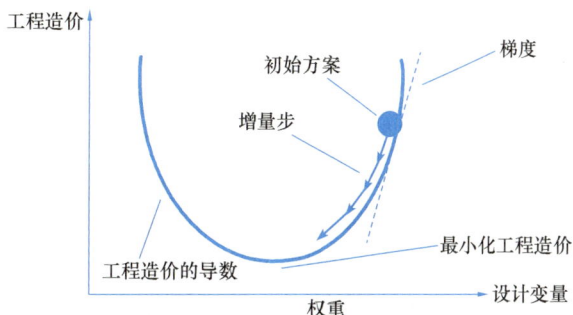

图 4-29　基于梯度优化工程造价的示意图

式优化算法（Heuristic Optimization Algorithm）更适用于这种情况。这类算法使用启发式策略，以经验性方式引导搜索过程，在可接受的花费（如计算时间、占用空间等）内寻找问题的最优或次优解。这些策略基于特定领域的知识或以前的经验，例如，遗传算法是模仿生物进化的自然选择过程，蚁群算法的灵感则来源于蚂蚁在寻找食物过程中发现路径的行为。这类算法不要求提供目标函数和约束条件对设计变量的梯度，因此通用性较强，但计算成本高且优化速度较慢[27]。

由于结构整体和构件层次约束条件的复杂程度不同，构件截面的生成也可以采用如图4-30所示的分部优化策略[28]。该策略首先根据多荷载工况下调整之后的内力调整构件截面尺寸，然后再将各构件重新组合起来形成整体结构，接着验算其整体性能，在满足要求之后再进入下一个迭代步。这种分阶段的策略在每个设计阶段有着各自明确的设计目标且采用了最适合该目标的调整算法。当存在多个设计目标时，构件截面的生成问题类似于社会资源的分配问题。Pareto（帕累托）最优是指资源分配的一种理想状态，对于固有的一群人和资源，Pareto最优是指从一种分配状态到另一种状态的变化，在没有使任何人境况变坏的前提下，使得至少一个人变得更好。如图4-31所示，Pareto前沿上的两个目标函数值不会同时劣于其他非Pareto前沿的方案。

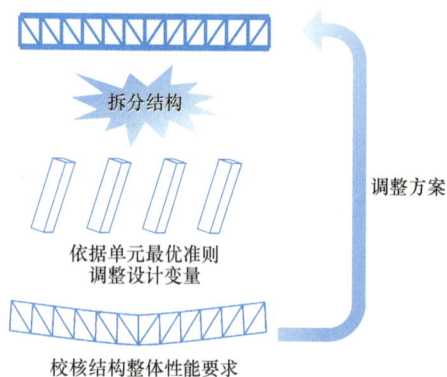

图 4-30　分阶段混合优化思想

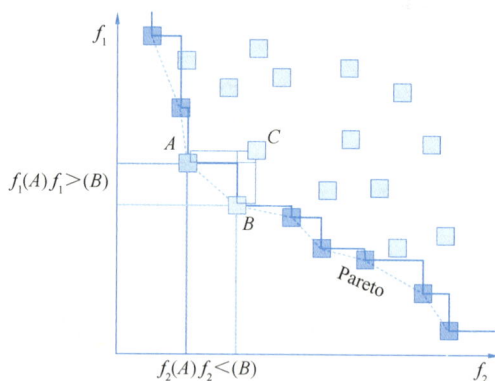

图 4-31　Pareto 前沿

4.3.3　结构智能设计流程

1. 基于参数化建模的结构智能设计

图4-32展示了基于参数化建模的结构智能设计总体流程。该流程按照结构设计变量的类型，即结构形状、结构体系和结构构件截面，逐一开展结构智能设计，并将形成的结构方案传递至下一阶段。作为模型生成器，参数化建模软件为各个智能设计阶段提供结构分析模型。过去各个阶段的设计方案被存储在计算机中，在被机器学习之后指导上一阶段的设计经验，也就是说，结构智能设计的整个流程是跨越时间的。此外，由于智能调整策略的存在，工程师有更多的精力来选择更为合适的结构设计要求与设计变量，发挥他们的设计创意。因此，与传统的结构设计相比，这种结构智能设计的模式更接近于自上而下的设计。

为了实现上述各个阶段的结构智能设计，图4-33建立了参数化建模平台、智能优化算法和结构分析软件之间的联系框架。其中，参数化建模平台为结构分析软件提供模型，

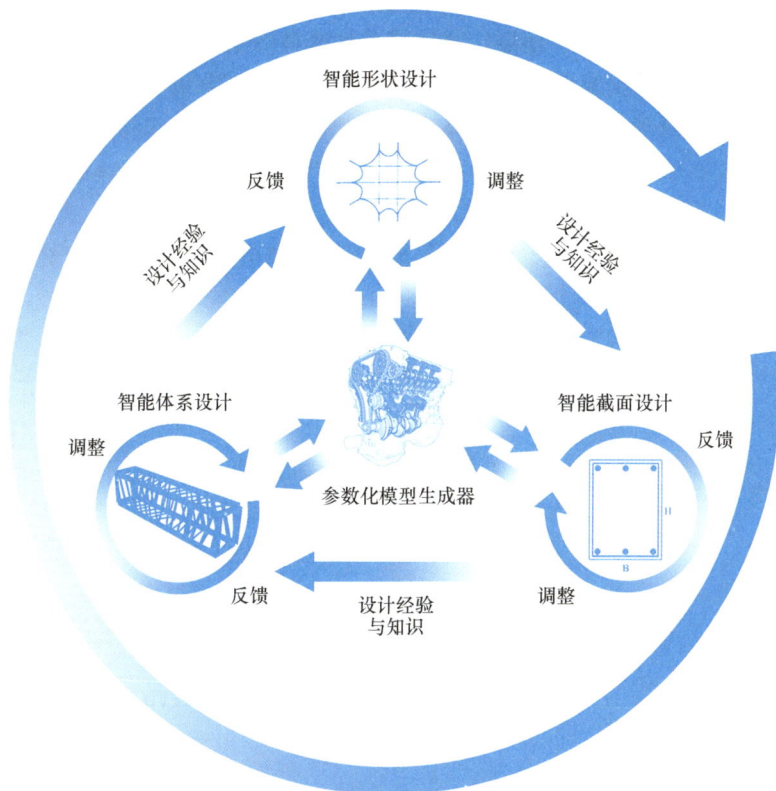

图 4-32　基于参数化建模的结构智能设计

结构分析软件为智能优化算法提供了与设计目标和约束条件有关的结构响应，智能优化算法则负责调整参数化结构模型的控制参数。

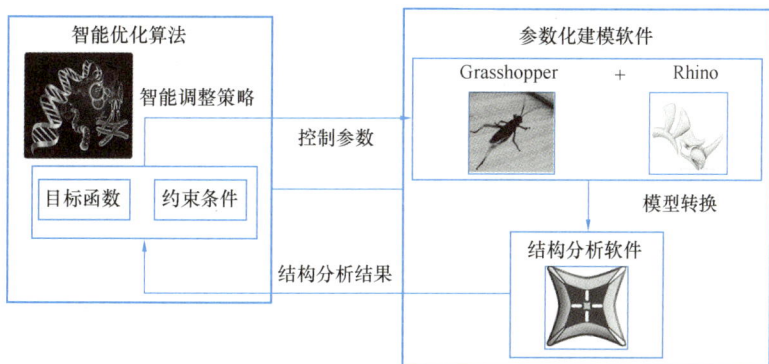

图 4-33　参数化建模平台、智能优化算法和结构分析软件之间的联系框架

2. 基于生成对抗网络的结构方案设计

以如图 4-34 所示的基于生成对抗网络的剪力墙结构布置方法为例，该方法总体上分为三步：数据集搜集与处理、网络训练和结构方案生成。其中，数据集处理的关键在于提取建筑图纸与对应结构图纸中的关键元素，这里通过不同的颜色标注各种结构单元如剪力

墙、填充墙、窗户和室内墙等，清除其他不相关的元素。为了评估生成结构方案与结构工程师真实设计方案之间的差异，还需定义体现各片墙体和剪力墙布局生成品质的综合评价指标。对于同时利用图文信息进行设计的生成网络 TxtImg2Img，则在生成结构方案时要同时输入语义化的建筑平面图以及属性文本，如图 4-35 所示。

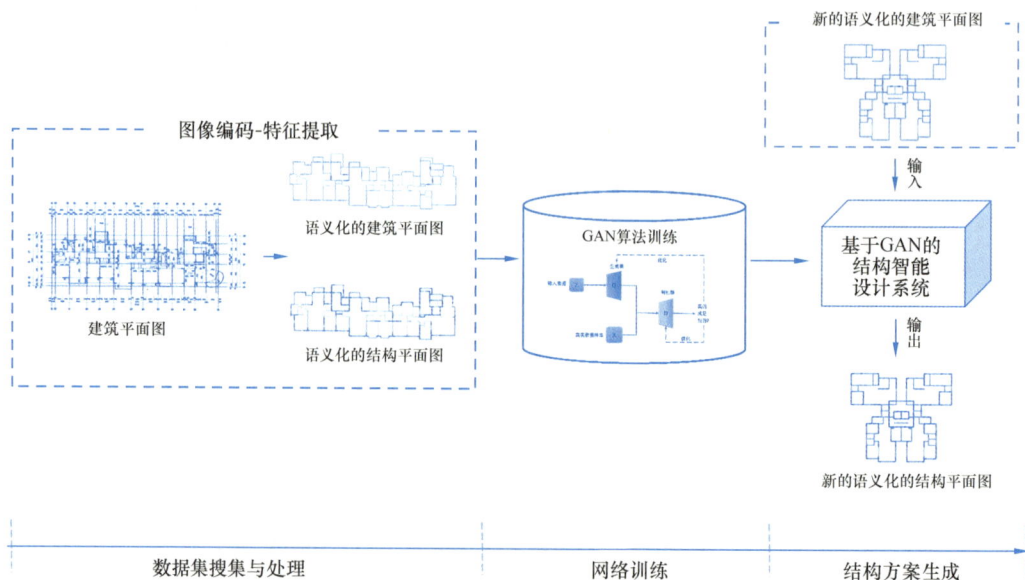

图 4-34　基于生成对抗网络的建筑结构设计流程模型

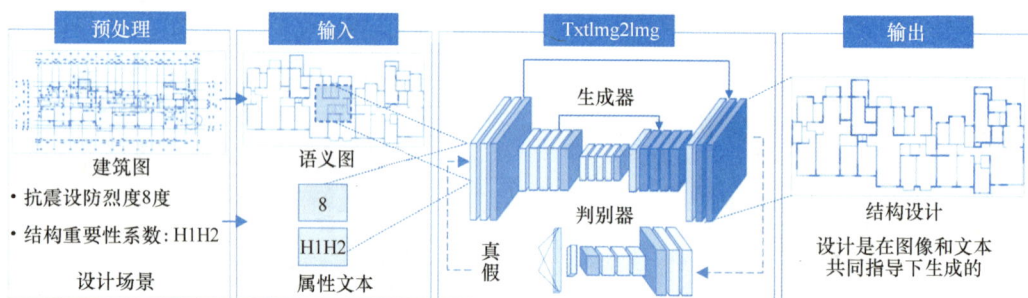

图 4-35　基于 TxtImg2Img 的结构方案生成过程[22]

4.4　结构智能设计实践

4.4.1　北京大兴国际机场结构智能设计

北京大兴国际机场位于永定河北岸，地处京津冀中间位置，如图 4-35（a）所示。机场的远期容量将设计为每年 1 亿人次以上，分为南北两个航站区，除主体航站楼及综合换乘中心外，航站区还包括了楼前双层高架桥和地面道路、地下轨道车站、综合服务楼、两座停车楼和制冷站等交通及配套项目，共同组成了一个建筑功能和技术系统都紧密衔接的大型交通枢纽综合体。航站楼方案由集中的航站主楼和 6 条互呈 60°夹角的放射指廊组成

（包括 5 条机指廊和 1 条配套服务指廊），以简单直接、近乎图示化的方式诠释了"集中式"这一概念。其外轮廓由 1 个外包圆和 6 个相互切割的正圆定位，7 个圆的直径均为1200m，控制了 600m 的指廊中线长度，如图 4-36（b）所示。

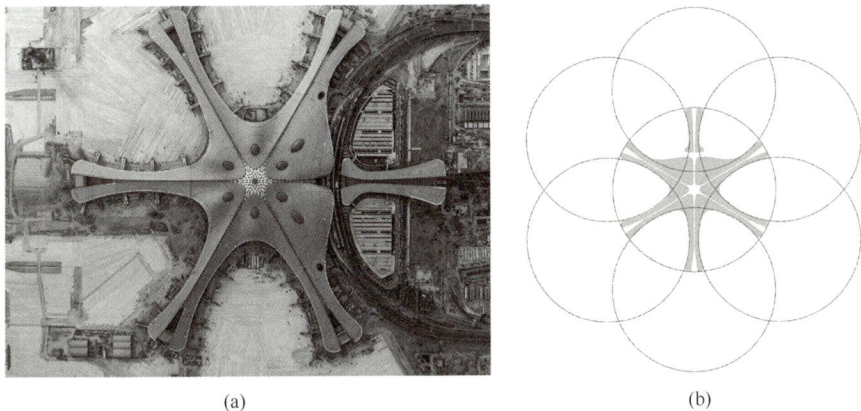

(a)   (b)

图 4-36　北京大兴国际机场及其航站楼建筑构型

（a）北京大兴国际机场；（b）航站楼建筑构型

（图片来源：王亦知，门小牛，田晶，等. 北京大兴国际机场数字设计［M］. 北京：中国建筑工业出版社，2020）

图 4-37 中的 C 形柱是大兴国际机场航站楼特点鲜明的构件，其原型最初见于德国建筑师弗雷·奥托（Feri Otto）于 1997 年设计的斯图加特中央车站。在北京大兴国际机场航站楼的设计中，为适应复杂的大跨度空间需求，屋面主钢结构体系采用网架结构，在网架结构中的 C 形柱该以何种建构逻辑成为关键问题。

图 4-37　大兴国际机场中的 C 形柱

在建立大兴机场的参数化结构模型之前，首先要明确其建模逻辑。在综合评估 ADPI-ZAHA HADID 联合体提出的原设计方案的空间体验、抗震性能、热工负荷、自然采光等设计目标的前提下，北京市建筑设计研究院的设计团队对原方向进行了大幅的调整优化。具体地，将原方案中 6 根 C 形柱的开口方向由向心改为离心，平衡建筑内自然采用和热工负荷的同时使 6 根 C 形柱与主钢结构网架共同编织出受力更为合理的中心穹顶，在建筑外观与结构体系层面均融为一体。图 4-38 对比了调整优化前后的设计方案。

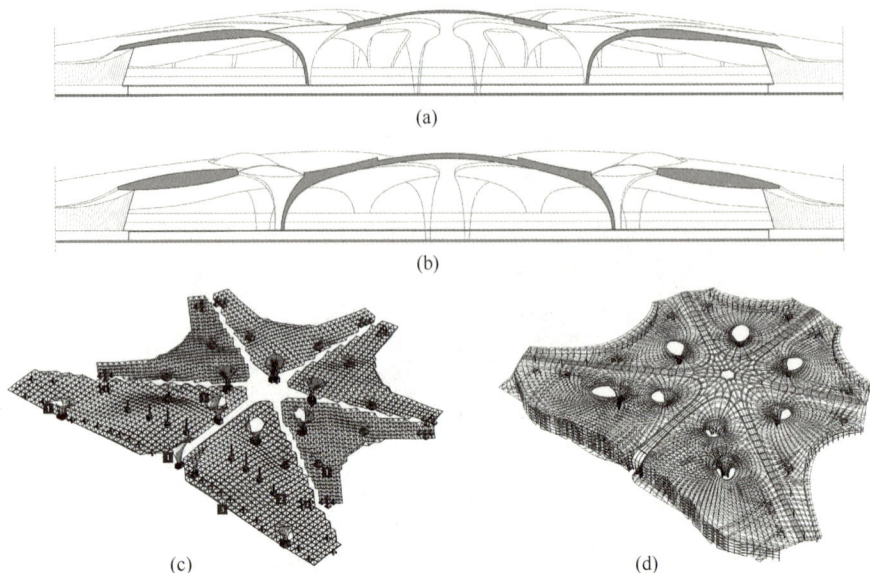

图 4-38　优化调整前后的结构设计方案

（a）优化之前的横剖面结构关系；（b）优化之后的横剖面结构关系；
（c）优化之前的核心区结构模型；（d）优化之后的核心区结构模型
（图片来源：王亦知，门小牛，田晶，等 . 北京大兴国际机场数字设计 [M]. 北京：中国建筑工业出版社，2020）

　　基于优化之后的初步结构方案，设计人员编写了图 4-39 中主控网格的参数化程序，其中含有 6000 余个电池和上百个可调参数。主控网格在与其他系统的交接位置固定，因此可将其作为约束条件，具体包括主钢结构与土建混凝土楼层间 10 根 C 形柱、12 处浮岛顶支撑、12 处下卷落地位置的交接以及幕墙系统间 542 处幕墙柱等（图 4-40）。为了缩短力的传递路径，建筑师将荷载最为集中的 C 形柱作为电场中的极点，按照电场中的电场线和等势线分别确定径向和环向杆件的分布。所有径向曲线都从 C 形柱底部发出，或连通另一根 C 形柱，或向外寻找对位幕墙柱，或向心汇聚编织出采光顶；环向曲线则与径向曲线相互约束，且均受控于自由曲面的控制点。建筑方案从屋面主网格控制系统上定义了主钢结构球节点的空间定位，在此基础上，结构专业分别创建上、下弦杆和腹杆三种类型的杆件，并在赋予相应的材料和截面属性后建立结构分析模型进行可靠性的验证。优化之后的屋盖钢结构满足设计规范的要求，具有良好的稳定性和承载力。

　　基于参数化的主网格控制程序，在对局部结构高度进行微小调整之后，屋面核心区上万个球节点的空间坐标都可以进行实时更新。在确定屋盖钢结构的基础上，设计团队对 C 形柱顶椭圆球型的采光顶也进行了智能设计。由于玻璃板块的限制，其设计的难点在于球面的均匀三维划分。此外，采光顶需要与吊顶控制线相适应，做到天窗控制点与主结构控制线相匹配。为此，设计团队建立了一个两向的基础网格，并在该基础上加入了斜向划分。以网格控制点的序号为横坐标，控制点到采光顶边缘基准点的距离（简称为点距）为纵坐标，可建立点距坐标系（图 4-41）。为了更高效地控制网格，通过三段控制曲线来改

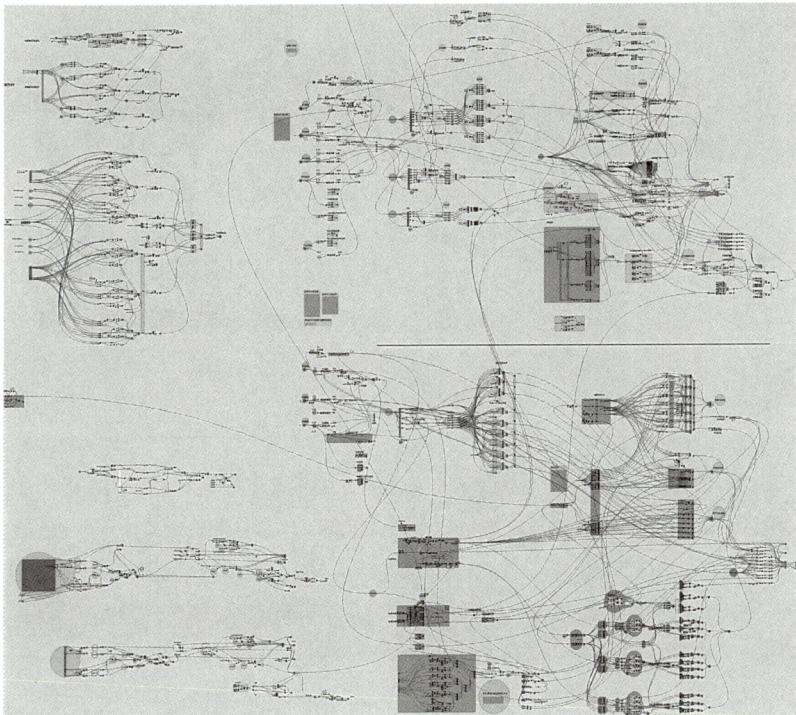

图 4-39　主控网络的参数化程序

(图片来源：王亦知，门小牛，田晶，等 . 北京大兴国际机场数字设计［M］. 北京：
中国建筑工业出版社，2020)

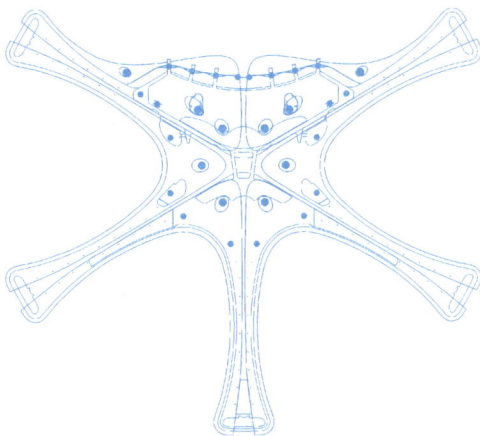

图 4-40　外围系统主要支撑点位置

(图片来源：王亦知，门小牛，田晶，等 . 北京大
兴国际机场数字设计［M］. 北京：中国建筑工业
出版社，2020)

变上述坐标系中控制点对应的点距，而非各点单独控制。通过遗传算法优化控制曲线，采
光顶的网格整体渐变趋势又变化均匀。图 4-42 展示了通过遗传算法优化 C 形柱采光顶网
格划分的过程。

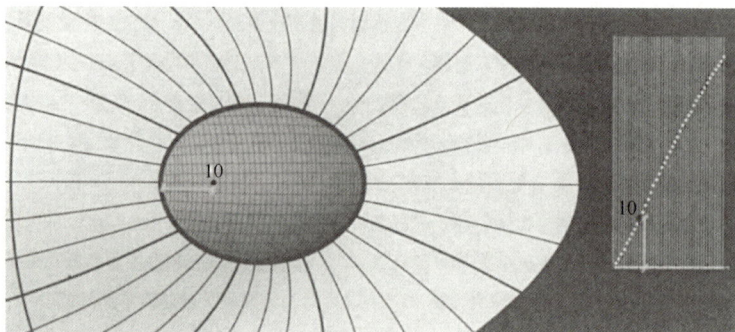

图 4-41　建立点距坐标系

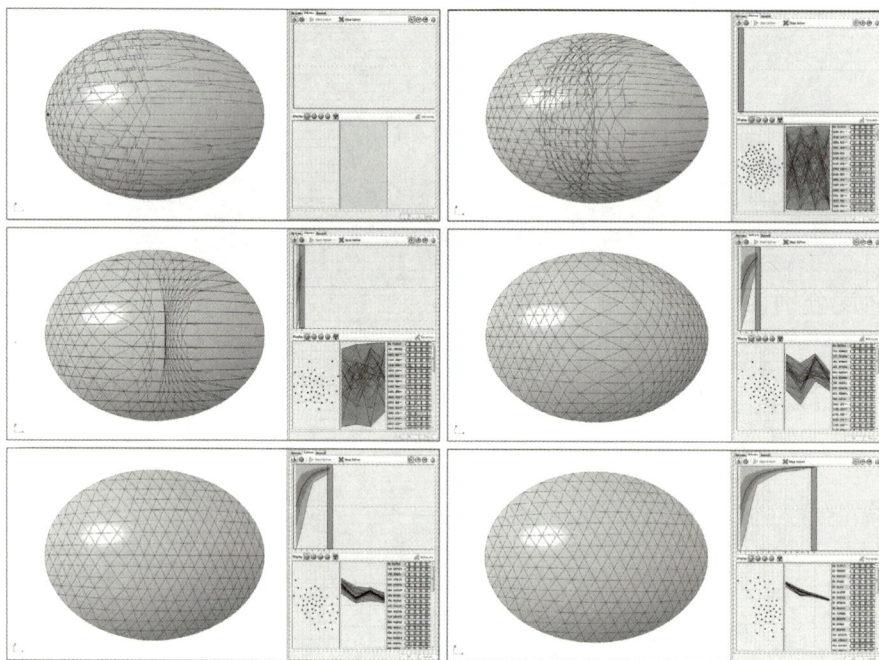

图 4-42　通过遗传算法优化 C 形柱采光顶的网格划分
（图片来源：王亦知，门小牛，田晶，等. 北京大兴国际机场数字设计［M］. 北京：中国建筑
工业出版社，2020）

4.4.2　高层剪力墙结构智能设计

本小节以高层剪力墙结构为例，展示 Liao 等[6]通过对抗生成网络生成结构方案的过程。首先要收集和处理用于训练对抗生成网络的建筑和结构平面图，为了体现不同抗震设防烈度和结构高度对生成的设计方案的影响，将收集到的平面设计图数据集划分为 7 度设防和 8 度设防两类。其中，7 度设防的结构按照结构高度是否超过 50m 为标准又可划分为两组。正如 4.3 节中所言，建筑和结构设计图纸的信息过于繁杂，可能会提高计算机识别构件的难度。为此，需要对建筑和结构平面图进行语义化。图 4-43 展示了建筑平面图和语义化的建筑与结构平面图之间的联系。尺寸标注线和标注文字一律从语义化之后的图片

中移除。该网络被命名为 StructGAN。

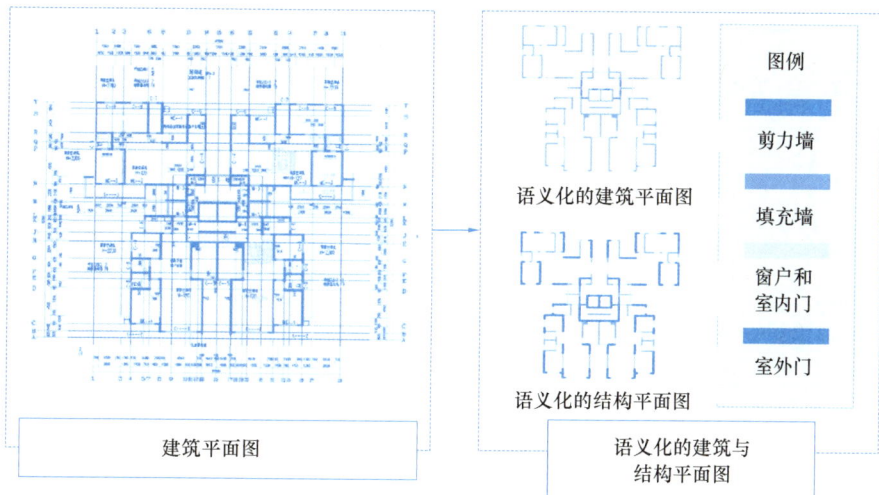

图 4-43　建筑平面图与语义化的建筑与结构平面图[6]

　　通过 StructGAN 对两类建筑进行结构设计，将自动生成的结构设计方案与结构工程师设计的方案进行比较。这两个案例分别命名为案例-7 度和案例-8 度，高度约 100m，抗震设防烈度分别为 7 度和 8 度，对应结构分析模型的 3D 视图分别如图 4-44（a）和图 4-44（b）所示。结构工程师和程序自动设计的方案的总体性能对比如图 4-45 所示。可以看到，对于两个案例，两种设计方式材料用量和震后修复费用的相对偏差都在 11％以内。最大层间位移角，即楼层层间最大水平位移与层高之比，相对误差也都小于 12％。图 4-46 还给出了两种模型层间位移角沿高度的分布，可以看到，它们总体上较为接近。因此，可认为 StructGAN 与结构工程师设计的方案有着较为接近的经济性和安全性。

图 4-44　两个案例结构
分析模型的 3D 视图[6]
（a）案例-7 度的 3D 视图；
（b）案例-8 度的 3D 视图

案例-7度			案例-8度		
结构工程师设计	StructGAN设计	相对偏差	结构工程师设计	StructGAN设计	相对偏差
材料用量 (ton)					
14099	14875	5%	13205	12784	−3%
最大层间位移角 (rad)					
0.00099 y方向	0.00109 y方向	10%	0.00100 y方向	0.00112 y方向	11%
震后修复费用 (美元)					
10627106	11829493	11%	9065052	9079461	0

图 4-45　结构工程师与 StructGAN
设计方案的总体性能对比[6]

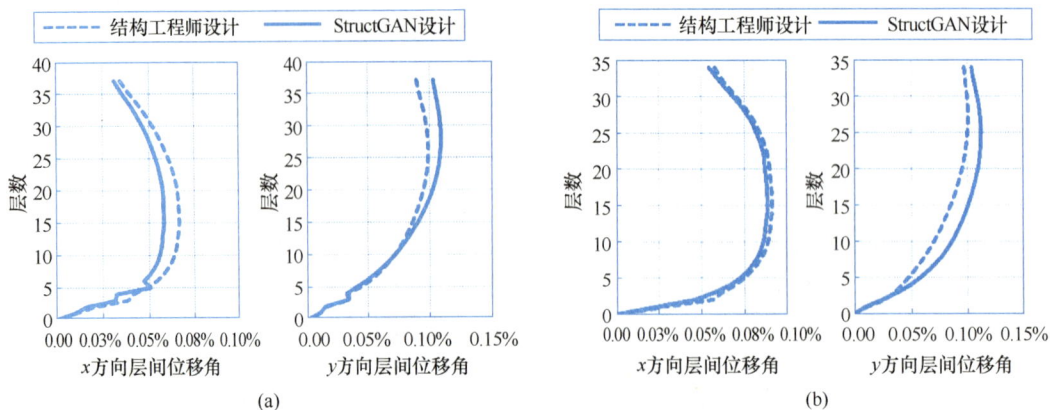

图 4-46　结构工程师与 StructGAN 设计方案的层间位移角对比[6]

（a）案例-7 度层间位移角的对比；（b）案例-8 度层间位移角的对比

为了提升结构方案在细节方面的真实性，采用集成了注意力机制的 StructGAN-AE[24]来生成新的结构方案。图 4-47 对比了结构工程师、StructGAN 以及 StructGAN-AE 的设计方案。在共 5 处对比细节中，StructGAN-AE 生成的结构方案在①和⑤处的剪力墙布置与结构工程师设计的方案完全一致，其余三处的剪力墙布置也比 StructGAN 更为接近。

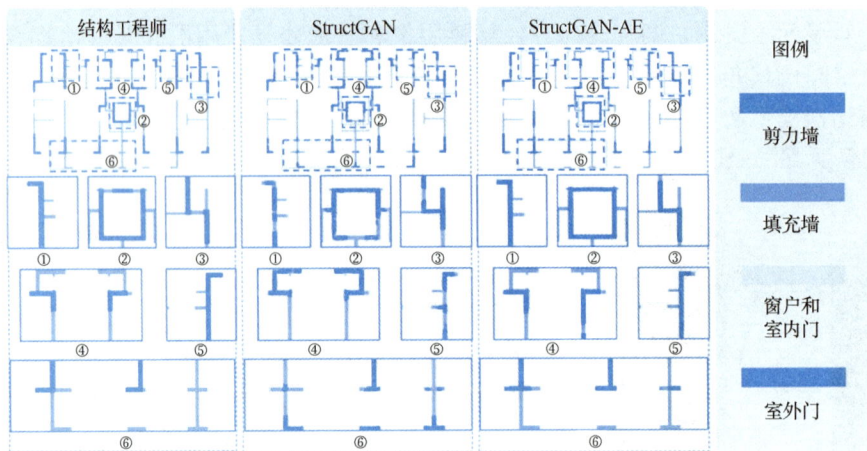

图 4-47　结构工程师、StructGAN 以及 StructGAN-AE 设计方案的对比[24]

视频4-1　结构智能设计应用案例

为了得到在力学层面更加合理和可靠的结构方案，通过集成了物理引擎的 StructGAN-PHY[21]进行设计。图 4-48 对比了结构工程师、StructGAN 以及 StructGAN-PHY 的层间位移角。可以看到，由 StructGAN-PHY 生成的结构方案的层间位移角在满足设计要求的前提下，与结构工程师设计方案的计算结果也更为接近，体现了 StructGAN-PHY 兼顾结构物理性能的优势。

结构智能设计应用案例扫二维码视频 4-1。

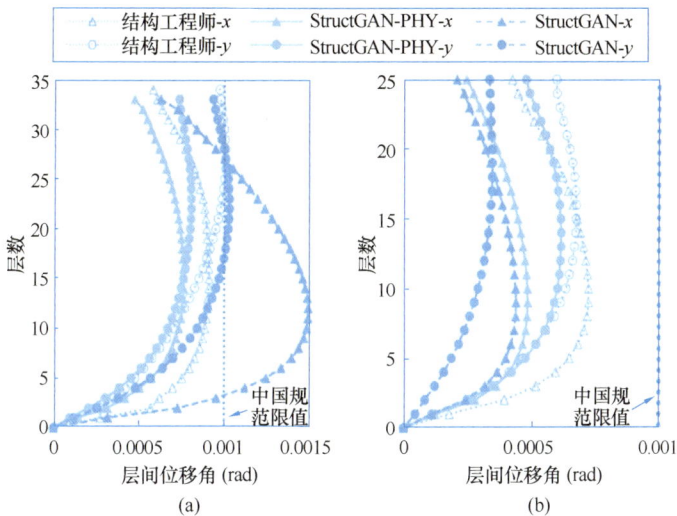

图 4-48　结构工程师、StructGAN 以及 StructGAN-PHY
设计方案的层间位移角对比[21]

展望

（1）虽然基于图像的结构智能设计方法在近几年取得快速发展，但其可靠性还有待进一步提高。相对地，基于参数化建模的结构智能设计具有明确的设计目标、约束条件和分析内核，但时间成本和应用难度高。进一步深度融合上述两类的结构智能设计方法有望为结构设计领域的发展带来新一轮的驱动力。

（2）不同专业本体在表示语言和表示模型层面的差异是建立多学科交叉设计框架的主要障碍之一。在克服该问题的基础上，将本体衍生出的知识图谱与现有结构智能设计方法融合，建立云端的多学科协同智能设计专业平台，有望进一步提高智能化设计大背景下多专业协同设计的深度与广度。

（3）虽然工程师可以通过设计目标和约束条件来控制智能设计的方向，但这些量化指标难以完整地体现工程师的设计理念。将扩展现实、语音识别、手势控制和脑机接口等人机交互技术融入现有结构智能设计方法，丰富工程师在智能设计过程中的参与方式，对于提高结构智能设计的多样性和创新性有着积极作用。

本章小结

（1）本章以关键技术和理论的出现为时间节点介绍了结构设计的发展历程，总结了结构智能设计的 6 个层次、关键要素和重要性，明确了参数化结构设计、生成式设计与结构智能设计之间的联系。

（2）在了解建筑与结构两个专业协同设计传统流程的基础上，明确了建筑与结构一体化智能设计的基本流程，充分讨论了建筑与结构智能设计在知识获取、建模逻辑与性能评估三个关键步骤的区别，提供了建筑与结构智能对接的基本思路。

（3）以结构体系选型、结构方案及构件截面为设计对象，系统地介绍了常见结构智能设计方法的基本原理和适用范围，明确了基于参数化建模和生成对抗网络的结构智能设计流程。以北京大兴国际机场和某高层剪力墙结构为例，介绍了结构智能设计的应用现状。

思考题

1. 结构智能设计可以分为哪些层次？
2. 请简述结构智能设计的优势。
3. 结构智能设计主要包含哪些关键要素？
4. 请简述结构智能设计与建筑智能设计的主要区别。
5. 相比于专家系统，基于实例推理的方法的优点是什么？其不足之处包括哪些？
6. 动力松弛法的基本原理是什么？
7. 相比于单元参数，通过模块参数控制结构体系有什么优势？
8. 生成对抗网络的基本原理是什么？
9. 通过生成对抗网络设计结构方案的关键问题和主要步骤是什么？
10. 通过本章的学习，请简述未来建筑行业的发展方向。

【动手作业】在 Grasshopper 中，通过逻辑化地控制电池建立剪力墙结构的参数化结构设计模型，利用 Karamba3D 进行结构分析。

要求实现如下设计目标：①梁、柱及墙的几何建模；②材料与截面属性赋予；③结构模态分析。

本章参考文献

[1] 沈世钊，武岳. 结构形态学与现代空间结构[J]. 建筑结构学报，2014，35(4)：1-10.

[2] 陆新征，廖文杰，顾栋炼，等. 从基于模拟到基于人工智能的建筑结构设计方法研究进展[J/OL]. 工程力学[2023-01-17].

[3] Huang W，Zheng H. Architectural drawings recognition and generation through machine learning[C]// Proceedings of the 38th Annual Conference of the Association for Computer Aided Design in Architecture，Mexico City，Mexico，2018：156-165.

[4] 王嵩. 现代建筑结构的十四种表现策略[J]. 建筑技艺，2016(5)：115-117.

[5] 徐卫国. 参数化非线性建筑设计[M]. 北京：清华大学出版社，2016.

[6] Liao W，Lu X，Huang Y，et al. Automated structural design of shear wall residential buildings using generative adversarial networks[J]. Automation in Construction，2021，132：103931.

[7] Gruber T R. A translation approach to portable ontology specifications[J]. Knowledge Acquisition，1993，5(2)：199-221.

[8] Zhou Y，Lin J，She Z. Automatic construction of building code graph for regulation intelligence[C]// International Conference on Construction and Real Estate Management(ICCREM 2021)，Beijing，China，October 16-17，2021：248-254.

［9］ Day A S，Bunce J H. Analysis of cable networks by dynamic relaxation［J］. Civil Engineering Public Works Review，1970(4)：383-386.

［10］ Veenendaal D，Block P. An overview and comparison of structural form finding methods for general networks［J］. International Journal of Solids and Structures，2012，49(26)：3741-3753.

［11］ Konstantatou M，Mcrobie A. 3D graphic statics and graphic kinematics for spatial structures［C］// Proceedings of IASS Annual Symposia. International Association for Shell and Spatial Structures (IASS)，HafenCity University，Hamburg，Germany，September 25-28，2017，12：1-10.

［12］ Block P. Thrust network analysis：Exploring three-dimensional equilibrium［D］. USA，Cambridge：Massachusetts Institute of Technology，2009.

［13］ 李欣，武岳，崔昌禹. 自由曲面结构形态创建的 NURBS-GM 方法［J］. 土木工程学报，2011(10)：60-66.

［14］ Cagan J，Mitchell W J. Optimally directed shape generation by shape annealing［J］. Environment and Planning B：Planning and Design，1993，20(1)：5-12.

［15］ Lee J，Mueller C，Fivet C. Automatic generation of diverse equilibrium structures through shape grammars and graphic statics［J］. International Journal of Space Structures，2016，31(2-4)：147-164.

［16］ Bendsøe M P. Optimal shape design as a material distribution problem［J］. Structural Optimization，1989，1(4)：193-202.

［17］ Yang X Y，Xie Y M，Steven G P，et al. Bidirectional evolutionary method for stiffness optimization［J］. AIAA Journal，1999，37(11)：1483-1488.

［18］ Zuo Z H，Xie Y M，Huang X. Evolutionary topology optimization of structures with multiple displacement and frequency constraints［J］. Advances in Structural Engineering，2012，15(2)：385-398.

［19］ Dorn W C. Automatic design of optimal structures［J］. Journal de Mecanique，1964，3：25-52.

［20］ Goodfellow I，Pouget-Abadie J，Mirza M，et al. Generative adversarial nets［J］. Advances in Neural Information Processing Systems，2014，27.

［21］ Lu X，Liao W，Zhang Y，et al. Intelligent structural design of shear wall residence using physics-enhanced generative adversarial networks［J］. Earthquake Engineering & Structural Dynamics，2022，51(7)：1657-1676.

［22］ Liao W，Huang Y，Zheng Z，et al. Intelligent generative structural design method for shear wall building based on "fused-text-image-to-image" generative adverarial networks［J］. Expert Systems with Applications，2022，210：118530.

［23］ Fei Y，Liao W，Huang Y，et al. Knowledge-enhanced generative adversarial networks for schematic design of framed tube structures［J］. Automation in Construction，2022，144：104619.

［24］ Zhao P，Liao W，Huang Y，et al. Intelligent design of shear wall layout based on attention-enhanced generative adversarial network［J］. Engineering Structures，2023，274：115170.

［25］ Liao W，Wang X，Fei Y，et al. Base-isolation design of shear wall strucures using physics-rule-co-guided self-supervised generative adversarial networks［J］. Earthquake Engineering & Structural Dynamics，2023，52：3281-3303.

［26］ Chan C M，Zou X K. Elastic and inelastic drift performance optimization for reinforced concrete buildings under earthquake loads［J］. Earthquake Engineering & Structural Dynamics，2004，33(8)：929-950.

［27］　邢文训，谢金星. 现代优化计算方法［M］. 北京：清华大学出版社，2005.

［28］　Li G，Lu H，Liu X. A Hybrid genetic algorithm and optimality criteria method for optimum design of RC tall buildings under multi-load cases［J］. The Structural Design of Tall and Special Buildings，2010，19(6)：656-678.

智能工厂

知识图谱

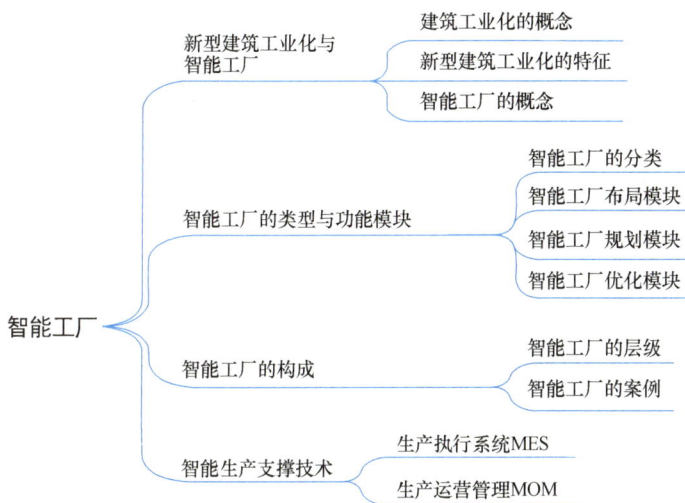

本章要点

知识点1. 建筑工业化与智能工厂的关联：阐述建筑工业化、新型建筑工业化的特征，重点介绍智能工厂在新型建筑工业化进程中的核心载体地位。

知识点2. 智能工厂的类型与功能模块：解析智能工厂的概念、分类、功能性模块及柔性化体现。

知识点3. 智能工厂的内涵及构成：介绍智能工厂的5个层级体系，并对典型应用案例进行分析。

知识点4. 智能生产：介绍生产执行系统（MES）和生产运营管理（MOM）系统的概念、结构、活动模型及运用，并对相关难点和问题进行阐述。

学习目标

（1）理解建筑工业化的内涵、发展历程和趋势。

（2）掌握智能工厂的概念、特征、关键模块及构成。

（3）了解MES和MOM系统的定义、功能及在智能工厂中的应用。

通过对本章的学习，让学生具备分析和应用智能工厂相关理论与技术的能力，为今后从事建筑工业化相关工作奠定基础。

5.1　新型建筑工业化与智能工厂

建筑工业化作为现代建造领域的一股革新力量，其核心在于通过一系列先进技术和管理手段，重塑建筑业的传统生产模式。狭义的建筑工业化，主要指"预制构件现场装配"的建造模式，即在工厂生产建筑构件，然后运输至施工现场进行组装。广义上，建筑工业化涵盖了所有利用工业化手段提升工程效率与质量的方法。通过高度自动化和智能化的生产线，将建筑的主体结构和关键部件作为预制构件移至工厂集中生产，施工现场则转变为高效的"总装车间"。这一转变显著提高了预制构件的生产精度和质量一致性，减少了人为因素导致的误差。精密的制造技术和严格的品质控制，确保每一件出厂产品均符合高标准的质量要求。工厂化生产也大幅缩短了现场施工时间，减轻了对人力资源的依赖，为项目节约成本、缩短工期创造了有利条件。

新型建筑工业化是在传统建筑工业化的基础上，融入了数字化设计、智能化生产、信息化管理等高新技术，体现了从"制造"向"智造"的跨越[1]。新型建筑工业化使生产更加精准高效，同时能够进行远程监控、故障预测和智能决策。新型建筑工业化不仅是生产方式的变革，更是对整个产业链的优化和整合。它推动设计、生产、施工、运维等各个环节的信息共享和协同作业，形成了更为紧密的产业生态系统[2]。此外，相较于传统建筑工业化，新型建筑工业化更加注重绿色建筑理念的贯彻，强调资源循环利用、节能减排和生态环境保护。在满足基本居住和使用功能的基础上，新型建筑工业化注重用户的个性化需求和服务体验，提供定制化解决方案，并探索建筑产品的服务化转型，如智能家居和健康建筑等新型建筑产品的开发。

智能工厂作为新型建筑工业化的核心载体，不仅是建筑业生产方式变革的里程碑，也是提升整体竞争力、确保可持续发展的关键杠杆。具体而言，智能工厂通过网络连接传感器、设备和系统，进行实时数据收集、分析和应用，实现生产过程的高度自动化、柔性化和智能化。在智能工厂中，人、机器和资源通过类似社交网络的方式自然交互与协作，形成高度协同的生产环境。智能产品不仅深知自身制造细节，也能了解使用场景，主动参与生产流程，诸如自我标识生产日期、推荐最佳处理参数、指示输送路径等。在工厂之间，智能工厂也可通过端到端的整合和横向整合，实现价值链的共享和高效协同，使生产成本、质量和个性化定制都有质的飞跃，可以根据市场需求和内部条件进行动态调整和优化。

智能工厂的重点是智能化生产系统和过程，以及网络化分布式生产设施的实现。灯塔工厂是智能工厂的典范，被视为第四次工业革命的领路者，代表了数字化和工业 4.0 的最高水平[3]。这些工厂应用了云计算、人工智能、量子技术和 5G 等关键技术。自 2018 年达沃斯世界经济论坛和麦肯锡咨询公司共同遴选首批灯塔工厂以来，全球灯塔工厂的数量已扩大至 69 家，其中中国拥有 21 家，占全球总数的 34%，远超其他国家。

智能工厂与新型建筑工业化的标准化、自动化理念相辅相成，实现了从设计到制造的全链条数字化管理。通过实时监测与智能调控，确保生产过程的稳定性与可控性，为建筑产品质量提供了保障。同时，针对建筑市场的多样化需求，智能工厂也展现出定制生产能力。通过灵活的生产计划调整和工艺参数设置，能够迅速响应市场变化，实现个性化定制。这种生产模式不仅满足了不同项目对建筑性能和美学的差异化要求，也拓展了建筑工业化的应用边界。

智能工厂在优化供应链管理方面也十分契合新型建筑工业化的需求。通过智能化供应链管理系统，智能工厂对原材料采购、库存及物流进行精细化管理，有效降低了运营成本，缩短了产品交付周期。此外，智能工厂借助数据分析和机器学习技术，持续分析生产数据，识别生产流程中的瓶颈与优化点，推动生产技术与产品设计的迭代升级。未来，智能工厂将在新型建筑工业化道路上发挥更加关键的作用，引领建筑业迈向更加高效、环保、智能化的未来。

5.2 智能工厂的类型与功能模块

5.2.1 智能工厂的分类

智能工厂可以分为离散型智能工厂和流程型智能工厂两大类，这两种类型在制造业都得到了广泛应用。

离散型智能工厂的主要特点是以订单生产为主，通过改变物料形态，经过多道加工工序将零部件组装成产品[4]。由于产品生产复杂度高、组装难度大，离散型生产要求企业将零部件分散制造升级为以模块为单位的系统生产，从而降低产品维度和复杂度，提高精益性和可定制性。离散制造与网络、数据的深度融合对企业快速响应用户需求提出了挑战。小批量、多批次、高度数据化的敏捷柔性制造是传统离散型制造向智能制造转型的关键。

流程型智能工厂是以物料和可回收资源为原料，通过物理变化和化学反应的连续复杂生产，提供原材料和能源的基础工业[5]。流程制造的核心在于在规定工时内，以不高于规定的成本，生产出品质良好、符合规格的产品。与离散制造不同，流程制造机理复杂、过程连续，部分产业无法实时或全面检测，存在测量、建模、控制和优化决策的难题。因此，流程型智能工厂建设的重点在于实现生产工艺和全流程的智能优化，包括智能感知生产环境变化、自主决策生成控制指令、自动控制设备、异常预测和自愈控制，确保安全优化运行。通过智能感知物流、能源流和信息流的状况，自主学习和主动响应，实现自动决策。

建筑工业化涉及众多部品部件和材料，因此需要合理选择智能工厂类型。建筑部品部件的生产包含多道工序，兼具离散制造和流程制造的特点。例如，钢结构构件由多个零部件经过一系列并不连续的工序加工而成，而装配式混凝土构件的浇筑过程则是连续的工艺过程。离散型智能工厂适用于独立、可分离的部品部件生产，如门窗、幕墙等，这些产品通常结构简单、生产周期短、标准化程度高。流程型智能工厂则专注于连续性建筑材料的生产，如预拌混凝土、干混砂浆等，这些材料生产过程的环节较多、工序衔接紧密，存在大量原料和半成品的流动输送。

总体而言，离散型智能工厂注重柔性化生产独立部品部件，流程型智能工厂追求连续稳定的材料制造。智能工厂的规划和建设需要全面考虑建筑产品的属性特点，做到因材施策、强化管理。

5.2.2 智能工厂的功能模块化布局分析和柔性化体现

为了实现智能生产目标，智能工厂需要按照功能模块进行规划布局，如图 5-1 所示。通常情况下，智能工厂被划分为三个功能模块：工厂布局、工艺规划及仿真优化。产品智能工厂的柔性化主要体现在生产线上，往往依赖于产品设计的模块化以及工艺流程的布局。因此，智能工厂的功能模块化布局是实现工厂柔性化的重要基础。这种布局方式不仅提升了工厂的适应能力和生产效率，还为实现自动化、智能化的生产模式奠定了基础。

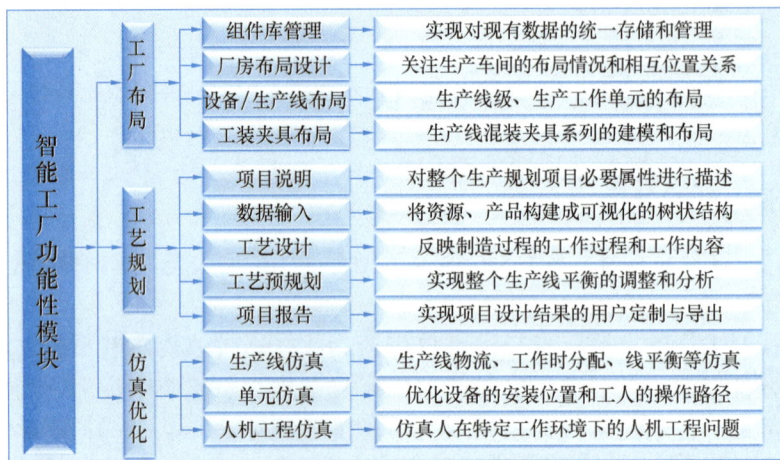

图 5-1 智能工厂功能性模块

1. 工厂布局模块

智能工厂的核心竞争力在于其数字化环境。这一环境能够预先模拟并评估新产品的可制造性及成本效益，从而在产品设计与生产部署策略上进行及时优化。智能规划的起始点集中于工厂布局，包括厂房空间、生产设备、工装夹具的科学配置，为实际生产活动构建高效运作的物理舞台。具体而言，工厂布局细致地划分成四个关键子模块：组件库管理、厂房布局设计、设备/生产线布局及工装夹具布局。

组件库管理模块的构建为生产线规划提供了统一的数据源，促进大规模制造中的数据复用。通过高级建模整合组件，支撑生产线布局的高效构建，尤其是在混合生产线中，仅需微调既有经验模型即可快速适配新生产线。

厂房布局设计模块依赖详实的产品规格数据和厂区现有的地理信息系统（GIS）资料，深入分析并精心规划生产车间的空间布局及其相互间的地理位置协调性。该模块吸纳仿真优化环节的成果，将其作为反馈融入布局的迭代调整与策略优化，实现空间利用与生产效率的最佳平衡。针对建筑构件的大尺度与厚重特性，厂房设计需要确保物理空间满足运输、存储及装配需求，同时科学合理地配置设备与作业区域，实现高效利用空间资源。

设备/生产线布局模块主要实现生产线的设备建模和布局设置。以厂房布局图、产品数据以及仿真优化结果等相关参数为输入条件，结合设备规划纲要，对数据进行处理。这部分工作包括生产线级布局和生产工作单元布局。生产线级布局考虑生产线内部的物流输送，与产品工艺和生产线控制密切相关，布局规划包括单元生产或柔性生产模式。虚拟厂房环境中，制造设备模型以生产线为主线，按照工艺要求安放，设备的空间位置以坐标形式存储在数据库中。生产工作单元布局则考虑较大单元通常包括多个设备，而小单元可能是一个设备和线边库。布局结果作为输入条件，提供设备的空间信息。生产线布局需要考虑构件的运输和装配过程，设计灵活可调整的生产线，以满足生产需求。

工装夹具布局模块在智能工厂设计中扮演关键角色，专注于实现生产线中混合装配夹具序列的精准建模与优化布局，以灵活适应生产组件在尺寸、形状及重量上的多样性变化。该模块位于生产线的核心装备节点之间，桥接不同生产环节，其运作机制包括输入处理与技术支持。输入处理环节接收并整合多元信息流，包括设备配置情报、产品规格数据及仿真优化后的调整建议，确保工装夹具配置决策的全面性和前瞻性。技术支持部分涵盖夹具结构设计、几何尺寸、运动特性等关键参数，为精确建模与高效布局提供坚实支撑。通过这种双轨并行的策略，不仅增强了生产灵活性与适应性，还优化了资源分配与作业流畅性。

综上可见，智能工厂的设计核心在于其灵活性与适应性，确保生产系统能够敏捷响应生产任务的变化及市场的动态需求。该系统通过集成仿真优化技术，持续整合实时运营数据与生产指令，对工厂布局进行迭代优化，不断提升生产效率并强化市场适应力。概括而言，智能工厂的布局策略构成了柔性生产模式的基石，不仅显著增强了工厂应对复杂多变环境的能力和生产效能，而且为迈向高度智能化与自动化生产体系构筑了稳固的平台。

2. 工艺规划模块

工艺规划模块是实现离散制造过程建模、规划和分析的关键部分，也是工艺规程编制的主要环节。它连接产品设计和制造，对产品质量和制造成本具有决定性影响。智能工厂通过整合产品数据、制造资源、工序操作和制造要求，建立工艺过程模型，作为工艺规划的基础。工艺规划模块分为五个子模块：项目说明、数据输入、工艺设计、工艺预规划和项目报告。

项目说明模块描述生产规划项目的必要属性，包括常规属性（如项目名称、类型、状态、备注、创建者、上次修改者、修改日期等）、全局属性（如产品名称、生产位置、生产状态、生产线产量、计划生产时间、成本信息、设计软件信息、操作人员信息等）和项目附件（如说明文件、文件夹路径等）。该模块的输入为设备分布信息，控制部分为操作数据中的生产大纲内容，输出为项目配置文件，包括班组模型、目标成本定义、生产效率文件、布局规模等项目环境变量说明。

数据输入模块采用"树状图"的设计思想，将资源和产品构建成可视化的树状结构。资源包括生产线、设备和人员等，每一个资源结构分成若干层，包括生产线层、作业区层、工作单元层以及资源层。该模块输入为产品、设备、工具的模型数据和项目说明数据，输出为生产线与产品的数字模型。对于不完善或新提供的工艺信息，该模块进行重新设定和二次完善。

工艺设计是工艺规划模块的核心子模块，实现工艺输入和工艺关联的功能。根据工艺要求，构建操作流程，将每个工序单元的需用资源、加工零件和部件相关联，形成三者的有机结合。工艺输入包括生产线产品数字模型以及每个工序所涉及的资源和零件，完成新工艺数据的导入、已有工艺模型的调用和新工艺的编辑。随着工艺库的不断积累，工艺设计模块越发体现其优越性。通过输入工艺更新数据，控制工艺要求，以设备、工具、零件、工人等数字模型作为支撑，输出工艺关联模型。

工艺预规划模块实现整个生产线平衡的调整和分析。生产线平衡过程是逐步调整的反复过程，通过不断修改工序顺序和时间设置，最终满足工艺生产要求，得到满足要求的工艺规划结果。该模块还包括工时管理功能，使用户能定义、分析和管理每一个工时。

项目报告模块实现项目设计结果的用户定制与导出。根据相关格式要求，生成包括工时、成本、生产效率、设备利用率、工艺文件、甘特图、操作手册、加工指令等多种类型的工艺文档。该模块还支持工艺库的直接、快速查询。

通过这些模块的综合应用，智能工厂能够有效规划和优化生产流程，提高生产效率，降低成本。

3. 仿真优化模块

仿真优化模块是智能工厂实现优化生产过程和提高生产效率的核心部分。该模块依托虚拟平台，细致剖析生产流程的各项性能指标，识别潜在瓶颈，并执行参数与结构的精细调优。其具体职能包括：

（1）深度仿真与策略优化：针对复杂的制造系统及其控制逻辑开展深入的仿真分析与策略优化，同时对工厂的多层次架构模型进行精炼，确保模型既贴近现实又利于决策。

（2）高效建模与视觉呈现：加速构建典型生产场景的模型，利用直观的图形界面与动态动画展示生产布局与流程，增强决策的直观性与精确性。

（3）多维度性能评估：借助图形化与表格化工具，快速解析产出量、资源配置及生产限制因素，实现对生产潜力的全面透视。

（4）开放式系统集成：支持多界面接入与高度集成能力，促进信息流通与系统间的协同作业，形成开放且灵活的架构基础。

仿真优化模块涉及资源、产品和操作等多个方面，包含如下几个功能：

（1）制造过程模型构建：依托丰富的标准与特定组件库，构造出层次分明的设备、产线乃至整个生产流程模型。用户可在预设的资源库、订单系统、作业调度及控制规范中灵活选用。

（2）综合系统优化策略：着眼于全局，通过仿真手段促进产量增长与瓶颈缓解，综合考量供应链上下游、资源分配与业务流程的协同优化。用户能借此评估产品组合变动与生产调度策略的影响，验证主次生产线的协同效能，实现整体生产效率的最大化。

（3）自动化分析与解决方案探索：针对复杂生产线，自动执行问题识别与优化方案探索，减少人为干预，加速决策进程。

（4）仿真结果深度解析：运用统计学方法对仿真结果进行详尽分析，并以图表形式直观展示缓冲区、设备及人力资源的使用效率。用户能够生成多元化的统计报告与图表，动态监测生产线的负载状况、设备维护需求及核心性能指标，为持续改进提供科学依据。

仿真优化模块分为生产线仿真、单元仿真和人机工程仿真三个子模块：

生产线仿真主要进行高层次的仿真，包括生产线物流仿真、工时分配仿真和产线平衡仿真。输入为生产线模型，采用三维动态仿真技术，通过设置参数和控制规则进行仿真。输出的仿真结果包括生产线动态物流效果和瓶颈信息。这些输出结果将反馈给工艺设计模块，以便进行操作和设备分配的调整。部分结果直接作为单元仿真模块的输入，提供导致瓶颈的设备位置信息。

单元仿真主要进行加工单元和装配单元的仿真。其中加工单元仿真涉及加工中心的动作仿真和机器人动作的路径仿真；装配单元仿真提供三维设计和分析环境，用户可以设计和分析产品的装配和分解过程，优化设备安装位置和工人的操作路径。

人机工程仿真专注于模拟人类作业者在特定作业情境中的行为表现，包括动作执行的时间维度、工作姿态的合理性以及疲劳程度的量化评估。该模块依托于多种国际认可的人体模型标准，通过高度细致的仿真分析，致力于深入探究人机工效学领域的核心议题，诸如作业空间设计的适宜性、人体负荷的分配优化以及工作强度的平衡管理，旨在为人机系统的设计与优化提供科学依据，进而促进安全、高效的工作环境构建。

通过上述功能，仿真优化模块能够全面提升智能工厂的生产效率和柔性应变能力，确保满足市场的灵活多变需求。

4. 智能工厂的柔性化具体体现

智能工厂的柔性化生产主要是为了应对小批量、大规模定制的生产需求，使得一条生产线或生产单元能够生产多种产品。在建筑部品部件和模块中，由于规格众多，更需要高度柔性化的生产线来应对这一挑战。这种灵活性体现在自适应生产、柔性配置、自动化转换、人机协作和数据驱动决策等方面，使生产线更加灵活、适应性更强，从而提高生产效率和产品质量。随着生产线能够适应的产品品种增多，其柔性程度将进一步提高，生产成本也会降低，从而带来更强的市场竞争力。具体体现如下：

（1）自适应生产：智能工厂通过实时数据的收集、分析和应用，根据市场需求和内部条件动态调整和优化生产计划。生产线能够自动感知和适应不同的产品变化和生产要求，实现快速切换和灵活生产。在生产过程中，生产自动化系统和物流自动化系统接收生产命令，进行生产路径检查、物料配送、材料更换、生产控制参数设置，并按工艺标准防错。当工单结束，自动化系统按指令自动适应不同产品的生产模式，使生产线能够按需切换，保证生产效率，快速有效满足需求。

（2）柔性配置：生产线上的设备和工作站具有高度可配置性，可以根据实际需求快速调整和改变。生产线具备模块化结构和可互换的设备配置，使其能灵活应对不同产品的要求，减少产品切换的时间和成本。例如，德国 SCHUNK 公司设计了一套能够自动更换的车削卡爪夹具系统，涵盖九种不同类型，每种类型专为满足特定生产需求而优化，提升了加工灵活性，还缩短了生产准备时间，展示了通过技术创新实现生产线柔性配置的理念。

（3）自动化转换：智能工厂借助自动化技术，实现自动转换和调整生产线配置。例如，智能构架焊接车间的侧梁自动组装系统集自动搬运、点固、组装于一体，通过高度协同的机器人团队，在中央计算机的精密指挥下完成全链路自动化。这一系统实现了机器人操作、物料抓取、轨道移动、焊接工艺及焊枪维护等多重功能的无缝衔接与实时监控，确保了生产过程的精准控制与质量稳定性。

（4）人机协作：智能工厂通过紧密融合人类智慧与机器能力，创造更加灵活且安全的生产环境。西门子公司通过将某生产环节从完全自动化转变为人工参与，增强了生产线的适应性，使生产种类从数十种跃升至数百种，展示了人机协作在实现生产柔性和多样化方面的潜力。

（5）数据驱动决策：智能工厂运作的核心机制，依赖于对生产现场海量实时数据的持续采集与深度分析。通过大数据分析与机器学习算法，能够精准识别生产过程中的潜在问题与优化空间，基于客观数据快速制定或调整策略。例如，依据实时监测到的效率下滑或质量偏差，及时调整生产参数、优化资源配置或重新排程作业，确保生产线始终保持最优状态。数据驱动的方法不仅提升了决策的精确度，还增强了生产流程的响应速度，是智能工厂实现高效能与高适应性生产的根本保障。

5.3　智能工厂的构成

5.3.1　智能工厂的五个层级

无论是针对离散型制造还是流程型制造，智能工厂的架构均可抽象为一个由下至上、层次分明的五级体系，包括基础设施层、智能装备层、智能产线层、智能车间层和工厂管控层（图5-2）。这一结构设计旨在实现全面的智能化管理和控制。

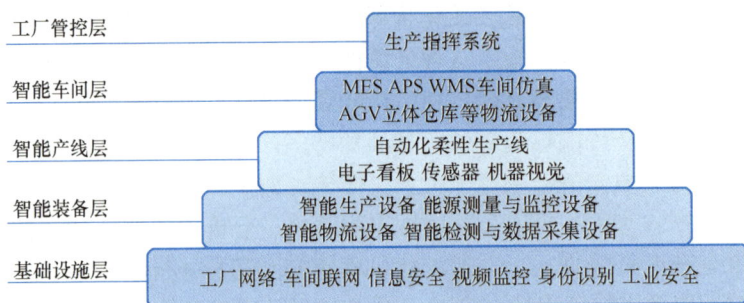

工厂管控层	生产指挥系统
智能车间层	MES APS WMS车间仿真 AGV立体仓库等物流设备
智能产线层	自动化柔性生产线 电子看板 传感器 机器视觉
智能装备层	智能生产设备 能源测量与监控设备 智能物流设备 智能检测与数据采集设备
基础设施层	工厂网络 车间联网 信息安全 视频监控 身份识别 工业安全

图5-2　智能工厂层级图

基础设施层构成了智能工厂的根基，既承载着物理实体的联结，也负责数据的初始采集与初步处理，是实现智能工厂运行的先决条件。这一层部署了多样化的组件，包括各类工业级生产设备、精密传感器、可编程逻辑控制器（PLC）、高效传输网络系统，以及作为物理世界与数字世界桥梁的物联网（IoT）网关。这些组件共同作用，完成从基层数据捕获、转换、汇集直至初步分析计算，同时执行必要的实时控制操作。基础设施层采用统一的通信接口标准，如开放平台通信统一架构（OPC UA），确保不同通信协议的设备与系统间的无缝集成；利用工业以太网等高速可靠的传输协议，解决了PLC、数控机床（CNC）、工业机器人、各式传感器仪表到工业自动化控制及IT管理系统间的互联互通难题，构建了一个高度集成的车间生态系统。在集成环境中，基础设施层不仅支撑了基本的生产活动，还赋能车间环境的智能化管理。例如，通过精准调控温度、湿度及洁净度，维持理想的生产条件，同时强化工业安全体系，覆盖自动化系统的稳定运行、生产环境的风险防范及员工安全保护，全方位提升工厂的运营效率与安全性，为上层的智能决策与优化策略提供数据与控制基础。

智能装备层包括智能生产设备、能源测量与监控设备、智能检测与数据采集设备和智能物流设备。智能生产设备经历了从机械装备到数控装备的发展，现在正逐步向智能装备发展。例如，智能化加工中心具有误差补偿、温度补偿功能，能够实现边检测边加工。工业机器人通过集成视觉、力觉等传感器，能够准确识别工件，自主进行装配。数据采集与监测控制系统（SCADA）是基于计算机的分布式控制系统（DCS）与电力自动化监控系统，可以对现场的运行设备进行监测和控制，实现数据采集、设备控制、测量、参数调节以及各类信号报警等功能。智能物流设备包括自动化立体仓库、智能夹具、自动引导车（AGV）、桁架式机械手、悬挂式输送链等。

智能产线层作为智能制造体系的中坚力量，主要依托于制造执行系统（MES）与制造运营管理（MOM）系统等，承担从接收生产任务到精细任务分配、再到执行监控的全过程管理。该层通过与工厂的网络架构和多样化接口紧密集成，实时获取生产所需的各项参数、变量状态及实时数据，确保生产指令的准确传达与执行。技术上，智能产线层基于与现场生产设备的高效通信，利用先进的数据采集技术，不仅能实现数据的自动、实时采集，还能够进行智能化的数据分析与反馈控制。这一机制使得生产流程能够根据市场需求快速调整，同时内置一定的灵活性与冗余度，有效降低因单一设备故障引发的生产中断风险。

智能车间层作为智能工厂架构中的关键中间层，专注于实现生产过程的精细化管理和控制。该层通过 MES、高级计划排程系统、劳动力管理系统等工具，高效组织生产调度与人员配置，旨在最大化设备综合效率。智能车间层推广无纸化生产模式，采用人机界面和工业级平板电脑等移动设备，实现生产指令、作业指导书等信息的电子化传递。该层还应用数字孪生技术，将 MES 收集的实时生产数据映射到虚拟车间模型中，构建一个与实体车间一一对应的虚拟镜像，使设备状态监控、生产过程追溯等变得直观且高效。此外，智能车间层高度重视物流智能化的构建，通过部署智能物流装备，结合数字拣选系统，为智能工厂的高效运作提供物流支持。

工厂管控层作为智能工厂架构的指挥中枢，承担统筹协调全厂范围内各车间活动与资源配置的重任。该层通过集成化的生产监控系统与高效的生产指挥平台，实现跨车间的协同作业与资源的动态优化配置。传统上，DCS 和 PLC 被广泛应用于连续生产流程的精确控制；而在离散制造领域，近年来的显著趋势是建立集中式的中央控制室。在中央控制室内，可视化技术用于实时展示全厂运营概况，包括关键性能指标（KPIs）、生产进度图表以及设备运行状态的实时监控。图像识别与人工智能技术的融合应用，使得中央控制室能够自动分析视频监控画面，及时识别生产现场的异常情况，自动触发警报系统，提升异常事件的响应速度与处理效率，确保生产活动的高效有序进行，增强企业的整体竞争力与市场响应能力。

5.3.2 智能工厂相关案例

智能工厂已在多个工业领域成功应用，并在建筑领域取得良好开端。

1. 航空航天与汽车制造业中智能工厂模块的运用

（1）空客集团的智能工厂应用

欧洲飞机制造商空客集团预测，2012～2031 年，飞机乘客交通量将翻一番，150 座以上的中程喷气式飞机市场将大幅扩展。为此，飞机制造商加大智能工厂投资，并推广其在飞机制造领域的应用，以实现更高效、更柔性的生产目标。例如，针对飞机机身装配过程，RePlaMo 项目在德国萨尔布吕肯的机电一体化与自动化技术中心，提出了一种用于固定壳体元件的通用装配概念。该概念对来自标准构件的不同机电元件进行配置，所有互相协调配合的模块都设在同一个上级控制单元中，每个模块具有自己专属的控制，并设置各个模块的运行模式。装配计划在元件和加工者基础上开展，通过信息变换完成手动控制夹具的目标位姿计算，从而创建柔性化的装配模板。

（2）涡轮叶片的智能装配

在涡轮叶片装配过程中，汉堡工业大学飞行器生产技术研究所（IFPT）开发的"AutoMoK"项目实现了发动机叶片的全自动安装。该项目以 CFM56 发动机的高压压缩机为例，因其与其他径向叶片组件的发动机结构类似，可将其功能应用于其他压缩机的安装工艺，提高装配工艺的生产率。具体而言，通过提前选择必需的叶片数量以减少操作和装配步骤。所有叶片均有专属标记和安装信息，通过数据库查询特定组件信息，提前选择合适的叶片并确定其在阀芯上的最佳分配。

（3）可移动机器人系统

可移动机器人系统对于加工任务至关重要。例如，"CAIRE"项目开发了基于多关节工业机器人的便携式移动处理系统，包括一个基本单元、加工单元、一条供应生产线、装配系统以及安全系统。通过专门开发的固定系统，利用真空夹具将加工单元固定在自由曲面上，同时使用装配系统防止坠落。操作员借助力控制器手动将机器人引导至边界点。机器人在传感器控制的自动化数字系统中，使用激光传感器跟踪未知表面，通过内部测量系统确定几何形状，定义理想的铆接轮廓和深度。随后，机器人自动展开铆钉并生成加工程序执行。

2. PC 智能工厂

预制混凝土（PC）构件的智能制造主要体现在以数字技术赋能，创新 PC 构件生产全周期的数字化场景。PC 智能工厂主要由生产线关键设备和智能化生产控制系统两部分组成，可实现墙、板、梁、柱及异形预制构件的工业化生产，并基于物联网技术，使 PC 生产线、钢筋设备、搅拌站等所有设备物联在线，按节拍自动作业，利用数字化驱动 PC 构件生产、物流、施工全业务流程，对构件生产、发运、安装进行全程监控。此外，PC 智能工厂可对各周期的订单、产能、成本等数据进行分析，帮助经营决策。

（1）模台循环

PC 模台又称底模托盘，是轮转式流水线的基本平面模具，也是生产预制构件的工作平台，对生产构件产品的质量有至关重要的影响。模台应选用表面光洁度高、产品表面质量优良、不易生锈、油漆不易脱落、强度高且不易变形的材料。

模台横移车主要用于 PC 模台在流水线间的横向移动，从而实现模台跨线移送作业。PC 智能生产线的模台横移车可采用伺服电机驱动，具有高定位精度、性能稳定、操作方便安全等特点。导向轮、驱动轮及工位感应装置共同组成了流水线的循环流转系统，确保模台平稳流转。生产线上每个工位均配有工位感应装置，用于检测模台的位置、速度等，实现各工位的自动停止、启动和变速。如图 5-3 所示，模台循环系统采用同步流转的方式，在减少人工成本的同时实现高效率和便捷操作。

（2）模台预处理

模台预处理是确保混凝土制品质量与生产效率的关键环节，其中模台清理机发挥了基础而重要的作用。该设备专为去除脱模过程中残留在模台表面的各类残留物设计，进行即时清扫作业，其工作原理及布局如图 5-4 所示。为进一步提升脱模效果与效率，该设备配备了一种自动化的脱模剂喷雾装置，该装置能均匀且迅速地覆盖脱模剂于模台表面。通过在模台行

图 5-3　模台循环系统

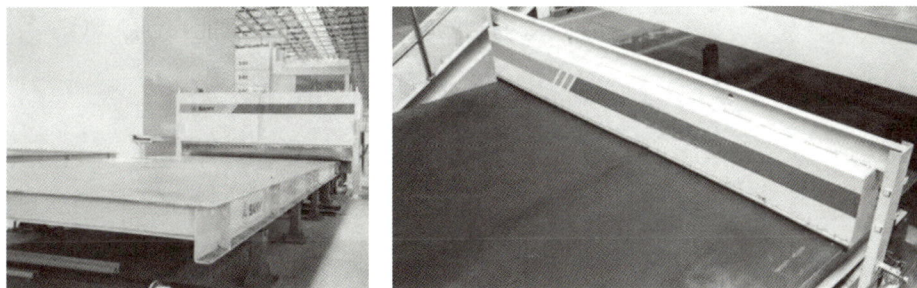

图 5-4　模台预处理系统

进路径上设定自动喷洒机制，实现了脱模剂施用过程的精密控制与全自动化操作。

在模台预处理中，还可以集成数控划线技术，通过软件算法指导空气压缩机作业，确保划线液能够严格按照预设的程序指令，在模台上精确描绘所需标记，为后续的组装或浇筑工序提供高精度的定位参照。此外，用户可以根据实际需求，调节包括行走速度、驱动气压、针头尺寸以及划线宽度在内的多项参数，从而达到最佳的加工效果。

（3）自动拆布模及模台清理

传统的混凝土构件边模通常采用人工布模，这不仅精度和效率低，还容易因暴力装模而变形，且多为专模专用，通用性差。相比之下，磁性边模由模板钢条和内嵌的磁性吸盘系统组成，主要用于各种预制楼板和墙板的外框，具有精确定位的能力，布模操作快速且精确，并具有较长的使用寿命。为了进一步提升生产效率和产品质量，PC智能工厂引入了自动拆布模及模台清理系统，如图5-5所示。利用机械手进行布模和拆模操作具有以下特点：

1）高自动化程度：机械手能够自动进行布模和拆模，减少了人工干预。

2）精确定位：机械手配备自动识别边模系统，确保布模精度。

3）适用多尺寸：适用于不同尺寸的混凝土构件边模，提高生产灵活性。

多功能拆/布模机器人集拆模、边模输送及清理、模台清理、划线、布模、边模库管理等功能于一体，具有以下优势：

1）提高效率：自动化操作大幅提升拆模和布模效率。

2）产品品质保证：精确操作确保预制构件的尺寸精度。

3）减少人工和劳动强度：自动化设备减少对人工的依赖，降低劳动强度。

抛丸式边模清理机由边模输送机、抛丸机、除尘机及喷油装置（选配）组成，主要用于边模的自动清理及喷油。抛丸器将钢丸料高速甩出，与边模表面碰撞，清理掉混凝土、砂浆、锈斑等。该设备还配备除尘机，确保清理过程中的粉尘得到有效处理。根据需要，还可配备喷油装置，对清理后的边模进行喷油处理，防止生锈。

图 5-5　置模/拆模机械手

图 5-6　布料机

（4）布料振捣

图 5-6 展示了混凝土从送料斗至模具的均匀分配过程。根据混凝土的类别与物理属性，该过程采用了平面摊铺和螺旋布料两种策略，以实现最佳的材料分布与结构整合效果。智能工厂采用了一种整体化布料与振捣技术系统，该系统集成了高速混凝土输送单元、先进布料机械装置以及低噪声振动台，形成了一个高度协同的工作链。

具体而言，高速混凝土输送机作为从搅拌站至布料点的关键传输环节，利用变频自适应驱动技术，不仅显著提高了作业效率，还实现了搅拌站与生产线之间的平滑对接。整个操作流程在全自动化控制下进行，并通过引入手持式无线遥控设备，增强了系统的可维护性和操作灵活性。

此外，该系统内置防碰撞停车机制与过载保护功能，有效确保了设备长期运行的稳定性与安全性，同时保持了操作的简易性和系统的可靠性。

（5）表面处理

表面处理系统的关键组件包括抹光机、搓平机及拉毛机，如图 5-7 所示。这些设备对提升预制构件的表面质量和性能至关重要。

图 5-7　表面处理系统

抹光机在预制构件预养护后进行表面精加工，专注于抹平与磨光作业。抹盘高度的可调节性确保适用于不同规格的预制板，通过变频技术灵活控制横向与纵向移动速度，能够保持作业稳定性和表面处理精度。

搓平机专注于对二次浇筑混凝土层的密实处理，通过振动搓杆实现混凝土的充分振捣与表面平整。其前后搓动模式适应多样化的板型需求，并在设计上融入了二级减振系统，结合橡胶减振块与垫，有效缓解搓平过程中产生的振动。此外，搓平机的双轨行进设计（小车全面覆盖模台进行精细处理，大车与布料机轨道共享以优化空间利用）和双操作模式（固定面板与无线遥控并行）进一步提升了作业效率与灵活性。

拉毛机专用于叠合楼板表面处理，通过配置自动越障功能的刀片，确保在不规则表面上的有效作业。其拉毛深度控制依靠动力电动推杆实现，具备断电自锁安全机制，为操作过程提供了额外的安全保障。

（6）墙板、双面墙生产

翻转机在双层墙板的连续生产线中扮演关键角色，其功能是将完成养护的墙板精确翻转 $180°$，并稳固地扣合在下方托盘上的新布料墙板之上，如图 5-8 所示。此设备的翻转、行走及提升动作均通过变频技术控制，确保操作的高稳定性与精确定位。上下模台采用楔形槽设计以实现精准对中，提升了合模的精度。

在安全性方面，翻转与提升过程均配备了双重保护机制，确保作业的可靠性。此外，通过振动台施加的水平低频振动，可以有效排出混凝土中的气泡，增强混凝土与钢筋网的紧密结合，这一过程通常与翻转机协同作业。模台流转与精确定位系统的应用，结合插销锁定机制与四振动单元的驱动，进一步保证了生产的高效与平稳。

（7）混凝土养护

混凝土养护系统包括预养护窑、立体养护窑及堆垛机，如图 5-9 所示。预养护窑主要负责构件的预养护，即在振动密实后的抹光操作前，通过快速提高构件的早期强度达到可抹光的硬度要求。预养护窑的前后门采用提升式结构，能自动感应模台的进出，从而控制门的开合，减少窑内热量流失，实现高效节能。

图 5-8　翻转机

图 5-9　养护系统

立体养护窑主要负责混凝土构件的养护，使其达到脱模强度。每列养护室均采用独立精准的温、湿度控制系统，能够实时记录、监控和智能调控养护室的温、湿度条件。窑体内部每列之间设有隔断保温措施，实现单独的温、湿度监控。

堆垛机主要负责构件的存取工作，具备全自动存入和取出模台的功能。大车横移装置采用伺服、齿轮齿条驱动技术，确保精准定位；小车采用升降卷扬机械同步技术，实现精确定位，保证运行的平稳性。通过先进的控制系统辅助，实现快速的存取节拍和良好的人机交互。

（8）构件脱模

构件达到脱模强度后，拆除边模即可通过侧翻机进行起吊出库。如图 5-10 所示，侧翻机采用双缸液压顶升侧立模台方式进行脱模，液压变频同步技术确保侧翻动作的同步性。前爪后顶安全固定方式有效防止工件在立起过程中侧翻，确保人机安全。

（9）钢筋加工

钢筋加工设备主要用于生产钢筋网片和钢筋桁架，如图 5-11 所示。目前国产钢筋加

图 5-10　脱模系统

图 5-11　钢筋加工设备

工设备可实现自动上料喂筋、调直切断、折弯等功能，部分钢筋加工设备自动化程度更高，可实现自动上料、喂筋、调直切断、折弯、焊接等，同时具有故障识别及报警功能，可靠性高。

3. 钢结构智能工厂

当前钢结构制造行业面临的主要挑战包括工业化水平滞后、信息化与工业化融合不足，以及制造工艺进步缓慢。为应对这些问题，整合工业 4.0 技术框架下的工业机器人、AGV、射频识别（RFID）、智能化仓储物流系统、MES、企业资源规划（ERP）系统，具有战略意义（视频 5-1）。

（1）前期设计阶段的革新路径

在钢结构深化设计环节，全面采用基于三维模型的可视化技术。该模型不仅包含丰富的设计数据和工艺细节，而且这些信息随着产品生命周期的每一步骤动态更新与流转（图 5-12）。三维模型不仅指导实际生产和资源配置，还直接转化为自动化加工的指令文件。设计成果的交付形式也随之进化，从传统二维图纸转变为富含设计意图的任务清单与模型导向的图纸集，标志着设计与制造模式的转变。

视频5-1　钢结构智能工厂

在深化设计阶段，通过在统一的数据模型中嵌入工艺参数，借助先进的设计与加工软件接口，实现设计与制造流程的无缝对接。这不仅允许在设计初期进行加工可行性和时间成本的预评估，还直接输出适用于机器人工作站的加工代码，缩短了从设计到加工的中间环节。

利用大量积累的模型数据进行深入分析，尤其是通过对关键节点类型、尺寸规格、成本效益等维度的分布统计，为设计团队提供科学依据。这种基于大数据的决策支持，不仅促进了设计方法的系统化与规范化，还为智能生产线的定制化改造提供了依据。

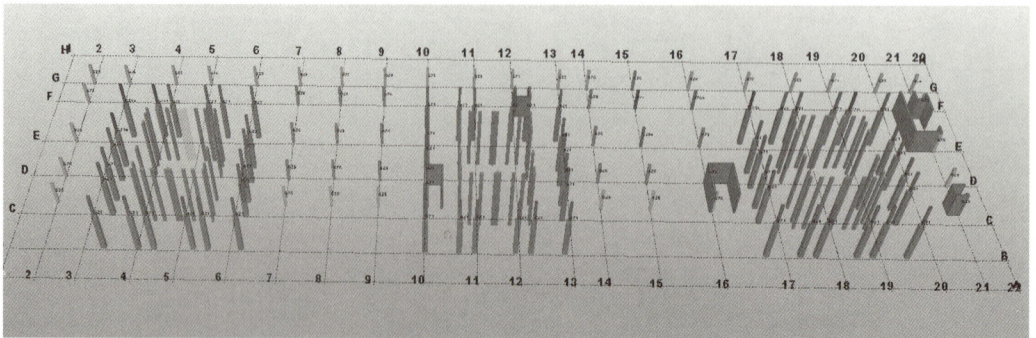

图 5-12   三维可视化设计模型

（2）产品加工阶段

以典型 H 型钢为制作对象，其加工可分为以下阶段：

1）智能下料阶段

在典型 H 型钢的生产加工流程中，智能下料阶段是一个至关重要的起始步骤，通过高度集成的技术手段，提升了生产效率和加工精度。如图 5-13 和图 5-14 所示，该阶段综合运用了智能制造领域的多项先进技术，包括智能下料集成系统、程控行车、全自动运输车、全自动切割机以及钢板加工中心等。这些设备与系统协同作业，构建了一个高度自动

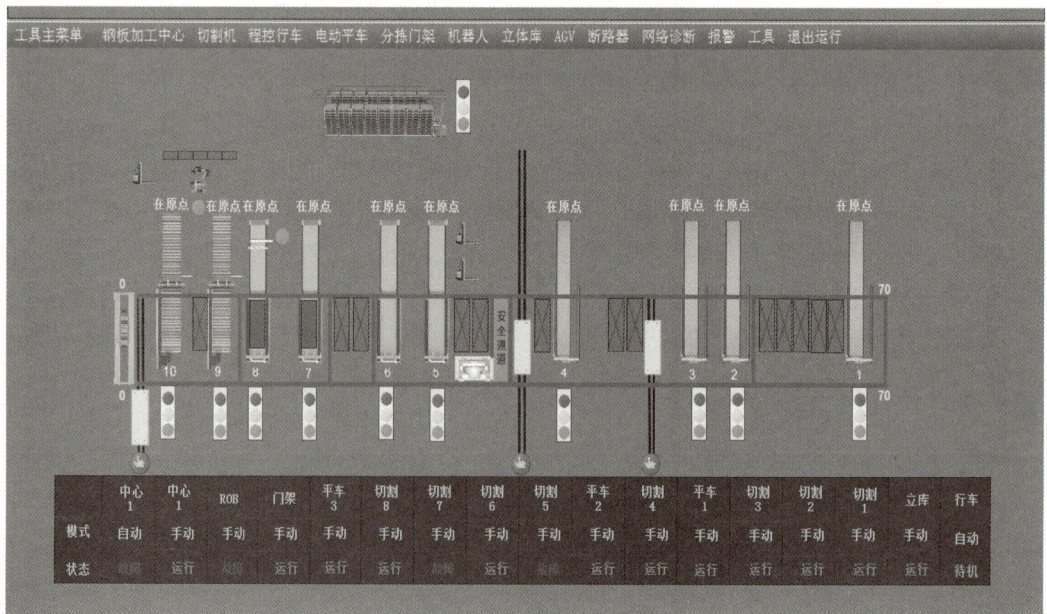

图 5-13   智能下料集成系统

化、信息化的下料加工流程。这一流程的关键技术特点包括深度信息采集与监控、智能化的生产计划与任务调度、中控系统的操作管控，以及自动化设备的协同运作、无人化作业及精准分拣。

图 5-14　程控行车

2）自动组焊矫阶段

在完成精确下料后，H 型钢的制造流程进入组立、焊接及矫正阶段。为了解决传统作业模式存在的效率瓶颈和质量控制难题，建立了自动组焊矫中心，集成了智能卧式组立、配备自动翻身功能的卧式焊接及卧式在线矫正三大核心工序，如图 5-15 所示。

图 5-15　自动组焊矫中心

3）自动钻锯锁阶段

自动钻锯锁通过高度集成的控制软件，将数控转角带锯、数控三维钻床以及数控机械锁紧装置这三大关键技术设备与自动化的辊道传输系统有机融合为一个统一的全自动化生产线。这一设计不仅实现了硬件设备间的无缝对接，还通过软件智能实现了对不同工件加工流程的自适应识别与调度。图5-16展示了这一集成系统。

图 5-16　自动钻锯锁中心

4）机器人装焊阶段

在H型钢主焊缝成功焊接之后，总装焊接一体化工作站（图5-17）充分利用了现代工业机器人的自动化优势，集成了以下功能。

图 5-17　总装焊接一体化工作站

自动化上下料系统依靠智能控制的顶升装置与精确定位的两端夹具，自动完成重型构件的装载与卸载过程，节省人力并提升作业安全。

360°翻转变位机使得构件能够围绕其主轴线自由翻转至任意所需角度，确保了焊接机器人可以无死角地访问所有焊接部位，提高了焊接质量和效率。

参数化（模块化）编程焊接系统仅需操作人员输入工件的整体尺寸和节点细节，即能自动生成精确的焊接程序。相比传统的现场示教编程或离线编程，不仅大幅缩短了准备时间，还提升了焊接过程的标准化。

5）抛丸喷涂阶段

抛丸喷涂中心作为后续处理的关键步骤，采用了全自动化的喷涂生产线，确保了涂装工艺的连续性和高品质。该中心包括智能化供漆与配比系统、恒温烘干系统和环保处理系统。其中，智能化供漆与配比系统通过精准控制油漆供给量及调配比例，保证涂层厚度均匀、颜色一致，减少了材料浪费，提升了涂料利用效率。恒温烘干系统确保涂层能在理想的温度条件下快速固化，保证了漆膜的性能稳定性和外观质量。环保处理系统配备了漆雾捕捉与废气净化装置，有效减少环境污染，符合现代制造业的绿色生产理念。图 5-18 展示了这一自动化、智能化的抛丸喷涂中心。

图 5-18　抛丸喷涂中心

（3）生产过程的管控

生产过程的数字管控策略包括工业数据采集与传输（传感器部署、数据通信协议）、工业互联网平台建设（数据集成与处理、IT/OT 融合）、大数据分析与应用（可视化管理、成本与工艺优化、预测性维护）。例如，通过分析不同项目的成本结构，平台能为相似项目提供成本估算参考，指导报价策略；同时，通过对工艺参数的持续优化建议，帮助企业提升整体竞争力。

4. 模块化集成建筑智能工厂

模块化集成建筑智能工厂旨在打造智能、绿色、创新的建筑生态工厂，以智能化为核心，引入智能复合机器人、下料及组焊总装一体化工作站、视觉检测装备、智能立体库及智能制造运营平台，实现混凝土模块化集成建筑和钢模块化集成建筑的智能生产。

（1）混凝土模块化集成建筑模块智能生产

1）结构生产智能装备

在混凝土模块化集成建筑模块智能生产中，结构生产智能装备扮演着核心角色。移动轨道式机器通过 BIM 技术确保了路径规划的精确性与洗水作业的高效性，减少了人为错误，实现了最佳路径作业。机器人安装在可灵活移动的轨道上，覆盖模块化建筑各个需要处理的表面区域。同时，配备有先进的控制系统，自动调节喷水压力，以适应不同部位的清洗需求，保持表面清洁和平整。系统能够根据预设程序自动启停，确保水资源的有效利用和作业效率。

图 5-19　下线质检系统

在下线质检环节，智能 360°三维激光扫描技术、实测实量数据采集分析系统以及移动终端与 PC 客户端被广泛应用，如图 5-19 所示。这一整套智能化的下线质检设备和系统使得混凝土模块化集成建筑的生产实现了从传统的人工检测向数字化检测的转变，大幅提升了检测的效率与精确度，为建筑模块的高质量输出提供了保障。

2）装修生产智能装备

在混凝土模块化集成建筑的装修阶段，采用智能复合机器人进行内墙面、天花及门窗洞边的二道腻子施工。智能工厂引入集成有全向底盘、六轴机器人、供电系统及电控系统的智能复合机器人，基于激光导航，通过智能控制速度、流量等工艺参数，实现全自动、高质量的腻子施工作业，如图 5-20 所示。

图 5-20　腻子机器人

针对内墙面、天花及门窗洞边的二或三道油漆施工，智能工厂采用的油漆施工机器人通过智能控制速度、流量等工艺参数，并且结合装修标准，通过路径控制、快速换料等实现全自动、高质量、高兼容性的油漆底涂、面涂的施工作业，如图 5-21 所示。

（2）钢模块化集成建筑模块智能生产

1）下料、组焊及总装一体化工作站

钢模块化集成建筑模块借助智能设备实现了从运料、下料、组装、焊接、翻转到总装的全自动化生产流程，如图 5-22 所示。该流程采用重载 AGV 实现部分原材料从仓库到加工区的点对点精准运输，并通过全自动加工设备实现型材和板材的切割和边角处理。全自动循环模台作为自动化生产线的核心，将构件按照施工节拍运送到组装、焊接和总装等工位，实现了全自动生产的目标。

图 5-21　油漆机器人

图 5-22　下料、组焊及总装一体化工作站

2）墙板安装

引入墙板安装机器人显著提高了钢模块化集成建筑中墙板安装的效率和精度，如图 5-23所示。在钢模块化集成建筑模块的主体结构完成后，根据产品设计要求进行墙板

图 5-23　墙板安装机器人

安装。墙板安装机器人采用滑轨和六轴机器人，能够实现墙板的吸取、翻转，并进行初步的粗定位。随后，采用视觉技术进行精确定位，实现墙板的全自动安装。

3）视觉检测

在钢模块化集成建筑模块的生产流程中，视觉检测环节是确保产品质量与合规性的最后一道关键防线。采用阵列式视觉相机组（见图5-24框线处），通过与设计模型进行数模比对，结合图像识别及数据处理技术，对产品尺寸、规格、变形及观感进行全方位的智能检测。经过计算机系统的数据处理，生成了便于识读和定位的数字和图形相结合的质量检测报告。

图5-24　视觉检测相机组

（3）智能立体库

智能立体库在模块化集成建筑模块生产中的应用，是现代智能制造和物流集成的关键组成部分。在模块化集成建筑模块生产的各个阶段，面对材料和货物的多样性以及运营需求的复杂性，引入了自动化立体仓库和AGV等技术（见图5-25框线处）。通过智能立体库实现了自动化入库、自动化出库、自动化库存管理。材料及货物在厂区内的全过程管理均采用计算机控制系统，实现了精确的库存管理和货物追踪。

图5-25　智能立体库

（4）制造运营管理平台

在深入分析模块化集成建筑业务当前状态及生产管理特性的基础上，建立一套综合的MES、质量管理系统（QMS）和仓储物流系统（WMS）平台，通过以下方式提升运营管理能力：

1）IoT 设备集成与数据采集

智能互联充分利用物联网技术，将生产现场的各种设备（如自动化生产设备、智能检测仪器、AGV 物流车辆等）集成接入，实现设备间的互联互通。部署传感器、RFID 等设备，实现生产过程中的数据实时采集，涵盖生产进度、设备状态、物料流动、环境参数等多个维度。

2）平台化管理与实时监控

构建统一的制造运营管理平台，将 MES、QMS、WMS 等系统无缝整合，形成一个集生产调度、质量控制、物料管理于一体的综合管理系统，如图 5-26 所示。平台化管理覆盖生产过程中的"人、机、料、法、环、测"六大要素，通过实时数据流分析，对生产效率、质量状况、物料消耗、环境影响、作业方法及测试结果进行全面监控。

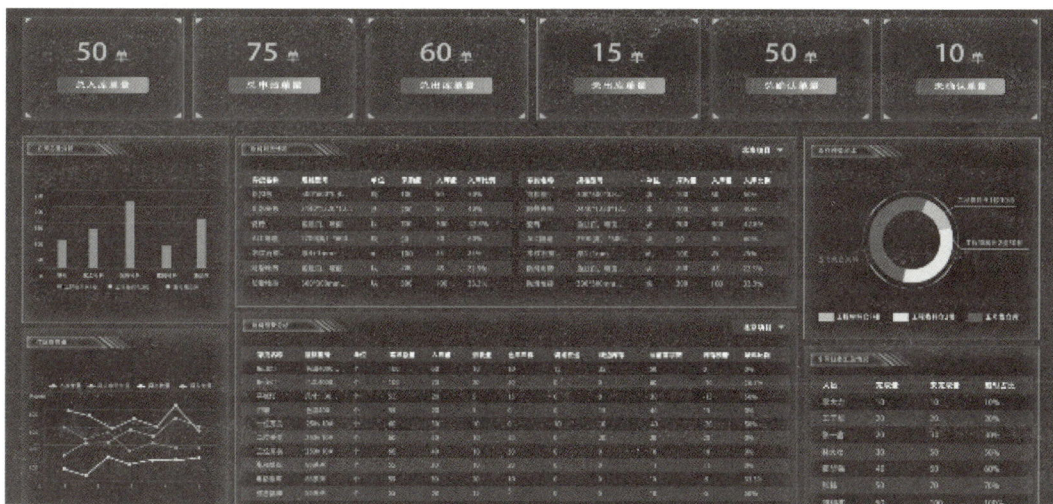

图 5-26　模块化集成建筑的制造运营管理平台

3）数字化管理与多端多工厂协同

通过云端平台，实现不同工厂之间的信息共享和协同作业，无论是在生产计划、库存管理还是质量问题处理上，都能实现跨地域的高效协作。从原材料入库、生产排程、质量检验到成品出库，乃至售后服务，形成闭环管理，确保每个环节都能在数字化平台上得到透明化、精细化的管理。

4）持续优化与智能决策

基于收集的数据，不断分析生产流程，识别瓶颈，实施持续改进策略，推动生产效率与产品质量的持续提升。对海量数据进行深度学习，提供智能化的决策支持，比如预测性维护、生产优化建议等，进一步增强企业的竞争力和市场响应速度。

通过这一系列举措，不仅能够实现生产管理的全面数字化，还能够通过跨系统的高效协同显著提升生产效率、降低成本、增强质量控制，最终推动建筑业向更加智能化、绿色化、高效化的方向发展。

5.4 智能生产支撑技术

MES（Manufacturing Execution System）和 MOM（Manufacturing Operations Management）系统是与智能工厂运营密切相关的软件工具和系统。MES 是一种用于监测和控制生产过程的软件系统，连接并协调生产设备、工序和资源，实现对生产活动的管理和优化。通常包括生产计划排程、物料管理、实时生产数据采集、质量管理、工艺路线管理等功能。MES 通过实时监控和数据分析，提供对生产线的可视化、状态跟踪和绩效评估。MOM 则更加综合，覆盖了整个制造运营管理的范围。除了 MES 中的生产过程相关功能，MOM 还包括工艺管理、设备管理、质量管理、库存管理、维护管理等。智能工厂强调数据集成、实时监测和数据驱动决策，而 MES 和 MOM 正好提供了这些功能。这些系统能够实时收集和分析生产数据，提供生产线的实时状态和性能指标，为运营决策提供依据。

5.4.1 工程构件生产执行系统（MES）

目前大多数预制构件工厂整体生产自动化程度较低，设计、生产、施工协调性差，存在计划管理、过程管理、质量管理信息化水平低等缺陷，这些亟需改进的缺陷为 MES 的发展提供了新的动力。结合新一代信息技术，智能生产线 MES 对企业提高生产效率和质量，实现精细化管理和信息化管控具有现实意义。

1. MES 概述

MES 由美国先进制造研究协会于 20 世纪 90 年代首次正式提出，是一套面向制造企业车间执行层的生产信息化管理系统。MES 包含制造数据管理、计划排程管理、生产调度管理、库存管理、质量管理等相关模块，可以满足企业的多种管理需求。工业 4.0 背景下的 MES 建设模式不同于传统模式，可以概括为三个部分，即"数据采集＋中控平台＋定位追踪"。其中数据采集是指创建项目、制订计划、质检结果等需要人工操作的部分；中控平台则是数据存储和处理的地方；定位追踪是指一直跟随产品的二维码或者 RFID，可以实时定位构件目前所在位置。MES 的优势可以总结为以下四点：

（1）不进行重复工作，数据只需输入一次，可以被多张报表提取利用。

（2）生产信息实时统计、更新、显示，帮助第一时间掌握工厂运行情况。

（3）流程步骤事先确定，前一个流程未结束不得开始下一个流程，避免人为操作失误，方便管控。

（4）存在数据挖掘的可能性，除了生成上述报表以外，生产的基础数据也会在数据中心存储备份，未来有需要可以随时调取，进行数据挖掘分析，改进工厂的运行情况。

2. 装配式建筑构件工厂 MES 构建难点

（1）构件种类多

装配式建筑的构件种类繁多，每个工程都有不同的设计需求，涉及数十种甚至数百种设计型号。因此，将每种设计型号的 BOM（Bill of Materials）统计并录入系统是一个庞大而烦琐的工作。通常情况下，这项工作要在工程进行到一半时才能完成。

（2）构件生产计划控制较为复杂

构件厂面临两大瓶颈：生产能力和存储能力，这两者都是影响产能的关键因素。解决这个问题需要从进度计划安排和进度计划控制两个方面着手。构件的生产计划是 MES 的核心功能，而其编制质量直接影响构件的质量、进度和成本，是构件生产管理的核心内容。如果构件的生产计划安排不合理或者控制不到位，就可能导致大量闲置构件的产生，这不仅占用了关键产能，还会消耗有限的存储空间。这种情况会导致生产现场没有足够的存放空间，而施工现场则缺少所需的构件，造成供需矛盾。

（3）质量控制较为复杂

考虑到装配式建筑混凝土构件中混凝土材料的特性，构件的管理不是按设计型号进行，而是按生产批次进行管理。构件是否可以脱模、出厂以及质量是否合格，都必须依据相应批次的实验数据。传统的构件厂往往需要大量人力来确保实验数据与构件的匹配，但这也难以做到及时准确。尽管现代设备拥有自动控制功能，但由于缺乏系统将信息自动传递给这些设备，这些功能大多处于闲置状态，无法充分发挥作用。因此，为了优化装配式建筑混凝土构件的生产过程，需要借助 MES 系统提供的预制构件质量缺陷库。该库能够归纳常见的质量问题，为生产和质量检验提供重要参考。

3. MES 设计与开发

针对用户对装配式建筑构件生产的个性化需求，选择原型方法和结构化方法相结合进行开发比较合适，这对提高开发效率、实用性和满足用户需求有很大帮助。系统应采用 B/S 架构模式，实现多用户对系统的远程访问和控制，以满足现代智能管理的需要。从数据传输的角度来看，MES 与其他系统之间的数据传输可以通过三种方式进行：通过数据缓冲区进行数据交换、通过接口服务调取或推送数据以及建立企业数据总线系统。图 5-27 展示了构件生产执行系统 MES 平台架构示意图。

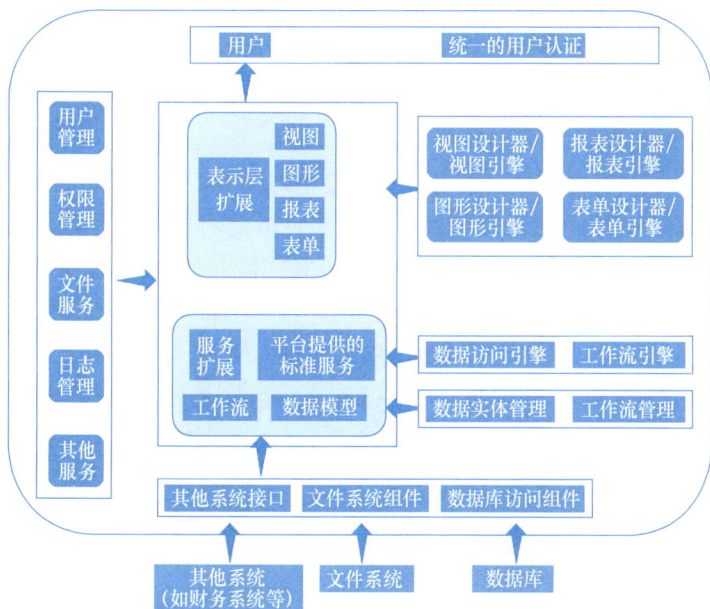

图 5-27　构件生产执行系统 MES 平台架构示意图

4. MES 管理操作介绍

MES 为企业提供生产设备管理、生产计划管理、生产过程控制、产品质量管理、车间库存管理、项目看板管理等模块，可以帮助企业优化生产管理的实时性和有效性，实现智能管理。它把生产从计划、领料、排产、质检、出货等所有过程形成一个规范化的制度流程，减少烦琐的重复性工作。具体操作如下：

（1）系统基础数据设置：定义产品需要检查的项目，每个产品必须通过所有检查项目并形成记录后方为合格品，保证产品的质量。同时，定义仓库编号和构件类型，方便分类管理。该环节主要由信息化部门或经授权的项目部负责人操作维护。

（2）项目管理：登记业主基本信息和收货联系人信息并创建项目，输入构件信息，上传与构件对应的图纸文件。在生产过程中，可随时查看构件的设计信息。

（3）生产任务：每个日计划任务单对应一个二维码，可扫描二维码查看构件生产记录、计划完成情况，并对日计划进行修改。生产领料单可以保证材料的合理利用，有效杜绝浪费。

（4）质量管理：对构件进行隐蔽验收检查和成品检查，对不合格的产品形成台账记录，并全程跟踪修补过程。

（5）堆场管理：质检合格的构件送至仓库存储或进行移库操作。质检员巡检仓库，发现问题进行拍照记录并上传系统备份。若构件被认定为报废品，系统可根据原构件属性自动创建新的构件数据。

（6）发货管理：添加运输公司车辆信息和司机信息，制订发货计划。发货过程分为制定发货单、确认发车、确认到货。

（7）看板管理：将生产数据可视化到企业大屏上，管理人员可快速了解关键性指标，掌握生产运营情况。

（8）绩效管理：按日统计各项目当天的计划完成度，监督生产计划执行情况，查看每条生产线每天的产能和一次良品率，进行产能和良品率的考核。

（9）报表中心：生成报表，包括隐蔽验收台账、成品检查台账、混凝土浇筑记录、生产线产量汇总等。可根据实际需求自动生成报表，减少重复性工作。

5. 智能 MES 延伸

装配式建筑各个阶段之间联系紧密，尤其是生产环节，它连接设计和施工，起到承上启下的作用。因此，MES 不应仅局限在生产环节，同时需要向设计端和施工端延伸。具体来说，可以采用 Web Service 的方式实现数据中台和 MES 的数据交换，互相之间通信的请求报文和结果报文遵循 JSON 格式，按指定的 JSON 格式创建数据字符串，再调取对应的 Web Service 协议来完成数据接口操作，此过程需要对接或集成的系统满足数据协议要求，如图 5-28 所示。在设计数据下行的同时，生产数据也可以上行，反馈给设计端，决定是否需要进行设计层面的调整。在生

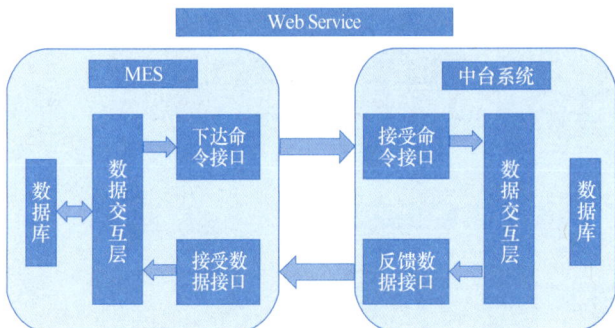

图 5-28　MES 和中台系统之间的连接

产端，MES需要配备全套智能装备，软硬兼施才能达到管理的效益最大化。最后，施工端的相关数据也能反馈给MES，为生产计划的调整提供参考。

5.4.2 工程构件生产运营管理（MOM）

1. MOM概念的提出以及相关标准

美国仪器、系统和自动化协会（ISA）于2000年开始发布ISA-SP95标准，首次确立了制造运行管理（MOM）的概念。ISA-SP95标准的第1、2、3、4、5部分已通过国际标准化组织（Internal Organization for Standardization，ISO）和国际电工委员会（International Electrotechnical Commission，IEC）的技术审查和表决，正式发布为IEC/ISO 62264系列国际标准，而后被我国采标为GB/T 20720系列国家标准。

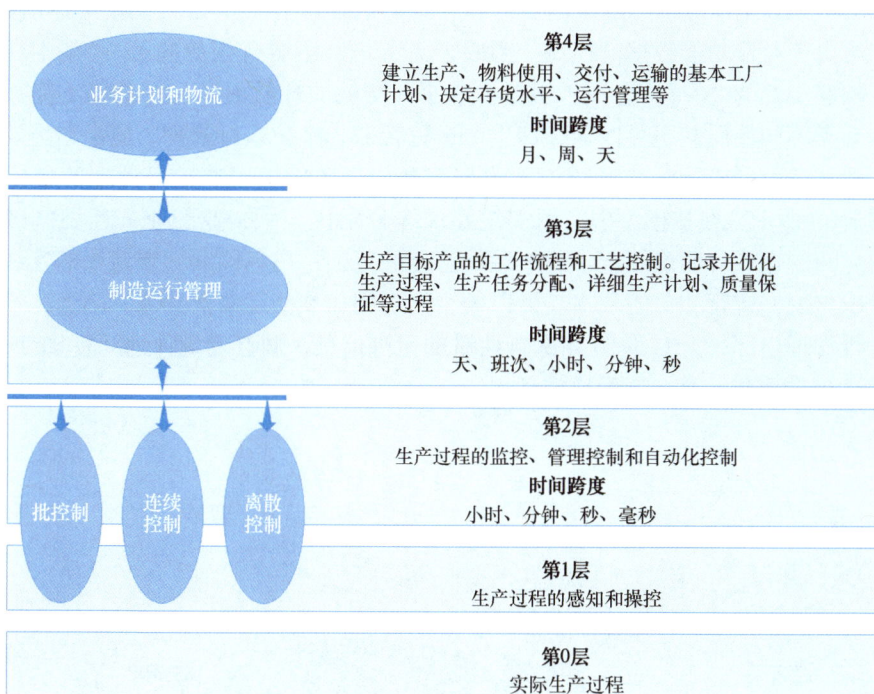

图5-29　MOM层级图

IEC/ISO 62264标准是以美国普渡大学企业参考体系结构为基础建立的功能层次模型，如图5-29所示，具体包括：

第0层：定义了实际的物理生产过程；

第1层：定义了感知和操控物理生产过程的活动，例如传感器、执行机构及人工测量等；

第2层：定义了物理生产过程的监控、管理控制和自动控制等功能，例如自动控制系统、控制策略及手动控制活动；

第3层：定义了生产期望产品的工作流活动，包括对生产过程、生产计划等过程的记录与优化；

第4层：定义了制造组织管理所需各种业务的相关活动，包括建立基础车间调度（如物料的使用、交付和运输)、明确库存水平,以及确保物料按时传送到合适的地点并顺利进行生产。

由此可知,MOM 明晰了它与上层业务层和下层控制层之间的边界,这个边界是从逻辑上进行定义和划分的,它不受物理上的实际软件产品功能和范围的影响,并且在一定程度上能够解决该领域信息化过程中存在边界范围模糊的问题。

2. MOM 整体结构

IEC/ISO 62264 标准对制造运行管理进行了定义,将其描述为通过有效协调管理企业的人员、设备、物料和能源等资源,将原材料或零件转化为产品的活动。这一定义涵盖了管理物理设备、人员和信息系统的方方面面,包括调度、产能、产品定义、历史信息和生产装置等管理信息,以及与之相关的资源状况信息变动情况。

IEC/ISO 62264 标准主要围绕制造运行管理,以美国普渡大学提出的 CIM 参考模型为例,它给出了企业功能数据流模型,明确定义了与制造运行相关的 12 种基本功能以及它们之间相互交互的 31 类信息流。根据各个业务功能的性质不同,标准将功能数据流模型细分为四类不同性质的主要区域,即生产运行管理、维护运行管理、质量运行管理和库存运行管理,从而形成了制造运行管理模型,进一步明确了制造运行管理的整体结构划分,如图 5-30 所示。在该模型中,粗实线和虚线分别代表了企业的业务计划区域和制造运行区域之间的边界,明确规定了制造运行管理的范围;白色椭圆和带箭头的实线段则表示了企业中与制造运行相关的基本功能以及它们之间相互交互的信息流;阴影区域则代表了制造运行管理内部细分成的四类不同性质的主要区域,即生产运行管理、维护运行管理、质量运行管理和库存运行管理模型。

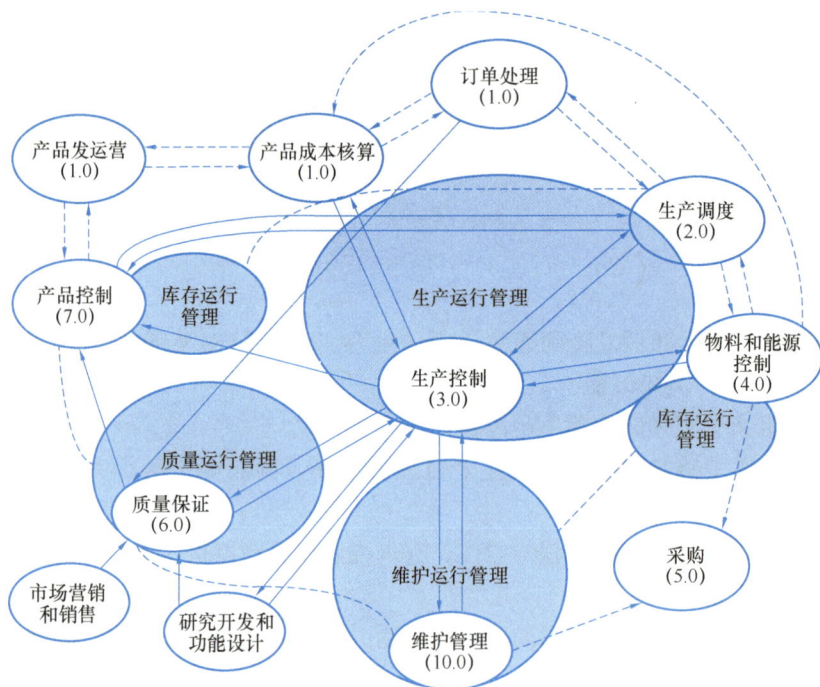

图 5-30 MOM 整体结构

3. MOM 通用活动模型

MOM 通用活动模型采用了如图 5-31 所示的功能与信息流结构，将制造运行管理的内部结构划分为四个运行区域（生产运行、维护运行、质量运行和库存运行），并对它们进行了定义与描述。通过这些主要活动及信息流的定义与描述，可以反映各个运行区域内部的基本运作过程，并实现对各个运行过程成本、数量、安全和时间进度等关键参数的协调、管理和追踪。

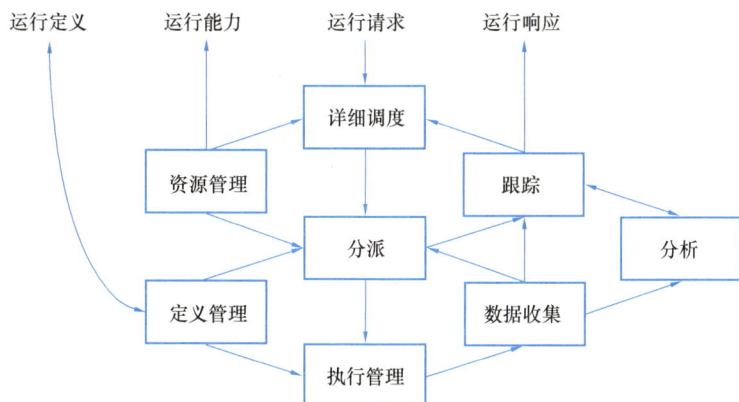

图 5-31　制造运行管理通用活动模型

MOM 活动模型可作为统一通用的系统框架设计模板，用于对生产运行、维护运行、质量运行和库存运行等方面进行系统模块化设计与描述，以实现运行管理的规范化和高效化。当通用模型作为一个新范畴的实例时，范畴内的活动应该包含资源管理、定义管理、分派、跟踪、数据收集、分析、详细调度和执行管理的定义。

（1）生产运行管理活动模型

生产运行管理通常被定义为一组同时满足成本、质量、数量、安全性和实时性要求的活动，这组活动具有协调、指导和管理制造产品的原材料、能源、设备、人员和信息等多方面功能。生产运行管理的主要活动包括以下几个方面：

1）生成含有可变制造成本的生产报告清单；

2）收集和保存关于产品、库存、人力、原材料、剩余部分以及能源使用等方面的数据；

3）根据工程功能要求进行数据收集和离线分析，包括质量分析和相关控制的实现，比如工作时期统计表、休假时间表、工作队伍时间表、联合级数、内部培训和人员资格；

4）建立实时详细生产调度，用于储存、运输和其他与生产相关的财务清算请求；

5）在完成生产调度的同时，对个别产品区域进行成本优化；

6）根据职责范围内的要求，修改生产调度以预测和补偿可能发生的干扰生产的活动。

如图 5-32 所示，生产运行管理活动模型包括生产资源管理、产品定义管理、详细生产调度、生产分派、生产执行管理、生产跟踪、生产数据收集和生产绩效分析八个业务活动，并与其他层存在交互。

（2）维护运行管理活动模型

维护运行管理被定义为一组负责协调、指导和跟踪维护设备、工具以及相关资产功能

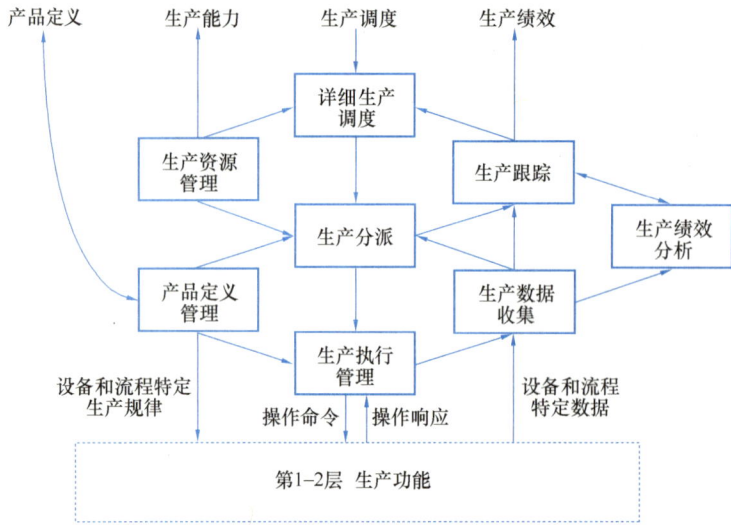

图 5-32　生产运行管理活动模型

的活动，其存在使得制造可用性和反应的、周期性的、预防性的或者前发性的维护调度成为可能。维护运行管理支持以下四个主要类别的维护：

1）修复性维护，提供设备故障响应的维护；

2）计划性维护，基于事件或周期的循环维护调度与实施；

3）预测性维护，根据设备运行和健康状态提供周期性或持续维护；

4）改善性维护，资源运行绩效和效率的优化。

如图 5-33 所示，维护运行管理活动模型包括维护资源管理、维护定义管理、详细维护调度、维护分派、维护执行管理、维护跟踪、维护数据收集和维护分析八个业务活动，并与其他层存在交互。

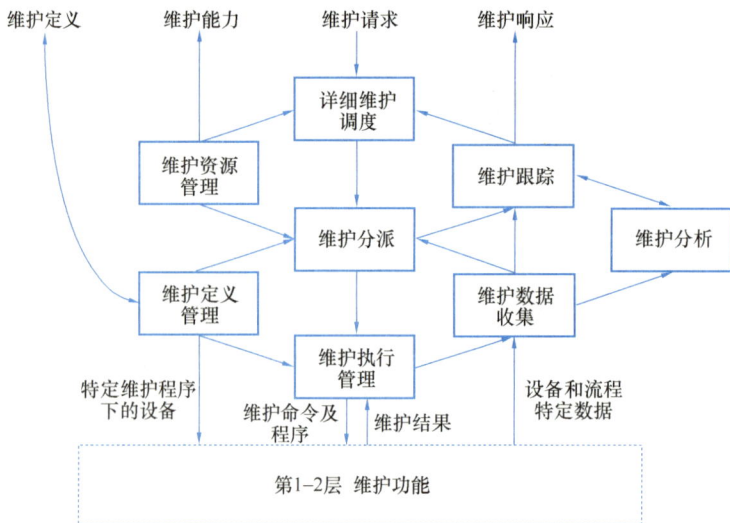

图 5-33　维护运行管理活动模型

（3）质量运行管理活动模型

质量运行管理涵盖了一系列集合协调、指导和跟踪质量测试和报告功能的活动，其目标在于确保中间和最终产品的质量。具体而言，质量运行管理包括以下方面：

1）测试和检验物料质量，涵盖原料、成品和中间产品的检测；

2）测量和报告设备能力，以确保设备满足质量目标；

3）设置质量标准，明确产品质量的要求和标准；

4）设置人员资格和培训质量标准，确保员工具备必要的资格和培训；

5）设置质量的控制标准，确保产品质量控制的稳定性和一致性。

如图 5-34 所示，质量运行管理活动模型包括质量测试资源管理、质量测试定义管理、详细质量测试调度、质量测试任务分派、质量测试执行管理、质量测试跟踪、质量测试数据收集和质量绩效分析八个业务活动，并与其他层存在交互。

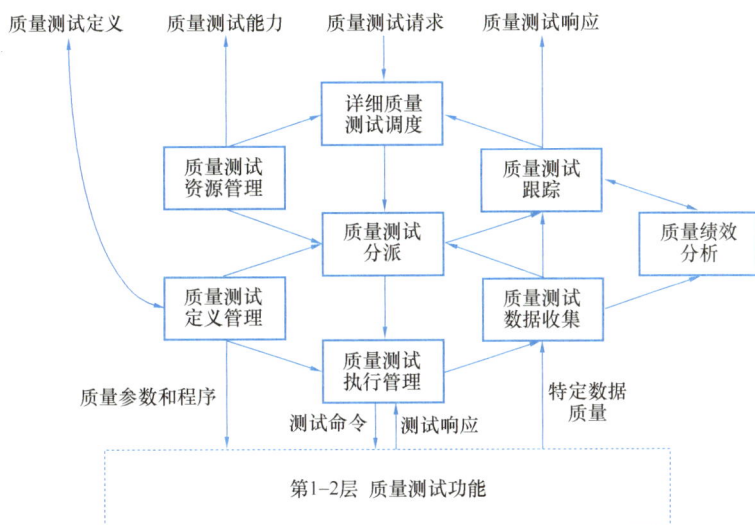

图 5-34 质量运行管理活动模型

（4）库存运行管理活动模型

库存运行管理是一个关键的运营活动，主要涵盖以下方面：管理和跟踪原材料、中间产品和成品的库存；定期或循环盘点库存；管理库存的移动；管理相关的人员和设备；评估和报告库存管理的绩效等。库存运行管理的核心功能包括物料收货、物料存储、物料移动、物料处理或转换（如报废、减值等）、物料质检以及物料发货。

如图 5-35 所示，库存运行管理的活动模型包含八个主要的业务活动，分别是库存资源管理、库存定义管理、详细库存调度、库存分派、库存执行管理、库存跟踪、库存数据收集和库存分析，并与其他层次的系统存在交互。

总体而言，MOM 和 MES 是两个不同的概念，一个是从逻辑范畴定义的，而另一个是从物理范畴定义的。MES 可以被视为为解决某一类 MOM 问题而设计开发的软件产品。MOM 的提出不仅为该领域明确了通用的研究对象和内容，还构建了一个更符合现代制造企业运作模式和特点的主体框架。

MOM 将运行管理细分为生产运行、维护运行、质量运行和库存运行四大类。生产运

库存定义　　库存能力　　库存请求　　库存响应

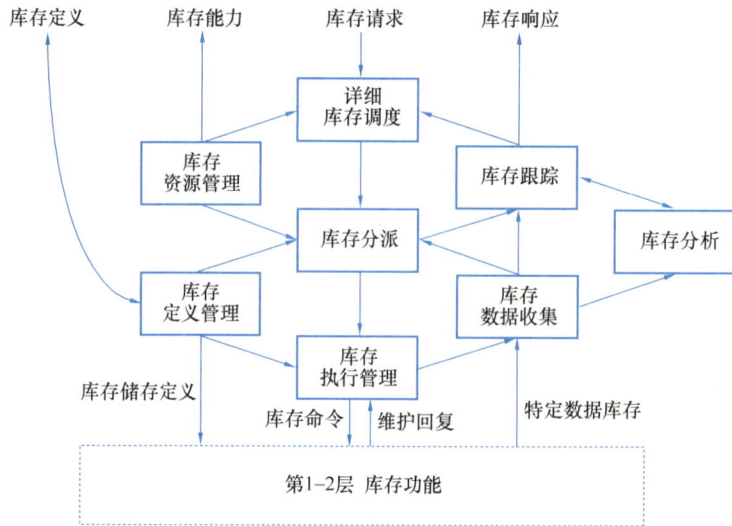

图 5-35　库存运行管理活动模型

行是整个企业的核心和关键，是实现产品价值增值的制造过程；维护运行是确保设备运行稳定，实现生产过程正常运行的可靠保障；质量运行为生产结果和物料特性提供可靠性保证；库存运行是对产品和物料的存储保护，也为生产所需的产品和物料移动提供路径保障。因此，采用生产、维护、质量和库存并重的 MOM 框架，相比于强调生产执行的 MES 框架，更符合建筑工业化生产的运行模式和特点。

展望

　　智能工厂作为工业 4.0 的重要载体和实践领域，在不断演进和创新中，展现出巨大的潜力。未来，智能工厂将成为数字化、智能化和可持续发展的重要支撑，带来全新的生产方式和经营模式。

　　首先，智能工厂将进一步推动数字化转型。通过大数据、物联网和人工智能等先进技术的应用，生产设备、传感器、系统和人员将实现更紧密的互联互通，实现全面的实时数据采集、传输和分析。这将带来更高效的生产资源管理、更精准的生产计划调度和更准确的质量控制。

　　其次，智能工厂将进一步推动智能化发展。机器人和自动化技术将在生产线上扮演更重要的角色，从简单重复性任务到复杂灵活的工作，实现更高程度的自动化和柔性化。智能机器人将与人员实现更高程度的协作，提高生产速度和精准度，同时减少人员的劳动强度和风险，创造更安全、舒适的工作环境。

　　最后，智能工厂将更加注重可持续发展和环境友好。通过能源管理系统的应用，智能工厂将更有效地管理和利用能源资源，节约能耗和减少碳排放。生产过程中的废弃物和排放物也将被精确监测和处理，实现资源的最大化回收和循环利用，降低对环境的负面影响。

本章小结

　　本章首先阐述建筑工业化的内涵与发展，揭示了建筑工业化的概念、发展历程及其存在的问题。然后，详细剖析智能工厂的内涵及智能工厂规划布局的重要性。接着，重点阐述构成智能工厂的五个层级，并给出相关应用案例，展现了智能工厂的技术架构和实际应用情况。最后，阐明工程构件 MES 和 MOM 系统的定义、功能及运用，深化了对智能生产系统关键知识的理解。

思考题

　　1. 简述建筑工业化的内涵及发展情况。
　　2. 智能工厂的规划布局应注重哪些方面的功能模块？
　　3. 智能工厂的五个层级包括哪些？各层级的功能是什么？
　　4. MES 系统和 MOM 系统分别具有哪些功能及作用？
　　5. 简要分析智能工厂与传统工厂的区别。

【动手作业】在 Autodesk Revit、PKPM-BIM 等 BIM 建模软件中，按照设计轮廓、布置钢筋、放置预埋件、配置其他参数等顺序，完成预制外墙、预制楼板、预制楼梯等构件的 BIM 建模。

本章参考文献

[1]　Tan T，Chen K，Xue F，et al. Barriers to Building Information Modeling（BIM）implementation in China's prefabricated construction：An interpretive structural modeling（ISM）approach[J]. Journal of Cleaner Production，2019，219：949-959.

[2]　Chen K，Xu G，Xue F，et al. A physical internet-enabled building information modelling system for prefabricated construction[J]. International Journal of Computer Integrated Manufacturing，2018，31（4-5）：349-361.

[3]　李雪灵，刘源. 制造业数字化转型的悖论治理——基于我国"灯塔工厂"企业的案例研究[J]. 研究与发展管理，2023，35(6)：1-18.

[4]　卢秉恒，邵新宇，张俊，等. 离散型制造智能工厂发展战略[J]. 中国工程科学，2018，20(4)：44-50.

[5]　褚健. 流程工业智能工厂的未来发展[J]. 科技导报，2018，36(21)：23-29.

智能工地

知识图谱

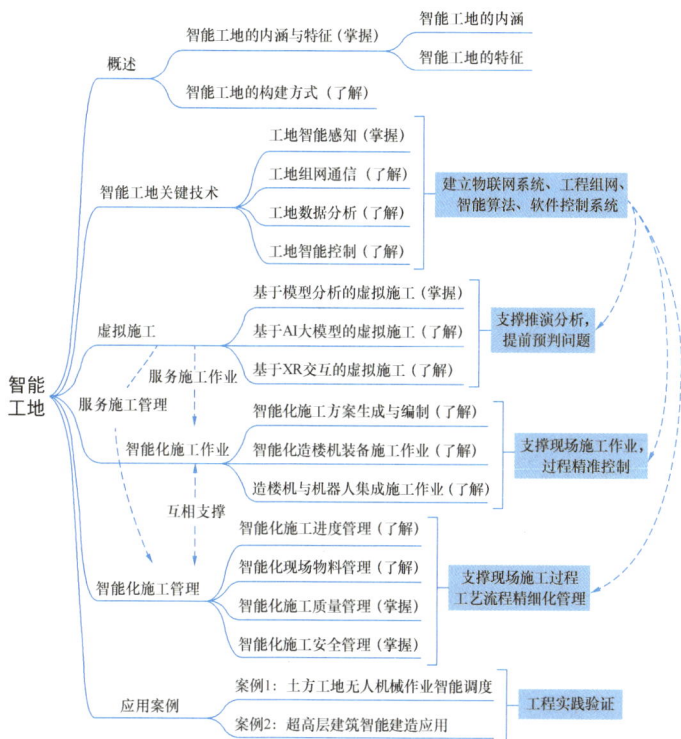

本章要点

知识点1. 智能工地的内涵、特征。

知识点2. 智能工地的关键技术及实施的主要内容。

学习目标

（1）了解智能工地的构建方式。

（2）了解智能工地的关键技术主要内容。

（3）了解智能化虚拟施工、智能化施工作业、智能化施工管理的主要内容。

（4）掌握智能工地构建的主要要点和思路。

6.1 概述

6.1.1 智能工地内涵与特征

（1）智能工地的内涵。智能工地是利用互联网及工程物联网，结合 BIM、人工智能、机器人与自动化等新型建造技术，将工地现场"人、机、料、法、环、品"要素感知互相连接，实现工程数据的获取与集成、工程信息的建模与分析、工程知识的积累与复用，进而支持施工活动决策、提升工程施工工艺，最终形成数字化、网络化和智能化的工地建造管理模式。值得注意的是，智能工地不是简单地将前沿技术与传统建筑工地相结合，而是与先进的建造方法、建造装备、建筑材料结合的一种新型建造管理模式。

（2）智能工地的特征。一是万物互联互通，以互联网、工程物联网等新型基础设施组合为基础，实现工地现场工程要素数据的采集与同步更新；二是信息高效整合利用，以信息及时感知和传输为基础，将工程要素信息集成并高效分析，支持智能的施工活动；三是参与方全面协同，工程各个参与方通过统一平台实现信息共享，提升跨部门、跨项目、跨区域的多层级共享能力；四是产品数字化交付，智能工地最终导向的是数字化建筑产品，这一产品包含工地建设全过程关键信息，并进一步支持建筑运维服务[1]。

6.1.2 智能工地构建方式

智能工地包含感知硬件、通信网络、分析学习算法以及智能控制系统等，以支持工地现场各类施工工艺的升级，为施工组织、成本、进度、质量、安全等施工管理活动提供决策支持，如图 6-1 所示。

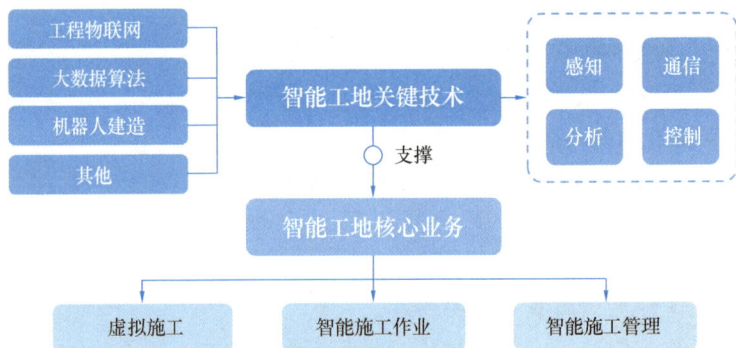

图 6-1   智能工地的构建方式

当然，智能工地的构建不是简单的技术集成。正如第 2 章工程物联网中所分析的，工地现场及其作业活动具有复杂性、时空性等诸多特点，智能工地的构建过程对于各类技术也提出了更高的要求。

智能工地需要灵活便携、可快速布置的感知终端。工地现场要素众多，同时随着施工的进展不断变化。在这种时空性极强的作业范式下，工业场景中固定式的感知终端无法适应工地现场动态变化的需求。因此，智能工地感知终端的设计必须具有易于携带且快速布置的能力，以满足在不同复杂工程场景下不同工程要素数据的采集需求。

智能工地需要抗干扰能力强、易于维护的组网方式。对于通信网络而言，工地现场是极具挑战性的环境。这种挑战性一方面来源于建造任务的唯一性，使得不同类型工地的组网需求及标准不一样；另一方面来源于工地现场环境的复杂性，例如：室外温湿度变化、结构体屏蔽造成的信号干扰等。因此，工地现场的通信网络需要广泛地采用无线组网方式，同时需要面向房建、桥隧、地铁、工业建筑等典型工地场景制定高可靠性、具备信息安全保障的网络传输标准。

智能工地需要融合分析、人机协同的决策机制。弱耦合是工地现场要素相互关系的典型特性，一般情况下某一要素的状态改变并不会立刻影响或者改变另一个要素的状态，同时各个要素之间处于"多对多"的关系。例如：基坑的稳定性就受到支护结构、周边堆场、天气等多个因素的影响。因此，智能工地中必须建立融合决策机制。在数据来源上，融合是多个传感器数据的交互与自证，以保障数据采集层面的可信度；在决策方式上，融合是人机协同的结果，通过管理人员与平台的交互以实现决策优化。

6.2　智能工地关键技术

智能工地关键技术包括工地智能感知、工地组网通信、工地数据分析、工地智能控制及相关的硬件和软件。

6.2.1　工地智能感知

工地智能感知是智能工地中的数据来源。工地现场采用了各种工程物联网感知技术，包括各类视频传感器、射频传感器、力学传感器及其相关的可穿戴式感知设备，主要目的是完成工地现场各类工程要素数据的自动获取，进而对采集到的数据进行处理，转化为有价值的信息。下面以"人、机、料、法、环、品"要素为切入点，进行工地智能感知技术的介绍。

1. 人员感知

人员感知内容包括身份、位置、姿态、行为、生理以及心理状态等信息。身份信息的识别可通过射频识别（Radio Frequency Identification，RFID）、人脸识别、虹膜识别、指纹识别等技术，实现对施工现场人员的信息统计、进出管理等；人员位置信息可采用超宽带（Ultra Wide Band，UWB）、全球定位系统（Global Positioning System，GPS）、RFID、蓝牙、图像识别等技术实现，可用于识别进入危险区域的工人；人员姿态和行为信息主要通过机器视觉、可穿戴设备和动作追踪技术采集，用于异常行为检测和姿态识别，例如：识别工人的不安全行为和不规范操作；人员生理和心理状态信息一般通过可穿戴设备进行采集，可监测人员的心电、皮温、皮电、呼吸频率等数据。

2. 机械感知

机械感知内容包括位置、运行状态、执行动作等信息。机械位置信息的感知可依靠于编码器（Encoder）、GPS和惯性导航单元（Inertial Measurement Unit，IMU）等方法，对机械实时位置的监控有助于管理者掌控现场信息并作出管理决策；机械运行状态信息的监测目前多依托于物理量传感器完成，如位移传感器、角度传感器、温度传感器等，若机械设备运行状态出现异常，可以及时被发现并进行隐患排查；机械执行动作信息采集的主要方式有机器视觉、定位标签等。

3. 材料感知

材料感知内容包括材料及结构构件的基本参数、数量、位置、质量、拼装精度等信息。材料的基本参数信息，如型号、规格、尺寸、生产地等，多采用 RFID、二维码、嵌入式芯片等方法；一般情况下，材料数量与材料基本参数的感知可同步进行；材料位置信息的感知应用比较广泛的是 GPS 和 RFID 技术，将建筑工地上的材料带上 RFID 等标签，能够实时掌握材料的流转状态，有助于提高生产率；结构构件质量监测可以利用安装在结构上的加速度传感器、倾角传感器、位移传感器、压力传感器、温度传感器等完成，也可以通过激光扫描、摄影测量、结构光扫描、红外热成像、探测雷达技术等无损检测手段；构件拼装精度信息可以通过激光定位仪、测距仪等设备进行采集。

4. 工法感知

工法感知内容包括施工工序、施工工艺等信息。值得注意的是，工法信息难以通过某种技术直接进行采集，大多数情况下都是利用定位、RFID 等传感器对工程主体的施工及管理过程进行感知并推演计算，具体技术有电子巡检、智能旁站、关键事件感知等。其中，电子巡检通过使用 RFID 等移动识别技术，将巡检中的信息自动准确记录下来，进而真实反映巡逻工作的实际完成情况；智能旁站利用机器视觉技术进行施工质检，节约时间成本和人力成本；关键事件感知通过对多个传感器的信息进行分析，进而对施工流程中的关键时间节点进行感知。

5. 环境感知

环境感知内容包括工地的温度、湿度、照明、噪声、沉降、变形等信息。环境感知利用激光扫描、摄影测量、即时定位与地图构建（Simultaneous Localization and Mapping，SLAM）等技术建立工地场景模型；通过温度传感器、湿度传感器、照度传感器、噪声检测仪、沉降传感器、应变式传感器、探测雷达等多种测量设备，对施工环境的数据进行采集。例如，在基坑监测中，利用测斜仪测量土体、支护结构等的水平位移，并预测变形情况，有助于对下一步的设计与施工进行规划。

6. 产品感知

产品感知是对施工交付的建筑产品进行感知。建筑产品感知利用传感器、可穿戴设备、机器视觉等技术对建筑产品的运营和维护状态进行感知，包括设施运行状态、建筑能源使用情况、室内人员状态等，有助于建筑管理者对建筑进行空间管理、应急管理、能源管理、设施运行与维护管理，从而提高建筑使用的安全性、节能性、便利性、舒适性。如在智能家居方面，为提高使用者的舒适性，可采用物联网技术对住宅中照明、影音、安防、空调等设备进行集成，设备采集到的数据通过云端进行汇合、分析，再由终端设备为使用者提供实时动态管理和智能服务。

6.2.2　工地组网通信

工地组网通信是保障智能工地内各类数据及信息实时交互的根本手段。在采集数据后，由于智能感知设备自身的计算、存储、通信等能力有限，需要将其数据传输至计算服务器进行集中处理，以提取其中有用的信息，实现对监测对象的分析和控制。目前，工地组网通信主要包含有线网络和无线网络两种方式。

1. 工地有线网络

智能工地中的有线网络包括现场总线、同轴电缆、双绞线和光纤等。有线网络本身具有抗干扰性强、稳定性高、传输速率快的优势，同时具备一定的保密性，在工地现场的应用较为普遍。

一方面，有线网络常用于支撑现场设备级节点之间的数字通信，以解决这些建造控制底层设备和更高控制管理层级之间的信息传递问题。比如：塔式起重机、土方机械等工程机械自身控制系统的数字通信问题。另一方面，有线网络可支撑工地现场需要固定安装、对安全性要求高的监测传感器全数字、双向、多站通信。例如：深基坑施工需要对支护结构、地下水、周边既有环境、基坑及周围岩土体进行监测，应用到了水准仪、荷重计、应变计、钢筋计、渗压计、倾角计、位移计、土压力盒等多类感知设备。这些感知设备需要进行埋入式布设，在完成后一般不进行位置变动；同时，深基坑监测本身对于数据的传输稳定性以及频率要求较高，此时，无线通信方式难以满足该场景下的监测要求，在实际应用中常考虑光纤等有线网络。

2. 工地无线网络

智能工地中常见的无线网络包含 Wi-Fi、4G/5G、蓝牙、红外等。相比有线网络受到布放线路的限制，无线网络无需通信线缆、网络覆盖面积广，在通信区域内通信终端可以随意布置和自由移动；此外无线网络还具有组网快速灵活、扩展节点能力强的特点，可以组成多种拓扑结构，易于连接工地现场更多监测设施和控制点。

例如，5G 网络具有高质量数据传输的优势，支持 4K 乃至 8K 超高清视频上传。因此，已有建筑企业将 5G 网络应用至塔式起重机的遥操作工作场景中。其中，在塔式起重机关键视野区域安装高清摄像头，形成双 360°视野，并通过 5G 网络可将塔式起重机视野视频和塔机运行数据实时同步投射至远程显示屏，作业人员在室内遥控塔式起重机完成吊运工作。除此以外，5G 网络的高接入速率将使管理者和工人通过手机、平板等设备实时获取工况信息，这也意味着缺乏足够现场经验、分布在工地现场各处的工人，只需要通过手中的平板或者可穿戴式设备（如 AR 设备）就能立刻获取相关工况信息，并进行工程决策。

目前，有线骨干网与无线接入网的异构网络架构成为大规模工业网络架构的主流方式。然而，由于施工作业环境极为复杂，工地现场网络仍然面临着极大的系统生存风险，如何提高工地组网通信的可靠性也是研究热点。

6.2.3 工地数据分析

工地数据分析是智能工地对数据的处理过程，将其转化成为对工程决策、控制有意义的信息。智能工地数据具有量大、异构的特点，因此需要结合不同施工场景的需求特点，采用合理的数据分析方法及计算架构，以实现对工地数据的高价值利用。

1. 工地数据分析方法

机器学习、深度学习是智能工地数据分析的主流方法，已经广泛地应用于现场施工管理及施工技术等各个方面。例如，在人员安全管理中，利用视频数据建立深度学习模型对工人未佩戴安全帽、未穿戴安全服等不安全作业行为进行分析和预警；在深基坑安全监测中，利用数据挖掘技术将采集的地表沉降监测数据（如日沉降量、累计沉降值）转化为可识别的风险分布图，警示现场工程师对危险部位进行查控。在质量管理中，通过对机器视觉技术可以对结构表观质量进行检测，实现裂缝等质量问题的快速诊断；在施工技术上，可以建立算法模型学习优秀驾驶员的操控方式，进而驱动挖掘机、推土机等不同的施工机械进行作业。由此可见，人工智能及相关数据挖掘方法正在重构传统的工地监管及作业方式。

值得关注的是，随着数据体量的增大，大模型也成为未来智能工地数据分析的发展趋势。在深度学习领域，大模型通常是指具有数亿到数万亿参数的模型。这些模型需要在大规模数据集上进行训练，并且使用大量的计算资源进行优化和调整。在这个过程中，模型的性能和准确性会大幅提升，当然也需要耗费大量的能源和资金。目前，大模型通常用于解决复杂的自然语言处理、计算机视觉和语音识别等任务，例如：Foundation Model 是 Open AI 提出的一种基于 GPT 架构的巨型语言模型，是目前最大的自然语言处理模型之一，其参数数量高达 90 亿。试想一下，大模型出色的自然语言处理能力也将对工地现场管理带来颠覆性的改变。

2. 工地数据计算架构

随着智能工地中数据规模的增加，工地现场本地部署服务器进行数据存储和计算的方式难以满足高效处理的需求，因此必须要建立更有效的计算架构。当前，云计算、边缘计算成为智能工地计算服务应用的主要趋势。

智能工地计算服务面向的是从施工工艺、现场管理到企业管理等不同层级的场景，因此单一的计算服务无法满足不同层级对于信息处理及响应的需求。"边云协同"（云计算—边缘计算结合）是当下智能工地计算架构中一种较为可行的方式，即：将云计算与边缘计算紧密地结合起来，通过合理地分配云计算与边缘计算的任务，实现了云计算的下沉，并将云计算、云分析扩展到边缘端。其中，云计算提供海量数据的计算处理平台，并通过分布式方式对数据进行存储。理论上，智能工地中传感器采集的所有工程数据都能传输到云计算中心得到统一处理。因此，云计算可以为工地现场对于算力需求较高的问题提供服务，例如：工地安全风险态势的综合评估、工程机械的稳定性分析、施工资源的调度优化等。边缘计算指在靠近物或数据源头的一侧，采用网络、计算、存储、应用核心能力为一体的开放平台就近提供端服务，它的优势在于直接赋予传感器数据本地处理的能力，可快速进行数据分析和反馈，减少了数据转移过程及数据传输带宽。同时，又能满足数据处理的需求，减轻云端负荷并减少决策的延时效果。因此，边缘计算可以为工地现场对于决策响应要求较高的问题提供服务，例如：人员不安全作业行为的快速预警、结构表观质量问题识别等。

信息安全是智能工地计算架构中同样需要关注的重点。工程建设的数据涉及人员隐私信息、企业管理信息、政府监管信息等方方面面，数据的安全性既关乎工人本身的权益、也关乎企业安全、基础设施安全等重大问题。目前，区块链在多个领域都得到了迅速发展，其内核是一种分布式数据库[2,3]，具有去中心化、不可篡改、可追溯、多方共同维护等特征。因此，在智能工地中建立基于区块链的信息安全保障技术具有一定前景。

6.2.4　工地智能控制

工地智能控制是支撑智能工地施工及管理活动的具体手段。在基本定义上，IEEE 控制系统协会将其总结为：智能控制系统必须具有模拟人类学习和自适应的能力。随着人工智能技术的发展，智能控制系统及装置被广泛地应用到工程建造活动中[4]。

1. 工地智能控制系统

工程建造活动具有复杂系统特征，智能工地中的智能控制系统也具有不同层级。按照萨里迪斯（Saridis）提出的"分级递阶智能控制（Hierarchical Intelligent Control）"思想，工地中的智能控制系统可以分为：组织级、协调级、执行级。其中，执行级负责控制及传递任务，协调级负责协调控制各子任务执行，组织级监督并指导协调级和执行级所有行为，它们对智能的要求分级递增，形成类似于人的中枢系统的结构组织。除此以外，工地中的智能控制系统本身应具有学习、识别和控制的能力，其中应用较多的方法包括模糊逻辑、神经网络、专家系统、遗传算法等。

目前，智能工地已形成了不同层级的智能控制系统。例如：在钢结构建筑的工业化建造过程中，执行级包括预制钢构件加工的各类装置及系统等，协调级可以理解为工厂的生产系统等，而组织级则是建立面向整个建筑施工管理智能控制系统，其将生产系统、运输系统以及现场施工系统进行结合，实现更为精准、高质量的施工管理。再比如，工地现场面向单个作业工艺机器人的控制可以理解为执行级，对多个机器人协同作业控制则可视为协调级的控制，而实现整个施工过程的自动化控制则是组织级的智能控制系统。可以发现，智能工地中的智能控制系统也将随着人工智能、自动化技术的发展而逐步升级。

2. 工地智能控制装置

智能控制装置作为智能工地中的执行终端，其设计往往需要结合施工现场环境复杂、工况变化快的特点，在传感方式、通信方式、计算方式、安装方式、启动方式、供电机制、外观保护等方面进行充分考虑。具有工地场景适应能力的设计往往决定了智能控制装置的创新性和生命力，更是发挥其实际应用价值的关键。

智能工地中各类智能控制装置的类型也越来越多。例如：可穿戴式的工人作业智能防护服，可以实时监测工人的生理参数并进行健康提示，同时感知摔倒等异常运动状态并基于安全气囊的实现主动填充保护；集成了智能摄像头的安全帽，基于机器视觉算法对作业工况进行实时识别、分析、决策；定制化的安全靴，使其具备定位、预警等功能，对工人实时位置进行跟踪，对所处的危险作业区域进行预警保护。除此以外，面向工况频繁

视频6-1　盾构机刀盘吊装物联网监控系统

变化的设施设备起重吊装作业场景，研究人员发明了便携式敏捷物联网监控设备，采用了即插即用、磁铁吸附式安装、三防保护的适应性设计，能够 10min 内快速在工地现场部署并联网，同时支持起重机运行信息、被吊物姿态信息、环境信息的采集，并对起重机失稳、被吊物碰撞活动进行预警（见视频 6-1）。

6.3 虚拟施工

6.3.1 基于模型分析的虚拟施工

基于模型分析的虚拟施工是在施工之前或施工过程中，针对施工关键管控对象，开展包括工程建造所涉及的工程空间几何信息、物理性能以及施工要素等方面的虚拟建造工作，通过施工推演分析，有针对性的优化和解决工程施工过程中可能存在的问题，为工程施工方案的选定、优化和调整提供依据。常用的基于模型分析的虚拟施工方法主要有工程空间几何信息虚拟仿真、工程物理性能分析等，下面以某高层建筑为例从空间几何信息虚拟仿真施工、物理性能分析两个方面介绍基于模型分析的虚拟施工主要应用方法[5,6]。

（1）某高层建筑工程的空间几何信息虚拟仿真施工

某工程为高层建筑综合办公楼，在该工程的施工中，通过采用建模软件构建建筑、结构、构配件、设备设施等虚拟模型，模拟工程施工和部件组装实施过程；根据工程施工的需要，可在空间几何信息模型上附加时间、经济、环境等属性，从不同的维度来分析模拟施工过程。

在案例实施中，建立几何信息的 BIM 模型，规范和统一模型的构建及交付标准，包括文档存储归类标准、视图样板设置规则、设备代号填写规则、标识数据设置规则、色彩规定等。之后，建立工程实体几何信息的 BIM 模型，并进行集合信息模型的轻量化处理。轻量化后，工程集合信息的 BIM 模型大小将大幅降低，如图 6-2 所示，模型附带的主要关联信息均存储至数据库，并通过唯一的 ID 与模型中的构件相互匹配。

随后，按工程进度在 BIM 模型中添加业务数据。针对各个模型构件，按照施工方案的工作计划进行拆解，并将动态的进度管理信息、质量管理信息等关键信息内容采用自动化或人工方式录入数据库中。如此，BIM 模型将与业务数据进行关联，之后通过列表可以看到每个构件的相关信息，如图 6-3 所示。

图 6-2　某工程轻量化后的 BIM 模型（46.7 万构件）

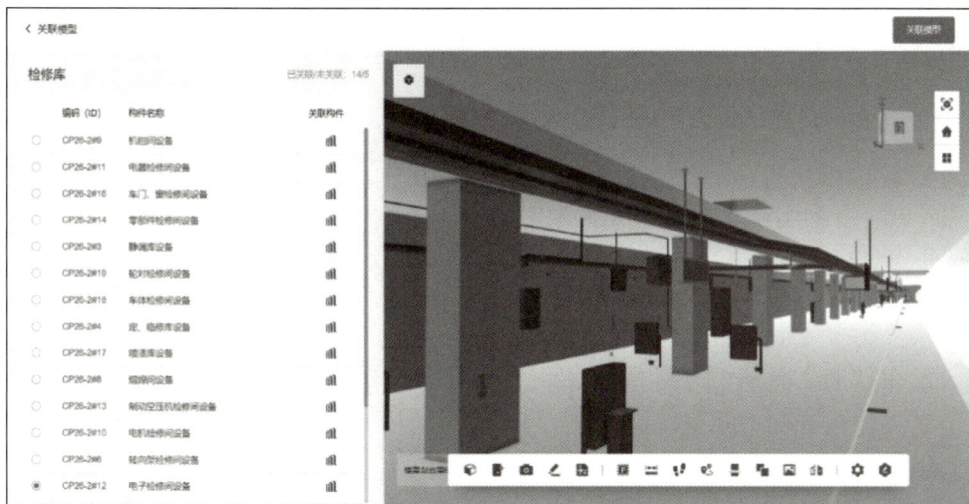

图 6-3　业务数据挂接

最后，在施工过程中，采用现场信息采集录入加对比分析、反馈的方式，开展工程模型的分析服务。比如通过采用实际进度录入、现场施工质量拍照、局部验收数据接入、工程检测/监测数据实时接入方式，将特定构件动态信息与计划信息对比，可以掌握工程进度、工程质量状态，从而指导现场施工作业，如图 6-4 所示。

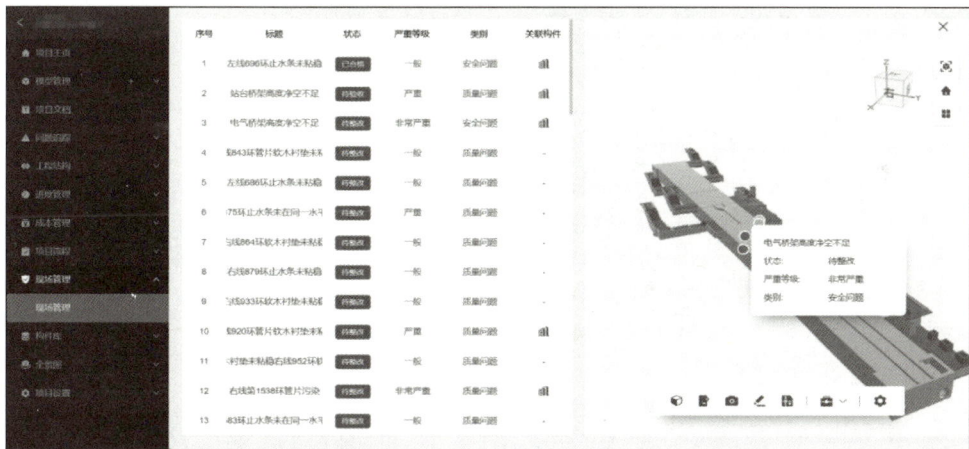

图 6-4　现场管理（质量监督）

（2）某超高层建筑工程的物理性能分析

某工程为中心城区的超高层建筑，在其施工过程中存在大量的体型转换工况，体型转换前后的结构内力、变形状态存在较大区别，需要通过工程物理性能分析方法进行内力、变形状态分析，保障工程结构的施工安全和施工质量。在该案例进行具体物理性能分析虚拟施工的实际操作中：

首先，建立工程结构的有限元模型，如图 6-5 所示，这里采用整体分析与局部分析相结合的方式进行有限建模仿真分析。针对大型结构整体建模有限元模型构建，以梁单元、杆单元等线性单元为主；针对局部分析的有限元模型构建，如楼板分析、大体积混凝土分析等，以板壳单元、三维实体单元等为主。在建立线性单元有限元模型时，通过先建立节点，再连接节点形成单元；在建立局部分析的板壳单元、三维实体单元有限元模型时，通过采用先建立三维形体，再划分节点单元的形式进行建模。

随后，建立工程结构的有限元模型，并在有限元模型上添加边界条件和外部作用，之后进行单元的节点自由度求解，再通过自由度求解结果计算得到单元内力和变形的信息。

最后，将整体分析结果、局部分析结果进行统筹考虑，指导工程施工。本案例通过进行不同工况以及不同工况组合下结构分析结果的叠加值计算，重点进行了体型转换，在体型转换前后分别采用不同的工况组合进行分析求解，基于此方法可明确工程结构体型转换前后的受力情况，如图 6-6 所示。

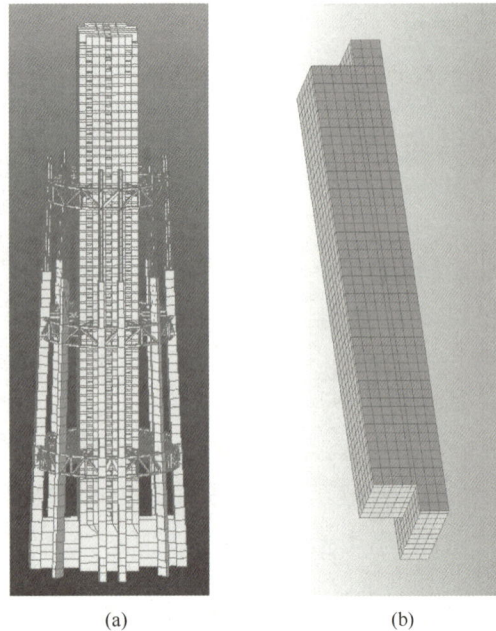

(a)   (b)

图 6-5　有限元模型

（a）梁单元/板单元构建；（b）实体模型构建

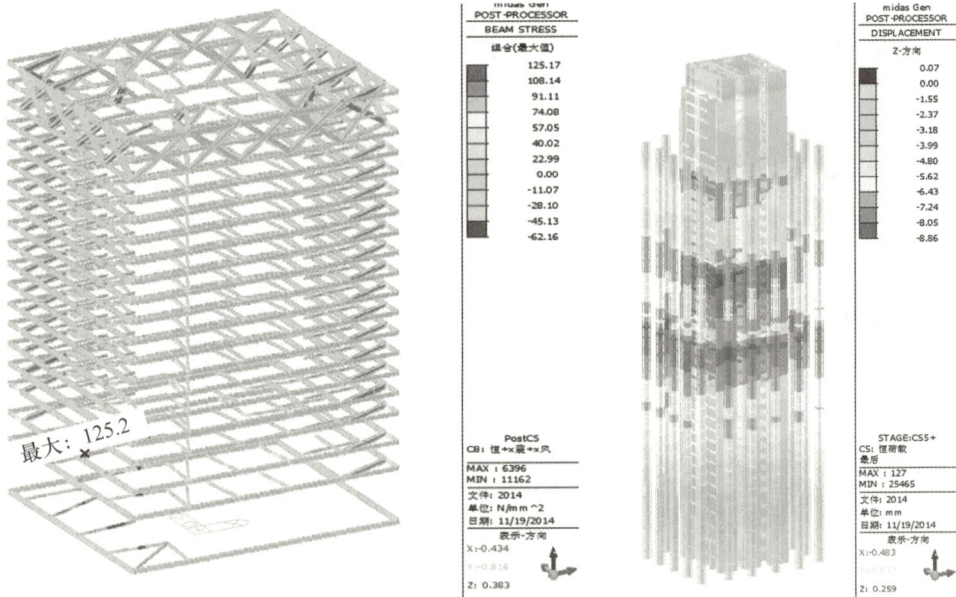

图 6-6　模型分析结果示意图

6.3.2 基于 AI 模型的虚拟施工

基于 AI 模型的虚拟施工的核心是利用大量的建筑施工数据进行分析和学习，对建筑的设计图纸、施工过程记录、材料性能数据、能源使用数据等进行深度学习和模式识别，帮助施工作业人员学习和掌握建筑施工的规律和特征，并能够根据不同的需求和条件进行优化和预测。

基于 AI 模型的虚拟施工在工程施工过程有广泛的应用。比如，在某超高层建筑现场施工安全管理工作中，通过引入基于 AI 模型的虚拟施工，显著提升了工程安全管控水平。其主要应用方法如下：

首先，基于现场采集的数据，对施工作业人员信息、结构内力数据以及现场监控视频信息等进行 AI 模型训练，直至达到满足现场安全需求的识别精度。该工程主要应用了人脸识别和结构安全状态预测。在进行人脸识别应用时，通过采用 AI 行业已经训练完善的大模型，直接应用于工地进出口的人员识别中；在进行结构安全状态预测时，通过结合现有特征数据进行模型训练，对不同的工程场景、荷载工况下结构安全状态进行预测，结果显示，进行模型训练的基础数据库越大，模型预测的结果越准确。

之后，在已建立 AI 模型的基础上，建立 AI 模型的应用平台，将模型与现场的实测数据对接起来，通过模型集成数据来预测得到未来的信息。如图 6-7 所示，本工程通过建立基于 AI 模型的虚拟施工应用平台，进行人员行走轨迹及安全性预测，可对人员行走轨迹的实时监测，结合后台的模型运算，得到人员实时安全状态的评估信息。

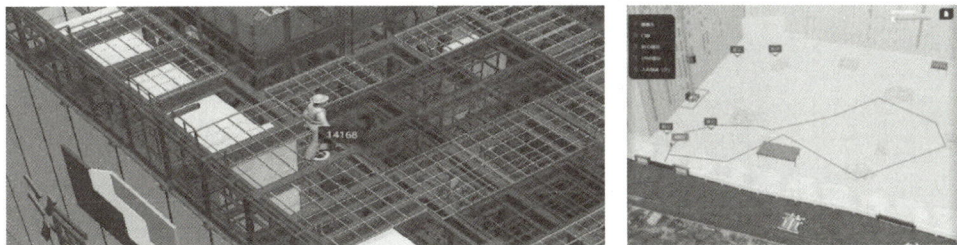

图 6-7　模型分析预测示意图

6.3.3 基于 XR 交互的虚拟施工

1. 施工过程虚拟现实（VR）

施工过程虚拟现实是指利用计算机模拟施工过程场景的技术。体验者可以通过虚拟现实（VR）相关设备进入提前建立的虚拟场景，在虚拟工地场景中沉浸式体验施工过程，包括施工方案策划、施工过程展示、施工安全交底、施工工艺教学培训等内容。

在实际工程施工时，常用的施工过程虚拟现实技术主要有三维场景构建、施工过程模拟等内容。以某大型雪上场馆施工应用为例，其在施工过程中主要应用了虚拟建造、虚拟演练、虚拟培训等方面的虚拟现实技术（VR），如图 6-8 所示。在进行虚拟建造应用时，主要是基于大规模工程仿真模型建立符合真实情景的虚拟施工生产流程，模拟施工过程及交底，调整和优化施工过程，实现施工过程的综合最优。在虚拟演练应用时，主要是针对各类施工安全风险要素，通过建立施工场地的三维环境模型，在虚拟场景中再现各类多发的安全事故，组织人员进行沉浸式体验模拟演练，确保施工人员在面对事故灾难时能作出正确判断和应对。在虚拟培训应用时，主要是通过将复杂的施工场景和施工工艺在计算机上虚拟再现，模拟其施工场景要素和工艺流程，使作业人员提前熟悉和掌握相关要点，提高施工工效和质量。

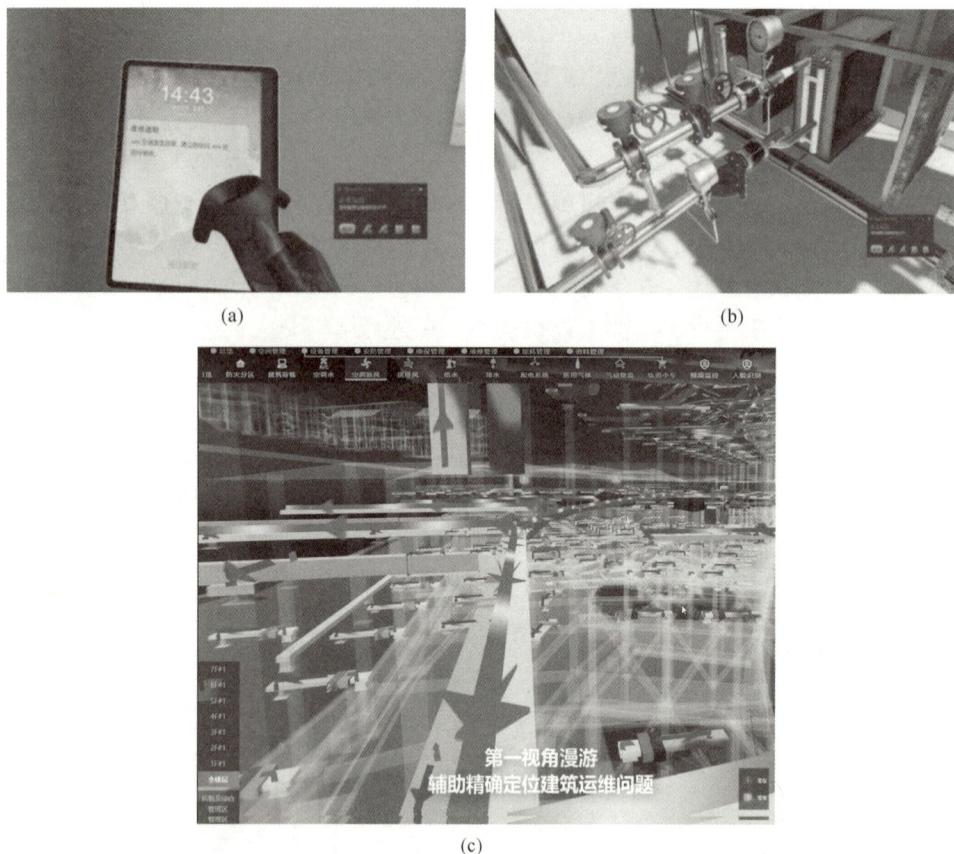

(a)　　　　　　　　　　　　　　　　　(b)

(c)

图 6-8　施工过程虚拟现实（VR）

（a）虚拟演练；（b）虚拟交底；（c）工程虚拟漫游

2. 施工过程混合现实（MR）

施工过程混合现实是一种通过在现实世界施工过程中混合虚拟世界来辅助进行施工的方法，主要是通过视觉空间定位将虚拟世界在半透明载体中进行显示，体验人员可以通过在眼睛上佩戴半透明的载体同时观看到虚拟世界和现实世界。施工过程混合现实主要用于各类施工方案选型、施工方案交底和施工质量控制。

以上海某超高层建筑应用为例，如图 6-9 所示，在施工之前，项目建设方通过佩戴半透明的显示设备到施工现场进行各类方案的确认，基于此可以同时看到虚拟世界和现实世界的工程情况，并进行直观的对比分析。在该超高层建筑工程具体应用时，首先采用数字化技术完成建筑物模型的建立；之后将建好的模型进行处理使其成为可以进行混合现实显示的形式；随后将可以实现混合现实显示的模型上传至混合现实显示设备；最后采用视觉空间定位算法，将按 1∶1 显示的虚拟世界与现实世界进行精准地匹配，如此体验者可以通过佩戴混合现实显示设备同时观看到虚拟世界和现实世界。

在该超高层建筑应用案例中，我们可以发现：通过应用施工过程混合现实技术，结合混合现实的观看方法，可以准确和直观地在待建场地上看到将建成的建筑造型、形式、结构、机电、装修等部位；通过对比虚拟世界中的构件与现实世界中的构件的构造形式和空间位置，结合混合现实对比的检查方式，可以更加直观地看到柱、梁、楼板、机电设备、机电管线等构件是否存在形式错误、位置偏差等问题。由此可以看出，进行施工过程混合现实技术的应用，有利于确保工程实际施工与图纸要求的效果和施工精度的一致性，也可以更好地呈现设计效果。

相对于虚拟现实和增强现实，混合现实技术的应用更加直观，有利于提高设计人员与业主、技术人员与施工人员的沟通和理解，可有效地降低返工率。

图 6-9　施工过程混合现实（MR）

3. 施工过程增强现实（AR）

施工过程增强现实是指将计算机上生成的二维施工图纸信息或建筑信息模型等虚拟物体叠加到现实的施工场景中，把在真实场景中原本一定时间内或空间范围内很难体验到的工程实体信息，通过采用增强现实技术，使现场施工人员在真实的施工现场环境中体验到未来的工程实体信息。

在实际施工应用时，现场施工作业人员通过佩戴增强现实头戴式设备或手持增强现实终端显示设备，既可以看到现实世界的景象，也可以看到由增强现实设备虚拟出的一些虚拟物体叠加在现实世界景象的上面，二者之间相互补充、无缝合成，使现实世界与虚拟世界结合在一起，给施工人员一种超越现实世界的感官体验，进而更好地帮助现场人员了解现场施工工序，事先感受工程建成后的效果。

以上海某超高层建筑应用为例，其 AR 技术应用的关键主要包含以下内容：

（1）做好 AR 设备自身的定位，其中图像处理是核心，在图像处理完成后，得到了相机的外参（相机坐标系与世界坐标系的变换关系），然后应用到预览画面的叠加层引擎环境中，再更新虚拟内容。之后，不断重复这个过程，使得设备移动后，虚拟内容始终展示在正确的位置上。

（2）做好 AR 的交互操作，根据用户的手势信息判断接触点的位置、数量以及手势方向调用对应的函数，从而实现对模型的交互控制。以该工程的 AR 翻译二维图纸为例，如图 6-10 所示，可以通过二维图纸的扫描，直接看到三维模型，并通过交互操作，得到三维模型中的构件信息。通过使用 AR 三维物体识别技术，在施工现场准确识别三维物体特征，可以让施工人员快速了解设备的各种参数、设备资料，减少信息误读等情况；同时可以直观地显示出内部隐蔽设备，以方便现场施工的安装和布局。

图 6-10　施工过程增强现实（AR）

采用虚拟施工的方法，本质上是通过数字化技术手段，预先评估、预测工程结构在施工过程中的状态，并且充分利用三维可视化的优势，提高工程管理、实施的效率和水平。前述基于模型分析的虚拟施工内容重点是针对工程施工的状态问题，基于 AI 模型的虚拟施工重点是解决预测问题和降低人员工作量问题，基于 XR 交互的虚拟施工重点则是解决信息获取和可视化交互问题。以上三者共同构成了未来工程施工数字孪生的基础，即信息获取、信息模型挂载、模型预测等业务流程。

6.4　智能化施工作业

6.4.1　智能化施工方案生成与编制

在施工管理中，施工方案是指导分部分项工程施工的重要依据，随着现场施工进展的推进与变化，施工方案也经常需要进行针对性的修改或变更，其重复性与烦琐性工作量较大。鉴于此，通过对施工方案涉及结构性框架、关键数据的逻辑关系和技术术语规范化表达等进行整理，梳理基于人工智能算法的动态方案编撰流程，形成基于人工智能的施工方案智能化生成与编制系统，可以实现方案的快速复用和数据的自动更新与关联，减少重复性工作，显著提升施工方案编制和修改效率。

智能化施工方案生成针对实际工程中重复性等特征，构建施工方案的智能生成框架，如图 6-11 所示。采用交互扩展技术、语义 AI 算法和数据管理系统，实现权限管理、文档处理、数据复核、主页展示、用户管理、文档管理、模板管理、模版预览等功能，仅需几分钟，可自动生成多种施工机械设备方案及技术交底书，其具体生成过程详见二维码 6-2 中的视频演示。

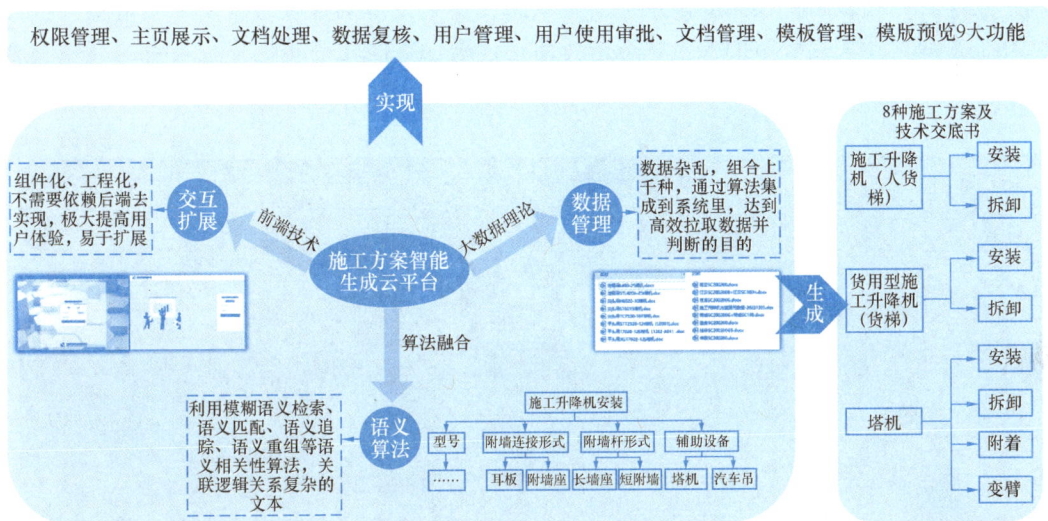

图 6-11　智能化施工方案生成系统软件架构图

智能化施工方案生成技术在建筑施工领域的应用，有效减少由于方案变更而产生的重复工作，大幅提升了施工方案编制效率。近年来，随着行业大数据分析技术、AI 算法、工程建设行业 ChatGPT 模型库等智能化技术的发展，基于 ChatGPT 的智能方案生成系统也已在施工行业得到应用和发展，随着其不断发展和完善，智能施工方案生成技术将把管理人员从具体的施工方案编制、修改等事务中解脱出来，进一步提升工程管理效率。

视频6-2　智能化施工方案生成系统视频演示

6.4.2　智能化造楼机装备施工作业

智能化造楼机装备是一款施工装备高度一体化的空中造楼集成施工装备，通过采用工业化建造与智能化控制理念，能高效完成超高层建筑物或构筑物的施工作业。该装备主要由超大承载力整体钢平台系统、脚手架系统、模板系统、大型塔机、布料设施、施工升降机以及建筑机器人等关键施工设施组成[7]。

智能化造楼机装备的超大承载力整体钢平台系统作为多功能施工设施的支承基座，与各类施工设施通过不同连接方式实现一体化集成，形成协同作业、互不冲突的施工装备集群。脚手架系统作为施工人员的作业平台，采用全封闭的作业模式，有利于保障现场施工的安全性。模板系统、建筑机器人、大型塔机、布料设施、施工升降机则分别负责混凝土结构成型、垂直运输、混凝土布料、物料配送等关键施工环节。此外，超大承载力整体钢平台系统通过采用筒架支撑体系，与大承载力筒架支撑系统相结合，可以满足模架与大型塔机一体化需求。现场施工时，通过钢梁爬升系统与筒架支撑系统的交替支撑，实现模架与大型塔机的整体同步爬升。其主要构造及功能特点详见二维码 6-3 中的视频介绍。

1. 现场智能化施工监控内容

视频6-3 智能化造楼机集成装备主要构造及功能特点

智能化造楼机集成装备属于大型施工装备，长期处于高空作业环境，需要针对其安全状态进行覆盖全过程、全要素的监测、评估、预警和反馈控制。通过构建智能化造楼机集成装备监控系统平台，如图 6-12 所示，对造楼机的模架支撑系统安全状态、模架设备搁置状态、模架设备爬升状态等关键环节的安全状态进行监控，确保智能化造楼机集成装备的高效安全使用。

图 6-12　智能化造楼机集成装备监控系统平台

爬升模架安全状态监控是设施设备安全风险监控的主要内容，其工作重点是做好模架支撑系统安全、模架设备搁置状态及爬升状态下的施工安全智能监控等方面的工作。

（1）模架支撑系统的安全状态监控

模架支撑系统安全状态监控重点是关注支点处混凝土结构强度和模架支撑装置的工作状态。通过采用强度监测装置实现支点处混凝土结构实体强度无损、高精度、远程实时监测，为模架设备搁置状态和爬升状态混凝土结构强度评估提供技术支持。模架支撑装置安全状态主要通过力/行程自感知一体化工具式智能支撑装置，实现支撑系统受力点承载力的自感知和超限承载预警，确保模架支撑受力安全。通过智能支撑装置监测反馈软件系统，综合考虑智能支撑装置状态评估指标，实现群体支撑装置的自适应协同控制，解决爬升模架设备支撑系统操控自动化程度低的技术难题。

（2）模架设备搁置状态的安全状态监控

针对模架设备搁置状态的安全状态监控，主要是通过建立模架设备安全监控预警指标体系，综合考虑包含支撑系统、钢平台系统、筒架系统、爬升系统的全要素，借助机器视觉等辅助控制手段实现模架设备作业实时监测预警，达到模架设备作业状态风险的智能识别和安全状态控制目的。

（3）模架设备爬升状态的安全状态监控

针对模架设备爬升状态的安全状态监控，应重点关注爬模工作时的姿态控制，深度理解模架爬升姿态控制机理，明确模架爬升姿态与爬升功能部件位移的耦合关系，为模架设备姿态调整及控制提供技术支持。可基于模架爬升同步位移与平台变形（水平度、油缸压力、同步位移）响应规律，实现模架爬升状态下的姿态定量预测和智能控制。无线＋有线融合（5G＋光纤）技术的合理应用能够确保超高复杂环境监测数据采集及远程高效传输，极大提升模架设备爬升姿态安全监控一体化协同技术的发展进程。

在工程实践中，可根据实际需求开发集混凝土结构、模架设备支撑系统、模架设备搁置/爬升过程安全监测、评估、预警于一体的模架设备远程可视化安全监控平台，如图6-13所示，实现整体爬升模架设备工作过程的数字化安全风险管控，提高爬升模架施工效率、平稳性与安全性。

图 6-13　钢柱筒架支撑式整体模架装备监控对象及内容

2. 智能化施工工艺应用

为了使整体钢平台模架装备发展成为智能造楼机，在整体爬升钢平台模架基础上，将专业施工智能装备、机器人或工装与主体结构施工、装饰装修施工、工程物料运输、质量安全检测等进行一体化集成，如图 6-14 所示，建立基于人机协同作业的模架装备智能化施工工艺，提升整体钢平台模架装备的智能建造综合水平。

6.4.3　造楼机与机器人集成施工作业

目前，我国建筑业企业已成功探索了智能化造楼机装备与建筑机器人一体化集成施工作业模式，在智能造楼机上集成了大量施工机器人技术，如图 6-15 所示。比如针对主体结构施工所涉及的混凝土结构钢筋安装绑扎、模板安装拆除以及钢结构高空焊接等施工过

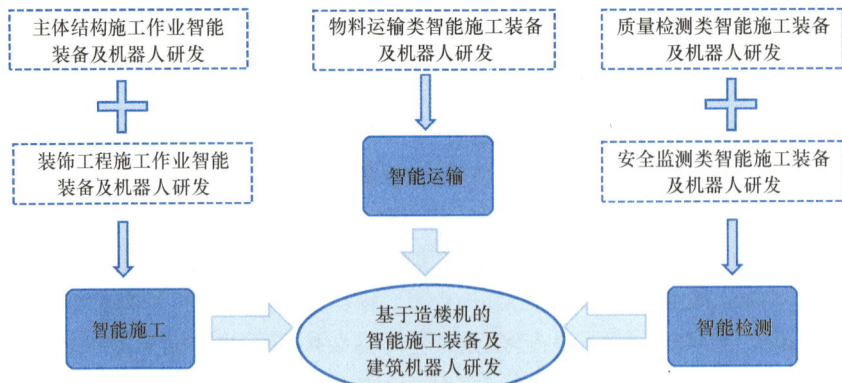

图 6-14　造楼机集成多种智能装备思路

程，集成了钢筋绑扎机器人、模板拆除装备、高空焊接机器人等智能装备；针对装饰装修工程作业应用，集成了外墙喷涂机器人、外墙打磨机器人等智能装备；针对现场工程物料运输应用，集成了施工现场无人化物料运输机器人、悬挂式智能布料机器人、智能远程控制塔机等智能装备；针对现场施工质量检测应用，集成了混凝土质量检测机器人、钢筋定位检测机器人、焊缝质量检测机器人等智能装备；针对现场施工安全监测应用，集成了识别可视化的危险因素的安全巡检机器人以及监测不可视的危险因素的环境监测机器人等智能装备。各类智能装备与施工机器人的应用，大幅提升了模架装备的智能化施工水平和施工工效。

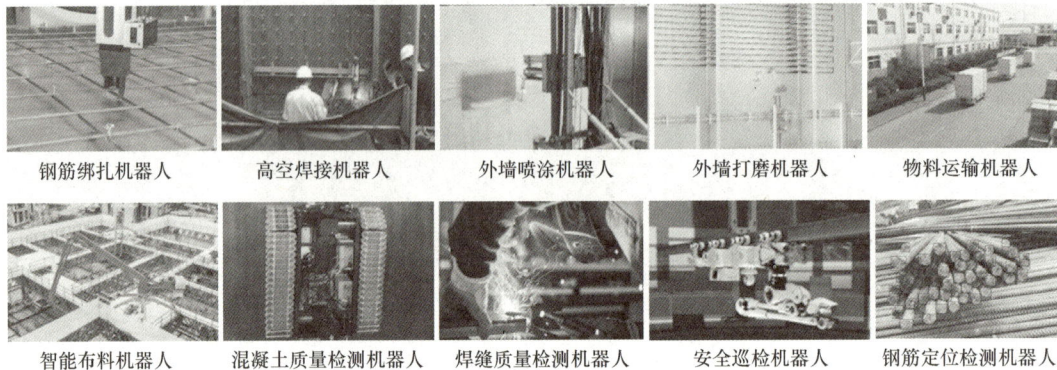

钢筋绑扎机器人　　高空焊接机器人　　外墙喷涂机器人　　外墙打磨机器人　　物料运输机器人

智能布料机器人　　混凝土质量检测机器人　　焊缝质量检测机器人　　安全巡检机器人　　钢筋定位检测机器人

图 6-15　造楼机集成的各类装备

　　智能化造楼机装备与建筑机器人一体化集成施工作业，是一种新型智能化施工作业模式，其主要工作流程分为建筑机器人施工部署和施工作业。

1. 机器人施工部署

　　机器人施工部署是将机器人集成到特定的工作环境中，以执行各种任务的过程。这一部署过程需要综合考虑多个因素，包括机器人的类型、功能、工作环境的特点，以及部署的目标和需求，如图 6-16 所示。在机器人施工部署过程中，首先确定任务需求，明确机器人需要完成的任务，以及任务的具体要求。其次，需要进行项目规划和设计。工程师们会根据具体的建筑需求和要求，设计出适合机器人施工的方案。这包括确定机器人的类型、数量、功能和成本，以及施工过程中的安全措施和监控系统。再次是机器人的采购和配置。根据项目需求，工程团队会选择适合的机器人设备，并进行相应的采购和调试工作。在配置过程中，工程师们会对机器人进行参数设置和软件安装，确保其能够正常运行并完成施工任务。

建筑机器人施工部署需要满足以下要求。一是环境要求：施工场地是否足够宽敞，是否存在障碍物，是否有电源等。建筑施工现场环境通常比较复杂，存在各种危险因素，如高温、粉尘、噪声、电磁干扰等。建筑机器人需要具备一定的环境适应能力，能够在恶劣环境下正常工作。二是安全要求：建筑机器人在施工现场工作，必须保证安全。建筑机器人需要具备一定的安全防护措施，如碰撞检测、

图 6-16　外墙腻子打磨机器人施工部署

防坠落等。三是性能要求：考虑到施工任务的类型、难度、要求，建筑机器人需要具备满足施工需求的性能，如负载能力、精度、速度等。四是施工人员技能要求：施工人员需要具备操作建筑机器人的能力。五是成本要求：建筑机器人的成本不能过高，否则难以推广应用。

2. 机器人施工作业

机器人施工作业是指利用机器人技术来进行各类建筑施工任务的一种方式。机器人施工作业之前：第一步，应建立机器人施工组织架构，结合现场机器人施工需要，设置机器人指挥调度中心，组建包括技术质量控制组、信息管控系统支持组、设备管理维护组、施工安全控制组等的机器人施工指挥中心，并明确各工作组的职能分工。第二步，应编制机器人施工的施工作业方案及技术交底内容；详细说明在机器人进场前施工现场应具备的基础建设、网络设备、服务器配置、模型要求、配套软件等前置条件。第三步，根据现场施工进度计划来制订施工机器人和机器人管理人员的进场计划、相关设备材料采购计划、施工场地布置计划等。

机器人施工作业时：第一步，应首先建立人机协同施工管理系统，对不同工序的人机配合工作细则、分项工程人机施工区域进行划分；并充分考虑机器人在各分部分项工程施工中穿插的合理性、施工铺排的有序性。第二步，应规划好机器人作业路线、设置专用的机器人通道，在机器人施工范围内的坡道及台阶处设置机器人的避障或越障措施。第三步，应结合人机协同施工管理系统的应用，依据标准工序库生成或完善各项施工计划，结合施工计划将工单派发至工人手持移动终端或机器人控制系统中，根据已经建立的建筑模型进行路径规划，完成现场多台机器人作业的施工调度、施工进度接收反馈、施工作业实施等工作。

目前，智能造楼机作为施工平台所集成的机器人施工分为以下几类：

（1）智能造楼机与主体结构施工机器人装备集成作业

通过将钢筋绑扎机器人设置在整体钢平台模架上特制的轨道上，使钢筋绑扎安装设备沿着轨道自由移动，同时集成智能感知识别、自主决策控制系统等技术，钢筋绑扎机器人

可主动识别钢筋待连接的部位，并完成钢筋连接工作。通过将高空焊接机器人设置在整体钢平台模架特制的轨道上，基于视觉识别和 BIM 模型引导，识别待焊接部位，并自动设定焊接工艺参数，完成焊接工作。通过将电动闭合附着机构集成到整体钢平台模架装备上，建立专门的电动闭合控制系统，在进行模板拆除时，根据施工指令，电动闭合机构可带动模板使之自动地闭合或脱离构件，实现主体结构混凝土施工模板的自动开合，有效提高整体钢平台模架装备的施工效率。

（2）智能造楼机与装饰工程施工机器人装备集成作业

通过将外墙喷涂机器人设置在整体钢平台模架特制的模块化轨道上，使外墙喷涂机器人沿着轨道自由移动，基于计算机视觉、机器学习等智能技术，通过模块化轨道、快速转接系统并使用多材料喷涂工具，实现墙面条件下机器人智能化喷涂。外墙打磨机器人采用力学感知等控制技术，利用机器学习建立外墙材料、打磨工艺参数与墙面打磨质量之间的耦合关联，实现一体化的机器人智能外墙打磨工艺，如图 6-17 所示。

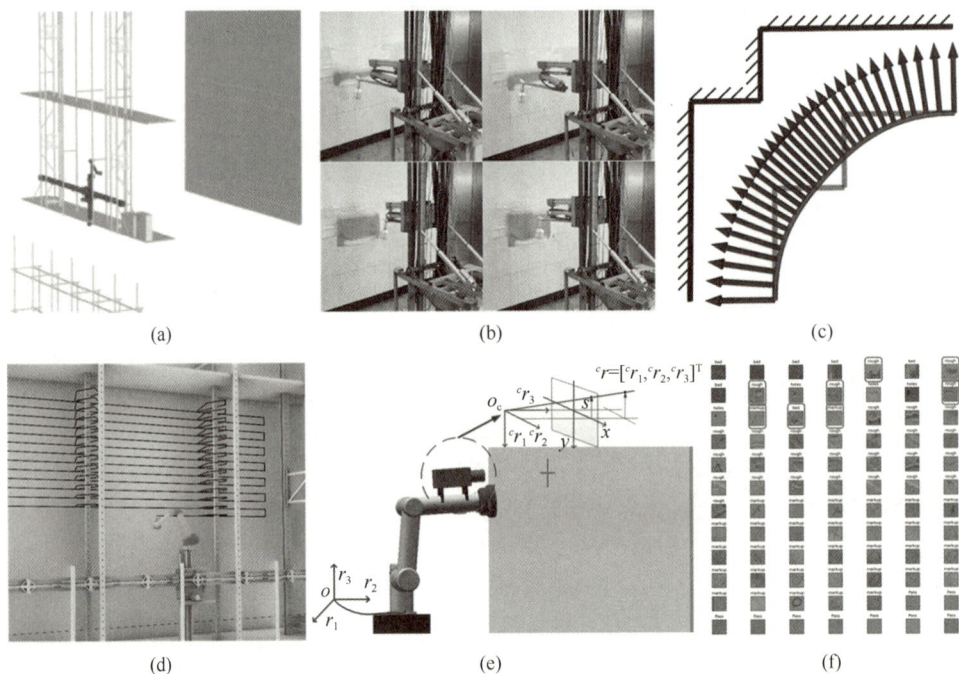

图 6-17   模架装备与装饰工作作业机械人集成
（a）基于造楼机平台的喷涂机器人装备；（b）机器人智能喷涂工具与工艺；
（c）复杂墙面机器人喷涂路径优化设计；（d）基于造楼机平台的打磨机器人装备；
（e）机器人智能打磨工具与工艺；（f）基于机器学习的机器人打磨工艺智能优化

（3）智能造楼机与施工安全监测机器人装备集成作业

通过将安全巡检机器人设置在整体钢平台模架特制的轨道上，通过智能感知识别技术，精准识别造楼机场景下的潜在危险因素或违规行为，并实时反馈给安全管理人员，实现 24h 不间断安全巡视。通过引入环境监测机器人，基于人工智能的深度学习技术，全面监测造楼机的位移、变形、应力、温度、空气质量以及高风险部位等不可视状态，自主判断造楼机所处的状态及是否发出警报，并通过数据流动和系统协调管理实现与安全巡检机器人的互联互通，引导安全巡检机器人有针对性地巡视，提升安全巡视效率。

6.5 智能化施工管理

6.5.1 智能化施工进度管理

工地进度智能跟踪是指工程管理人员在项目实施过程中，综合运用物联网、BIM技术、智能算法等对项目各阶段进展所进行的跟踪管理，即时展现工程项目所处状态。施工进度智能跟踪主要包括进度信息采集、信息关联、信息集成处理和信息跟踪等方面，通常采用施工进度信息化集成管理系统建立工程项目的轻量化BIM模型，采用智能算法解决建设项目施工周期内的信息集成和信息共享问题，综合动态实时三维虚拟仿真模型与现场全天候监控画面直观呈现工程进展情况，从而实现施工进度的全过程智能跟踪。

1. 施工进度信息采集

进度信息采集是实现施工进度跟踪的先决条件，传统的施工进度信息采集方法主要基于人工现场检查记录，进度管理人员在施工现场通过手工测量和报表记录等方式采集进度数据，并整理编制进度报告。不同于传统方式，新的智能化施工进度信息采集方式是结合开发的一体化进度信息采集系统，通过感知设备和互联网连接的数据交互实现网络化施工进度信息采集。项目实施阶段，进度管理人员利用现场监控、红外相机等成像技术进行全天候视频记录，实现重点工程和关键工序进展情况的实时查看；通过地理信息系统（GIS）和全球定位系统（GPS）等地理空间定位技术进行自动化数据采集，实现工程项目位置传感和资源跟踪；利用三维激光扫描或深度相机技术快速获取几何数据，构建目标场景或物体的三维点云模型，实现项目进度可视化分析；利用布设的各类场地测量传感仪器获取施工过程信息，通过超宽带（UWB）及5G无线通信技术实现建筑工程物料追踪、施工作业的进度跟踪和工程安全监测。

2. 施工进度信息关联

施工进度信息关联是进度集成管理的重要基础，可采用射频识别（RFID）技术通过标签的方式来存储、检索和识别项目中的重要数据，利用电子标签为施工过程中的不同层级构件及工序关联关键信息，并基于智能算法与轻量化BIM模型进行数字化关联，确保关联信息在线上线下的同步调整。施工进度信息关联的内容主要包括：①构件名称，需根据构件所属工点或部位确定，并反映结构的空间关系和分类信息，以便于识别和整合；②几何尺寸，附加信息应能够体现构件尺寸和截面积等几何属性；③工艺属性，包括构件材质及分析属性等；④编码规则，构件信息化编码是轻量化BIM模型与进度信息化集成管理系统的交互基础。

施工过程中的动态关联信息是对于上述静态信息的补充完善，应当采用智能算法关联设计、施工、供货、监理、运营及业主等参建各方的合理要求，实现施工过程材料用量、成本、工艺过程等的信息共享和各方面的统筹协调，共同推进项目施工进度。此外还应在施工进度信息化集成管理系统中关联项目概况、总体工况、节点设置、节点查看、计划/实际分组、计划/实际构件制定、进度查询展示和进度对比等相应模块，便于实现对关键进度节点的把控和计划及实际进度分析对比，增强对施工进度的掌握情况，确保项目按期完成。

3. 施工进度信息集成和处理

施工进度信息智能集成是采用智能算法对施工过程中获取的材料、工艺、成本等进行信息综合和提取，主要包括人员、机械、材料、环境等集成统计的基础信息以及节点计划、进度百分比、产值统计、实际工期等工程进度信息两类。通过对比分析计划进度与实际施工进度的差异，确定不同施工阶段可能影响工程进度的关键因素（如拆迁因素、风险因素、供货因素等），并在后续施工过程中及时调整；结合项目短期进度情况汇总结果与总体计划节点控制，深度分析施工进度信息，为阶段性或整体进度目标纠偏和成本核查提供基础。

施工进度信息智能处理是指将采集的数字化进度信息在进度信息管理系统及虚拟仿真模型中实时更新，确保现场实况、采集数据、虚拟模型的信息同步，实现施工全过程的三维可视化展现与实时跟踪，避免可能发生的工序冲突。针对专项施工任务自动生成进度跟踪视图，综合利用数据报表、进度计划横道图、资源视图从数据、时间、资源等多角度追踪进度执行情况，实现施工进度信息的精细化智能化管理。

4. 施工进度信息跟踪

在完成施工进度信息采集、信息关联与信息集成处理的基础上，分别基于集成施工信息与现场情况记录，针对施工项目材料、成本、工期等关键进度指标进行智能化施工进度信息跟踪。施工进度信息跟踪可基于一体化进度信息采集系统及工程进度数据集成与管理平台进行，主要跟踪内容包括信息附加范围、物联网监测信息等，通过系统智能化自动传输，实现监控量测信息的分类动态跟踪。如施工过程中的预制构件管理可采用基于 RFID 技术的全过程追踪，在预制构件设计、运输、安装等阶段实时更新施工信息，并同步更新 BIM 虚拟模型中的构件情况，通过三维模型的同步呈现获得准确的整体进度状态。此外，还可以结合 VR/AR/MR 技术与施工进度数据集成与管理平台，通过三维虚拟影像实现工程项目的沉浸式环境体验同步呈现项目施工进展，并通过虚拟交互环节掌握详细进度信息，实现施工进度信息的虚拟同步跟踪。

6.5.2　智能化现场物料管理

智能化现场物料管理主要包含现场物料调度和物流管理两个方面：①智能化现场物料调度主要是通过采用 BIM、视频、机器学习等高新技术智能化手段，从统筹的观点出发，及时而全面地掌握生产第一线的施工动态和物料需求，对各个施工环节物料需求数量、时间进行整体平衡、调节和调研；②智能化现场物流管理，主要是指设备、物料或构件等运输至施工现场后，采用现场物联网技术对其存储、安装、计量交付等状态进行跟踪和管理；基于智能化现场物料调度和物流管理，实现资源的智能化最优配置。

1. 现场智能材料调度

智能化施工材料调度通常是结合 BIM 进行的，通过将资金在时间方面的价值进行充分考虑，避免资金被长时间占用；通过将材料购买的数量以及次数进行合理确定，有效降低材料的储备。在材料的消耗方面，依据定额的制度进行明确，实行限额领取，如果超限额，要对原因进行分析，采取相应的措施进行及时的纠正；同时，对没有使用完的施工材料，要及时进行回收，使施工材料消耗水平能够有效降低。除此之外，在施工现场，材料的流动情况会影响生产效率，也就是说在进行材料存储时，要在对施工影响相对较小的地方放置施工材料。施工过程中，多个工种以及不同的工序同时进行，势必给材料的智能调度带来很多问题。由于完成各工种所需要的材料不一样，如果各种材料不能按时按量供应给各个工种，施工效率和进度就会受到影响，也会因此导致工程成本提高。多个工种不同的工序会要求各种材料配送时间不一，若不能根据工序合理安排配送时间，也会导致施工效率下降。基于机器学习的材料智能调度方法可以针对上述问题，通过采集工地中施工进度和各种材料需求状态数据，输入预先训练好的深度强化学习网络，获得材料调度方案。以各个工种实时反应的施工进度和材料需求状态作为输入，考虑各工种之间的工序、材料剩余情况（急需情况）、最优配送路径（使物料配送距离尽可能短）因素，来实时安排物料配送，实现智能的材料调度，并利用可视化界面将实时输出的结果进行可视化，以方便施工人员按照显示出的结果进行材料配送，显著提升施工效率。

2. 现场智能设备调度

现场智能设备调度通常是采用 BIM 模型和建立的设备数据库，基于历史数据推演分析和现场实际需求调度相结合，对施工现场设备进行科学调度和利用，智能设备调度的应用可以显著提高设备的利用率。比如，基于 BIM 可以进行施工现场车辆和设备管理，现场施工人员通过智能终端设备，将车辆和设备的实时地理信息、相关用户指令、设备使用状态等信息发送给网络服务端；网络服务端进行现场车辆和设备信息的采集和存储。同时，网络服务端将智能设备采集的信息与数据库的数据交互、识别和分析；之后，数据库分析系统再将相关 BIM 模型以及项目图纸的转换、更新、存储、控制，用于对施工现场实时的车辆和设备的管理和调度。如此，所有车辆和设备的运营情况一目了然，方便进行相关的管理和调度。基于智能设备资源调度可以将设备的配件费用以及维护与维修人员数量降低。

3. 现场智能物流管理

现场智能物流管理主要包括预制构件现场的布置跟踪、预制构件安装过程跟踪等内容。预制构件现场布置跟踪。预制构件在施工工地现场堆放后，施工单位根据楼层的实际进度进行具体构件的吊装，在预制构件吊运之前，现场施工人员可使用手持式 RFID 读写器对预吊装构件的信息进行读取，更新构件信息。

预制构件安装过程跟踪。预制构件在吊运至具体安装点安装完毕之后，现场施工人员运用手持式 RFID 读写器对构件进行信息读取。预制构件吊运到制定楼栋指定楼层指定位置后，先用 RFID 读写器对构件进行读取，构件进度状态更新为"构件安装环节"，定位状态更新为"施工项目现场（指定楼栋指定楼层指定位置）"。

在构件运输环节，可以结合 GPS 等定位技术，实时跟踪运输车位置，根据系统中存储的车-构件匹配信息，即可实时获取各类构件所处位置。相关信息均可在物流平台中查询和可视化，便于施工企业实时掌握构件运输状态，安排施工计划。

4. 现场智能物流计量与交付

在工程物流活动各环节中，装配式预制构件计量通常是指在生产、存储、交付于工地的过程中，预制构件数量或工程量的计算。计量的信息是构件存储管理的来源和基础，也是预制构件厂与施工单位交付的依据。构件交付，通常是指预制构件厂根据合同要求，将约定的物料、构件在约定时间内转交给施工单位，保证数量的准备和质量的完善，由客户

（施工单位）验收后即完成构件交付，交付产品通常包括：构件产品本身、存放架、支撑杆、吊具等。

构件计量与交付的一般包括以下几个阶段：构件计量通常发生在生产完成后入库临时存储阶段、构件出库阶段、构件运输至施工现场交付阶段。在实际工程实践中，构件计量和交付过程并不仅仅完成了构件的数量或工程量计算，也实现了对于存储的更新、规划的更新。射频识别技术、图像技术通常用于计量的过程，数据库技术通常用于计量后的存储管理。

智能化的计量和交付，需能支持自动和手动等多种订单添加模式，当新订单被添加时，会根据预设的订单优先级和完成订单所需时间决定订单的启动时间（包括立即执行和等待执行等）。当订单启动后，后台控制中心根据调度算法指派运输司机及运输设备执行订单，并把规划的完整路径信息全部发送给司机。自从订单被创建起，这些订单相关的信息如订单类型、订单创建时间、订单优先级、订单状态、执行订单的运输工具、运输司机基本信息等都可通过操作界面查看。当运输人员完成构件交付后，控制中心会将该订单标记为已完成，并移出订单任务队列。此外，通过操作界面还支持对订单的暂停、修改、取消等各种操作。

在预制构件运输至施工现场后，施工单位会对其进行数量和质量检查，通常有人工方式和自动交付方式。自动化计量交付的方式，通常是基于 RFID 视频识别技术，在施工现场工地临时存储区域安装固定好基站，在装有 RFID 标签的构件运输至现场时，按运输车次进行计量，并对不同构件进行归类管理。系统将自动匹配构件出厂前质检信息，并实时统计交付构件的数量或工程量，如满足合同要求，则完成该批构件的计量和交付过程，并且自动完成相应构件钱款的支付。

关于智能化物料管理及其相关的计量交付的具体内容，可以参考第 7 章智能物流相关内容。

6.5.3　智能化施工质量管理

智能化施工质量管理是指在建筑施工质量管理过程中，采用数字化、智能化技术手段并结合智能移动终端、智能测量装置等数字化装置或装备对施工工艺进行控制，采用智能化管理系统对施工质量相关的过程进行管理，通过线上线下相结合的方式，实现建筑施工质量相关的施工质量控制、质量验收、问题分析、问题整改等全过程一体化管理，提升建筑工程项目质量管理效率与实施效果。

1. 智能化基坑施工变形控制

智能化基坑施工变形控制是以智能化管控平台为基础，通过自动化采集、远程传输、智能处理及自主控制，对基坑变形进行实时动态监控和风险管理，以指导现场基坑施工，减少施工风险。

（1）控制要素

基坑变形控制主要针对围护结构变形、支撑轴力以及土体变形三个方面，开发智能化管控平台，将多种现场监测仪器、检测设备、无线传感器通过物联网技术连通起来，采用主动或被动触发的方式，实现变形数据的自动采集和实时传输，保证数据的真实性、完整性和实时性。平台通过对原始监测数据的实时处理，运用数学模型和回归分析、差异分析等数理方法对采集到的各类数据进行数字化建模分析，形成各类变化曲线和图形、图表，具有形式多样的实时报警功能，便于管理人员对基坑危险点进行追踪处理。

（2）控制方式

智能化基坑变形控制主要是采用主动控制系统进行基坑变形控制。常见的主动控制方式为支撑轴力伺服系统，是以机械、轴力测试传感器、千斤顶液压传动为基础，融合计算机信息化及自动化监控系统、无线通信传输等新技术手段，对支撑轴力不间断测试、调整的综合性系统，能有效控制基坑变形，确保支撑轴力实时监控与补偿，如图 6-18 所示。

2. 智能化混凝土结构竖向变形控制

超高层混合结构体系中的核心筒、外围钢框架及刚性楼板、伸臂桁架等协同承受水平荷载，其中刚性楼板、伸臂桁架可以视作核心筒和外围钢框架之间的传力构件，要求核心筒、外围钢框架应在竖向变形方面达到基本一致。但在实际施工时，由于核心筒采用混凝土材料建造，其弹性模量、收缩徐变性能、自重的参数与外围钢框架均不一致，导致其在施工过程中的分阶段竖向变形存在差异性，进而导致作为水平连系的构件出现次内力情况。所以，需建立一套完整可靠的标准化流程，并对流程中的各个环节进行标准化控制，主要的控制阶段通过控制混合结构竖向变形补偿、桁架层封闭时间、核心筒领先层数分析等方法控制超高层建筑整体变形问题，使结构在施工过程中的内力与变形满足设计要求，保证施工过程安全和结构形成状态符合设计要求。

下面以某超高层建筑混凝土结构施工智能化变形控制为例，介绍其主要工艺流程：

（1）采用有限元分析方法，确定核心筒、巨型柱、桁架层各区段的补偿值

建立有限元模型：计算模型可以分为钢结构部分（巨型框架和伸臂桁架）和混凝土结构部分（核心筒）。基于设计资料一次性建立整体结构模型。巨型柱混凝土部分采用板单元，钢骨采用梁单元；核心筒采用墙单元，其他部分均采用梁单元。巨型柱混凝土板单元与钢骨梁单元通过节点耦合的方式协同工作，底部约束考虑深基础效应从而设为固定端约束。

施加荷载和边界条件：根据实际工程情况，施加荷载和边界条件，同时考虑建筑结构的材料性质、几何形状、施工质量等因素的影响。

合理划分施工阶段：依据实际工期，将整体结构定义为若干施工阶段。按核心筒、外框架、筒外楼板的施工顺序，外框架巨型柱施工进度落后于核心筒 X 层，楼板浇筑落后

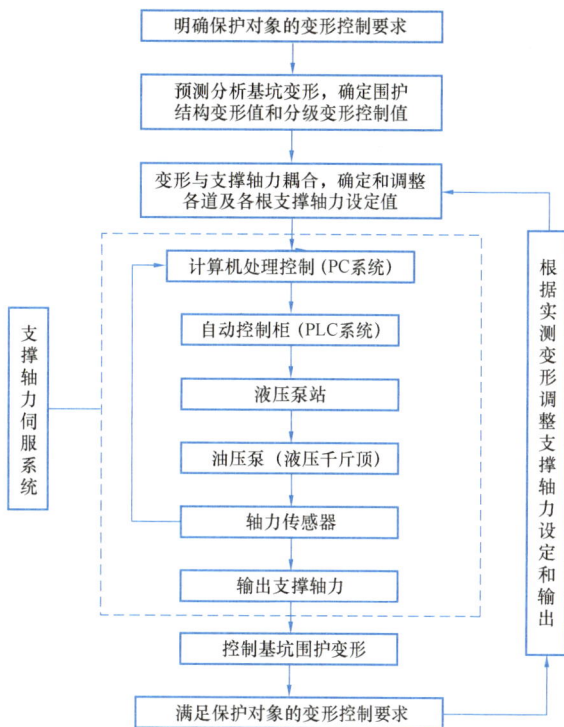

图 6-18　智能化基坑变形控制

于巨型柱 Y 层。数值模拟考虑竖向荷载及混凝土收缩徐变影响，竖向荷载包括自重荷载、附加恒载、幕墙荷载以及施工活载（1kN/m²）。

依据实际施工进度，一次激活相应阶段单元，定义相关材料参数、荷载及边界条件，对施工进程的实际工况进行施工全过程模拟分析。

针对结构主要施工阶段的划分，在核心筒结构和框架结构上设置生死单元，按照实际施工进度进行施工过程模拟，各阶段分别形成有限元模型进行独立求解。在每个施工阶段，新增加的楼层以及荷载被施加到上一步的计算模型上，以此来考虑施工过程结构时变以及荷载时变。在仿真计算分析中，通过控制生死单元的激活与关闭，保证模拟各施工工序的计算模型的一致性，从而确保竖向变形计算结果的可靠性，确定核心筒、巨型柱、桁架层各区段的补偿值。

（2）基于补偿值计算结果，确定桁架层封闭时间和核心筒领先层数

经过对施工进程的实际工况进行施工全过程模拟分析，可以得出外框结构和核心筒结构的施工预变形调整值，并通过对每个施工段进行标高补偿调整，如图 6-19 所示，确保结构完成状态满足设计和规范的要求。

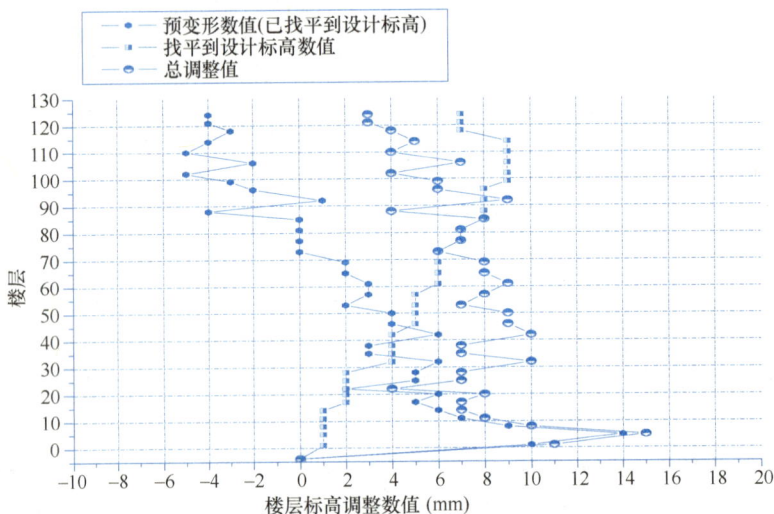

图 6-19　核心筒标高调整数值（示例）

超高层建筑在施工过程中由于材料、荷载等原因，竖向构件会产生竖向变形与变形差。因此为减弱超高层建筑中变形差过大所带来的一系列问题，应充分考虑施工原因造成的各种结构变形差，采取可靠的施工技术措施减少变形、消除有害内力，保证建筑总高度。

超高层建筑的竖向变形主要由重力荷载作用下的弹性压缩变形和混凝土收缩徐变产生的非弹性变形组成，当内筒外框竖向变形差过大时会产生一系列的问题。不同内力大小决定了不同的变形，工程核心筒竖向变形大于外框柱，核心筒适当地超前施工有助于减少内筒外框的竖向变形差，通过控制内筒和外框的施工时间差达到调整竖向变形差。采用核心筒先行，外框紧跟，水平结构随后展开，然后形成各部位结构同步施工的流水节奏。

（3）基于补偿值计算结果，确定桁架层封闭时间

自重作用下主体结构的弹性压缩、收缩及徐变变形较大，要求巨柱在建造周期内对主体结构标高进行分区段补偿，以减少核心筒与外框的变形差异。工程从控制混合结构桁架层间允许内力的角度，分析桁架层间竖向差异变形允许量值，综合考虑底板变形、结构竖向变形及桁架层的封闭时间等方面的影响因素，从而确定巨型柱、桁架层各区段的补偿值，主楼各区段巨柱、核心筒的竖向变形补偿量。为实现桁架层内贮存的内应力最小，使结构受力处于安全状态，在整个超高层混合结构施工期间，桁架层封闭时机的优先选择以及

```
┌─────────────────────┐
│ 桁架两侧差异变形      │
│ 设计（规范）允许值    │
└──────────┬──────────┘
           │
┌──────────▼──────────┐
│ 桁架层最晚封闭时间    │
└──────────┬──────────┘
           │
┌──────────▼──────────┐
│ 桁架层封闭前          │◄────────────┐
│ 两端差异变形          │             │
└──────────┬──────────┘             │
           │                        │
      ◇────▼────◇       否   ┌──────────────┐
     ╱ 桁架两侧   ╲──────────►│ 根据差异值    │
    ╱ 差异变形是否满足 ╲      │ 确定补偿值    │
    ╲ 设计允许值  ╱          └──────────────┘
      ◇────┬────◇
           │ 是
┌──────────▼──────────┐
│ 差异变形补偿结束      │
└──────────┬──────────┘
           │
┌──────────▼──────────┐
│ 差异补偿后桁架内力分析 │
└─────────────────────┘
```

图 6-20　竖向变形补偿量分析流程

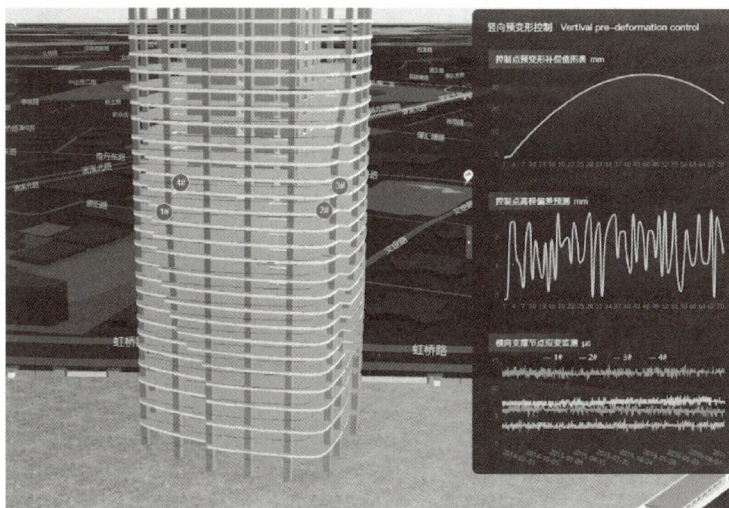

核心筒、巨柱竖向变形补偿值的设定对结构内力的控制相当重要。具体竖向变形补偿量分析流程如图 6-20 所示。

首先对建筑物进行分区，以区为单元进行核心筒、巨型柱的竖向补偿值分析。根据规范要求及结构设计内力控制要求，确定核心筒、巨型柱竖向差异变形允许值。考虑混凝土强度、筒体刚度、结构整体稳定性、建筑物施工工艺要求及安全性等因素，确定桁架层最晚封闭时间。

结构施工相对标高立模时，结构各楼层竖向变形随高度越来越大；绝对标高立模时，结构各楼层竖向变形随高度呈现中间大、两头小的趋势。不考虑底板变形不均及施工标高自然补偿的影响，依据结构施工工序，运用有限元数值方法，对结构进行施工过程模拟分析，计算桁架封闭时以及结构完成时构筑物竖向变形值，如图 6-21 所示。

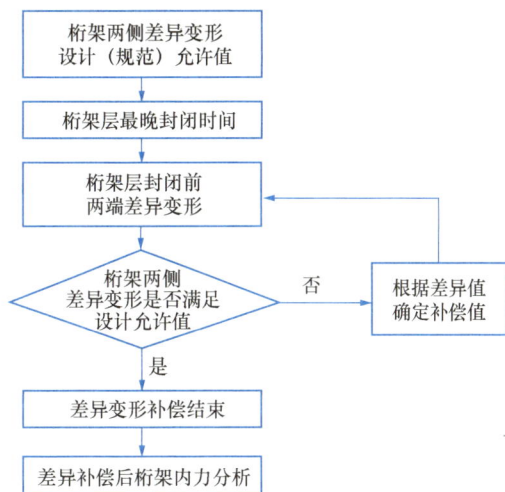

图 6-21　某竖向预变形补偿及变形协调分析软件

结构施工采用相对标高立模时，从控制混合结构桁架层间允许内力的角度，竖向构件变形补偿量值主要是桁架封闭前区段的竖向变形量。桁架封闭后的竖向构件差异变形引起的次应力是无法释放的。另外，基于相应区段结构标高的考虑，可将区段桁架层封闭至结构完成时，区段内巨型柱与核心筒压缩变形相等的部分考虑进去。

结构施工采用绝对标高立模时，在构件鱼腹式变形拐点以下部分，竖向构件变形补偿量值考虑桁架封闭前区段的竖向变形量；鱼腹式变形拐点以上部分，竖向构件变形补偿量值可通过相应区段桁架层两侧巨柱、核心筒的差异变形量予以控制，从而使混合结构桁架层间内力控制在允许范围内。

最后进行区段补偿后桁架内应力分析。通过合理分析确定核心筒、巨型柱各区段的补偿值，并对施工已完成的结构进行过程中监测，收集控制参数，比较理论计算和实测结果，调整施工中产生的误差，使结构的位置、变形和内力始终处于有效的控制之中。

3. 智能化钢结构安装控制

智能化钢结构安装控制是指在钢结构工程整个安装过程中，通过采用智能化技术方法，完成钢结构的定位、测量、安装、连接节点固定、位形控制、应力控制，实现钢结构精准高质量的安装。智能化钢结构安装控制通常包含智能化钢结构制作安装、钢结构竖向位形控制技术、钢结构整体施工控制技术等关键技术。

（1）智能化钢结构制作安装

以某大跨度钢结构工程安装为例，在现场进行智能化钢结构制作安装应用时，首先应在钢结构深化设计阶段，通过建立数字化模型，提供加工厂构件的主要参数数据；之后，在钢结构加工制作阶段，通过转换参数数据，实现机器人自动切割下料、组装、焊接，并采用实体构件与理论模型的虚拟比对，实现构件质量的校验，如图 6-22（a）所示；最后，在进行现场钢结构安装阶段，通过构件编码识别，读取构件的基本信息，并通过自动测量技术，即时反馈异形构件安装精度偏差数据，实现异形钢结构的高质量快速安装，如图 6-22（b）所示。

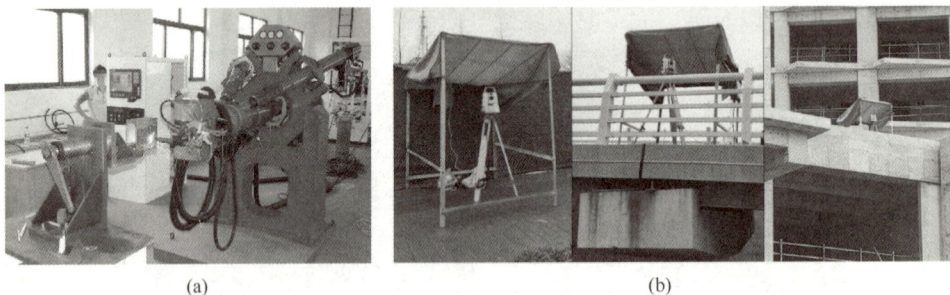

图 6-22　智能化钢结构制作安装
（a）机器人切割下料；（b）异形构件自动测量技术

（2）钢结构竖向位形控制技术

在大跨度钢结构施工时，钢构件通常采用加设临时支撑分段合拢的施工方法，通过采用临时支撑来起到控制结构竖向位形的作用。常用的临时支撑主要有恒力支撑及预紧力支撑两种形式，该两种是利用液压千斤顶进行动态控制竖向位形，其具体工作原理如下：①恒力支撑形式，如图 6-23（a）所示，主要是通过顶部液压千斤顶控制支撑轴力，确保每一根支撑的轴力均为设计值，当竖向轴力超过或低于设置值时，通过千斤顶回缩或顶升，使得千斤顶始终为一恒力值。其卸载过程通过同步等比例分步降低千斤顶液压值，能更加精准可控地实现结构的受力转换。②预紧力支撑形式，如图 6-23（b）所示，主要是通过顶部液压千斤顶实现支撑的拉压控制，通过预压提前消除临时支撑自身竖向变形，通过液压千斤顶牵引顶部钢结构，限制钢结构因张拉作用而向上位移，确保钢结构安装位形始终处于设计坐标。其卸载过程通过液压千斤顶同步顶升，实现结构自动脱离支撑卸载。

(a) (b)

图 6-23　竖向位形控制技术
(a) 某项目恒力支撑技术；(b) 某项目预紧力支撑技术

（3）钢结构整体施工控制技术

钢结构整体施工控制系统由总控箱、分控箱、泵站、液压千斤顶、位移传感器等组成，系统的功能包括：顺序控制、偏差控制、操作控制、安全控制。钢结构整体施工控制需要先建立基于计算机控制的整体施工控制系统，该系统通过运用油压泵压力系统和计算机同步控制系统交互作用，实现结构施工的参数化、自动化，通过可视化工作界面实时反馈结构整体（或分块）的位移数据、应力应变、千斤顶反力等数值。现场施工时，如图 6-24、图 6-25 所示，通过基于计算机控制的整体施工控制系统指挥液压系统的集群作业，实现结构整体（或分块）沿着既定轨道（直线或曲线）位移，完成结构整体（或分块）的竖向位移（提升、下降）以及结构的整体（或分块）绕固定轴旋转位移（滑移、旋转、张拉），使得结构最终到达理论设计位置。

4. 施工质量智能化验收与整改

（1）施工质量智能化验收

现阶段施工质量智能化验收，主要是基于三维数字化模型与智能装备相结合的智能验收技术，根据建筑三维数字化模型自动生产各检验批次质量验收表，采用激光测量仪等智能装置自动识别测量各检验批次的验收内容，通过互联网智能移动终端，将激光测量仪的验收数据自动导入各验收内容的质量验收表。施工质量智能验收实现了质量验收规划、验收数据采集、验收结果分析等一系列验收程序的自动化和实时化，有利于提高质量验收效率和准确性。下面以某办公建筑施工质量验收为例进行说明，其主要实施方法如下：

图 6-24　南京金鹰空中连廊整体提升

图 6-25　G60 科创云廊屋盖拼装钢平台整体提升

1）基于建筑的三维数字化模型中的质量检验批次信息，参照质量验收规范并结合实际工程待检构件数量、检验批次区域、质量验收内容等因素，自动生成各检验批次的质量验收表，并将建筑三维数字化模型与各质量验收表之间建立一一对应的关联数据关系。将需要验收的质量批次验收表根据质量验收进度的匹配要求，打印生产纸质验收表，与此同时，将电子版的验收表传送至质量员移动智能终端的质量验收系统中。

2）接下来质量验收员根据质量验收的要求，将各质量验收批次的质量验收表的纸质版张贴在对应待检验批次位置上。质量员到达现场，验收时采用在互联网移动终端上安装的质量验收系统检查各检验批次的质量验收表，这样质量验收员既可以扫描设置于构件的质量验收表标识，也可以从移动终端内的管理系统里查找选择待验收对象的检验批次。

3）按照移动终端内验收管理系统对各检验批次质量验收表的要求，选择某一验收项，弹出验收截面窗口。验收质量员采用激光测量仪等检测装置对验收构件进行测量，得到构件验收所需的具体数据信息。

4）构件检测装置将得到的构件数据信息传送至智能终端质量验收管理系统中，而后管理系统将接收到的数据信息导入与之关联的构件验收数据项中。调用验收管理系统中的质量验收分析程序，将导入的实际数据信息与标准构件质量验收要求进行比对，分析构件的验收项目是否合格，最后将结果即合格率反馈在构件的质量验收表中。

5）将质量验收分析程序的结果上传至三维建筑信息模型中，便于质量验收成果展示。

（2）施工质量智能化整改

现阶段施工质量的智能化整改，主要以采用基于智能移动终端的施工质量整改为主，其基本操作流程主要包括提出质量整改表、处理质量整改表、结束质量整改表三个方面的内容。

1）提出质量整改表。当施工管理员发现施工现场出现施工质量问题时，可随即应用智能移动终端提出质量问题，并对提出的质量问题进行说明，包括现场质量缺陷照片和施工文档等信息的上传，如图 6-26 所示。然后施工管理员根据具体出现的质量问题，选择需要协助处理的相关专业分包表位，确定处理问题的优先级和问题处理截止时间，项目管理领导根据问题提出处理意见。质量管理系统根据具体质量问题和各方处理意见制作质量问题整改表。

2）处理质量整改表。根据质量管理系统的质量整改流程，项目质量负责人通过智能移动终端接收质量问题以及处理问题的消息。现场施工人员将整改后的质量问题结果以图片或文字描述的形式上传至质量管理系统中。

3）结束质量整改表。项目质量负责人和提出质量问题的管理人员根据实际处理的情况信息，对质量问题进行线上审核，并应同时进行施工现场质量审核，如审核通过，则结束该质量整改问题表。

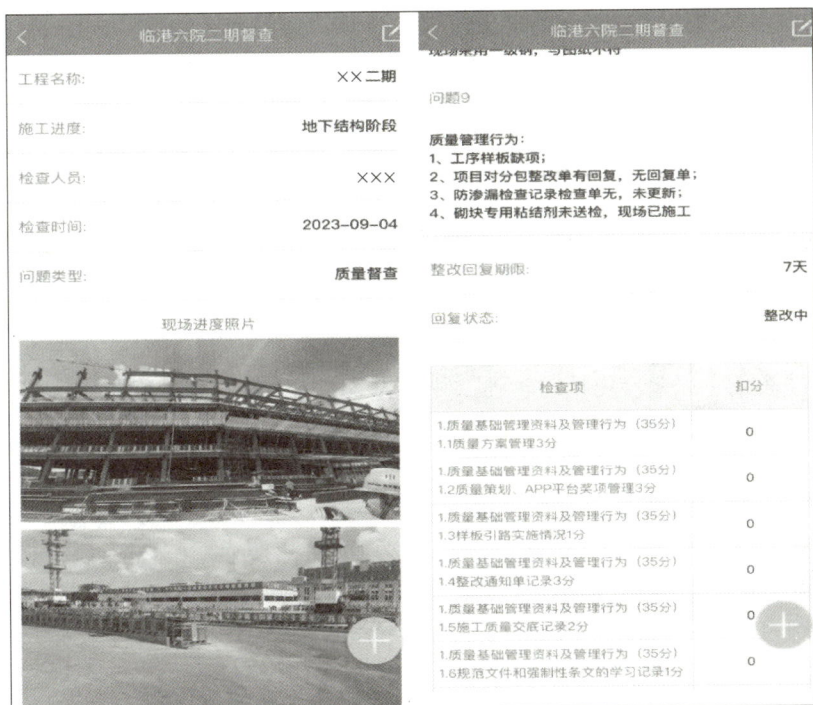

图 6-26　某智能化质量检查整改系统

（3）施工质量智能化分析

进行施工质量智能化分析的重点，是基于大数据挖掘技术，将质量管理系统中出现过的质量问题数据进行统计分析与深度挖掘，定量计算施工现场中不同专业和不同单位出现质量问题的情况，以便项目现场质量管理人员对现场施工质量情况、各专业协同整改问题效率等提供评估数据。现场施工人员可基于此来评判当前施工质量处置程度到位与否。

建筑施工中除了前期项目设计偏差、施工管理不力、设备未到位、天气影响等不利因素导致工程质量问题外，还存在施工中客观存在具有因果关系的因素影响工程质量。因此，关于现场施工质量的智能化分析，首先应采用大数据分析技术对质量管理平台系统中大量工程项目质量管理数据进行充分挖掘，基于分析结构给出决策意见。其次，基于大数据的施工质量智能化分析技术，处理好建筑工程各种质量资料数据以及各相关建筑产品检验的资料，并且质量管理人员与现场施工人员之间的数据应具有实时性、同步性、准确性和共享性。最后，对于结构化数据的挖掘，应对各不同专业工程领域建立统一的、具有一定关联规则的数据库，以便提高数据分析精度；对于非结构化数据的挖掘，可采用数据检索技术进行质量数据分类管理。

6.5.4 智能化施工安全管理

智能化施工安全管理是指施工管理人员及施工作业人员，通过采用工程物联网与智能化控制系统相结合的方式，对现场施工生产所涉及的各项安全风险要素进行管理，其重点是做好现场工程本体施工以及施工作业人员、施工机械设备以及施工环境等施工安全风险要素管理。这里以工地现场施工作业人员、施工机械、施工环境等为例进行说明。

1. 施工作业人员位置、状态智能化识别与管控

施工作业人员位置、状态智能化识别与管控主要是指对工程施工现场作业人员的空间位置、活动区域权限、心率、体温、血压、血氧、心理健康、疲劳状态等进行表征和管理，主要分为施工作业人员空间位置管理、施工作业人员生理状态感知、施工作业人员心理状态评估三种类型。

（1）施工作业人员空间位置管理

施工作业人员空间位置管理主要是通过采用中国北斗导航系统、全球定位系统（GPS）、地理信息系统（GIS）、射频识别技术（RFID）、超宽带（UWB）、5G、蓝牙等信息技术，通过在施工作业人员的穿戴设施或衣物上内置传感器，动态掌握施工区域作业人员的实时位置信息以及历史运动轨迹，并结合施工风险管控理论以及现场施工的实际危险源产生情况，分析、评估和预警施工人员的行为、空间位置权限，实现施工作业人员空间位置的精准管理。施工作业人员空间位置管理主要分为室内定位管理与室外定位管理：①室内定位管理，主要是采用蓝牙、超声波、紫蜂（ZigBee）、远距离无线电（LoRa）、UWB 等无线通信定位技术来进行人员空间位置管理。其中蓝牙、ZigBee、LoRa 等技术可在施工现场场景下实现粗略定位；UWB 定位技术精度较高，可实现室内高精度定位，此技术在深基坑、长大隧道、封闭空间等场景下应用范围较为广泛。②室外定位管理，主要采用中国北斗卫星导航系统、美国 GPS 卫星导航系统、俄罗斯格洛纳斯（GLONASS）卫星导航系统、欧洲伽利略卫星导航系统等卫星定位方式来了解掌握施工作业人员的空间分布。采用卫星定位系统对于室外场景开阔和平面位置确定时应用效果较好，但在钢筋混凝土包裹的室内定位精准度方面则有所不足，现场应用时多辅以蓝牙技术来判断施工作业人员的精准位置。

（2）施工作业人员生理状态感知

施工作业人员生理状态感知主要是采用物联网设备感知和反映现场施工人员的生理健康特征，分析现场作业人员施工过程中的身体健康指标及其状态，评估施工作业人员的生理疲劳状态及相关安全行为。施工作业人员生理健康特征感知主要是通过智能穿戴设备来实现相关数据的采集和识别，主要有以下 4 种：①头戴式智能穿戴设备，该感知设备主要包括具备一般安全防护功能以及语音识别、图像识别、定位识别、通信联络等功能的智能安全帽和智能眼镜；②身着式智能穿戴设备，主要是指服饰类穿戴设备，通过在作业人员穿戴的上衣、裤子、内衣等服饰里面安装内置式的传感器来读取现场作业人员的体表温度、心率、呼吸频率等健康状态信息，并在工人的穿戴服饰上或后台管理软件系统上显示该施工作业人员的体征信息；③手戴式智能穿戴设备，主要包含智能腕表、手环等，通过在腕表或手环上内置传感器来实时获取现场施工作业人员的体温、血压、脉搏、血氧含量等生理健康参数，通过采集该作业人员生理健康参数来评估其生理健康状况；④脚穿式智能穿戴设备，主要包含施工作业用的鞋类和袜子类等，通过在施工人员所穿的鞋子和袜子中内置地理信息系统（GIS）、加速度模块、计步器等感知传感器，动态掌握施工作业人员的空间位置、历史轨迹、运动量、疲劳程度等信息。

（3）施工作业人员心理状态评估

施工作业人员心理状态评估主要是指通过采用问卷调查、观察法和测验法等技术方法，对施工人员的心理健康状态进行系统深入的调查分析，并综合考虑施工作业人员的安全心理、现场作业安全管理影响因素等之间的相互作用，利用其相互作用关系来建立分析模型，结合施工作业人员的智能穿戴设备监测结果来评估施工人员的行为特性，基于此来辅助管理者对施工作业人员的各类不安全行为进行判断、工作胜任力进行评判以及各类管理决策进行判断。施工作业人员心理状态的评估方法主要有评定量表、标准化测验、临床访谈和行为观察四种，其中在建筑施工领域应用较多的是评定量表方法。

2. 智能化工程施工机械安全状态管控

智能化施工机械安全状态管控主要是指通过采用智能化识别、智能感知等监测手段以及相应的智能化分析识别方法，从整体或关键部位部件方面了解和掌握施工机械设备的程序状态、运行状态、性能状态等关键信息，基于这些关键信息，根据施工机械设备的运行状态稳定性、安全隐患和风险识别预判、异常状态跟踪等进行推演、分析、判断和管理，确保施工机械的高效安全运行和作业。

（1）识别对象

现场施工应重点识别塔式起重机、施工升降机、混凝土泵送系统等施工机械的安全状态。关于塔式起重机的施工状态识别，应重点对塔式起重机的运行状态、控制程序的安全状态、连接支撑部位的安全状态、群塔空间位置及其状态等进行识别，并对塔式起重机的工作台班数、工作时间、起重量、幅度、高度、应力、应变、角度、重量和力矩等主要参数进行监测。对于混凝土输送系统的施工状态识别，应重点监测混凝土输送泵及管道的状态，通过实时监测与分析混凝土输送系统施工过程中的振动、噪声、液位、压力、倾角、温度等关键参数，来综合判断混凝土输送泵的机械故障和管道堵塞问题。对于施工升降机的施工工作状态识别，应重点监测其乘员数量、载重量、运行高度、升降速度、振动、加速度、导架垂直度和楼层等信息。

（2）识别应用

施工机械的安全状态识别是多种智能化技术的综合集成，包括智能传感器技术、工程数据采集分析技术、工程无线传感网络与远程工程数据通信技术、状态信号识别分析模式与处理技术、图形识别与处理技术等。通过对施工机械不同的物理参数可采用相应的监测识别方法，例如应力—应变参数的采集可根据实际需要采用电阻应变片、振弦式应变计、光纤光栅应变计等传感元件。通过对关键参数的识别采集，可以获取工程关键数据，例如通过对塔式起重机、施工升降机、混凝土泵送系统等施工机械状态的识别，可以实时了解掌握各类施工机械设备的相关状态数据信息，基于此来形成施工机械智能化算法来预判、识别和发现各类施工机械的异常状态征兆并进行异常预报，可以方便管理人员有针对性地采取控制措施，进而减少施工机械设备的故障，防止现场施工机械方面的安全事故发生。

（3）识别控制流程

通常施工机械安全状态识别控制的流程主要包括数值模拟、点位布设、数据采集、远程传输、综合分析和诊断交互等环节。实现识别时首先通过对施工机械设备运行过程中的各种可能工况建立数值仿真模型来模拟分析其性能，基于此寻找施工时最不利的控制点位，并在施工机械上布设相关传感器元件来采集数据，之后将相关数据信息传输到远程终端，对数据进行分析处理，形成智能化控制算法，并结合智能化程序系统进行分析处理，再通过现场工控机进行分析、评估、预警以及反馈，实现对施工机械安全状态的识别与控制。

3. 智能化现场施工环境风险管控

智能化施工环境风险管控是现场施工管控的重要工作，主要是采用精密传感器、AI视频监控、物联网、大数据分析、云计算、AI算法等先进智能化技术，完成对施工建造活动过程中施工现场区域环境风险影响因素的实时监测、可视化展示与精准管控，如图 6-27 所示。智能化施工环境风险管控不仅要采用智能化技术确保工地现场红线以内的施工区域内的环境达到安全、文明、绿色施工要求，确保现场施工整洁有序、防尘防噪、绿色文明施工的目标；同时要采用智能化技术对红线以外的施工周边区域环境风险管理，尤其对于中心城区施工还需充分降低因施工作业导致周围交通、商业及居住环境质量的影响。

图 6-27 某建筑施工环境风险监控平台

（1）智能化施工环境风险管控内容

智能化施工环境风险管控主要包括以下三个方面：①基于工程物联网的工地施工噪声、扬尘、温湿度、风力风向等关键作业环境的管理；②基于 AI 摄像头的施工车辆、机械等进出场的清洁度和状态的智能识别；③基于无人机巡检的施工场地周边道路交通的硬化、固化或绿化识别。

（2）智能化施工环境风险管控流程

智能化施工环境风险管控的实施流程主要包括以下六个方面：①结合现场施工的实际情况，搭建智能化施工环境风险管理平台系统；②联合政府环保部门、甲方管理部门以及现场各参建方共同制定管理平台系统的统一运行数据标准；③环境监测数据采集仪器的采购及安装；④确立环境监测预警机制，编制智能化预警程序，形成分级报警预警机制并及时排查；⑤安装环境主动控制设备根据预警提示完成施工区域环境的主动控制；⑥根据平台数据完成对施工场区环境风险的整体评价。

（3）仪器布设及数据采集

通过在施工现场布设智能化环境监测仪器，实时采集施工现场的扬尘、施工噪声、进出场施工车辆清洁度和安全状态，以及施工场地周边道路硬化、固化或绿化等环境因素信息，并将采集的环境监测数据按照统一标准进行分类整理和实时分析，对照环境状态分级评价标准，实现对施工现场环境状态的识别。

（4）平台化环境管控实施

进行现场智能化施工环境风险管控时，一般会开发有专门的施工环境状态识别管理系统，该环境状态识别系统主要由前端数据监测采集设备、数据传输系统、数据处理系统及远程监管平台4部分组成。以现场施工扬尘的监测为例，根据监控需求的不同可在扬尘仪内置不同的高精度传感器，获取 TSP（总悬浮颗粒物）、PM_{10}、$PM_{2.5}$、风向、风速等扬尘要素的实时数值；采用无线通信网络将相关环境监测数据实时上传至平台的后台数据处理系统；平台的后台数据处理系统会自动分析扬尘污染等级并发布告警信息，并进行扬尘等施工环境状态数据的记录、查询、统计、报警和报表输出等功能。环境状态识别系统通常可与现场环境治理设备联动，实现环境状态识别与现场作业流程、环境治理设备的一体化联动处置。继续以现场施工扬尘的状态识别为例，扬尘监测系统可与现场雾炮喷淋设备联动，当扬尘浓度达到设定值时系统会自动开启喷淋作业直至扬尘浓度降低至设定最低值时自动关闭，也可手动远程开启现场喷淋系统和雾炮机等设备，实现施工现场扬尘状态智能识别、按需降尘。

6.6　应用案例

6.6.1　应用案例1：推土机施工作业调度

1. 项目背景

本项目以推土机智能施工进行说明，包含：土方施工场地三维建模与土石方计算，施工方案生成和作业调度，施工数据实时监测预警等功能。在项目实施过程中，结合智能施工系统及遥操作平台进行作业控制，详见二维码6-4。

2. 系统架构

土方智能施工系统通过建立智慧施工调度指挥室、土方工程机械和智能控制终端来实现，如图 6-28 所示。其中，智慧施工调度指挥室可以实现边缘计算和施工过程的动态调度，并通过 T-box 智能终端设备控制土方机械进行施工。

视频6-4 土方机械施工智能调度应用案例

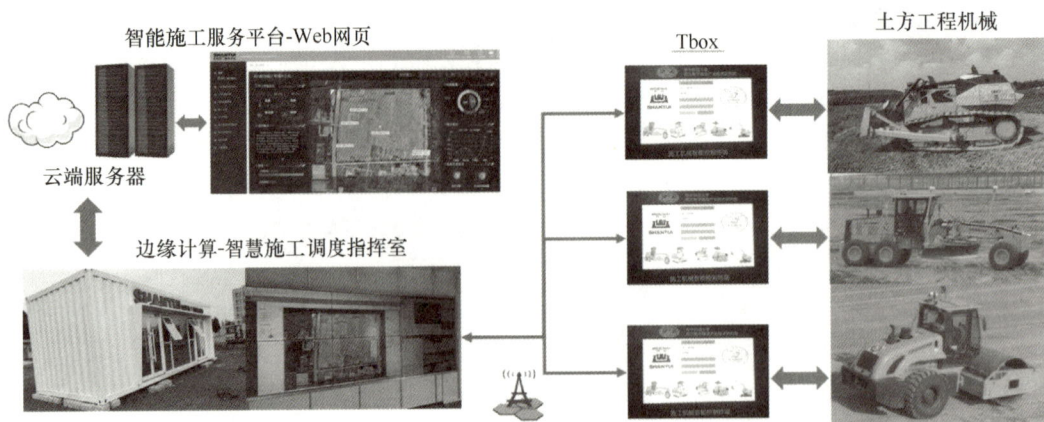

图 6-28　土方智能施工系统

3. 功能实现

（1）场地建模与土石方计算。通过三维重建技术为项目建立实景模型，提供更为丰富、直观的数据信息，便于更好地了解项目施工进度，进而辅助管理人员进行合理的项目决策。场地建模与土石方计算可以提高土方工程计算的精度和效率，该部分的主要内容是通过异构模型间半自动/自动的局部和全局配准算法，识别实际土方模型与计划模型间的差异，计算基于三维模型的待挖区和待填区体积，如图 6-29 所示，能够为施工规划提供支持。

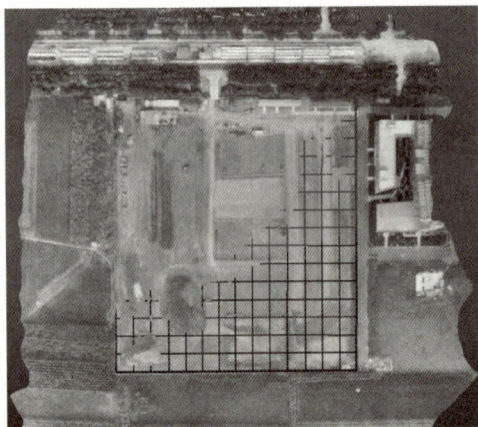

图 6-29　场地建模与土石方计算

（2）施工方案生成和作业调度。基于 BIM 模型、场地模型和施工进度计划网络图，自动生成每周所需完成的工程量。通过 BIM 模型和场地扫描模型精准确定每周所需完成的工程量；对于每周的模型比对结果，基于待挖区域和待填区域的土方量，生成该周的施工指令和作业段信息，如图 6-30 所示。基于所生成的施工指令，进行施工任务智能调度。输入工程机械资源，在单机或多机情境下建立实时施工任务时空网络模型，生成施工任务分配决策模型，规划每台机械的施工计划和动态路径。按照确定的最优化目标，满足避障和最短路径的需求，选择适合工程机械作业特点的路径规划算法，生成路径。通过施工完成情况，进行完成度检查，生成施工情况报表。

（3）施工数据实时监测预警。基于施工数据实时监测预警方案，实时监测工程机械运行数据、作业数据等，并进行统计分析，提供智能预警。根据监测历史数据，生成实时统计分析图表，如机械工作时间曲线、机械油耗、油耗率曲线等，为设备运维优化提供决策数据支持。实时自动计算和统计施工单元的碾压遍数、作业面积等，并在系统上可视化显示，如图 6-31 所示。

图 6-30　施工区域作业段信息

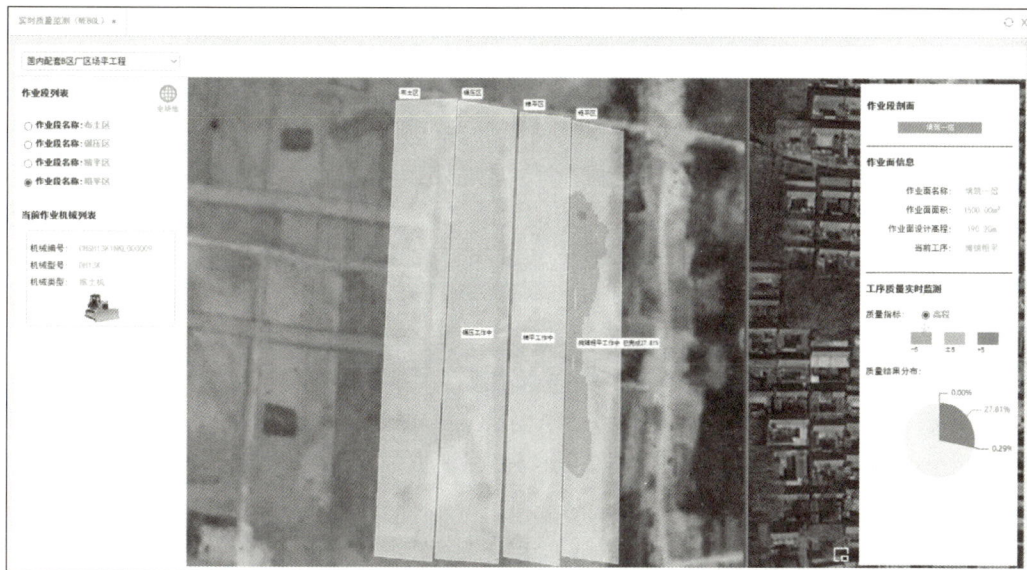

图 6-31　施工质量监控

（4）推土机遥操作施工。土方施工遥操作平台是保证人员安全的技术手段，在矿山排土、水利工程和核废料处理等极端工况中有着广阔的应用前景。在土方智能施工系统的支持下，推土机遥操作平台可以实现实时准确的环境感知及作业交互。其中，推土机传感器采集的多维异构数据与遥操作平台进行数据交互。结合 4D 全息光场技术和 360°全视野监控技术，确保施工安全高效进行。在物理世界中，遥操作平台上安装有眼动跟踪仪器，可以实时追踪操作手眼睛的注意力，实现三维画面视角的动态调整，进而支持操作手通过遥操作平台控制推土机施工，如图 6-32 所示。

设备信息实时监控终端　　裸眼3D车载视觉模块　　无人机三维实景模型

全息声光力遥操作平台　　无人驾驶推土机

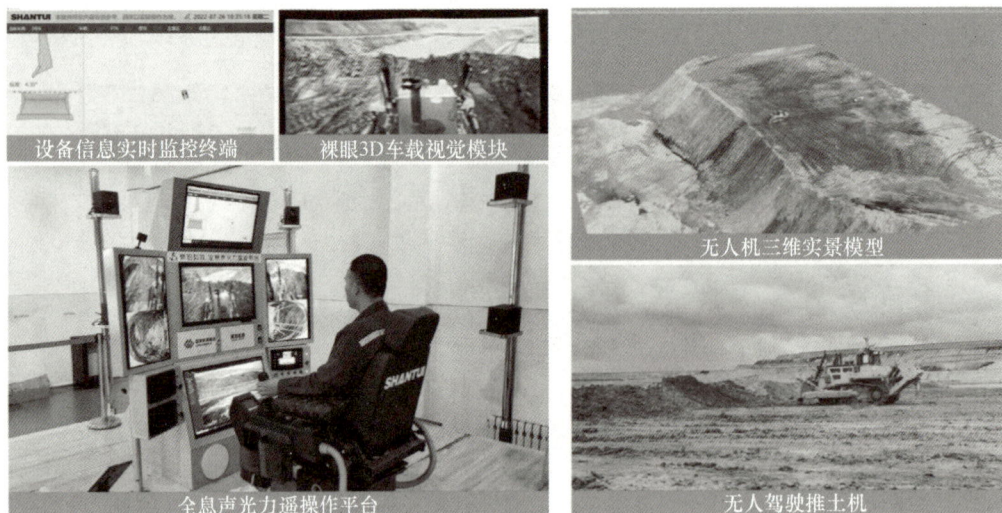

图 6-32　推土机施工过程遥操作

6.6.2　应用案例2：超高层建筑智能建造应用

该项目为某超高层建筑，位于城市中心区，周边高楼林立、紧邻运营中地铁。该工程高 400 余米，地下 3 层，地上 80 余层，总建筑面积约 25 万 m²，是一座集酒店、办公、会展于一体的综合性建筑。该工程在建造过程中，首先采用轻量化 BIM 技术，建立了工程实体的完整模型，之后引入人工智能算法和软件平台系统，针对地下工程开展了智能化基坑施工微变形控制技术应用，针对核心筒施工开展了智能化整体空中造楼机模架装备施工应用，针对现场施工安全管理开展了智能化施工现场作业人员安全管理应用[7]，详见二维码 6-5。

视频6-5　某超高层建筑智能建造应用案例

1. 智能化基坑施工微变形控制

基坑施工主要采用深大基坑钢支撑轴力伺服系统进行微变形控制，通过将高精度传感器技术、数据通信技术、机电自动化控制技术、计算机处理技术以及远程网络技术等多项现代高科技技术有机集成起来，采用若干带轴力位移加载器系统的钢支撑进行钢支撑轴力加载支撑施工，实时监控施工引起的软土深基坑工程围护体结构变形。其总体结构设计原理和支撑实物如图 6-33、图 6-34 所示。

项目通过采用智能化监控工作站及远程监控平台，全面监控所有泵站的实时运行情况，包括各油缸压力、设定压力、泵站状态（包括电机正常、过流跳闸、液位、传感器电气故障、传感器冗余状态、液压阀电气故障等状态信息），油缸压力和设定压力以图形化形式显示；并可运行参数设定（设定压力等）。可实时采集运行数据（主要为压力）并存储至计算机硬盘长期保存，并按要求（时间段等）以图形形式显示以及打印报表，也可将数据导出为 Excel 表格，现场监控工作站如图 6-35 所示。

远程监控平台主要展示各测点监测数据、理论数值、当前状态、是否有预警，如图 6-36所示。网页端仍然采用原钢支撑加载系统的界面风格，支持浏览器通过网络直接访问查看。

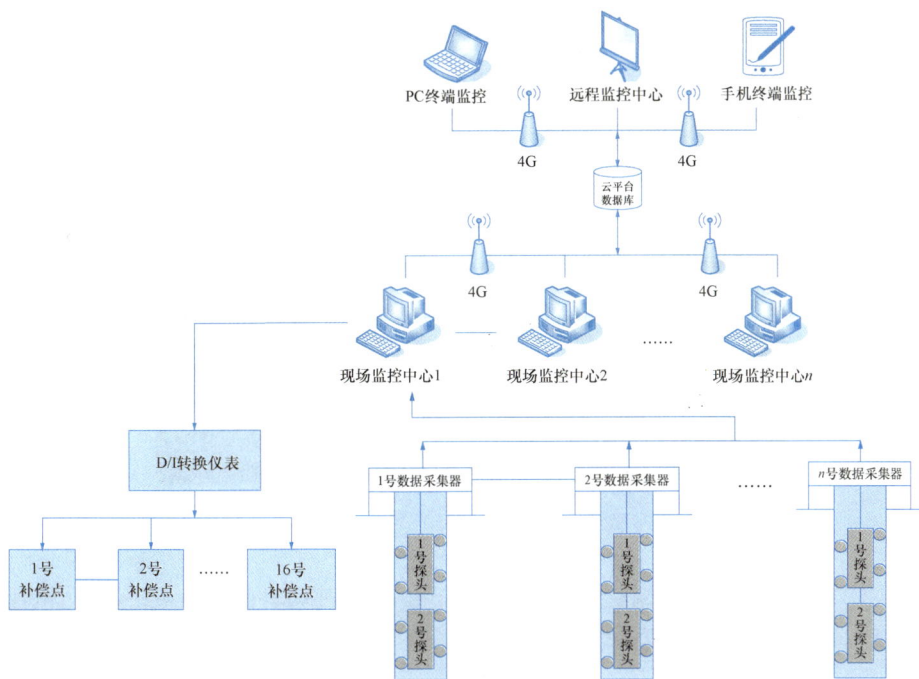

图 6-33　总体结构设计原理图

图 6-34　现场钢支撑轴力伺服系统施工控制

通过列表方式展示各监测点数据、理论数值、预警消息等。点击任一测点可以查看该测点监测的历史数据（默认为 1 周），可以选择查看的时间段；通过曲线图展现历史数据变化。点击【查看测点布置】进入布置图查看界面，点击不同的测点，进入相应的界面查看该测点的历史数据。

2. 智能化整体空中造楼机模架装备施工

该项目核心筒结构施工采用智能化整体空中造楼机模架装备与大型塔机、混凝土施工布料机、施工电梯一体化集成的最新一代智能化整体空中造楼机装备，如图 6-37 所示，并辅以智能化整体空中造楼机模架装备监控平台系统，通过综合利用 BIM 虚拟仿真、物

图 6-35　现场监控工作站

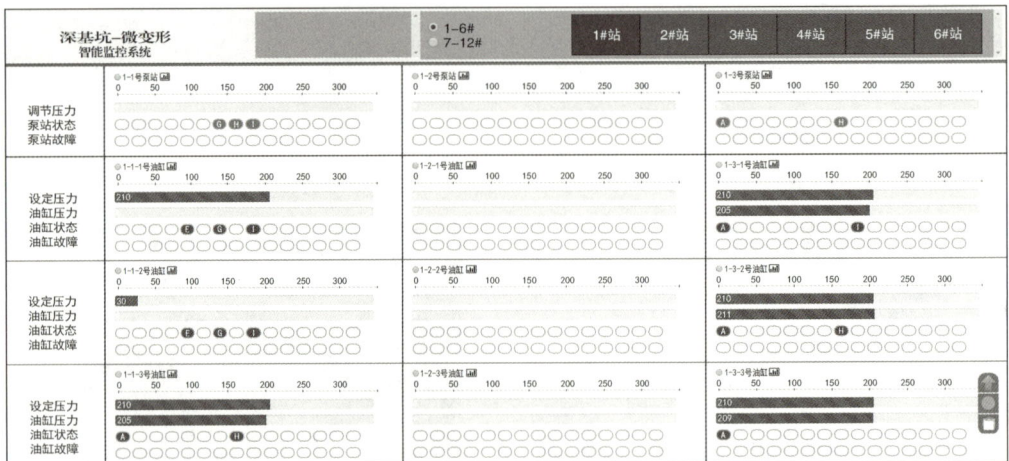

图 6-36　远程监控平台总体界面

联网、无线传感、有限元分析、视频监控等技术，对其施工过程的爬升模架设备安全状态监测预警及主动控制，实现造楼模架装备施工全过程的模架装备姿态与周边环境的一体化集成感知、监测、评估、预警与控制。

（1）监测体系构建

该智能化整体空中造楼机模架装备监控系统从整体空中造楼模架装备体系构成出发，分别从钢平台子系统、吊脚手架子系统、筒架支撑子系统、筒架爬升子系统、钢梁/钢柱爬升子系统、模板子系统等子系统出发，以各子系统的监测内容构建智能化整体空中造楼机模架装备监测体系，本项目智能化整体空中造楼机模架装备的具体监测内容如图 6-38 所示。

图 6-37　整体空中造楼机装备

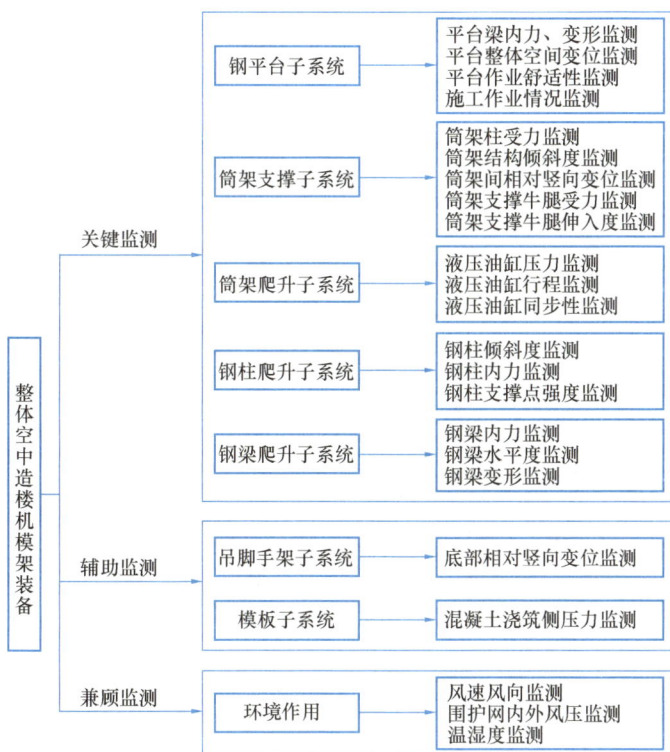

图 6-38　整体空中造楼机模架装备监测内容

（2）控制体系构建

关于智能化整体空中造楼机模架装备的控制体系，主要是根据上述监测体系的监测内容分析结果来构建，其工作重点是做好爬升机构的控制，本项目智能化整体空中造楼机模架装备的爬升机构主要控制内容包括装备爬升状态下的爬升速率、爬升平稳度、爬升同步

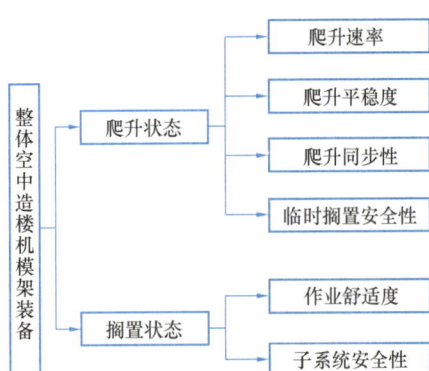

图 6-39   整体空中造楼机模架装备控制对象

性、临时搁置安全性以及装备搁置作业状态下各子系统的安全性、作业舒适度等，如图 6-39 所示。需要注意的是，当环境风速超限或内外风压差距较大时，应按最不利施工工况进行控制体系安全验证。

（3）智能监控系统应用

1）智能化整体空中造楼机模架装备监控系统开发

智能化整体空中造楼机爬升模架装备远程智能监控平台，通过采用多源异构监测数据高效集成、测点与数据、预警信息高度融合技术，对整体空中造楼机模架装备安全状态进行远程感知与预警；通过构建整体造楼模架装备 PC 端监测系统模块，涵盖项目管理、数据查看、数据分析、安全预警以及用户权限管理等功能，并利用 WebGL 等技术开发相应的功能模块，构成整体造楼模架装备 PC 端监测系统，实现对环境风速、风向、倾角、应变、水准、液压油缸压力、液压油缸行程等数据的实时接入和在线查看，并具有项目管理、数据分析、安全预警以及系统管理等功能，以确保整体空中造楼机模架装备的高效安全使用，如图 6-40 所示。

图 6-40   整体空中造楼机模架装备远程智能监控平台

2）监控预警值设置

通过在整体空中造楼模架装备监控系统使用前设定预警值，实现对支撑牛腿、爬升立柱、筒架立柱、钢平台水平度等监测内容进行监测预警，当监测数据达到系统预警值时，监控中心便会发出报警，施工人员根据报警内容作出及时处理，避免模架风险问题进一步扩大。智能化整体空中造楼机模架装备监测信息预警参数设置界面如图 6-41 所示。

图 6-41 监测信息预警参数设置界面

3）整体空中造楼机模架装备爬升控制过程

整体空中造楼机模架装备爬升过程分为三种工作模式：预顶升模式、自动模式、手动模式。预顶升模式与自动模式能够根据监控软件设置参数自动进行整体空中造楼机模架装备爬升控制，具体参数设置内容如图 6-42 所示。当自动模式无法完成同步顶升控制，启用手动模式解决个别油缸爬升不同步问题。预顶升模式开始前需设置预顶升参数，使整体空中造楼机模架装备进入油缸顶升准备阶段；待全部油缸对整体空中造楼机进行支撑作用后，开启自动模式，整体空中造楼机模架装备进入正式顶升过程，整体空中造楼机模架装备在油缸数次顶升作用下完成整个爬升过程。

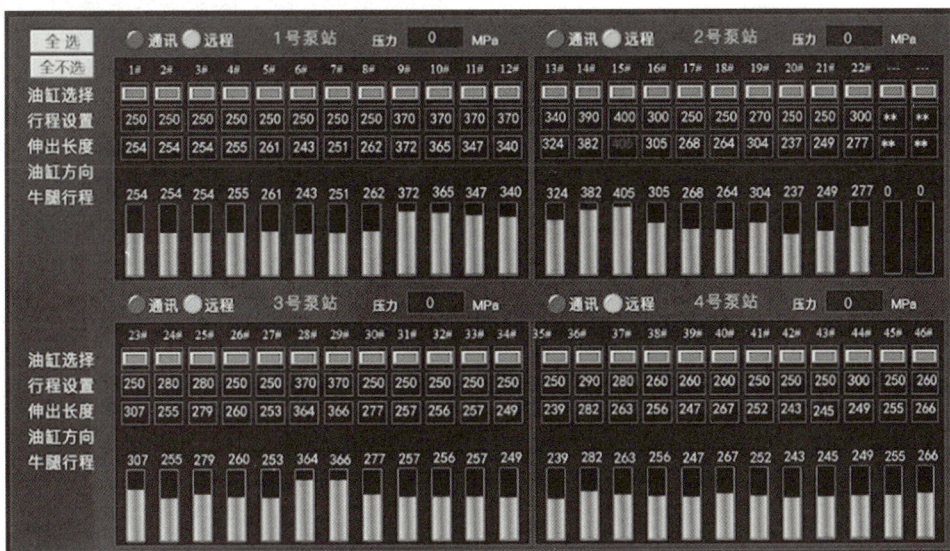

图 6-42 支撑爬升油缸控制与监测

4）支撑牛腿压力监控

支撑牛腿压力监控主要是实时监测支撑牛腿的压力与位移状态，确保整体空中造楼机搁置状态安全性。其主要监控方式是在支撑牛腿位置布设压力传感模块以及位移传感模块，通过监控平台掌握支撑牛腿作业全过程状态信息，完成支撑牛腿伸缩过程反馈控制。

智能支撑牛腿压力传感模块置于牛腿前端位置，位移传感模块内置于支撑牛腿油缸，如图 6-43、图 6-44 所示。

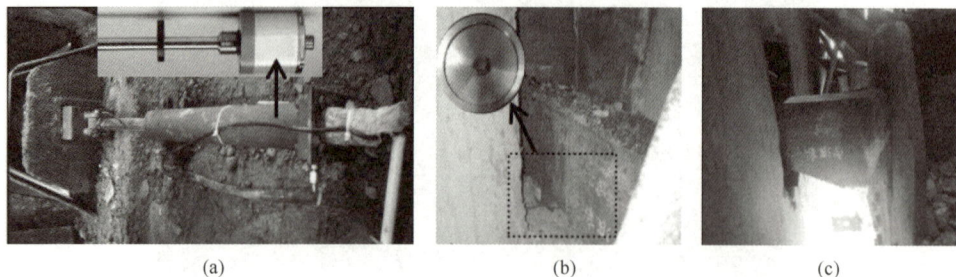

图 6-43　智能支撑装置

（a）油缸内置位移传感；（b）支撑压力传感；（c）支撑状态

3. 智能化施工现场作业人员安全管理

施工现场事故的主要原因包括高处掉落和机械碰撞等。这些事故的根本原因可归于两个方面：一是在于工人和现场机械、材料等物体在空间上处于错误的地点（例如工人出现在施工机械行经的道路上）；二是工人本身的防护设备穿戴不全或者工地本身防护设施的缺失。基于以上原因，本项目采用了智能化施工作业人员管理系统，通过集成图像识别技术和物联传感技术，实时监控工人、高风险机械设备以及各类防护设施位置和状态，实现对施工作业人员的智能化管理。

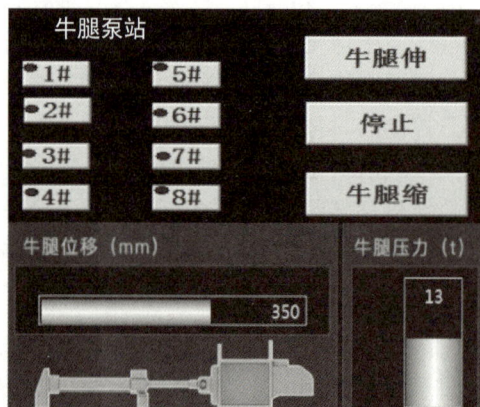

图 6-44　支撑牛腿监控平台

为保证施工现场工作人员施工活动时始终穿戴合格的安全保护装备，通过对施工现场工作人员的安全装备穿戴情况进行监控，并对未按照规定执行的人员进行警告。工作人员利用施工现场监控录像持续捕捉的图像数据，通过采用图像处理技术和深度学习算法，首先完成对施工现场作业人员的识别（利用 YOLO 算法）。在 YOLO 模型框定的工人图像上，使用图像分割技术分割出感兴趣区域，即施工人员的头部和腰部区域，利用图像特征（尤其是颜色柱状图）和 SVM 模型，识别出施工人员是否佩戴有安全装备（例如是否戴了安全帽或者如高空作业人员需佩戴的背带），其监控的整体技术思路如图 6-45 所示。

为更好地实现对施工作业人员的智能化监管，现场布设了用于采集现场工人和安全状态图像的固定摄像头（某品牌高清摄像头，支持 20 倍变焦）、用于追踪现场大型机械设备的 GPS 装置。为训练 Open-CV KCF 施工现场物体追踪模型和 VGG 安全设备识别模型，共采集 5200 张施工人员各种工作形态（例如站姿、蹲姿等）、主流安全防护设施和设备（例如安全帽、安全带、安全网等）以及施工机械的图像（例如挖掘机、可移动塔式起重机、卡车、水泥罐车等）。基于这些原始图像，通过使用图像增强技术共获取超 50000 张训练图像。在进行模型训练时，训练模型对训练集数据的测试精度达到 90%，对测试集

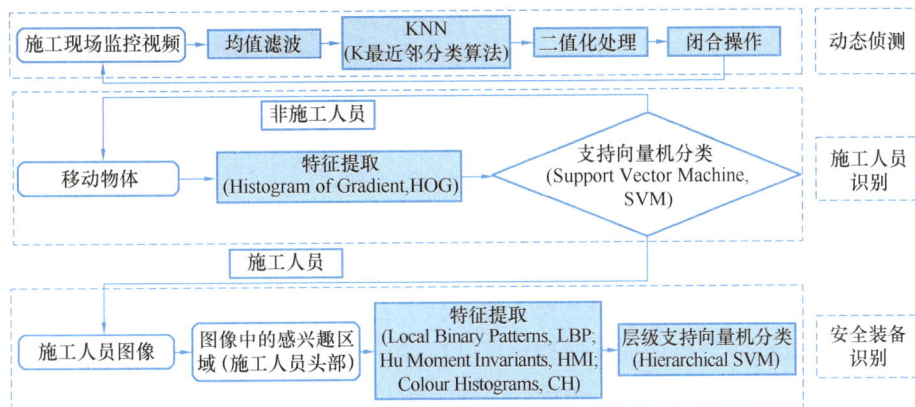

图 6-45　基于图像识别的安全监控流程

数据的测试精度也达到了 83%，满足工程需求。

除了防范现场施工作业人员机械碰撞风险及监控个人安全穿戴以外，施工作业人员在施工过程中还容易遭受突然性危险（例如高处坠落）、持续性的劳作和不利的外部环境（如高温）引起的身体伤害等危险。这些危险不容易立刻发现，但危害很大。因此，该项目还应用基于可穿戴传感设备的施工作业人员运动、体征和行为数据监控系统，对施工作业人员的异常动作及时作出预警和记录。

该施工作业人员运动、体征和行为数据监控系统主要监测以下几类不安全行为：

（1）为施工作业人员佩戴运动传感器（手环等）监控其肢体反应（如每日移动步数和移动速度）以及非正常的身体运动状态（尤其是不安全的动作，包括弯腰、屈膝、探身取物、上方够物、失去平衡、不安全的身体扭转等）。

（2）为施工作业人员佩戴体征传感器，重点监控施工作业人员心率、血压、体温等，防止施工作业人员出现心律失常和中暑等常见危险情况。本项目还进一步建立了施工现场的环境 BIM 模型，结合周边环境数据（空气湿度、温度、风向、风力大小等），采用计算流体动力学软件（CFD）进行空气流体分析，找到施工现场中暑等情况容易出现的高风险区域。结合风险区域数据和单体施工作业人员的体征数据，实现更加实时和准确的预警。

（3）采用内置压力传感器的鞋垫，获取施工作业人员的额外动作强度信息，评估施工作业人员是否存在超负荷施工、用力过度、重复性劳动等危险动作（如搬运、抓握等）。

以上三类监控均需要基于施工作业人员历史健康和体征数据训练异常值侦测算法。当监控设备获取的数据超过异常值侦测算法所认定的临界值，即通过可穿戴设备（例如手环）或者移动设备（例如手机）直接向风险人员报警。该智能化管理技术经项目实际应用验证，非正常身体运动状态识别预警准确率达到 87%，施工作业人员用力强度异常侦测准确率达 90%，中暑预警及危险区域识别准确率可达 83% 以上。

展望

智能工地已成为工程建设行业发展的趋势，深刻影响和改变着工程建设领域。但就目前发展现状而言，我国智能工地建设仍处于点上示范应用为主，成体系、产业化应用较少。智能化技术的研发与应用仍存在很多不足：一是工地大数据支撑和专项智能算法不足，缺乏系统的工地数据标准，将工地现场的各个环节所产生的数据从整体上进行数据和归类，挖掘数据资产的价值，难以形成精准的智能算法，尚无法充分发挥以数据支撑和推演工地作业决策和管理的作用。二是智能化模型和推演技术相对发展滞后，如针对工程领域的大模型技术尚处于初步阶段，建模和推演分析工作量巨大且烦琐，无法精准推演工程建设各环节及工程整体发展区域，提前预判和解决工程可能遇到的各种风险及问题。三是智能建造业务系统不明确，如典型应用场景不明确且智能化与工业化协同发展不足，多为以现有经验和工序角度去开展相关工作，没有从工业化角度出发去开展相关研究与应用工作，无法有针对性地形成可产业化的智能工地产品，故其工程应用效果不理想。四是智能工地研发与应用人才结构不合理，智能化工地相关技术与装备属于高端产品对于使用人员素质和知识储备要求较高，而应用端接受过高等教育的工作人员较少，无法深入了解和掌握智能工地相关的技术与装备，不能充分发挥相关技术与装备的功能。但随着智能建造技术的持续发展，通过加强顶层设计、加快标准规范和相关政策的制定，从具体场景的研究和应用入手，在解决实际工程问题中实现工程建造技术与装备的智能化升级，智能化技术给工地施工所带来的效益一定会越来越大。

本章小结

　　本章对智能工地的内涵与特征、关键技术的组成以及智能化虚拟施工、智能化施工作业、智能化施工管理进行了系统阐述。智能工地是数字工地的高级阶段，其关键是在数字工地的基础上建立大数据库，通过系统梳理总结形成智能算法，针对不同施工场景和工艺装置融入智能算法，对施工方案、工艺、装备、流程、管理等进行智能化属性赋能。对于智能化施工作业而言，与工业化施工的结合尤为关键，其智能化属性多以施工工艺与装备的智能化改造与提升来落地和实施。对于智能化施工管理而言，与平台系统的结合应用较为关键，其智能化属性多以在关键施工环节融入智能算法，从流程和过程控制进行智能化管理，进而达到智能化预期目标。就目前现状，我国智能工地建设多以点上的智能化施工和管理为主，成体系的应用相对存在一定不足。但智能工地是施工行业发展的必然趋势，对于施工行业的发展也将是颠覆式变革。

思考题

　　1. 简述智能工地的内涵与特征。
　　2. 简述智能工地的关键技术包含哪些内容？并举例说明智能工地中感知技术的典型应用方式。
　　3. 简述智能造楼机中的关键技术及应用方法。
　　4. 简述智能化建筑机器人施工关键技术及应用方法。
　　5. 请以施工管理中进度、物料、质量、安全中某一业务为对象，详细阐述智能化施工管理的过程。

【动手作业】选定施工人员、机械、结构构件中的某一对象进行实验设计，组装一个加速度传感器对该对象的作业工况数据采集。

关键知识点：理解本章智慧工地感知技术、传输技术等知识点。

作业指引：1）材料准备：单片机（如：STM32），加速度模块、通信模块、供电模块等；2）传感器组装：依托单片机进行加速度模块、通信模块与供电模块组装，在电脑端进行单片机开发实现加速度数据采集，开发方式与通信协议参考所购单片机的操作指引；3）设计施工作业场景及传感器部署方式进行，对人员、机械、结构构件中某一作业工况数据的采集。

本章参考文献

[1] 陈珂，丁烈云. 我国智能建造关键领域技术发展的战略思考[J]. 中国工程科学，2021，23(4)：64-70.

[2] 邵奇峰，金澈清，张召，等. 区块链技术：架构及进展 [J]. 计算机学报，2018，41(5)：969-988.

[3] 汪洋，杨太华，王文浩. 工程建设管理中区块链适用性分析与架构设计研究 [J]. 武汉大学学报(工学版)，2021，54(S1)：139-143.

[4] 丁烈云. 数字建造导论 [M]. 北京：中国建筑工业出版社，2019.

[5] 龚剑，房霆宸. 数字化施工 [M]. 北京：中国建筑工业出版社，2019.

[6] 房霆宸，龚剑. 建筑工程数字化施工技术研究与探索[J]. 建筑施工，2021，43(6)：1117-1120.

[7] 龚剑. 超高结构建造整体钢平台模架装备技术[M]. 北京：中国建筑工业出版社，2018.

7

智能物流

知识图谱

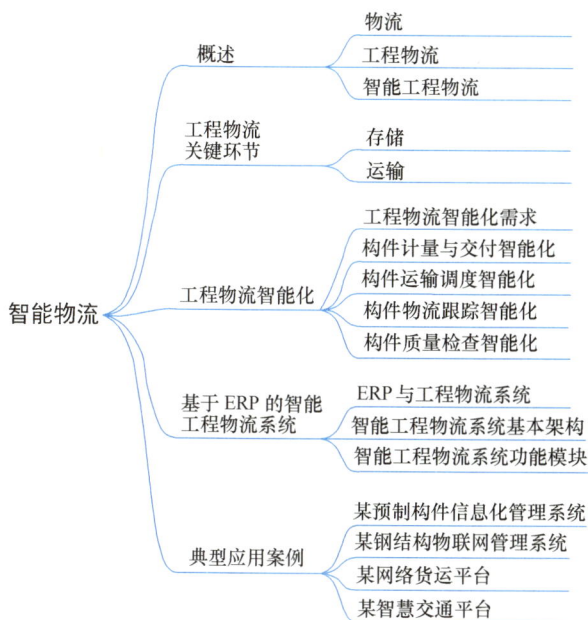

本章要点

知识点 1. 物流、工程物流、智能工程物流的基本概念与内涵。

知识点 2. 工程物流、智能工程物流的基本特征。

知识点 3. 工程物流智能化主要方向、方法与技术。

知识点 4. 智能工程物流系统基本架构和主要功能。

学习目标

（1）掌握物流、工程物流、智能工程物流的基本概念与内涵。

（2）熟悉工程物流、智能工程物流的基本特征。

（3）掌握工程物流智能化主要方向、方法与技术。

（4）理解 ERP 与物流系统的区别和联系。

（5）熟悉智能工程物流系统的基本架构和常见功能模块。

（6）了解工程物流智能化方面的实践。

7.1 概述

7.1.1 物流

物流是一种社会经济运动的形态，是商品流通的基础。美国市场营销学者阿奇·萧在1915年提出 Physical Distribution（实物配送）的概念，即如何把企业产品配送到客户手中，标志着物流概念的初步形成。随着社会经济的不断发展，物流在经济活动中的地位不断凸显，物流领域愈发得到重视。物流的概念也变得更加丰富，由最初的 Physical Distribution 发展为今天大家熟知的 Logistics，物流工程也从制造业生产领域划分出来，成为新的学科。

物流的概念最早起源于美国，其他国家引入物流概念后，进行了各自适应性的定义与修正。表 7-1 列举了美国、欧洲、中国以及日本等国家或地区对于物流的定义。

物流的定义 表 7-1

组织	物流定义
美国供应链管理专业协会[1]（Council of Supply Chain Management Professionals，CSCMP）	物流是供应链的一部分，是对货物、服务及相关信息从起源地到消费地的有效率、有效益的正向和反向流动和储存进行计划、执行和控制，以满足顾客要求
欧洲物流协会（European Logistics Association，ELA）	物流是在一个系统内对人员或商品的运输、安排及此相关的支持活动的计划、执行与控制，以达到特定目的
中国国家标准《物流术语》[2] GB/T 18354—2021	根据实际需要，将运输、储存、装卸、搬运、包装、流通加工、配送、信息处理等基本功能实施有机的结合，使物品从供应地向接收地进行实体流动的过程
日本流通综合研究所	物资资料从供应地到需求者的物理性移动，是创造时间性、场所性价值的经济活动。从物流的范畴看，包括包装、装卸、保管、库存管理、流通加工、运输、配送等

由此可见，不同国家或地区对于物流的定义不尽相同，但其表达的涵义与要素基本相近，即：物质实体及其信息从供给方向需求方的流动。本章采用我国国家标准《物流术语》GB/T 18354—2021 中对物流的定义，即：根据实际需要，将运输、储存、装卸、搬运、包装、流通加工、配送、信息处理等基本功能实施有机的结合，使物品从供应地向接收地进行实体流动的过程。

7.1.2 工程物流

工程物流属于物流的一个分支，是一种特殊的、一次性的物流活动。具体而言，工程物流是指具有工程特性的一切物流活动，对产品的完成或目标的实现具有关键影响的一种特定的物流活动，如建设工程物流、会展物流、搬家物流、应急物流等。建设工程物流，即围绕建设工程项目所产生的物流活动，包括施工现场所有物料、构配件、设备等的运输、存储、装卸、搬运、包装、配送、信息处理等全过程。目的是通过物流企业的专业技术服务，给予投资方最安全的保障和最大的便利，大幅度降低工程成本，保证工程项目如期完成[3]。本章后述工程物流均指建设工程物流。

根据工程物流发生的范围和活动内容，可以将其划分为：供应物流、现场物流和废弃物回收物流。供应物流和现场物流相互衔接，形成一个整体，构成了工程物流价值链的主要过程。本章主要关注供应物流，即预制构件、建筑材料等物资采购、运输直至交付现场过程中所产生的物流活动，涉及采购方、供应方和运输方等多个主体。

工程物流相比于普通物流更为复杂，具有一定的独特性：

（1）运输时间限制

若预制构件或建筑材料提前到达施工现场，则需占用大量场地；若延迟到达，则会造成工期延误。此外，一些城市道路对大型运输车辆的通行时间有所限制，这也影响了工程物流的运输时间。因此，工程物流在运输时间上要求相对苛刻，既要保证施工的连续性，又要降低存储成本和空间需求。

（2）运输车辆限制

由于单个预制构件的体积、重量较大，有时单个运输车辆只能运送一种规格的预制件；由于施工现场所需构件数量较大、运输车辆装载量受限，有时需要多个车次参与构件配送。因此，工程物流对运输车辆有特别的要求。

（3）运输路线限制

由于运输车辆尺寸较大，对道路要求较高，运输路线的选择需考虑道路限宽、限高、限重等交通要求；由于预制构件的体积大、重量大，一车一次只能服务于一个工地，而不能穿梭于多个工地之间配送。

7.1.3 智能工程物流

1. 基本概念

智能建造的快速发展对工程物流的时效性、安全性和精细性提出了更高的要求，即需要加强对物流过程的实时智能掌控，降低不确定性和不透明性。与此同时，物联网、大数据、云计算等新一代信息技术的出现，使工程物流的自动化、智能化成为可能。目前，对智能工程物流的探索相对较少，尚无统一定义，更多的是针对整个物流行业信息化、自动化、智能化的研究与实践[4]。

智能工程物流是指以大数据、云计算、物联网和人工智能等新一代信息技术为支撑，在运输、存储、装卸、搬运、包装、配送等各个物流环节，实现系统感知、实时处理、优化决策、自动修正、及时反馈等功能的物流系统。其中，工程物流是本体，智能是附加属性，支撑一系列管理的智能化。可直观理解为，将工程物流的各个环节智能化，包括智能仓储、智能运输、智能装卸、智能配送等。

2. 基本特征

智能工程物流是以新一代信息技术为核心，目标是促进物流资源整合、物流活动协调统一以及物流全过程优化。标准化、信息化和智能化是智能工程物流最显著的特征。

（1）物流标准化，即从整体出发制定物流各子系统的专用工具、设备设施等的技术标准，以及各子领域如运输、存储、装卸等方面的工作标准及服务规范。标准化是现代物流的一个显著特征和发展趋势，也是智能物流实现的根本保证。只有实现了物流各环节的标准化，才能真正实现物流的信息化和智能化。

（2）物流信息化，即利用先进的感知技术获取数据，通过便捷的网络技术传输数据，借助强大的数据库及数据挖掘技术存储和处理数据。信息化是物流智能化的基础，推动一系列科学技术在智能物流中的应用。

（3）物流智能化，即依托新一代信息技术实现物流系统中运输、存储、装卸等环节信息处理一体化，以及各环节的智能化，如智能路径规划、智能选址分析等。智能化是现代物流发展的方向，贯穿于物流全过程的各项活动，也是智能工程能物流的显著特征。

3. 关键技术

智能工程物流的关键技术可分为信息化和智能化两大类。其中，信息化技术实现数据采集、传输、处理三大功能，主要包括：

（1）物流对象识别及数据采集技术：条码标识、无线网络、图像识别等；

（2）物流数据传输与跟踪技术：电子数据交换、地理信息系统、全球卫星导航定位（如北斗、GPS）等；

（3）物流数据储存与分析技术：数据库、云计算、数据挖掘等。

智能化技术在信息化基础上引入人工智能等技术，实现物流智能决策和方案优化。主要包括：

（1）智能处理技术：基于智能体的虚拟物流信息平台、车辆路径智能规划技术；

（2）智能决策技术：决策支持系统、专家系统等。

7.2　工程物流关键环节

工程物流与传统物流相似，其物流活动包含：运输、存储、装卸、搬运、包装、配送、信息处理等环节。从具体工程实践来看，存储和运输是工程物流的核心环节，实现了物流的时间和空间价值。本章将重点关注预制构件的存储和运输两个关键环节。基于此，将工程物流的发生范围界定为：预制构件厂完成构件生产后、预制构件交付于施工现场前这段时间范围内发生的存储和运输活动。

7.2.1　存储

构件在运输至施工现场前，通常由构件生产厂进行临时存储，其过程主要包括构件质检、构件堆放、日常盘库等环节。具体而言，构件在车间生产完毕后，需对构件进行质量检测，合格后将构件按照已规划的库位入库存储；构件在堆场存放期间，堆场管理人员需要进行日常盘库和不定时对堆场内构件进行巡查，及时了解构件数量，避免构件发生损坏。

1. 构件存储方式

以常见的预制混凝土构件为例，一般可分为横向构件、竖向构件及其他构件。根据不同的构件类型，需采用合适的存储方式和设备。常见的预制构件存储方式如图 7-1 所示。

（1）横向构件

常见的横向构件包括叠合板、梁等。此类构件需存放在平整硬化的地面上或采用钢架堆放；若需叠加，构件间应放置垫木，且各层垫木处于同一垂直线上，防止存放过程中对构件产生额外应力，导致构件开裂。

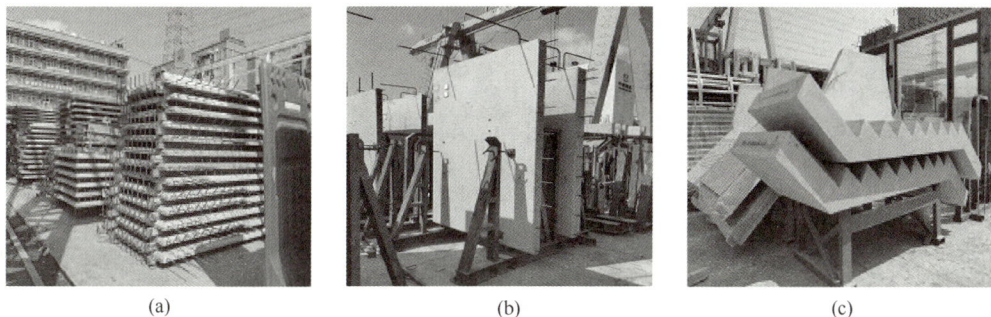

图 7-1　常见的预制构件存储方式

（a）横向构件；（b）竖向构件；（c）其他构件

（图片来源：中建海龙科技有限公司）

（2）竖向构件

常见的竖向构件包括外墙、柱、隔墙等。其中，预制外墙一般较高，应采用专业的墙板堆放架放置。

（3）其他构件

常见的其他构件如阳台、楼梯等。此类构件宜采用平放方式；存在悬挑部位的构件，堆放时应保证最大平面处于同一水平面。

2. 构件存储选址

建筑工程施工现场位置固定，构件运输较为集中，通常会由一家构件厂生产配送。同时，预制构件厂的数量、产能以及选址均属于企业战略层面的决策，需要预制构件企业在生产活动前完成。可见，此类预制构件厂房的选址并不属于工程物流的范畴。与之相比，铁路、桥梁、隧道等线性工程项目的建设规模较大、范围较广，跨度可达几百公里。因此，线性工程项目的构件需求点更多，需要不同的构件厂或中转站提供临时存储或二次转运构件，而不同的构件厂组合也就代表着不同的存储方式。对于临时预制构件厂或物流节点的选择，通常有两种方式：一是选择线性工程沿线已有的二级供应点，作为供应和临时存储点；二是随着工程本身流动，临时建立仓库和料场。

线性工程多个构件厂或供应点选址是一个复杂的过程，通常应考虑的因素包括：

（1）土地成本；

（2）交通便利性；

（3）可获得土地的规模；

（4）与需求方和供应方的距离；

（5）劳动力因素；

（6）工程地质条件；

（7）政策环境。

合理的选址可以有效节省运输和存储的总费用，从而促进构件生产与施工过程中的数量优化分配。一般可以通过建立选址模型进行合理选址，即结合项目需求，考虑不同的目标函数。例如，可以成本最小化、设施个数最小化、利润最大化或服务最大化等为目标，选出适用的位置。选址问题中考虑的成本主要包括运输成本、库存成本、设施建设成本、设施运营成本等。

7.2.2　运输

构件运输是实现工程物流价值的重要环节。构件厂商根据施工单位提供的施工计划，制定运输作业计划表，提前规划车辆的出车时间、配送任务和行驶路线。配送车辆按照施工单位的时间要求，按时按质按量运输预制构件。在整个运输过程中，预制构件厂和施工单位实时监控车辆行驶情况，确保配送任务安全准时完成。配送车辆到达指派的施工现场后，在指定地点等待卸车处理。完成卸车任务后，按照计划的路线回到预制构件厂，进行下一个配送任务，依次循环，直到完成所有配送任务。

1. 常见物流运输方式

工程物流的运输多采用第三方运输，常见的运输方式有：铁路、公路和海运。运输单位通常根据工程项目特点、构件尺寸、构件重量等参数，选择适用的运输方式和工具。

（1）铁路运输

铁路运输是国内大型、超大型货物运输的主要方式之一，解决了国内大型发电、炼油、轧钢、化纤等大型设备的运输问题。在工程建设领域通常作为超大超限构件或设备的运输方式。铁路货物运输设备，通常采用能够转运超限重型货物的特种货车，又称长大货物车，车辆长度一般在19m以上。根据车体结构特点，长大货物车可以分为凹底平车、长大平车、落下孔车、双联平车和钳夹车五类。

（2）公路运输

公路运输是工程项目材料、构配件、设备等的主要运输方式。随着我国公路建设的加快、运输设备性能的提升，公路运输方式已能够满足不同工程项目的大型货件运输需求。在工程建设领域，物资运输通常采用普通卡车和甩挂车相结合的方式。甩挂运输是一种有效的运输技术，主要由两个部分组成：一是主导车辆运行的动力设备，即牵引车；二是装载货物的承载设备，即挂车。它们由牵引销连接，共同完成运输任务。运输过程中，牵引车可以灵活地更换承载装置。甩挂运输作为一种高效低耗的运输方式，较好地解决了预制构件装卸时间长、运输效率低等问题。

（3）海上运输

海上运输是国际贸易中货物运送的一种主要方式，具有通行能力大、运量大、成本低等优势。但在工程建设领域较少应用，通常仅在部分特殊工程项目或国家工程项目中有所涉及，如港珠澳大桥的海底沉管隧道的管节从沉管预制场浮运至施工现场安装，以及人工岛工程所需要的巨型钢圆筒在上海生产，通过运输船行驶1600km运至施工现场。

2. 构件运输方式

预制构件的运输方式与其类型、大小、形状有关，通常采用货车、挂车或平板车进行水平或竖立运输。在此过程中，需要采取绑扎固定措施以防止构件移动，必要时设有支架、支撑杆、垫块、绑带等。构件装车后，用钢丝绳或软质固定带与车体固定，接触点应设置隔离、保护作用的垫层，防止运输过程发生安全事故。

（1）横向构件

横向构件中楼板、梁等构件运输较为简单。楼板通常利用工字钢固定并叠放，其他水平构件多采用平层叠放（图7-2a）。这种运输方式主要存在以下问题：①大型构件在堆场或运输车上通过垫块传力，放置在最下层的构件极易损坏；②构件自重较大，运输过程中道路颠簸，构件损坏率较高；③构件主要靠木方摩擦力及绑带固定，急刹车、转弯时容易脱落，从而产生安全问题。

（2）竖向构件

通常采用 A 形架和竖向固定架，并采用低台板车运输构件（图 7-2b）。采用 A 形架运输，货架直接放置在货车上，利用货架和构件自重产生的摩擦力固定；采用竖向固定架运输，货架和货车间通过集装箱卡锁固定，该方式只能将货架和货车连接在一起，缺少减振措施。

（a）　　　　　　　　　　　　　　　　　（b）

图 7-2　常见构件运输方式

（a）横向构件；（b）竖向构件

（图片来源：中建海龙科技有限公司）

预制构件的损坏、变形通常发生在运输过程中。车辆运输条件、构件放置位置、构件实际受力方向、运输过程中的紧急情况等都可能引起构件破坏。常见的破坏原因主要有以下几种：①路面颠簸，车辆转弯或加速、紧急制动，使构件发生破损、开裂；②货车所受外力超过最大限度，构件倾覆；③构件绑扎部位混凝土破损掉角。

3. 构件运输环节

常见的预制构件运输过程，主要包括四个环节[5]：

（1）构件厂在接到施工单位需求订单后，首先根据工地需求量和运输时限要求安排工厂生产，然后根据需求计划确定出车数，在仓库利用吊装设备进行构件装车作业；

（2）车辆调度人员制定运输调度计划，安排运输车辆的发车时间和发车顺序，将预制构件运往指定的施工工地；

（3）运输车辆到达施工工地后，现场安排相关人员组织预制构件的吊装或卸车作业；

（4）预制构件运输车辆卸车完毕后返回构件厂，准备下一次运输任务。

这四个环节构成了预制构件运输车辆调度的基本流程。但由于构件厂设备和人员的限制，装车及准备的时间会出现波动。受可供调配车辆数量、车辆类型及载重量限制，运送到达时间也存在不确定性。运输途中如果出现交通管制或交通拥堵，也会影响运输的正常到场时间。同时，受施工单位施工速度及吊装设备限制，不同工地施工进度和卸车时间也各有不同。因此，在进行实际预制构件运输调度过程中，需明确构件厂和施工单位的具体机械设备和人员配备情况，将车辆类型、车辆数量、人员数量、交通情况、运输距离等因素都考虑在内。

4. 构件运输规划

在构件厂选定的情况下，预制构件运输规划问题主要是运输车辆调度规划问题。运输车辆调度方案的合理与否，很大程度上决定了运输时间的长短和运输费用的高低。运输车辆调度问题需要满足道路约束条件，如限行、限高、限重等。根据不同的目标需求，一般可以对运输车辆调度问题进行如下分类[5]。

（1）按照运输时限要求分类

根据施工单位对运输时限的要求可分为有时间窗约束和无时间窗约束。有时间窗根据时间段又可分为软时间窗和硬时间窗，前者要求运输车辆尽可能在规定的时间范围内完成运输任务，否则根据早到或迟到时间长度收取相应的惩罚费用；后者要求运输车辆必须在最迟交货时间前完成运输任务，否则将拒绝接收货物。施工构件运输问题通常是带软时间窗约束的车辆调度问题。

（2）按照车场数量分类

按照构件厂数量可分为：多个配送中心与单个配送中心。线性工程中通常涉及多个配送节点，一般房屋建筑工程由单个构件厂进行生产及配送。

（3）按照车辆返回情况分类

根据运输车辆完成运输任务后是否返回原车场可分为：开放式（无需返回原车场）和封闭式（必须返回原车场）。通常装配式构件运输属于封闭式运输，预制构件运输要求运输车辆在完成所有运输任务后须返回构件厂。

（4）按照车辆载货情况分类

根据车辆载货情况可分为：满载（实载量近似等于车辆容量）和非满载（实载量小于车辆容量）两种情形。预制构件由于自身体积大、重量大、形状不规则且不可解体，因此较难实现满载，通常属于非满载运输情况。

（5）按照模型目标数量分类

按照优化目标的不同可分为：多目标型和单目标型。前者需考虑多个优化目标，比如运输距离最短、运输时间最短、运输成本最低等；后者则仅考虑一个优化目标。部分运输调度模型是以运输总成本最低、运输总车次最少、等待与延误时间最短为目标函数。

目前针对车辆调度问题的求解算法大体可分为精确算法和启发式算法两类。精确算法主要包括运筹学中的分支定界法、割平面法、最小树法、动态规划法等；启发式算法主要包括邻近算法、遗传算法（GA）、蚁群算法（ACO）、禁忌搜索算法（TS）、模拟退火算法（SA）、粒子群算法（PSO）等。目前，启发式算法由于其运算效率高、逻辑简洁，在车辆运输调度规划中应用越来越多。

7.3　工程物流智能化

7.3.1　工程物流智能化需求

建筑业产品不同于传统制造业产品，具有生产过程一次性和产品唯一性等特点，在物流管理中更加复杂。目前，预制构件在存储与运输过程中，仍存在技术与配套设备缺失、管理模式相对粗放等问题，使得预制构件存储与运输效率较低。具体而言，预制构件在供应管理环节存在以下问题。

1. 信息共享不够畅通

在构件供应过程中，由于项目参与方之间缺乏有效的沟通方式，可能会存在信息丢失问题。由于信息共享不顺，一旦出现订单突然增加的情况，可能会延误构件发货，导致构件生产企业无法及时按照订单供货，给项目各参与方造成损失。因此，面向预制构件供应过程的信息化管理平台的搭建，能够实现各参与方有效协同及信息共享，提高信息的准确性和及时性，最终提高整个工程物流活动的运行效率。

2. 运输调度依赖经验

在预制构件运输配送过程中，需满足工地的配送时间要求。如果运输安排不合理，会导致车辆等待时间过长、无法按时到达工地，影响配送及时性和效率，延误施工进度。目前，运输调度规划过度依赖调度人员的经验。当构件订单规模较小时，问题并不明显；但当构件厂需要同时给多个工地运输构件时，就会出现配送不及时、运输路线冗余、配送成本增加等问题。

3. 构件缺乏精准定位

构件生产完成后，需在堆场内临时存储，在收到要货指令后，再由工人根据要货任务清单查找构件并装车运输。但由于堆场构件未严格按照预先规划的库位堆放，或者在存储过程中由于各种原因进行临时转库存储，工作人员无法对所需构件进行精准定位，导致堆场管理人员收到要货指令后，耗费大量的时间和人力寻找构件。在构件运输和现场存储过程中，施工单位由于不能实时把控构件运输进度以及施工现场构件所在位置，导致出现施工进度延缓、窝工等问题。因此，施工单位和构件厂需要实时追踪构件位置，从而调整和把控运输与施工进度，提高整体效率。

4. 构件记录自动化程度低

（1）表单缺乏标准化设计

预制构件在供应过程中环节较多，涉及施工单位要货、工厂加工生产、构件入库、构件运输、构件装配等，手续复杂、票据繁多，但每个作业环节任务单据未针对具体作业人员进行统一标准设计。

（2）信息系统不足以支持业务需求

目前，施工项目的构件要货计划主要依靠社交网络工具传递信息，群内各类信息繁杂，效率低下且不透明，容易造成信息遗漏，不方便统计整合。

（3）数据收集与统计工作繁杂易错

在构件供应过程中，需要统计上报的表单种类非常多，目前各种表单是由人工大量整理、记录和分析的。由于工作任务繁杂，可能会出现统计错误等情况。

5. 构件质量检查自动化程度低

在构件出厂和交付以及日常存储管理中，均需要根据国家规范或地方标准，对构件进行质量检查，符合质量要求才能进入下一物流环节。当前构件检查的方式，主要是工人通过肉眼或手持设备进行检查，工作效率较低。当构件存储量大的时候，工作强度较高。同时，人工质量检查容易出现漏检或检查误差，不同工作人员质量检查标准也略有不同，检查尺度不能完全统一。随着劳动力短缺、工人成本逐渐增加，需要引入自动化的方式为企业降本增效。

综上，在工程物流各环节存在着各类影响物流效率的问题，需要引入智能化的理念与技术加以改善或解决。为此，提出了工程物流智能化的四个主要方向：构件计量与交付的智能化、构件运输调度的智能化、构件物流跟踪的智能化和构件质量检查的智能化。

7.3.2 构件计量与交付智能化

在预制构件生产、存储、交付于工地的过程中，构件计量是构件存储管理的来源和基础，也是预制构件厂与施工单位交付的依据。构件交付通常是指预制构件厂根据合同要求，将约定的构件在约定时间内转交给施工单位，同时保证数量准确和质量合格。由施工单位验收后即完成构件交付，交付产品通常包括构件产品本身、存放架、支撑杆、吊具等。构件计量与交付一般涉及生产完成后临时存储、出库、运输至施工现场交付等阶段。在实际工程中，构件计量与交付过程不仅完成了构件的数量或工程量计算，也实现了对存储和规划的更新。射频识别技术和图像技术通常会用于计量环节，数据库技术通常会用于计量后的存储管理[6]。

智能化的构件计量与交付，需能支持包括自动和手动等多种订单添加模式。当新订单添加时，会根据预设的订单优先级和完成订单所需时间确定订单的启动时间（包括立即执行和等待执行）。当订单启动后，后台控制中心根据调度算法指派运输司机及运输设备执行订单，并把规划的完整路径信息全部发送给司机。自订单创建起，订单相关的信息如订单类型、创建时间、优先级、状态、执行订单的运输工具、运输司机基本信息等都可通过操作界面查看。当运输人员完成构件交付任务后，控制中心会将该订单标记为已完成，并移出订单任务队列。此外，通过操作界面还支持对订单的暂停、修改、取消等各种操作。

可将上述订单分为四种类型：入库、出库、移库和现场交付，分别涉及入库计量、出库计量、移库计量和交付计量。

1. 入库计量

入库计量主要是对构件计量并进行仓库存储记录的相关操作。在传统的仓储管理业务中，入库管理的难度在于：一是大型货物需消耗大量人力、物力和财力；二是货物信息的采集存储过程复杂、易出错。在智能化计量过程中，构件的信息不再依赖传统的人工手动记录，而是通过无线射频设备采集，同时将货物名称、编号、类型等数据自动存储到数据库中，基于数据库相关技术进行存储管理，服务后续构件管理决策。以基于RFID的智能化计量为例，系统主要由电子标签、读写器和应用软件组成，其中电子标签是核心。构件可以在生产时或入库前完成电子标签的制作与植入工作，入库时通过手持终端进行扫描，入库后在系统内实时更改库存情况，库存内部利用无线读写器可以自动获取到构件的具体位置。在整个过程中，通过仓库内部的移动读写设备以及无线终端等，可以实时了解构件的入库、出库以及库存情况，如图7-3所示。

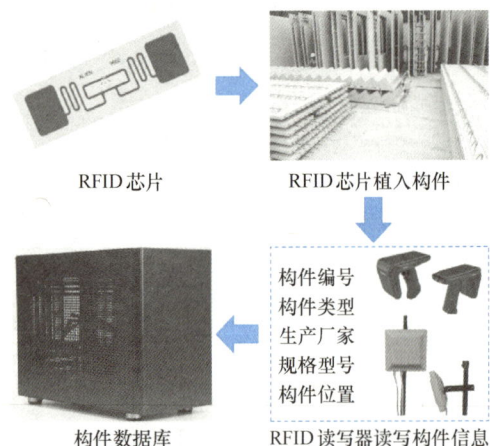

RFID芯片　　　　　　RFID芯片植入构件

构件编号
构件类型
生产厂家
规格型号
构件位置

构件数据库　　　RFID读写器读写构件信息

图7-3　RFID在构件管理中的工作原理

（图片来源：根据参考文献［6］修改）

2. 出库计量

出库计量主要是把构件运往施工现场时，进行构件的出库信息登记、数量计算，并完成数据库的更新，保证数据库与临时存储仓库信息一致。当销售构件时，由系统自动接收订单，并发送给相关人员进行审核，审核通过后完成出库检查、出库操作；在构件出库时，通过读写器自动读取出库信息，库存信息实时变更。同样，智能化的出库计量，在操作方式上支持 RFID 设备采集记录和手动出库记录两种方式，并可实现多个类型构件的出库操作。通过系统可快速方便地查询构件信息，包括每种类型构件的数量、所在位置等。具体的计量原理、技术，与入库计量相似，在此不赘述。

3. 移库计量

移库计量主要是指在临时存储区域内移动预制构件的摆放位置时，进行的构件计量和记录更新。将频繁取货的构件摆放到离运输分拣处近的位置，而使用频率相对较低的构件摆放至仓库后方，这样可以减少货物的运输时间，提高订单的整体执行效率，实现存储优化配置。在移库过程中，必须准确计算各类型构件变动数量，并实时更新数据库，避免存储管理的混乱。具体的计量原理、技术，同样与入库计量相似，在此不赘述。

4. 交付计量

交付计量主要是指在预制构件运输至施工现场后，施工单位会对构件进行数量和质量检查。通常有人工方式和自动交付方式。自动计量与交付通常是基于 RFID 技术，在施工现场工地临时存储区安装 RFID 基站，当装有 RFID 标签的构件运输至现场时，按运输车次进行计量，并对不同构件归类管理。自动匹配构件出厂前质检信息，并实时统计交付构件的数量或工程量。如满足合同要求，则完成该批构件的计量和交付，并自动完成相应构件钱款的支付。

7.3.3　构件运输调度智能化

预制构件运输调度是工程物流实现的重要环节。传统的人工调度方式，容易产生运输路线冗余、无法按时到达、成本增加等问题，影响配送的及时性和运输效率。而智能化的调度方案能够避免人工调度的不足，提高运输效率。构件生产厂根据各施工单位提供的施工计划，确定各个工地所需的构件和交付时间，将其汇总整理，形成运输作业计划表，并规划运输车辆的出车时间、配送任务和行驶路线。在整个运输过程中，预制构件厂和施工单位实时监控车辆行驶情况，确保配送任务安全准时完成。

在工程物流系统中，物流起始节点（构件厂）相对稳定，而物流目标节点（施工现场）因施工项目不同而不同。在各个节点之间会形成若干条不同的运输路线，不同的运输路线会由于节点数量、顺序的差异而产生不同的运输效果。图 7-4 为构件厂向工地运输构件的示意图。预制构件运输调度的智能化，能够根据施工单位的构件需求数量及时间约束，综合考虑运输能力、成本等要素，自动生成车辆调度计划；同时，基于车辆调度结果，考虑道路约束，为每辆车生成最优的运输路线，从而缩短运输时间、降低运输成本、提高运输效率[5]。

1. 运输路线规划原则

预制构件属于大宗货物运输，所需运输车辆的尺寸较大，对道路要求较高。在规划运输路线过程中，需排查行驶路线的限高、限重、弯道、平整度、运输距离等问题，保证车

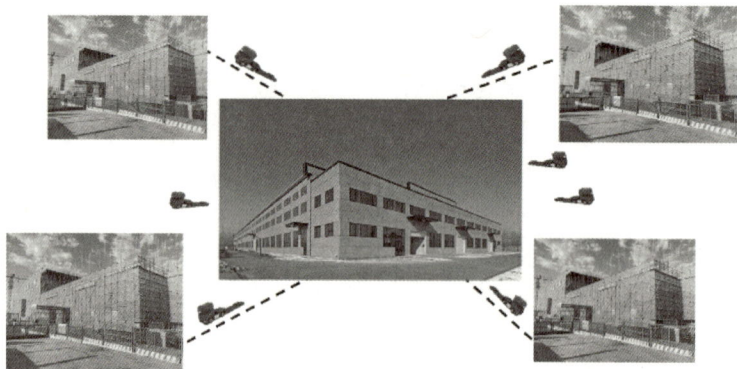

图 7-4   预制构件运输示意图

辆的安全行驶。选择运输路线时，一般应遵循以下原则：

（1）费用最小原则

运输成本最小，通常是物流管理的首要目标，运输线路越长、数目越多，相应的运输成本就越高。

（2）动态性原则

影响运输线路选择的因素通常是动态变化的。施工单位的项目数量、具体需求、道路交通状况等，都会影响运输路线的选择。

（3）流程简化原则

在设计或选择运输路线时，应尽量选择直达运输，减少中转、避免重复拆卸环节。

2. 运输调度问题描述

运输车辆调度方案的合理与否，决定了运输时间的长短和运输费用的高低。传统的预制构件运输调度，通常由运输单位自主规划，其确定依据通常是经验路线、卫星定位导航信息、过往的调度方案等，导致运输路线固定、选择性少。当构件运输量增大、工地需求变化以及路网复杂时，人工调度决策方式受到调度员自身状态和外因影响，并不能实现多个项目整体的运输调度最优，导致构件运送延误、运输成本增加。因此，预制构件需要智能化的运输调度系统来解决复杂运输调度问题，提高运输效率。

预制构件的运输调度主要包含两类问题：

（1）车辆调度优化

已知各施工工地的预制构件需求量、构件厂内可供调配的车辆数量、各个工地的时间窗约束（送达时间范围），需要确定如何合理地安排车辆出车顺序和出车时间，以最大限度地减少运输车次和运送时间、降低运输总成本。

（2）车辆路线规划

在明确调度方案后，已知运输车辆所要前往的目标施工工地、运输成本、路网布局等信息，需要进一步确定如何合理安排车辆行驶路线，以最大限度地降低运输成本和行驶距离。

3. 车辆调度优化

以单个预制构件厂向多个施工工地进行构件运输为例，确认最优的车辆调度方案。由于预制构件具有体积大、重量大、不可拆装等特征，因此每辆车通常只到达一个工地，然后构件厂根据工地实际需求循环运输。为了建立车辆调度的数学模型，需根据实际情况进行合理假设。在此假设：车辆往返均为匀速；每辆车装卸构件时间相同，构件的单位装卸成本相同；运输车辆类型相同，每次运输均为满载运输。

本章考虑车辆调度的总目标为：最小化运输成本。运输成本主要由三部分组成：构件装卸成本 C_1、车辆运输成本 C_2、惩罚成本 C_3（由未在规定时间送达而产生）。

（1）构件装卸成本 C_1，主要由运输前的构件装车和达到后的构件卸车两部分组成。构件装卸成本如下：

$$C_1 = 2 \sum_{j=1}^{m} f \cdot N_j \tag{7-1}$$

式中　j——施工单位编号；

　　　m——施工单位数量；

　　　f——单位构件装卸成本；

　　　N_j——施工单位 j 的构件总需求量。

（2）车辆运输成本 C_2，主要由运输的固定成本和可变成本两部分组成。固定成本是指启用车辆的固定支出，包括司机驾驶费、人员配备费用、车辆磨损折旧费等。可变成本主要由车辆的油耗费用决定，车载重量和行驶距离均会影响油耗费用，假设其呈正相关关系，则车辆运输成本如下：

$$C_2 = (g_0 + g_1) \sum_{i=1}^{n} \sum_{j=1}^{m} \sum_{k=1}^{K_j} D_{oj} \cdot p_{ijk} + \sum_{i=1}^{n} i \cdot v_{\mathrm{f}} \tag{7-2}$$

式中　g_0——车辆空载时单位距离耗油成本；

　　　g_1——车辆满载时单位距离耗油成本；

　　　i——运输车辆编号；

　　　n——可调度的运输车辆数量；

　　　k——前往施工单位 j 的车次编号；

　　　K_j——施工单位 j 所需的车次数量，等于该工地需求构件数除以每辆车可装载构件数，取整并加一；

　　　D_{oj}——构件厂 o 到施工单位 j 之间的距离；

　　　p_{ijk}——工地 j 的第 k 次构件运输是否由车辆 i 运输，是为 1，不是为 0；

　　　v_{f}——每辆车的固定启用成本。

（3）惩罚成本 C_3，主要由于运输车辆未按照时间窗约束到达工地而产生。由于构件的送达时间将影响施工进度，因此需保证构件在规定时间内送达。本章假设惩罚成本与车辆早到或迟到的时间长度成线性正相关性，则惩罚成本如下：

$$C_3 = q \cdot \sum_{i=1}^{n} \sum_{j=1}^{m} \sum_{k=1}^{K_j} (E_{jk} + L_{jk}) \cdot p_{ijk} \tag{7-3}$$

式中　q——每辆车的固定启用成本；

　　　E_{jk}——工地 j 的第 k 次车到达时间与最早要求送达时间的差值；

　　　L_{jk}——工地 j 的第 k 次车到达时间与最晚要求送达时间的差值。

根据上述分析得到车辆调度优化的目标函数为：

$$minF = C_1 + C_2 + C_3 \tag{7-4}$$

$$minF = 2\sum_{j=1}^{m} f \cdot N_j + (g_0 + g_1)\sum_{i=1}^{n}\sum_{j=1}^{m}\sum_{k=1}^{K_j} D_{oj} \cdot p_{ijk} + \sum_{i=1}^{n} i \cdot v_f +$$

$$q \cdot \sum_{i=1}^{n}\sum_{j=1}^{m}\sum_{k=1}^{K_j} (E_{jk} + L_{jk}) \cdot p_{ijk} \tag{7-5}$$

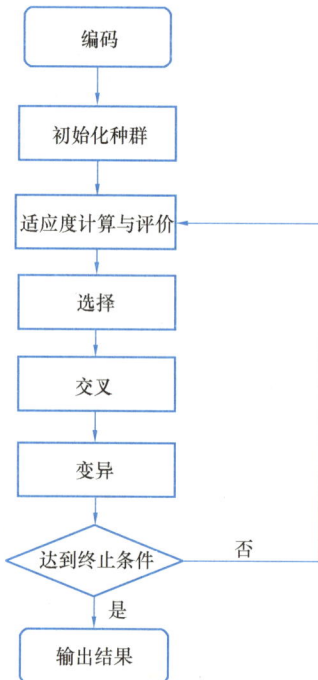

图 7-5 遗传算法流程图

车辆调度问题求解结果是：确定去往各个工地的发车顺序和发车时间安排，即确定构件厂每次出车的目标工地和对应的车辆编号。这属于组合优化类问题，可以采用启发式算法求得最优解。在各类启发式算法中，遗传算法是解决组合优化问题的有效方法，具有较好的求解效果，已在供应链网络、车辆调度问题中广泛应用。本章采用遗传算法求解此类问题，算法流程如图 7-5 所示，主要包括以下步骤：

（1）对车辆调度方案编码

把实际问题的解转化为遗传算法可以识别的数学语言，所求解问题的每一个解对应一个染色体。例如，一个预制件厂向四个工地配送构件，各个工地对于运输车需求数量分别为 2、3、1、3，因此将染色体的长度设为 9，将染色体上的每个基因用生成的随机数表示。

（2）确定初始种群

基于上一步的编码机制，根据规则生成染色体群，即种群。种群中每一个染色体就唯一对应一个个体，将种群个体数量称为种群规模。通常通过随机方式产生初始种群。

（3）适应度函数选取

适应度函数通常依据目标函数进行选取，本章即为 $minF$，即最小化运输成本，以此作为适应度函数计算种群中每个个体的适应值。

（4）遗传运算

对种群中的个体进行选择、交叉和变异操作，各操作的概率需根据实际问题进行调整确定，以获得最佳的效果。通常在计算种群每个个体的适应值后，运用正比选择策略得出选择概率，进而利用旋轮法对种群的个体进行选择操作。而交叉操作主要采用单切点和双切点交叉法，变异操作则通常采用高斯变异法[7]。

（5）停止运算及解码

对上述步骤产生的个体进行判断，当个体适应值达到预设条件或者迭代次数达到预定次数时，停止运算并输出最优解；否则，继续执行上述步骤直到停止要求。将最优解的个体通过解码，得到具体车辆调度方案，即为当前条件下的最优调度结果。

4. 车辆路径规划

在实际运输过程中，对于每个构件生产厂而言，需要将构件运输至不同的施工现场。对于这类一对多（即一个构件厂对多个工地）路径规划问题，可以结合运力（即车辆数目）拆解为多个存在次序的一对一运输问题。故本章主要介绍"一对一运输"路径规划的求解思路。在确定调度安排后，每个车辆的路径规划目标通常包括运输距离、时间等。本章采用运输距离最短作为路径规划的目标[8,9]。

"一对一运输"，即由一个构件生产厂 A 为一个施工现场 B 提供构件，找出 A 与 B 之间的最短路线。在实际运输过程中，由 A 到 B 的路线需要从多个已有的道路中进行选择，可以简化为有向网络图（图 7-6）。网络图由节点和线组成，点与点之间由线连接，线代表了点与点之间的运输成本（如距离、时间、费用等）。最优路线则是要找一条从 A 到 B 的路线，使得这条路线总的运输成本最小（若时间最短，还需考虑交通堵塞时间）。对于带有路网节点的路径规划问题，由于Dijkstra算法运算效率较高、原理简单，通常用于最短距离的计算。

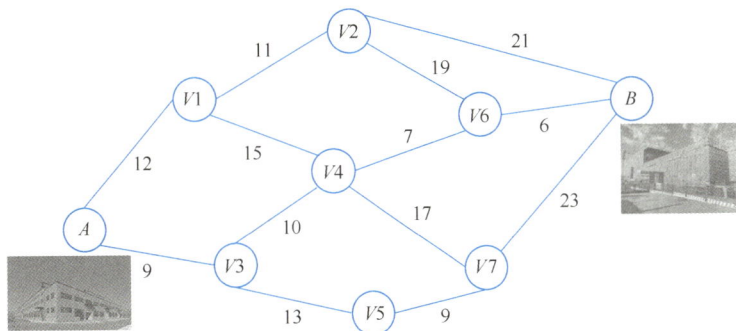

图 7-6 公路网络图

以图 7-6 中的有向网络图为例，用 d_{ij} 表示图中两相邻点 i 和 j 之间的距离，其数值标注在每条线路附近。若 i 和 j 没有线路连通，则 $d_{ij}=\infty$，$d_{ii}=0$。用 L_{ij} 表示从 i 点到 j 点之间的最短距离，针对从 A 点到 B 点之间的最短路线 L_{AB}，用 Dijkstra 算法求解过程如下：

（1）以 A 点起始，记 $L_{AA}=0$，将 A 点加入最短路线集 Sequence；

（2）从 A 点出发，找出与 A 点相邻点距离最小的点，记为 R 点，记 $L=L+d$，并将 R 点加入最短路线集 Sequence；

（3）从最短路线集 Sequence 中的各个点出发，找出与这些相邻的所有未在集合中的点 R。若 $L_{AP}=\min\{L_{AA}+d_{AP}; L_{AR}+d_{RP}\}$，则将 P 点加入最短路线集 Sequence；

（4）重复步骤 3，直到目标点 B 加入最短路线集 Sequence 为止，则得到 L_{AB} 即为最短路线。

7.3.4 构件物流跟踪智能化

构件物流跟踪通常是指在构件生产、存储、运输、交付、安装等物流环节，能够实时有效获取构件及其位置信息的过程。构件的位置跟踪应服务于施工单位，与施工单位及时共享物流信息，便于安排施工进度。

预制构件在不同阶段需要不同的信息，包括构件几何信息、材料类别、质量检查信息、存储/运输/安装位置、所处状态等，这些信息存储于构件数据库中。通过扫描构件上的标签（如二维码），工作人员可以访问构件数据库，对预制构件信息进行查询、上传、更改等操作。根据需求，工作人员会对构件进行多次标识以获取或更新信息，需求不同，标识的次数也不尽相同。一般情况下，预制构件厂会对构件进行至少三次标识。首先，构件从预制厂生产并进行质量检测后，进行一次构件标识（通过人工或手持设备方式），并根据标识由工作人员进行存放；其次，在构件配送装车时再进行一次标识，更新部分构件属性信息；第三，运送至工地交付后进行第三次标识，更新库存管理，同时记录构件堆放位置，便于施工现场的构件安装[10]。

本章以最常用的 RFID 技术为例，介绍构件物流跟踪与定位的智能化过程。

1. 预制构件生产过程跟踪

预制构件的生产阶段包括前期准备和生产两个环节。RFID 芯片在钢筋加工安装后放置在构件内，并浇筑在构件内部。在生产环节，RFID 芯片埋入构件内，构件厂工作人员用手持式 RFID 读写器读取预制构件的详细信息，并上传至预制构件追踪系统，继而在系统中开启此构件的管理过程。当构件信息上传至数据库时，预制构件追踪系统中构件进度状态为"生产环节"，实时定位状态为"构件厂（构件生产车间）"。在"预埋芯片并浇筑"前还包括三个步骤，即浇筑台清理、模具安装、钢筋加工和安装。因构件未包含 RFID 芯片，故这三个步骤不包含在构件追踪系统内。

2. 预制构件存储过程跟踪

在预制构件存储过程中，工作人员读取 RFID 数据，更新构件存储位置信息。在场地运输环节，读写器对预制构件进行第二次读取，并在系统中新增构件存储位置信息，预制构件追踪系统中的构件进度状态更新为"库存环节"，定位状态更新为"构件厂（构件库存场地）"。

3. 预制构件运输过程跟踪

在预制构件运输过程中，进行 RFID 数据的第三次、第四次读取与更新。预制构件在运输阶段主要经历装车、运输、卸车三个环节。预制构件装车时，固定在配送车上的车载框架式 RFID 读写器可读取构件信息，然后构件新增车辆匹配信息，追踪管理系统中的构件进度状态更新为"物流运输环节"，构件配送车定位状态由"构件厂（构件库存场地）"更新为"配送途中"。在预制构件运至施工现场前，利用 GPS 定位技术实时定位车辆位置，结合构件与车辆的匹配信息，动态更新配送车辆位置和构件运输状态。预制构件配送车到达施工项目现场后，固定在施工现场出入口的 RFID 读取设备，可读取构件的标签信息，确定构件的到场时间。施工单位和监理单位对构件进行验收，验收合格后卸载构件，卸载完成后更新构件信息为"构件验收"[11]。构件运输过程 RFID 跟踪构件原理，如图 7-7 所示。

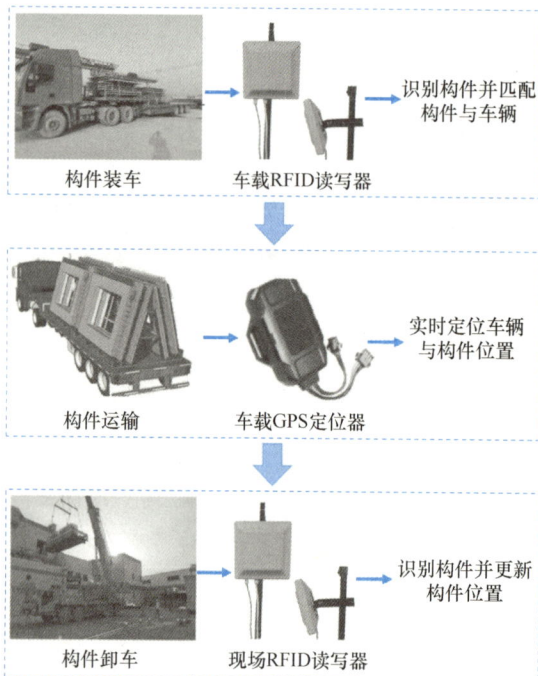

识别构件并匹配构件与车辆

构件装车   车载RFID读写器

实时定位车辆与构件位置

构件运输   车载GPS定位器

识别构件并更新构件位置

构件卸车   现场RFID读写器

图 7-7　运输过程 RFID 跟踪构件原理
（图片来源：根据参考文献 [11] 修改）

4. 预制构件现场位置跟踪

在预制构件现场布置过程中，传统的方式是由人工按照一定规则（如吊装顺序、构件类型等）布置构件并做记录。但随着项目进度推进、构件数量增多，工人耗费大量时间在堆场寻找构件，延误施工进度，甚至导致构件安装错误。因此，在工程物流环节，应充分考虑施工单位的场地布置需求，利用构件智能跟踪系统辅助施工单位管理现场构件，保证工人及时、正确地找到构件，提高施工效率。

构件智能跟踪系统能够在构件卸载存储时，结合定位技术、无线射频技术和数据库技术，实时监测构件位置并更新数据库，实现现场的物流跟踪。在施工现场装卸构件时，利用固定在起重机上的 GPS 接收器确定起重机位置，每个构件在装卸后，基于起重机位置来实时定位构件的装卸地点和存放位置，并更新其数据库信息，定位原理如图 7-8 所示。在后续施工安装过程中，工人可根据构件 ID 信息查询构件所处位置，减少在堆场寻找构件的时间。具体流程为：①物流跟踪系统考虑施工安装顺序，并根据构件规格、种类、安装部位、吊车位置等信息，划分构件临时存储区域，以减少场地占用和二次搬运；②对于各区域内构件存储，当吊车卸载并运输构件时，吊车上的重量传感器激活 RFID 阅读器，扫描此构件标签获取信息；③吊车的重量传感器同时激活安装于吊车上的 GPS 接收器，在卸载构件时发送构件的卸载位置坐标，在构件数据库中更新此构件的施工现场存储位置信息（如 C 区第 3 排 4 列或场地坐标）；④工人通过数据库快速查找所需构件的存储位置，并借助构件二维码或 RFID 标签进行二次核查，有效降低构件安装错误的风险[12]。

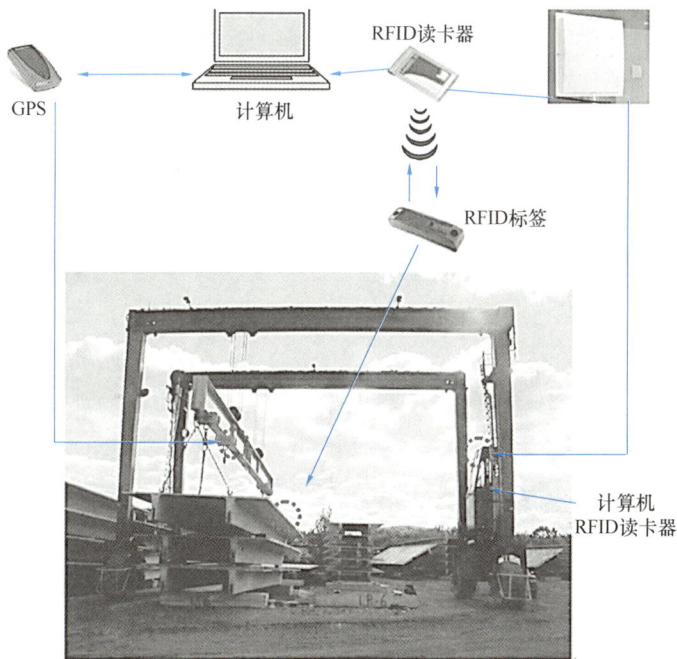

图 7-8　施工现场构件定位原理

（图片来源：根据参考文献［12］修改）

结合 RFID 以及定位技术，将预制构件的状态在物流平台中实时更新并可视化，依据获取的构件状态和位置信息，可有效支持现场施工安排，为构件厂和施工单位管理者提供决策依据，实现构件跟踪的智能化。

7.3.5 构件质量检查智能化

混凝土预制构件的质量检验内容通常包括：材料质量检验、生产过程质量检验、成品质量验收等。针对本章工程物流的内涵，构件质量检查主要对应于成品质量验收，其主要内容包括：构件外观质量缺陷检查、构件尺寸偏差检查和构件结构性能检验。从构件生产到运输交付给施工单位的整个过程中，通常会有三次质量检查，分别是：构件成品检查、构件存储期间日常盘查和构件出厂前（交付前）检查。

1. 检查标准

根据现行国家和地方标准规范，构件厂和施工单位均会对构件外观质量和尺寸进行检查；构件结构性能检验，通常由预制构件厂完成，并在构件交付至现场时提供相关质量检验证明文件。各类检查具体要求如下：

（1）构件外观质量缺陷检查要求

预制构件的外观质量缺陷，根据其影响预制构件的结构性能和使用功能的严重程度，按规定划分为严重缺陷和一般缺陷。预制构件不允许有严重缺陷。检查示例见表 7-2，源于地方规范《预制混凝土构件质量检验标准》DB11/T 968—2021[13]。

构件外观质量缺陷检查（示例）   表 7-2

名称	现象	严重缺陷	一般缺陷
露筋	构件内钢筋未被混凝土包裹而外露	构件任何部位钢筋有露筋	—
蜂窝	混凝土表面缺少水泥砂浆而形成石子外露	构件主要受力部位有蜂窝	其他部位有少量蜂窝
孔洞	混凝土中孔穴深度和长度均超过保护层厚度	构件任何部位有孔洞	—
夹渣	混凝土中夹有杂物且深度超过保护层厚度	构件主要受力部位有夹渣	其他部位有少量夹渣
疏松	混凝土中局部不密实	构件主要受力部位有疏松	其他部位有少量疏松
裂缝	缝隙从混凝土表面延伸至混凝土内部	有影响结构性能或使用功能的裂缝	构件主要受力部位之外的其他部位有少量不影响结构性能或使用功能的无害裂缝
连接部位缺陷	构件连接处混凝土缺陷；连接钢筋、连接件松动；插筋严重锈蚀、弯曲；灌浆套筒堵塞、偏位，灌浆孔堵塞、偏位、破损等	连接部位有影响结构传力性能的缺陷	连接部位有基本不影响结构传力性能的缺陷
外形缺陷	缺棱掉角、棱角不直、翘曲不平、飞边凸肋等；装饰面砖黏结不牢、表面不平、砖缝不顺直等	清水混凝土或具有装饰的混凝土构件有影响使用功能或装饰效果的外形缺陷	其他混凝土构件有不影响使用功能的外形缺陷
外表缺陷	构件表面气泡、麻面、掉皮、起砂、沾污等	具有重要装饰效果的清水混凝土构件有外表缺陷	其他混凝土构件有不影响使用功能的外表缺陷

（2）构件尺寸偏差检查要求

预制构件的尺寸偏差，按照构件类型（梁板柱）不同，其检验项目略有不同。各类构件的允许偏差、检验方法，均可以在国家或地方标准中查到。本章选取了《混凝土结构工程施工质量验收规范》GB 50204—2015[14]中对于预制构件尺寸的检查要求（部分），见表 7-3。

构件尺寸检查（示例）　　　　　　　　　　　　　　　表 7-3

项次	检验项目		允许偏差（mm）	检验方法
1	长度	＜12m	±5	用钢尺测量两端及中部，取其中偏差绝对值较大处
		≥12m 且＜18m	±10	
		≥18m	±20	
2	宽度		±5	用钢尺测量两端及中部，取其中偏差绝对值较大处
3	高（厚）度		±5	用钢尺测量两端及中部，取其中偏差绝对值较大处
4	对角线差		5	用尺量测板面的两个对角线，计算其差值
5	侧向弯曲		$L/750$ 且≤20	拉线，钢尺量测侧向弯曲最大处

（3）构件结构性能检验要求

构件的结构性能检验通常在构件厂完成，在构件交付时需提供相关检验证明。根据承载特性，不同类型构件的性能检验项目不尽相同，应按照设计要求及现行国家标准《混凝土结构工程施工质量验收规范》GB 50204—2015 进行结构性能检验。

2. 检查方式

检验可分为出厂检验和型式检验。每批产品都应进行出厂检验，检验合格后方可出厂。型式检验是对产品各项质量指标的全面检验，以评定产品质量是否全面符合标准，是否达到全部设计质量要求。有下列情况之一时，应进行型式检验：

（1）新产品定型时；

（2）产品的材料、配方、工艺有重大改变，可能影响产品性能时；

（3）停产半年以上恢复生产的产品；

（4）正常生产 2 年检验一次。

为提高检验效率、降低成本，通常会采用出厂检验抽样的方式，抽样检查内容如下：

（1）外观为逐件检验；

（2）尺寸偏差每批随机抽查 10%，且不少于 5 件；

（3）钢筋保护层厚度检验不少于 5 件；

（4）混凝土强度不少于 5 件。

对出厂检验或型式检验不合格，以及经厂内运输、吊装和存放导致的不合格预制构件，应按下列规定处理：

（1）采用技术措施处理后且经二次检验合格的预制构件可定为合格品；

（2）经有资质的检测机构检测，并经原设计单位核算认可，能够满足安全和使用功能的预制构件，可按照技术处理方案和协商文件的要求处理后使用；

（3）采用技术措施处理后仍不合格以及不能采用技术措施处理的预制构件按废品处理。

3. 检查智能化操作

如上所述，构件在整个工程物流环节会经历三次质量检查。三次检查由于目标不同，其侧重点也不相同。例如，构件生产后的质量检查要求较高，需要对其外观质量、尺寸偏差、结构性能进行逐一检验；而在日常盘查过程中，由于工作量较大且必要性不强，通常仅盘查构件的数量、外观尺寸等。本节将以构件成品质量检查为对象（其检查要素较全），结合图像识别技术来介绍构件质量检查的智能化。

构件质量智能化检查的思路：首先，基于标注的构件图像数据和深度学习算法来训练识别模型，以识别出各类预制构件；其次，基于 Hough 变换、Canny 算子或其他方法，提取不同类型构件质量检查的所需特征，并比对规范中的质量要求，从而为每个构件生成质量检查结果，并更新构件数据库信息。预制构件质量智能检查的简化流程，如图 7-9 所示。

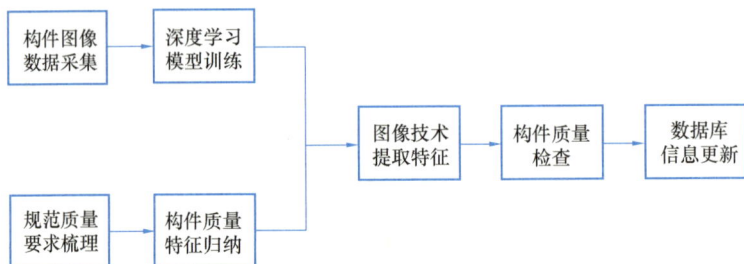

图 7-9 构件质量智能检查流程

（1）构件外观质量缺陷智能检查

首先，梳理现行规范中对于构件外观质量的判定标准，并将其转化为计算机可理解的规则，设置判定逻辑；其次，基于识别出的构件对象，利用计算机视觉技术获取其完整的图像信息；最后，根据从规范中提取的规则，利用图像技术对需检验的构件进行一一判定，给出构件外观质量缺陷检查结果，并对出现规范禁止的严重缺陷构件进行预警提示。

（2）构件尺寸偏差智能检查

首先，梳理现行规范中对于各类型构件尺寸偏差的判定标准，将其转化为计算机可理解的规则，设置判定逻辑；其次，通过计算机视觉技术获取构件完整的图像信息，并判断构件类型；然后，根据不同构件类型从规范中提取相应的尺寸偏差要求，进行偏差判定，给出构件尺寸偏差检查结果，并对于偏差超出规范要求的构件进行预警提示；最后，检查结果实时同步到构件信息库中，作为构件的交付成果。

（3）构件结构性能指标智能检验

首先，梳理现行规范中对于各类型构件的结构性能指标要求，并将其转化为计算机可理解的规则，设置判定逻辑；其次，结合上述判断的构件类型，从规范中提取构件结构性能指标要求；然后，结合特定性能测量设备，给出构件结构性能检验结果，并对性能不满足规范要求的构件进行预警提示；最后，检验结果同步到构件信息库中，同样作为构件的交付成果。由于构件结构性能检验较为复杂，基于计算机视觉的检查方式仅能检查部分性能，其他结构性能（如抗压强度等）需使用专用设备进行实验测量。

7.4 基于 ERP 的智能工程物流系统

7.4.1 ERP 与工程物流系统

1. ERP 基本概念

企业资源计划（Enterprise Resource Planning，ERP）是指以信息技术为基础，通过系统化的管理思想，给企业管理层及员工提供决策运行手段的管理平台。它是管理信息系统的高度集成，由物资需求计划（Material Requirement Planning，MRP）演变而来，但又拓展了 MRP 的功能，将企业的物流、资金流、信息流进行全面集成管理，实现了企业各类业务数据的集中存储和实时共享，其核心思想是供应链管理。迄今为止，ERP 发展一共经历了 5 个重要阶段：订货点法、时段式 MRP、闭环 MRP、制造资源计划（Manufacturing Resource Planning，MRPⅡ）和 ERP。ERP 也从制造企业产供销人财物的管理，逐渐应用于各行各业，成为企业管理软件的统称，协助企业实现管理信息化。

对于生产企业来说，ERP 系统从功能上主要包括：生产管理（计划和制造）、物资资源管理（采购、分销和库存）、财务管理（会计核算和成本管理）、人力资源管理等。这几个子系统可以形成独立的个体，各个系统接口可以通过一定方式进行连接，支撑企业日常经营生产和销售运作，提高企业管理的效率。图 7-10 展示了常见的 ERP 系统基本功能模块组成。

2. ERP 与物流系统

ERP 主要关注的是业务流程处理和业

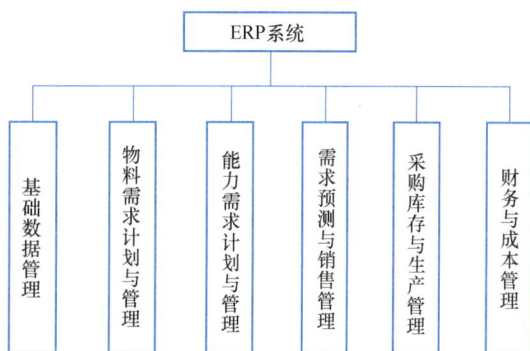

图 7-10　ERP 系统基本功能模块

务信息的采集，更多的是以流程管控为主。该系统中涉及的物流包括物资采购、生产、销售、退货以及废弃物回收等过程，分为供应物流、生产物流、销售物流、退货物流、回收物流等，是为实现原材料、半成品、成品及相关信息从起点到消费终点之间的有效流动而进行的计划、管理与控制过程。可见，在 ERP 系统中，物流并不是一个具体的模块，是在进销存中体现出的一种流程性的思想，分布于 ERP 的各项操作中。因此，生产企业在基于 ERP 系统直接进行物流管理时，会存在一定的不足[15]。

（1）物流数据分散且冗余，数据采集效率较低。ERP 系统的物流数据分散在各个模块中，许多模块都存在相同的物流数据。在物流数据采集时，由于业务归属部门不同，有的数据需要单个部门进行采集，而有的数据却需要几个部门共同配合采集，容易造成数据的重复，导致人力、物力浪费。

（2）物流信息的反馈速度较慢，信息的准确性受到约束。ERP 系统基本特征是业务流程处理，各项业务需要严格按照系统流程进行操作，因此通过 ERP 系统反馈物流信息的速度较慢。由于信息统计口径的不一致，物流信息的准确性受到影响，无法及时、直观地反映当前物流运行状况。

由此可见，ERP 系统只包含了部分物流信息管理的功能，在物流管理方面存在一定的局限性，更多适用于企业整体管理，不适合将 ERP 当成物流管理软件使用。专业的物流系统具备较强的物流管理功能，但与企业其他信息系统如财务、人事、营销模块的关联度不够紧密。而 ERP 系统与专业物流软件本质上是相辅相成的，将两者进行融合，能够发挥协同增效的作用。

基于 ERP 和物流系统的关联性，两者的融合具有较好的优势：

（1）ERP 系统提供了开发物流系统的信息化基础条件

ERP 系统整合了企业大部分信息资源，具有统一的数据库，大部分物流信息资源都可以通过 ERP 获得，还可以基于现有 ERP 较为完善的功能，降低物流系统的开发难度。基于 ERP 的物流系统，既能填补物流系统在协调管理财务、人事、生产和营销业务等方面的不足，又能解决 ERP 系统本身存在的物流功能弱、信息交换互动性差的问题，实现物流管理的规范化、高效化。

（2）ERP 能够有效规范和重组物流业务流程

ERP 系统以集成化方式运行，跨越多个业务部门，ERP 的实施会对业务流程进行规范、优化和重组，实现各部门业务的顺畅运行和有效协同。构建基于 ERP 的物流系统与实施 ERP 系统本身所用的方法相似，将对物流业务流程进行优化重组、对物流资源重新进行梳理，完善物流结构，从而提高整体物流管理水平。

（3）ERP 能够进行需求分析和质量管理

ERP 可以根据系统中存储的基础资料及历史数据，对物流需求做出预测，分析企业生产能力，结合现有物质资源和各项资源配置，做出合理的生产和能力计划。同时，在运输管理中，对可能出现的配载需求及运输相关业务进行预测和事先计划。ERP 提供了定制化的质量管理体系，对物流的全过程进行严格的质量控制，包括采购、入库、存储、生产、出库、运输等环节，及时提供物流过程质量信息，为实施全面质量管理提供了有效支持。

（4）物流功能模块对 ERP 有补充和完善的作用

由于 ERP 本身物流管理功能较弱，以 ERP 为基础平台、基于企业物流作业过程设计开发的物流系统，加入了专业物流管理功能，能够满足 ERP 对物流管理的内在需求，符合系统集成整合的思想。同时，将物流费用核算纳入 ERP 财务系统，使企业 ERP 管理更为全面完善，也降低了企业投资成本。

因此，基于 ERP 设计智能物流系统，能够帮助生产企业更加高效地实现工程物流管理，提高物流效率。

7.4.2　智能工程物流系统基本架构

1. 功能需求

智能工程物流系统服务的对象通常包括：业主、施工单位、预制构件厂和运输单位（部分运输服务由构件厂提供）。智能工程物流系统需要考虑这些用户主体的功能需求，进行系统功能设计。同时，在系统开发过程中，非功能性需求也是重要的组成部分，也会影响物流系统的架构设计。

（1）功能性需求

1）订单管理需求

订单管理是系统的"起点"，主要包含订单的录入、修改、删除、审核和处理。首先，系统需要保证所接收的订单是合法的（如合法客户、合理货品以及数量、订单其余信息准确等），避免在仓库操作过程中才发现订单有误，减少不必要的损失。其次，该功能需支持多种订单的输入方式，如手工录入、批量导入、自动生成等。预制构件厂可以通过该功能接收施工单位订单，同时发布运输任务，由运输单位根据自身情况进行接单。

2）存储管理需求

物流系统需要管理多个存储区域，每个区域包含不同类型和数量的构件、物料。构件厂的存储管理人员需实时查询、管理所存储构件的位置、存储时间、生产批次等，并根据构件日常盘查、质量检查结果及时更新构件信息。此外，根据施工单位进度计划需求，安排构件出厂和运输调度，保证构件出入库账务处理的及时性，为物流系统管理的决策提供依据。

3）运输管理需求

根据订单情况、车辆供给能力，系统需自动安排车辆配送次序和时间等调度信息，实现车货智能配载，最小化运输成本提高业务效率；需对车辆运输路线自动规划和跟踪定位，实时反映车辆运输情况。构件厂和施工单位均可以查询在途订单的运输状态，实时掌握最新运输情况；实时处理系统已完成的运输任务，检索历史运输订单，实现运输过程追踪以及货物溯源。

4）系统管理需求

系统管理是整个智能工程物流系统的重要组成部分，涉及许多关键需求，如用户注册、用户审核、权限管理等。

（2）非功能性需求

智能工程物流系统的非功能性需求主要包括：有效性、安全性、可靠性、机密性、易用性和可维护性。在有效性方面，需保证一般时段和高峰时段系统响应时间不超过一定的阈值；在安全性方面，用户只能访问权限范围内的数据，只能进行权限范围内的操作，保证数据的机密性和完整性；在可靠性方面，对输入和写入有严格的检查过程，防止数据异常，可以处理系统运行过程中出现的各种异常情况，如人为错误、输入非法数据、硬件设备故障等；在机密性方面，在网络中传输的数据必须经过加密处理；在易用性方面，交互简单友好、所呈现的业务逻辑清晰而不会混淆；在可维护性方面，便于对系统新的需求进行升级完善。

2. 基本架构

智能工程物流系统，既要结合硬件和软件，还需应用物联网、大数据、人工智能等技术。智能物流系统最早是基于物联网技术在物流行业的应用而提出的。参考物联网系统架构，结合上述系统需求，可以将智能工程物流系统分为：感知层、网络层和应用层（图7-11）。

（1）感知层

感知层是物流系统对运输中构件进行信息自动提取的基础，是智能物流的起点。感知层由数据采集层与接入层组成。数据采集层主要借助各种传感设备获取全面且精准的物流

图 7-11　智能工程物流系统基本架构

信息，包括各种可能涉及的人员、构件以及环境等信息，能够支持构件感知识别、构件数据采集、构件定位、构件追踪等功能，是实现物流运作过程的基础。接入层主要利用无线网络或有线网络等，将感知到的信息传输至全局网络数据库或服务器。

感知层主要由射频识别设备、视觉设备、定位设备、无线传感器网络等构成。常用的感知技术包括二维码/条形码、RFID、GPS、计算机视觉等技术。特别是，RFID 能够自动感知并识别构件来获得相应的信息，同时能够帮助实现仓储运输过程的智能化操作以及物流运作的可视化管理，在工程物流领域使用较为广泛；GPS 可以实现物流过程的实时跟踪、定位，及时准确地了解构件的位置状态，并且可结合实时交通情况使运输路线更加合理化，减少成本、提高运输效率；无线传感器网络可以实时地获取物流信息，对所获取信息的准确性和可靠性进行检测，从而实现智能调控和自动决策。

（2）网络层

网络层是连接终端设备和应用系统的桥梁，是实现信息共享和实时通信的基础，主要由私有网络、互联网、传感网络等组成，用于连接智能物流系统的感知层和应用层。通过现有的各种有线和无线通信网络对数据信息进行可靠传输，并利用大数据、云计算、人工智能等技术分析处理感知信息，产生决策指令，再通过感知通信技术向应用层下达指令。网络层分为网络传输层和数据处理平台两个子层。

网络传输层主要包含云计算、M2M 和数字集群通信等技术，能够对物流数据进行整合、处理与传输，为后续的物流管理提供基础支持。云计算技术与移动通信、互联网、人工智能等技术的充分融合，能够对大量的物流数据进行智能化分析与处理，从中提取有效的信息，支持物流系统智能决策；M2M 技术是指通过在机器设备内部嵌入无线通信模块，使机器设备之间实现智能通信；数字集群通信技术具有极强的信号抗衰减能力和良好的信息保密性，能够实现物流数据安全且系统地传输。

数据处理平台对感知层传输的不同类型数据进行整合，为应用层提供统一的数据接口，实现信息的处理、加工、转发、存储、展示等功能，有利于各应用系统的开发。

（3）应用层

应用层是智能物流系统中的执行部分。它充分利用感知层和网络层传输并处理数据，实现物流软件系统、硬件系统的一体化，将网络层生成的决策指令通过联网的物流设施设备进行自动地操作与执行，确保各项物流活动有序开展。应用层是用户（包括人、组织和其他系统）的接口，与行业需求相结合，实现物流的智能应用。通常包含物流作业、物流管理与控制、物流决策支持三个部分，在系统中体现以下几个功能模块：订单管理、运输管理、存储管理、系统管理和质量检查。

1）物流作业：基于物流感知和处理后的信息，实现物流过程自动化，如构件自动计数、存储实时更新等。

2）物流管理与控制：基于上述信息，结合与其他应用系统的互联，实现物流运输的可视化跟踪与预警，实现物流全过程的有效管控。

3）物流决策支持：通过数据的集聚建立数据中心，运用大数据分析技术对物流过程进行优化、预测、诊断、评价、分类、聚类、影响分析、关联规则分析、回归分析等，为物流运营提供决策支持。

可见，整个智能工程物流系统是一套由信息技术与优化算法搭建的完备智能体系，该体系充分体现了物流系统的信息化、可视化、可控化和智能化。

7.4.3　智能工程物流系统功能模块

1. 系统功能模块

基于上述功能需求，结合 ERP 相关理念，智能工程物流系统应包括以下功能模块：信息感知模块、信息处理模块、订单管理模块、存储管理模块、运输管理模块、质量检查模块和系统管理模块，如图 7-12 所示。

（1）信息感知模块

信息感知存在于整个物流过程，包括构件属性信息（如尺寸和类型）、构件全过程追踪信息（如所处物流环节）、构件运输过程中位置信息、构件存储过程中质量日常盘查信息等的获取。需要数据采集设备（如 RFID 设备、GPS 设备和深度相机）和算法（如图像识别算法）的共同支持。

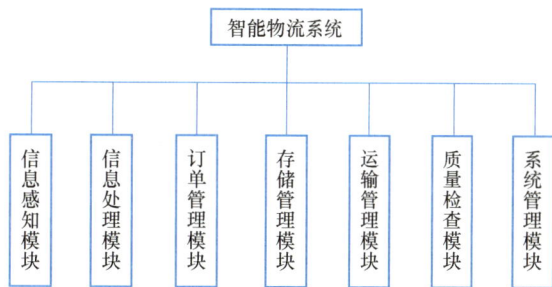

图 7-12　基于 ERP 的智能工程物流系统功能模块

（2）信息处理模块

智能物流的信息处理包括信息的接收、传输、存储和处理等。首先，通过数据自动识别、电子数据交换、网络等技术，快速、准确地将感知模块接收的数据自动输入，实现物流信息整合。然后，通过数据库的整理、加工和大数据分析技术，为物流作业的运作与决策制定提供信息基础，并根据数据变化及时调整决策，为工程物流合理作业、高效运作提供保障。

（3）订单管理模块

订单通常是工程物流业务的起点，对订单进行管理则是智能工程物流系统中的一个重要功能，主要包括订单创建、订单处理、订单查询等功能。订单管理包括在接收构件或物料的预定需求后，订单的自动创建与录入，并作为单据在物流系统中流转。同时，它还包括对订单状态的自动修改和记录、对已有订单的查询等。构件厂的业务需要关联其他企业（如运输企业、施工单位）的系统，因而订单的创建既包含了人员的手动创建，也能够通过接口接收客户企业相关信息自动创建订单。订单的查询和处理也提供手动和自动两种处理方式。

（4）存储管理模块

存储管理模块也是物流系统的重要组成部分，实现对构件存储运作全过程的管理，包括入库管理、出库管理、库存管理等。存储管理模块基于感应层和网络层传输的数据，能够实时掌握构件的类型、数量、位置、属性等信息。通过对构件的精确跟踪，在系统中能够准确地反映各类型构件实际库存状况的变化和存储位置，构件的数量能够随着业务的进行如收货、发货而变化，使系统使用者能准确掌握库存信息。同时，系统提供完善的自动统计报表功能，使用户能准确地查询存储相关信息，为业务的安排、决策提供依据。

（5）运输管理模块

运输管理模块是物流系统的重要组成部分。运输的效率直接影响着物流系统的运作，运输管理模块主要包含两类功能：运输任务计划和调度管理，以及运输路线规划和跟踪管理。

运输任务计划和调度管理，能够根据系统中车源和货源的情况，确定运输任务，对可用车辆和订单货物进行车货分配以及车辆运送次序的调度，实现运输车辆的调度优化、配载优化。根据已有的任务数据和可用的运力资源，规划出低成本的调度方案，并支持调度人员调整，从而提高运输效率、节省时间、降低成本。

运输路线规划和跟踪管理，是基于感知模块获取的运输活动中的大量信息，集成路径规划、车辆识别、定位、移动通信与网络等技术，实现对运输全过程的管理，包括运输路径规划选择、运输过程跟踪监控、运单及运单状态查询，保证运输过程的严格、有序与高效。通过已确定的运输任务可以获取构件-车辆匹配信息，同时根据 GPS 车载定位系统获取车辆位置信息。基于此，施工单位能查询到构件的实际位置以及车辆的速度信息等，掌握车辆当前状况。当车辆出现异常如超速、位置超过预定范围时，有可能损坏运输构件，系统可发出警报，提醒运输司机作出调整，实现构件运输过程的实时保护。

（6）质量检查模块

由于工程物流的特殊性，系统还需在构件生产、临时存储、现场交付等过程中进行质量检查，满足规范设定的质量要求后方能进入下一个物流或施工环节。质量检查模块能够依据图像检测等智能化设备，完成包括外观、尺寸偏差、物理性能等大部分质量检查工作，提高检查效率；同时也能提高日常盘查的覆盖率和频率，解决工人检查标准不一、成本高等问题。质量检查模块根据预制构件质量检查规范，预先设定了质量检查规则，基于感知模块获取的构件信息和构件的自身属性，进行分析处理和判定，并在系统存储及运输中同步更新，便于管理和决策。

（7）系统管理模块

系统管理模块主要包括一些基本设置，比如用户管理、角色和权限管理等。物流系统操作用户通常具有不同的身份，如仓库管理员、司机、调度员、系统管理员等，不同的用户所使用功能、具备的权限也不相同。实际业务发生过程中，系统操作人员需要用到一些如承运人、仓库、车辆、客户等相关的基础信息，具体包括仓库信息、客户信息、车辆信息、物品信息等。系统需要为每种角色分配不同的权限，并根据实际业务的需求使用不同的功能。

2. 系统工作流程

前文对智能工程物流系统的基本架构和功能模块进行了具体阐述，工程物流利益相关方（如施工单位、预制构件厂和运输单位）可以通过系统查询订单信息等，满足各自的功能需求。智能工程物流系统的主要工作流程如下：

（1）系统根据预制构件厂的业务范围，接收施工单位订单，由构件厂管理人员通过系统确认订单，构件厂根据订单要求制定生产计划，购买原材料和生产构件；

（2）生产的构件信息将录入系统，同时通过质量检查模块进行构件的外观尺寸、部分结构性能的检查，满足规范要求后，构件的信息更新为合格；

（3）质量检查合格的构件将通过存储管理模块在构件堆场区进行存储布置与规划，并同步更新构件的位置信息。存储期间，可以通过质量检查模块对构件的外观质量等进行日常盘查，并及时更新构件检查信息；在构件出厂前，还需通过质量检查模块完成出厂前检查，系统将配合智能设备完成相关检查；

（4）用户可以通过订单管理模块发布运输任务，运输单位则通过系统接收订单；

（5）用户可通过运输管理模块根据构件类型、尺寸匹配合适的运输工具，考虑限行、限高等道路约束合理规划运输路线；施工单位和构件厂可以通过系统实时查询构件运输位置、所在车辆，便于构件厂安排下一次订单以及施工单位安排施工计划；

（6）预制构件运输至施工现场后，施工单位可以通过系统获取各个构件的质量检查证明，结合现场设备进行自动化计数，从而完成一批构件的交付，系统自动更新构件的供应链状态；

（7）施工单位可以通过系统的存储管理模块和运输管理模块，来规划构件在施工现场的临时存储和运输。

7.5 典型应用案例

本章以某预制构件信息化管理系统、某钢结构物联网管理系统、某网络货运平台和某智慧交通平台为例，介绍预制混凝土构件、钢构件等物流智能化实现情况。

7.5.1 某预制构件信息化管理系统

传统的预制构件管理主要依赖人工且无法对构件进行质量追溯，容易造成构件订单退回，增加了企业生产成本。同时，由于构件缺乏追踪系统，导致构件所在仓库以及在途信息缺失，影响构件发货及施工进度。

北京某预制构件公司针对预制混凝土构件业务，研发了面向预制构件企业的"PC构件企业信息化管理系统"。该系统采用了物联网和工业4.0技术，实现了构件企业信息化管理，涵盖了预制混凝土构件企业多个方面的业务流程。它为预制混凝土构件企业提供了全集成的企业级信息化系统，包括客户、项目、经营、生产、质量、采购、仓库、人力、财务、多维报表等功能模块。针对物流管理过程，该系统实现了数据共享、快速统计、质量管理和构件跟踪等多项功能。通过应用移动APP以及RFID等技术，实现了构件生产物流全过程（包括排产、制卡、埋卡浇筑、质检、入库、出库等）的精确跟踪和管理，有效提升了物流管理效率和生产效率。考虑到预制混凝土构件生产环节信息化对后续运输环节信息化的重要作用，本节对此也适当描述。

1. 主要功能

（1）数据共享

系统能够导入构件清单、钢筋料表和构件配件清单，系统化管理各项工程的详细构件信息以及耗材使用量，有效节约了部门间人员沟通成本。相关部门人员通过系统可以直接了解最原始的数据信息，不再需要烦琐沟通。

（2）快速统计

系统基于构件生产物流过程的信息，可以快速生成生产报表、入库报表、出库报表、材料入库报表、材料消耗报表、辅料入库报表、辅料出库报表、钢筋消耗汇总（理论和实际）、构件配件消耗汇总（理论和实际）等系统报表，有效提高了数据汇总速度，降低了对统计人员的依赖。

（3）质量管理

质量管理功能可以对所有构件进行质量追溯，保证每个构件按照车间生产流程进行加工，提高了对构件的质量控制以及客户对企业的信任度，减少了订单退回和构件退回的情况，进一步降低了企业生产及物流成本。

（4）构件跟踪

系统基于 RFID 技术，实现一物一卡，对构件生产、物流全过程进行跟踪和管理。构件的精确定位跟踪，可以快速找到具体工程、具体类型、具体仓库的构件，以及该构件当前的状态，避免仓库管理人员因某个构件而多处查找，提升了仓库管理人员的执行效率，也避免了因发货找不到构件而重复生产的情况，可有效节约材料成本和人力成本。对构件的快速定位与跟踪，进一步提高了构件出库速度，实现快速发货和快速响应客户需求。

2. RFID 技术应用

RFID 技术的应用增强了管理者对预制构件的信息收集和跟踪能力。通过将 RFID 标签嵌入混凝土构件，使用 RFID 阅读器读取芯片存储的数据，从而获取构件信息。RFID 芯片具有一系列的优势，能够满足预制构件物流过程的信息流动和存储的需求。具体包括：标签信息容量大、使用寿命长；安全性高、抗污染性能强、耐久性好；体积小型化、形式多样化；穿透性强、可无屏障阅读等优点，能在预制构件恶劣环境下工作。

（1）RFID 技术在各环节的应用（图 7-13）

1）生产环节：对每日生产构件一对一绑定 RFID 电子标签，建立电子身份信息；系统自动生成并统计每日生产数据。

2）质检环节：对生产过程中每个环节进行管理，如钢筋成品质量检验、混凝土浇筑质量检验、构件质量检验等，并将相关质检信息实时录入 RFID 标签。

3）存储环节：将存储过程中所需的构件位置信息以及位置变动信息，实时录入 RFID 标签。

4）安装环节：在装配过程中识别构件，并记录构件的装配位置。

5）维护环节：在维护过程中识别构件，并记录构件的维护信息。

图 7-13　RFID 在各环节的应用

（图片来源：北京榆构有限公司）

（2）基于 APP 移动应用的物流管理流程

为便于使用和管理，企业开发了移动端的 APP，其系统界面如图 7-14 所示。APP 和 RFID 技术结合的主要使用流程如下：

图 7-14　APP 系统界面

（图片来源：北京榆构有限公司）

1）RFID 绑卡：将预制混凝土构件与 RFID 电子标签绑定，建立构件电子身份认证；

2）RFID 发卡：将制作好的 RFID 电子标签发放至相关人员手中投入使用；

3）钢筋入模质检：质检人员对入模的钢筋笼质检，将质检信息扫卡登记；

4）成品埋卡确认：对钢筋质检合格的 RFID 电子标签嵌入构件预定位置，使用 APP 扫卡登记；

5）成品出模确认：对成型的预制混凝土构件使用 APP 进行成品出模扫卡登记；

6）成品质检确认：质检人员对出模的预制混凝土构件进行质检，将质检信息扫卡登记；

7）成品入库确认：仓管员使用 APP 对预制混凝土构件通过扫卡以及扫描库位二维码的方式进行入库登记；

8）成品发货确认：对准备发货的预制混凝土构件使用 APP 进行发货扫卡登记；

9）成品收货确认：对客户签收的构件使用 APP 打印签收单，交由客户签字；

10）成品卸车确认：将客户签字的签收单使用 APP 拍照登记，将照片回传；

11）成品安装确认：施工单位将预制混凝土构件安装到预定位置后进行扫卡登记；

12）成品退货确认：如构件因各种原因需退回，将客户退回的预制混凝土构件扫卡登记，填写具体退货信息。

构件信息化管理系统通过在构件中预埋芯片，实现了构件设计、生产、运输、装配信息的共享，通过安装方案的制定，明确相对应构件的生产、装车和运输计划。特别是，依据现场构件吊装的需求和运输情况的分析，通过构件安装计划与运输计划的协同，明确装车、运输构件类型及数量，协同配送装车、配送运输，保证满足施工现场及时准确的安装需求，更加高效地完成构件物流管理工作。

7.5.2　某钢结构物联网管理系统

钢材管理一直是钢结构制造企业物资管理的重点与难点。由于项目多、材料规格杂、堆场空间有限、钢厂钢材标注方式各异等因素，物资发料人员消耗大量时间在材料检索过程上，降低了物资管理效率，直接影响了车间的正常生产。此外，由于钢构件运输位置以及运送时间不够精确，影响了施工进度，造成部分工人窝工。

某钢构公司开发了"物联网管理系统"，通过射频识别、红外感应器、全球定位、激光扫描器等传感设备，按约定协议将构件联网、交换信息和通信，实现了对钢结构构件的智能识别、定位、跟踪、监控和管理，提升了工作效率和信息化水平。在物流管理方面，该系统引入 RFID 技术，通过电子标签实现对原材料入库、库存、发放和领用的全程跟踪管理，指导和规范工人操作。同时，结合 GPS 等定位技术，实现了对构件运输过程的实时定位。系统实现了原材料合同信息的自动导入、各环节制单、原材料入库定位、堆垛顺序采集、快速盘点、原材料明细鉴定、出库管理、去向追踪和综合查询等功能，提高了材料发放效率和材料的追溯性。

1. 材料位置定位

物联网管理系统通过材料排序及定位等功能，实现了材料的可视化管理。在该系统"材料管理-材料位置查询"中按要求输入项目名称、材料规格型号或材质等信息后，就可以实现材料的精确定位，从而提升材料的发运效率。

例如：在"材料管理-材料位置查询"工具栏中输入"黄石奥体中心"，点击查询，则会在钢材堆场中出现一系列圆点，这些圆点代表黄石奥体中心项目的钢材。点击圆点，即可显示材料信息框，包含材料状态、材料位置、项目名称、分部工程、材料规格型号、炉批号、生产厂家、条码编号等信息。还可以通过工程名称、钢材规格、材质等信息进一步精确定位所需材料的位置。

2. 材料源头追溯

钢结构工程的安全性除设计因素外，材料质量的好坏也是影响安全的重要因素之一。为此，在构件的制作加工过程，对原材料的追溯显得尤为重要。物联网管理系统可以通过钢材批号、规格、材质、项目等信息完成对项目各分部工程钢构件所用钢材的追溯，很好地解决因钢材易锈蚀、露天堆场环境恶劣、钢板堆场重叠等原因造成的钢板、钢构件不易找寻的问题。物联网系统通过电子标签与钢板、钢构件信息一一绑定，可实现对外堆场钢构件的可视化管理，确保发至车间的材料材质、规格、批号等信息与钢构件所需材料清单一一对应。

3. 材料运输跟踪

利用 RFID 标签作为跟踪源，提供 GPS 装置作为构件定位的载体，通过卫星将构件发车信息和行动轨迹实时反映给构件厂项目管理人员和施工单位，便于构件厂实时掌握构件运输动态，确保货物运输安全、按时交付，以及合理安排后续构件的生产和运输。同时，施工单位也能够据此合理安排施工进度，减少工人窝工。GPS 运输控制工作原理如图 7-15 所示。

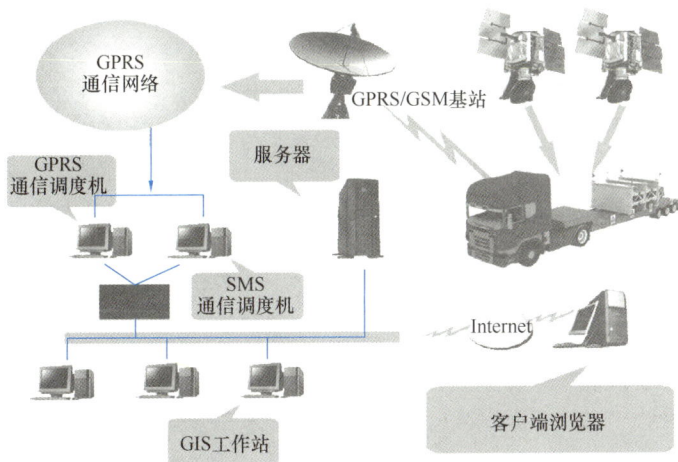

图 7-15　GPS 运输控制工作原理示意图
（图片来源：中建科工集团有限公司）

4. 计量交付与存储

构件进场时能够自动识别构件的编号、数量及相关信息，自动归集到项目技术、商务、物资管理的服务器端，同时生成构件数量信息及待安装信息，便于现场构件的交付。现场管理人员配备手持式的 RFID 标签识别器，检验并动态更新构件信息，同步至项目管理服务器端，生成状态信息和计划。施工人员可以利用大区域的 RFID 扫描装置，精确定位单个构件所在堆场位置、堆叠状态，为项目人员现场高效、准确地查找构件提供便利。

7.5.3　某网络货运平台

为了降低成本、提高效率，预制构件厂通常将构件的运输委托给第三方进行。然而，第三方的选择受到物流区域化的限制，往往无法为货主找到最优的承运方。同时，由于采用第三方承运，物流中间成本较高，信息传递环节较多，车货匹配信息获取不及时。

为了解决这些问题，某集团建立了网络货运平台（图7-16）。该平台利用互联网技术，统筹集团公司内部的运输需求，实现货主与承运方的最优匹配，从而降低集团公司内部各项目部的运输成本。此外，该平台还能够实时提供车货信息，提高了运输效率和准确性。该平台包含八大功能：公开发布货源、线上交易、全程监控、金融支付、咨询投诉、查询统计、在线评价及数据调取等。基于平台功能，能够完成货源发布、报价获取、在线委托、自动化轨迹跟踪等任务，更加合理高效地实现了车-货匹配。

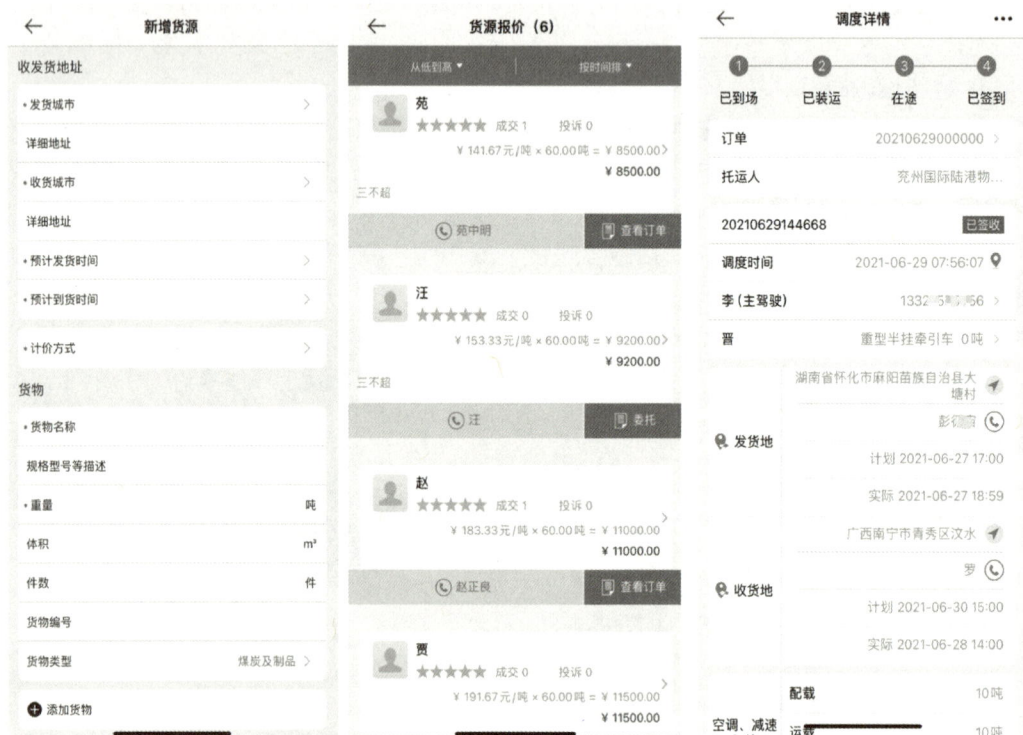

图 7-16　平台业务流程
（图片来源：中铁十四局集团有限公司）

1. 平台运输服务模式

货主通过平台定向发布货源（指定范围承运商，承运商须在平台注册），选定承运商承运后，平台主要提供轨迹监管、支付、开票等功能。

货主通过平台公开发布货源（全平台可见）、由某公司作为运输商参与竞价，可由该公司承揽或者项目引入的外部运力承揽，可通过平台的智慧物流供应链金融为司机现结运费，然后平台向项目部开具发票进行结算，也可自行沟通结算账期。

2. 车货匹配与物流跟踪

平台整合该集团的海量货源信息，并于线上发布，实现全国网络化布局。运输单位信息预先通过审核登记，确认具备接单能力，并制定合理的运输方案，通过平台线上竞价，由货主根据平台提供的运输方案和报价信息，综合确定运输单位。运输单位确认订单后，全程行驶轨迹实时在平台上显示，便于货主安排后续运输与构件生产。运输全程的可视化跟踪，能够及时发现运输异常、灵活处理现场情况，降低运输在途风险。平台及时传递车辆位置信息，减少了收发货双方装卸人员和设备的等待时间。订单完成后，货主和司机双方在平台完成资金交易和订单评价。管理部门通过平台全面监管运输业务，真正实现"总部管平台，平台管货源，平台管车辆"，有效解决了运输管理、跟踪的难题。

该集团网络货运平台通过利用"互联网＋物流"技术，整合全国范围内的车源和货源，通过线上竞价打破物流行业原有的"熟人经济"与"物流区域化"限制，形成覆盖全国的货源池和运力池，为货主、司机提供信息匹配服务，实现集团内部运输业务的降本增效，为未来的智慧化、数字化物流园区建设打下基础。

7.5.4　某智慧交通平台

我国香港地区某建设项目场地紧张、无法大面积堆场，而项目所需箱体构件数量较多，导致无序来货问题，影响了施工进度。同时，大量且紧急的构件运输要求，使得施工单位采用海运作为新的运输方式，运输路径不明确，无法精准定位箱体构件的运输状态、所处环节和位置。

为解决上述问题，项目施工企业联合高校合作开发了智慧交通平台（请扫描二维码7-1），并在该项目中进行了应用。该智慧交通管理平台包括物资管理、数据分析、船只管理、车辆管理、运输服务和码头管理等模块。平台与企业 MES 系统深度融合，并通过 API 打通了"航运网"和陆运运输数据接口，实现了多节点、多码头、多堆场、多工地分区和组合交通方式的物资管理系统。通过货物唯一身份证"物流信息二维码"和"扫码小程序"，货物在各节点扫码，实现了运输进度可视化、运输环节节点化和运输位置实时化的智能物流精准管理，为该项目提供了全新的智能物流管理解决方案。

视频7-1　智慧
交通平台

1. 物资管理模块

为实现货物精细化管理，交通运输中心联合多个团队建立了 MIC（Modular Integrated Construction）运输管理机制，分为中国内地与中国香港运输两大模块。两个模块分别包含四个节点（图7-17），依次为：节点1（钢结构检验）、节点2（装修后检验）、节点3（工厂发货）、节点4（内地码头收发货）、节点5（香港码头收发货）、节点6（中转站收货）、节点7（工地入场检验）和节点8（安装后检验）。

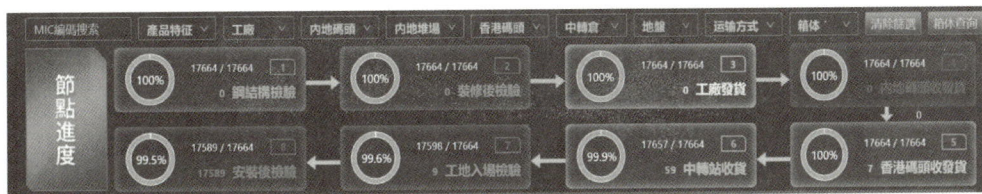

图7-17　智慧交通系统节点管理界面
（图片来源：中建海龙科技有限公司）

为解决施工现场与供货工厂沟通不当导致的"无序来货"问题，交通运输中心联合企业 MES 系统，从箱体生产环节开始管控（节点1和节点2），按需生产、按序发货（节点

3)，从源头解决"供需不匹"问题。同时，为方便物流管理，搭建"工程版物联网"，利用箱体唯一身份证"MES二维码"，开发"扫码小程序"。通过扫描箱体二维码精准定位箱体构件，高效确定箱体所处环节及运输状态，并实时更新至系统展示界面，方便生产、运输、施工各环节管理人员实时掌控物流动态（图7-18）。

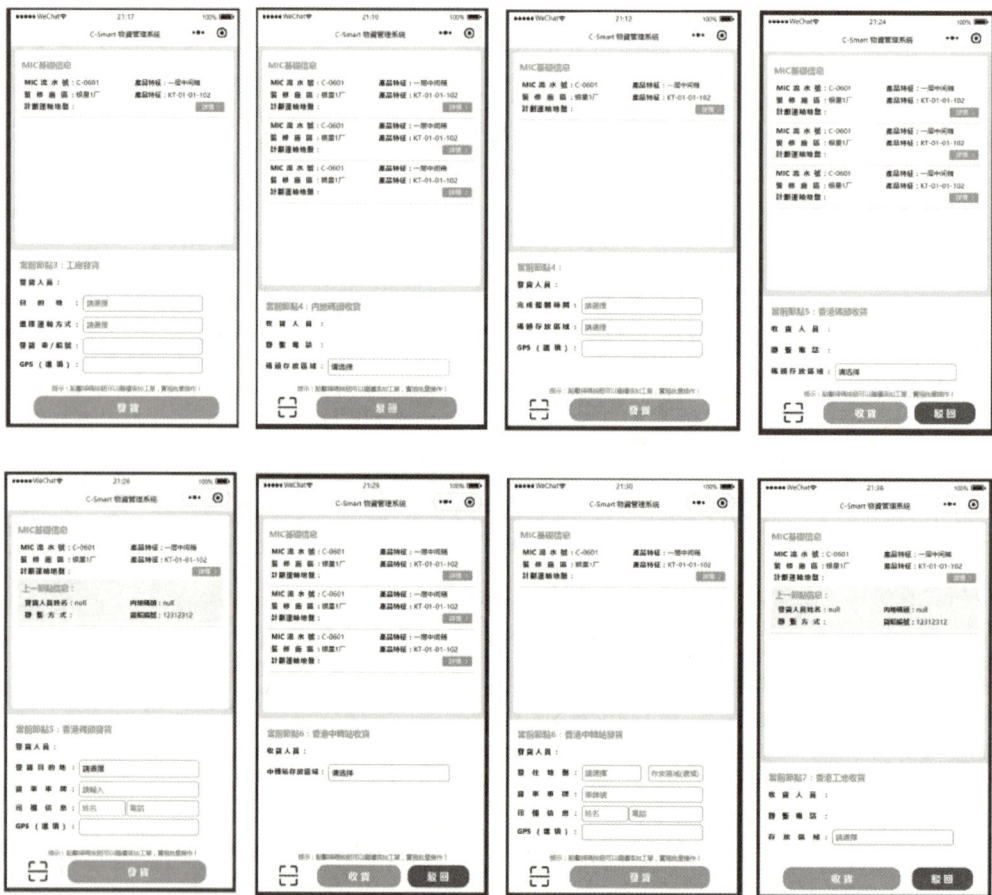

图7-18 智慧交通系统小程序界面
（图片来源：中建海龙科技有限公司）

2. 数据分析模块

该建设项目包含模块化箱式房屋6884个，包括标准箱、卫生间、冲凉房和工作房，分别运输至6个医院项目。其中，MIC箱体单元17664个，箱体类型多达77种，存储于竹篙湾、启德两工地，箱体数量庞大且种类繁杂。为方便统计每日发出、抵达、安装、库存箱体数量，使各环节管理人员实时感知项目生产、运输、安装的进度，交通运输中心建立了实时数据分析图，供全体管理人员使用。

智慧交通系统深入施工现场安装环节，对比分析每24小时箱体安装量与检查日总安装量之间差异，并分析差异产生的原因，及时调整分拣中心发货进度与施工现场安装进度。同时，为避免极端天气、疫情政策等突发事项对箱体供应与运输的影响与供需平衡，交通运输中心于香港工地周边申请多处场外堆场，设立"分拣中心"，将非急需箱体转移至"分拣中心"进行"二次转运"，将急需箱体直接运输至工地等待安装。

3. 船只管理模块

面对庞大的箱体数量与急切需求，传统的内地香港车接驳方式受疫情政策影响，每日限定车次，无法在短时间内实现运输目标。交通运输中心协调外部资源，开辟了 MIC 箱体海运运输新途径。在 75 日内累计完成运输模块化箱式房屋 6884 个、MIC 箱体 17664 个，总计发船 379 船次。

海运运输 MIC 箱体作为一种全新的运输方式，由于运输路径不明确，而缺乏合理有效的信息统计手段。为使箱体在海运过程中能够及时有效反馈信息，交通运输中心设立了船只管理模块（图 7-19），联通"船讯网"，利用船只原有 MMIS 码，定位船只实时位置。针对箱体进入内地码头、箱体在内地码头上船、箱体在香港码头下船、箱体在香港码头发货等，利用智慧交通系统进行小程序扫码，实时掌握各个箱体所进入码头、运货船只、卸货码头等真实信息，利用"船讯网"实时信息交互，实时、精准地获取船只实时位置与所载箱体，实现运输环节的全流程监控。

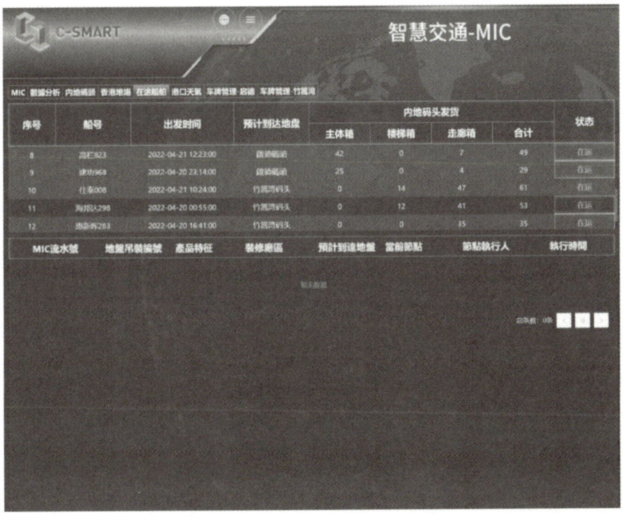

图 7-19　智慧交通系统船只管理模块
（图片来源：中建海龙科技有限公司）

4. 车辆管理模块

车辆管理模块分为内地车辆运输管理、香港工地车辆管理与跨境货运车辆管理三部分，分别落实内地转运车辆、香港工地车辆与跨境货运车辆，并结合跨境海运，实现箱体多级调度管理（图 7-20）。

对于内地车辆运输，交通运输中心设立陆运组，统筹管理内地车辆转运工作。根据订单需求与厂家供货情况，安排内地车辆于工厂、分拣中心之间转运。利用系统录入转运信息，通过合理调配车辆，提高车辆周转效率。

对于香港工地车辆管理，香港工地内部利用某车辆智能识别系统，对 9 个箱体堆场（香港分拣中心）与两个工地进行交通流量监控。交通运输中心实时监控各时间段车辆进出数量，根据工地安装计划分析各时段数据差异原因，利用巡航无人机干预、管理工地内

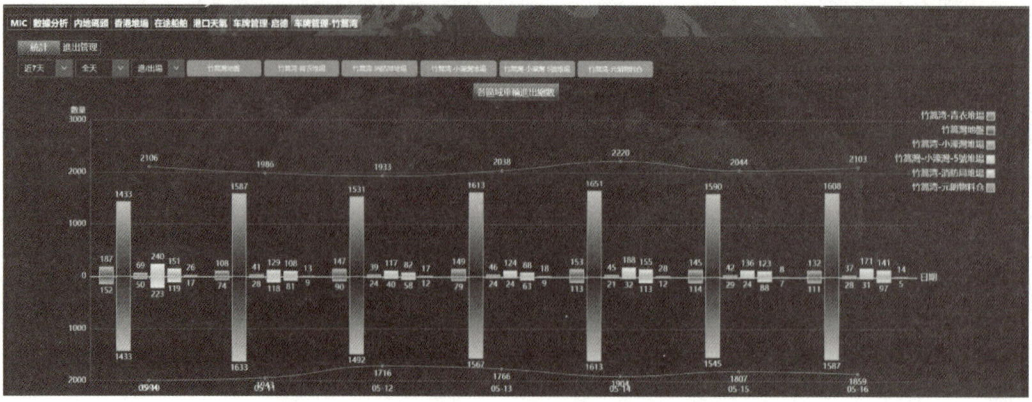

图 7-20　车辆进出实时管理

（图片来源：中建海龙科技有限公司）

部交通情况。若因工地内部交通堵塞导致交通流线中断，应及时反馈工地确定解决方案，调节、稳定每日进出流量，确保项目安装进度。

对于急需物资与零星物资，采用跨境货运车辆由内地工厂或分拣中心直接运输至工地。为实时精准掌控到货时间，交通运输中心对跨境运输车辆进行节点管控与精准定位。箱体工厂发货、安排专人进行扫码发车，利用 GPS 设备实时监控运输过程，工地安排专人扫码收货，运输信息链条清晰明确。

5. 码头管理模块

该建设项目引入新型"物联网"分拣中心概念，对 MIC 箱体与零星物资进行管理。建立了珠海厂道路分拣中心、高新港旧码头分拣中心和零星物资分拣中心，将运输货物按类型进行提前收货，采用集散式发货管理模式，按照工地需求对箱体、零星物资进行超市式管理。创建分拣中心，采用集散式发货方式，将工厂箱体、物资提前存储至规定区域，可腾出厂内空间以加速生产。

针对繁杂的货物类型与庞大的货物数量，交通运输中心根据香港物资部门提供的货物需求清单，提前对各类型货物进行分拨与分流，避免因集中送货导致各工地需求无法满足。利用内地码头管理模块，分解运输环节工作量，前置分流节点，减轻香港码头压力，合理利用土地资源，解决香港工地堆场较少问题。同时，针对各工地货物需求，采用订单式管理方法，建立竹篙湾、启德聚焦发货群组，定时召开工厂、运输、工地三方会议，明确工地需求与厂家供给，平衡供需要求。

利用内地丰富的场地资源，建立"分拣中心"，提前对箱体进行收货、分流处理。内地分拣中心内部进行区域划分，按箱体类型分区存放，管理人员进行货物记录，利用智慧交通系统实时统计，便于工地按照需求紧急程度选货。内地分拣中心采用"超市式管理模式"，工地可通过智慧交通系统"下单"，内地分拣中心按照订单需求利用系统中箱体查询功能定位箱体存放位置，实现"抽屉式取货"，高效便捷地进行发货操作。

展望

随着智能建造的深度实施，智能物流作为智能建造的关键环节，将变得越来越重要，直接影响到智能生产与智能施工的实施成效。一方面，智能物流将与智能设计、智能生产、智能施工深度融合，真正起到设计理念与生产、施工操作的中介桥梁作用；另一方面，高新信息技术及人工智能技术的快速发展，将进一步推进工程物流的高度智能化，智能物流系统将不断完善，惠及物流的各个细微环节。

本章小结

　　本章详细介绍了物流、工程物流、智能工程物流的基本概念与内涵，以及工程物流与一般物流的区别、智能工程物流的基本特征和关键技术。在此基础上，详细介绍了工程物流的关键环节，并分析了实践过程中存在的问题。针对工程物流实践中面临的问题，本章进一步介绍了构件的计量与交付、运输调度、物流跟踪、质量检查等智能化发展方向，及其实现过程与技术路线。此外，本章在分析 ERP 与工程物流系统关系的基础上，介绍了智能工程物流系统的基本架构和常用功能模块，并通过介绍相关工程物流智能化实践案例，进一步深化对智能工程物流的理解。

思考题

1. 请简述物流、工程物流和智能工程物流的基本概念。
2. 请简述工程物流与一般物流的区别。
3. 请简述智能工程物流的基本特征和关键技术。
4. 请分析工程物流需要智能化的主要原因。
5. 请列举工程物流智能化的主要方向。
6. 请结合具体方法或技术，分析如何实现预制构件运输智能调度。
7. 请结合相关技术，简要分析如何实现构件智能跟踪。
8. 请简要描述 ERP 的概念及其与物流系统的关系。
9. 请简要描述智能物流系统的基本架构，并列举常见的功能模块。
10. 请选择预制混凝土构件或钢构件，简要描述其物流智能化实践要点。

【动手作业】请结合 RFID 和 GPS 设计并开发预制构件追踪原型装置。

本章参考文献

[1] 齐二，石方庆，霍艳芳. 物流工程[M]. 2 版. 北京：机械工业出版社，2006.
[2] 国家市场监督管理总局，国家标准化管理委员会. 物流术语：GB/T 18354—2021[S]. 北京：中国标准出版社，2021.
[3] 王诺. 工程物流学导论[M]. 北京：化学工业出版社，2007.
[4] 霍艳芳，齐二石. 智慧物流与供应链[M]. 北京：清华大学出版社，2020.
[5] 王乐媛. 基于改进人工鱼群算法的 PC 构件运输车辆调度优化研究[D]. 重庆：重庆大学，2019.
[6] 夏泽郁. 基于 BIM 和 RFID 装配式建筑的构件实时进度控制[D]. 江苏：东南大学，2020.
[7] Fang Y, Ng S T. Genetic algorithm for determining the construction logistics of precast components [J]. Engineering, Construction & Architectural Management，2019，26(10)：2289-2306.

［8］　Zhu D D，Sun J Q. A new algorithm based on Dijkstra for vehicle path planning considering intersection attribute［J］. IEEE Access，2021，9：19761-19775.

［9］　Yang X. Optimization algorithm of logistics transportation cost of prefabricated building components for project management［J］. Journal of Mathematics，2022，2022：1-9.

［10］　张莹莹. 装配式建筑全生命周期中结构构件追踪定位技术研究［D］. 江苏：东南大学，2023.

［11］　Ergen E，Akinci B，Sacks R. Tracking and locating components in a precast storage yard utilizing radio frequency identification technology and GPS［J］. Automation in Construction，2007，16(3)：354-367.

［12］　Lei N. Intelligent logistics scheduling model and algorithm based on Internet of Things technology［J］. Alexandria Engineering Journal，2021，61：893-903.

［13］　北京市市场监督管理局，北京市住房和城乡建设委员会. 预制混凝土构件质量检验标准：DB11/T 968—2021［S］. 2021.

［14］　中华人民共和国住房和城乡建设部. 混凝土结构工程施工质量验收规范：GB 50204—2015［S］. 北京：中国建筑工业出版社，2014.

［15］　刘嘉. 基于ERP的J中烟公司物流运输管理系统的分析与设计［D］. 江苏：南京理工大学，2014.

建筑机器人与建筑 3D 打印

知识图谱

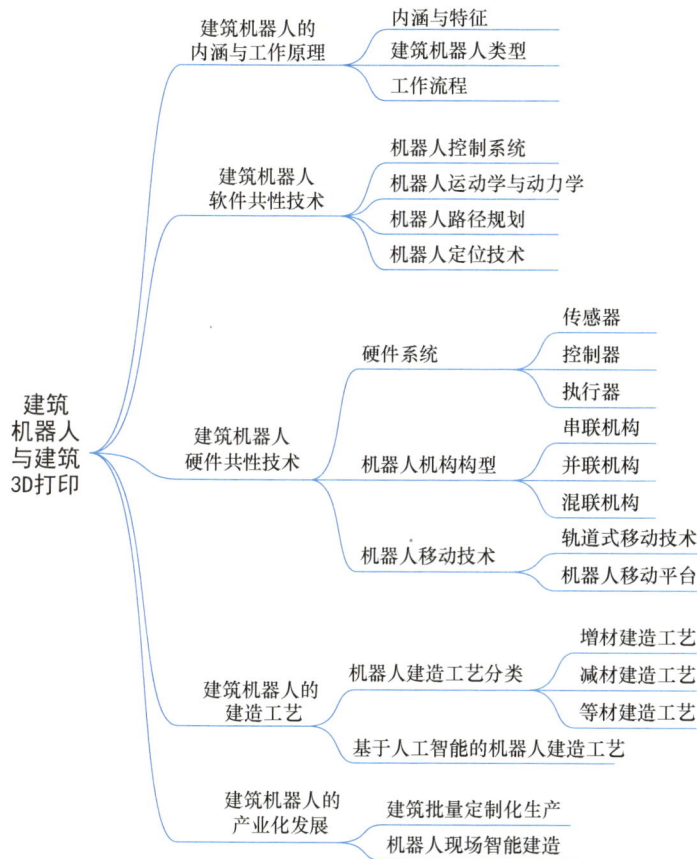

- 建筑机器人与建筑3D打印
  - 建筑机器人的内涵与工作原理
    - 内涵与特征
    - 建筑机器人类型
    - 工作流程
  - 建筑机器人软件共性技术
    - 机器人控制系统
    - 机器人运动学与动力学
    - 机器人路径规划
    - 机器人定位技术
  - 建筑机器人硬件共性技术
    - 硬件系统
      - 传感器
      - 控制器
      - 执行器
    - 机器人机构构型
      - 串联机构
      - 并联机构
      - 混联机构
    - 机器人移动技术
      - 轨道式移动技术
      - 机器人移动平台
  - 建筑机器人的建造工艺
    - 机器人建造工艺分类
      - 增材建造工艺
      - 减材建造工艺
      - 等材建造工艺
    - 基于人工智能的机器人建造工艺
  - 建筑机器人的产业化发展
    - 建筑批量定制化生产
    - 机器人现场智能建造

本章要点

知识点 1. 建筑机器人的内涵、特征与工作原理。

知识点 2. 建筑机器人软件共性技术。

知识点 3. 建筑机器人硬件共性技术。

知识点 4. 建筑机器人建造工艺。

知识点 5. 建筑机器人推动建筑工业化。

学习目标

（1）了解建筑机器人的内涵、特征、类型和工作流程。

（2）了解建筑机器人的软件、硬件共性技术。

（3）掌握建筑机器人建造工艺的类别与特征。

（4）了解建筑机器人如何应用于产业实践。

（5）了解建筑机器人如何影响建筑产业未来发展。

8.1　建筑机器人的内涵与工作原理

8.1.1　建筑机器人的内涵与特征

1. 建筑机器人的内涵

建筑机器人包括"广义"和"狭义"两层含义，广义的建筑机器人囊括了建筑物全生命周期相关的所有机器人设备，涉及面极为广泛。常见的管道勘察、清洗、消防等特种机器人均可纳入其中。狭义的建筑机器人特指与建筑施工作业密切相关的机器人设备，通常是一个在建筑预制或施工工艺中执行某个具体的建造任务，如墙体砌筑机器人、3D打印机器人、钢结构焊接机器人。通过执行不同的建造任务，建筑机器人不但能够辅助传统人工建造过程，甚至可以完全替代人类劳动，并且大幅度超越传统人工的建造能力。

2. 建筑机器人的技术特征

在建筑工程领域中，现场施工的复杂度远远高于工厂结构化生产的环境，因此建筑机器人所需要面临的问题比工业机器人复杂得多。建筑机器人本身相较于工业机器人有更多独特的技术特点：

首先，建筑机器人需要具备较大的承载能力与作业空间。在建筑施工过程中，建筑机器人需要操作幕墙玻璃、混凝土砌块等建筑构件，因此对机器人承载能力提出了更高的要求；

其次，在复杂的工作环境中，建筑机器人需具有较高的智能性以及广泛的适应性。在施工现场，建筑机器人不仅需要复杂的导航能力，还需具备不同环境的工作能力、避障能力；

再次，建筑机器人面临更加严峻的安全性挑战。在大型建造项目尤其是高层建筑建造中，建筑机器人任何可能的碰撞、磨损、偏移都可能造成灾难性的后果，因此需要更加完备的实时监测与预警系统；

最后，建筑机器人与工业机器人的不同还在于二者在机器人编程方面有较大差异工业机器人的编程一般在现场通过手动引导机器人来记录其运动路径，一次编程完成后机器人便可进行重复作业，这种模式显然不适用于复杂多变的建筑建造过程。建筑机器人编程首先需要在虚拟环境中设计和测试机器人运动路径，并与高度智能化的现场建立实时连接以及实时反馈，以适应复杂的现场施工环境。

3. 建筑机器人的系统构成

建筑机器人主要由三大部分、六个子系统组成。三大部分分别是传感器、处理器和效应器。传感器是建筑机器人的感知系统，用于获取自身及周围环境的信息。不同类型的传感器可以提供多种信息，帮助机器人理解其工作环境与工作状态。处理器是建筑机器人的大脑，负责处理传感器获取的数据、制定决策并生成控制指令。这部分通常由嵌入式计算机、微处理器或其他控制单元组成。机器人的控制算法和决策系统通过处理器实现，以使机器人能够执行复杂的任务，如路径规划、障碍物避让和多动作协调。效应器是建筑机器人的执行部分，包括各种机械和电动部件，用于执行实际的任务。这些部件根据处理器生成的指令进行动作，使机器人能够在物理世界中操作。三大部分的协同工作使建筑机器人能够感知周围环境，做出智能决策并在实际环境中执行任务。

组成机器人的六个子系统是：驱动系统、机械结构系统、感知系统、机器人环境交互系统、人机交互系统以及控制系统。每个系统各司其职，共同完成了机器人的运作。驱动系统涉及机器人的动力来源和运动控制。这包括机器人的电动驱动部件、液压或气动系统等，用于提供动力以使机器人能够移动、操作和执行各种任务。机械结构系统是工业机器人为完成各种运动的机械部件，是系统的执行机构。机械结构系统的设计影响着机器人的外形、运动范围、承载能力等特性，需要平衡稳定性、灵活性和耐用性，以适应不同的任务和环境。以六轴机器人为例，系统由骨骼（杆件）和连接它们的关节（运动轴）构成，具有多个自由度，主要包括手部、腕部、臂部、足部（基座）等部件。感知系统由内部传感器模块和外部传感器模块组成，用以获取内部和外部环境状态中有意义的信息。智能传感器的使用提高了机器人的机动性、适应性和智能化水准。感知系统的数据用于创建环境模型、检测障碍物、识别目标等，为机器人的决策和控制提供关键信息。机器人环境交互系统负责机器人与其周围环境的实际物理互动。这包括规划工作空间布局、识别和抓取物体、实现安全的协作与合作，以及适应不同环境需求。人机交互系统涉及人类与机器人之间的交流和互动。其可以是触摸屏、语音识别、手势控制等，使操作人员能够与机器人进行沟通、设定任务和监控工作进程。友好的人机交互界面可以提高机器人的易用性和效率。控制系统通常是机器人的中枢结构。现代机器人控制系统多采用分布式结构，即上一级主控计算机负责整个系统管理以及坐标变换和轨迹插补运算等，下一级由许多微处理器组成，每个微处理器控制一个关节运动，它们并行完成控制任务。

4. 建筑机器人的发展趋势与导向

从技术上讲，建筑机器人发展呈现四大趋势：第一，人机协作。随着对人类建造意图的理解，人机交互技术的进步，机器人从与人保持距离作业向与人交互并协同作业方向发展。第二，自主化。随着执行与控制、自主学习和智能发育等技术的进步，建筑机器人从预编程、示教再现控制、直接控制、遥控等被操纵作业模式向自主学习、自主作业方向发展。第三，信息化。随着传感与识别系统、人工智能等技术的进步，机器人从被单向控制向自己存储、自己应用数据方向发展，正逐步发展为像计算机、手机一样的信息终端。第四，网络化。随着多机器人协同、控制、通信等技术的进步，机器人从独立个体向互联网、协同合作的方向发展，机器人的技术发展为其在建筑领域奠定基础，通过在施工环境建立信息互联，实现实时调整工作、更换工具、切换任务，响应不同工作环境变化，从而实现智能化的建筑柔性建造机制。

建筑机器人主要的发展方向体现出功能、性能、艺术、科学四个价值导向。

从功能价值导向来说，建筑机器人的研究以"机器换人"为目标，开发适宜的机器人建造设备与工艺来取代传统工人高重复性的工作项目。建筑机器人的研究发展，不仅能提高劳动效率、避免资源浪费，还能解决建筑业高度依赖人力资源的落后现况，在推动建筑业转型智能建造、有效提升国家智能建造业竞争力方面具有极其重要的意义。

从性能价值导向来说，在建筑设计建造流程中，利用建筑机器人实现传统工艺难以实现的创新技术，并将建筑设计一体化的流程与新工艺整合到建筑形态与结构设计之中，为工程与建筑领域带来新的可能性。

从艺术价值导向来说，在建筑学领域，建筑师通过机器人开发独特的计算性设计与建造能力，将材料性能、结构性能及建造工艺相整合，建造了一系列具有前瞻性和艺术性的建筑作品。

从科学价值导向来说，在建筑工程领域，建筑机器人的研究还针对极端的非结构环境下的高风险性建造工作项目，如月面等复杂恶劣环境，并为系统研发智能感知、生形设计以及自主无人建造提供典型研究场景。探索极端环境建筑智能设计与自主无人建造，给建筑机器人领域提出科学问题、发现科学理论、建立内在机制与揭示发育规律提供了重要机遇。

8.1.2　面向应用场景的建筑机器人的类型

根据建筑机器人在建筑全生命周期内的应用场景与用途，可以将机器人划分为现场勘探机器人、建造机器人、运营维护机器人和破拆机器人四个主要类别。

1. 现场勘探机器人

在工程项目前期阶段，现场勘探机器人主要用于建筑工地的勘查与测量，如建筑场地

图 8-1　ANYmal 勘探机器人

（图片来源：袁烽，阿希姆·门格斯. 建筑机器人
——技术、工艺与方法［M］. 北京：中国建筑
工业出版社，2020）

和周边环境的测量和建模等。典型的现场勘探机器人包括勘测、勘探机器人与无人机等类型，能够在具有挑战性的环境与地形中进行自由移动和数据采集工作。现场勘探机器人在数据丰富度、速度、工作流程和数据整合方面具有优势，能够有效减少人力成本。例如，苏黎世联邦理工学院的机械工程系机器人与智能系统研究所（Institute of Robotics and Intelligent Systems，IRIS）开发了一种可良好适应各种地形的腿式机器人 ANYmal（图 8-1），适用于室内场所或者室外场所的测量、建图、仪表检查等任务[1]。无人机（Unmanned Aerial Vehicle，UAV）作为机器人的一种，也在越来越多地用于建造场地的现场勘探工作。基于 UAV 的数据采集在大幅降低成本和工作量的同时，可以用最小的成本覆盖大面积的场地[2]。在 2018 年上海"数字未来"工作营中，同济大学研究团队用无人机开展了高时空分辨率感应下的城市环境扫描和数据可视化，项目选取同济大学校园作为环境测量场地，采集并分析了校园设计中隐藏的环境参数的垂直变化。

2. 建造机器人

机器人可以被用于多样化的建造任务，根据建筑施工过程划分，建造机器人包括感知与定位机器人、主体结构施工机器人、装饰装修机器人、物料运输机器人、施工质量检测机器人、辅助建造机器人等[3]。

感知与定位机器人通过搭载传感器和视觉系统，能够感知施工现场的环境和物体，精确定位建筑元件和障碍物，为后续施工提供准确的定位和导航信息。其主要包括放线机器人和测量机器人（图 8-2）。

　　主体结构施工机器人主要进行主体结构的建造工作，例如混凝土 3D 打印机器人、木构件加工机器人（图 8-3）、钢筋绑扎机器人、金属焊接机器人、混凝土布料机器人、地面整平机器人等。它们具备高精度的操作能力，能够准确、高效地进行建筑结构的组装和安装，提升施工速度和质量。

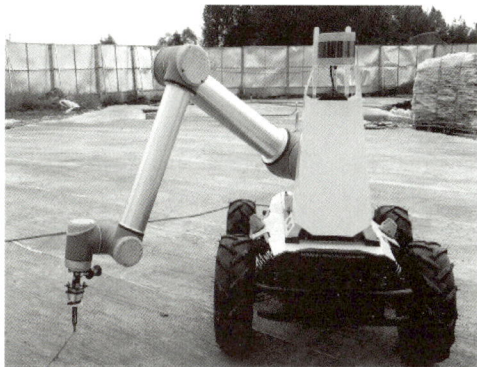

图 8-2　放线机器人
（图片来源：上海一造科技有限公司）

图 8-3　木构件加工机器人

　　装饰装修机器人主要用于建筑的装修和装饰工作，如涂料喷涂、墙面贴瓷砖和地板铺设。其主要包括板材安装机器人、喷涂机器人（外墙喷涂机器人、砂浆喷涂机器人、室内喷涂机器人）、抹灰机器人、腻子涂敷机器人、地坪施工机器人（地坪研磨机器人、地坪涂料涂敷机器人）、墙地砖施工机器人（墙砖铺贴机器人、地砖铺贴机器人、景观地砖铺贴机器人）、钻孔机器人（图 8-4）等。它们能够自动执行精细的装修任务，提高施工效率，确保装饰质量的一致性和美观度。

图 8-4　钻孔机器人
（图片来源：Hilti）

　　物料运输机器人专门用于在施工现场内进行物料和设备的运输。它们可以自动化地搬运重物、运输材料，并且能够减轻工人的负担，提高物料运输的效率和安全性。其主要包括板材运输机器人、码垛运输机器人、通用物流机器人等。

施工质量检测机器人用于对施工质量进行检测和评估。它们通常搭载高精度的测量设备，如激光扫描仪，能够对建筑结构进行精确的测量和验证，提供可靠的数据和反馈，以确保施工质量符合要求。其主要包括混凝土检测机器人、幕墙检测机器人、焊缝检测机器人等。

3. 运营维护机器人

建筑运营过程中建筑维护的自动化和智能化也是建筑机器人研究的重要方向。运营维护主要是对建筑物进行检查、清理、保养、维修。相应的运营维护机器人主要包括两大类：一类是建筑清洁机器人，一类是建筑物的缺陷检查与维护机器人。例如，高层建筑的立面通常铺满瓷砖、玻璃幕墙或其他表皮材料，必须在整个建筑的生命周期内进行定期检测、维修和维护。通常，工人通过从屋顶悬挂的吊笼或吊车对立面进行检测、清洁和维护，工作单调、低效且危险。运营维护机器人不仅能够自主执行这些单调和危险的任务，同时能够提供大量详细的检测数据，用于建筑性能分析。

4. 破拆机器人

破拆机器人是建筑垃圾循环利用和科学管理的突破口。因此，破拆机器人不仅需要将建筑物进行破拆，同时需要考虑对拆卸产生的建筑垃圾进行分解和回收利用。例如，建筑废弃物再利用流动制砖车可采用游牧式作业方式就地对建筑废弃物进行深加工，集成破碎筛分、计量搅拌、压制成型、成品码垛等功能，将建筑垃圾直接转化为再生建材制品，如园林路面砖、植草砖、盲道砖、各种实心混凝土砖等，即产即销，变废为宝，节省建筑废弃物清运费、砖类建材采购费，减少粉尘污染和运输排放。

8.1.3 建筑机器人的工作流程

1. 建筑机器人模拟与优化

建筑机器人的运动学仿真是建筑机器人控制的首要环节，其工作流程通常包括以下步骤：首先，定义机器人的几何构型，包括关节数目、关节类型和几何约束关系；然后，建立世界坐标系和机器人本体坐标系来描述姿态和位置；在此基础上，建立关节模型，包括旋转轴、转动范围和关节限制，并通过正逆运动学进行机器人模拟：正向运动学计算确定机器人末端执行器的位置和姿态，而逆向运动学计算则通过给定末端执行器的位置和姿态来计算关节位置；在进行运动学模拟时，还需要建立机器人和环境的碰撞体积模型，并使用相应的碰撞检测算法进行机器人与周围环境的碰撞检测；最后一步是将运动轨迹转化为机器人的运动控制指令，控制关节的位置、速度或加速度。这是一个一般性的建筑机器人模拟工作流程，具体的实现方法可能因机器人的类型、复杂性和应用领域的不同而有所差异。

2. 从建筑几何到机器人路径规划

机器人建造中的铣削、折弯、3D打印等工艺的实现需要将建筑设计的几何信息转译为可被建造的机器加工路径。转译过程中，建筑几何被用于定义材料的空间定位，构件加工预组装顺序等信息则用于定义生产过程的时间进度。在参数化的建筑设计流程中，参数化建筑几何向机器人建造路径的转换可以被描述为以下步骤：建造工具"逻辑定义-几何参数提取-参数转译"。在实际操作中，针对不同的机器人建造工艺可以开发不同的工具包，将几何坐标、曲率、向量等几何参数依据材料特性和工具特性转译为相应的位置、姿态、速度等机器人建造信息，并通过机器人模拟与编程，对机器人运动进行模拟与检测，输出机器人建造路径。

3. 从机器人路径到机器人建造

建筑机器人的工具端通过传感器、控制器和执行器三个部分来执行接收到的机器人路径信息。机器人工具端的传感器分两类：一类是感应机器人发出的信号，另一类是感应环境中的信号。例如当机器人建筑工具端需要与机器人的动作产生配合时，工具端需要接收从机器人发出的指令并产生相应的动作。工具端的控制器主要是处理传感器所接收到的信号，然后依据预设程序针对不同的信号发出不同的指令，进而控制执行器的运行。执行器是指依据接收的信号来产生具体动作的装置。执行器的种类多种多样，这种丰富度使得机器人可以取代减材建造，甚至三维成型技术中的数控设备，成为全能的建造工具。机器人从控制系统接收路径信息，通过传感器接收信号，通过控制器处理信号，并最终通过执行器执行操作，将建筑设计几何转化为实际的物质生产。例如，在斯图加特大学计算设计学院的阿希姆·门格斯（Achim Menges）教授研究团队于 2015 年完成的展馆建造中，将碳纤维材料在一个薄膜结构表面进行缠绕建造。设计几何被首先转译为机器人缠绕路径，在缠绕过程中，由于薄膜结构形态不稳定，很容易受到环境温度、机器人动作或者空气流动的影响，因此工具端需要通过一个压力感应装置实时感应来自薄膜的压力，并以此来判断薄膜结构的变形情况，从而调整机器人的姿态，使碳纤维始终紧贴在薄膜结构的内壁上[4]（图 8-5）。

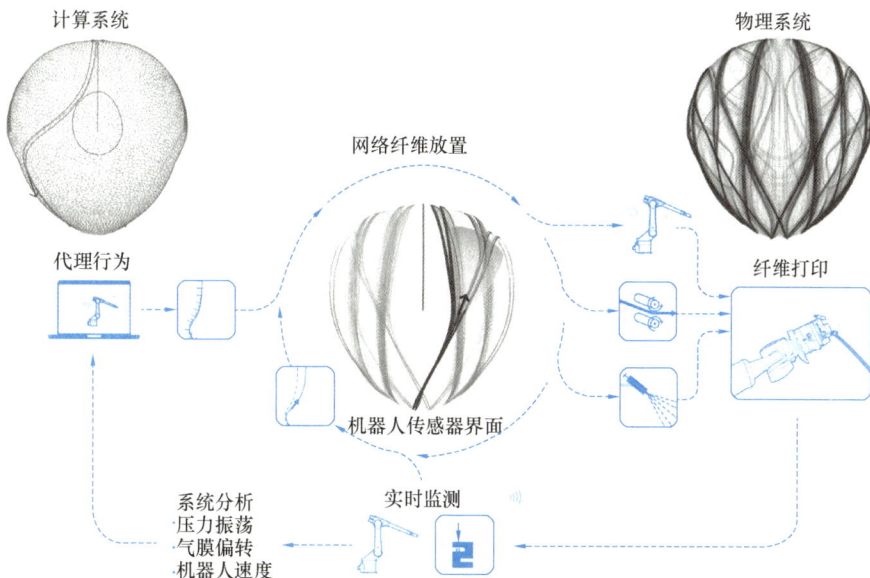

图 8-5 斯图加特大学"2015 ICD/ ITKE 研究展馆"机器人建造流程与工作原理

（图片来源：ICD Stuttgart）

8.2　建筑机器人软件共性技术

8.2.1　建筑机器人的控制系统

1. 机器人控制系统类型

依据控制系统的开放程度，机器人控制系统可以分为三类（图8-6）：

（1）封闭型控制系统：指无法或者很难与其他硬件和软件系统结合的独立系统。

（2）开放型控制系统：指具有模块化的结构和标准的接口协议的控制系统，其硬件和软件的各个部件可以很方便地被用户变更，易于集成外部传感器、控制算法、用户界面等。

图 8-6　机器人控制系统分类

（3）混合型控制系统：指部分封闭、部分开放的控制系统。

随着在工业上的广泛应用，机器人已成为工业生产系统中的一个标准部件，其控制系统的开放性和通用性变得至关重要。由于现代工业的生产设备通常由不同的厂家生产，对于大部分设备而言，综合控制系统的建立需要在不同设备的控制系统之间建立连接，一起成为一个自动化系统。在此过程中，工业生产设备的开放性成为一个关键问题。

开放的机器人控制系统会给用户、生产者以及系统集成者带来诸多好处，如自动化系统的可扩展、可联网、可移植等。当前计算机、网络以及控制技术水平的迅速提高为机器人控制系统的开放提供了高度的可行性。

当前机器人控制系统的开放性尚未形成明确的评价标准。工业机器人领域通常采用下列几个性能指标来评价工业机器人控制系统的开放性。

（1）可扩展性：生产者、用户、系统集成者等人员都可以根据特定需求在机器人控制系统上增加硬、软件设备，实现功能扩展。

（2）互操作性：机器人控制系统核心部分应符合或遵从一定的标准，一台机器人的控制器可以与另一台或多台机器人轻松交换信息。

（3）可移植性：机器人控制系统的应用软件可以在不同环境下互相移植。

（4）可增减性：机器人控制系统的性能、功能可以根据实际需求增减。

为了达到上述需求，机器人控制系统应结合标准化的硬件系统与具有开放界面的计算机操作系统。

2. 机器人软件系统的控制方式

尽管对机器人控制系统没有统一的开放标准，机器人控制系统的控制方式却具有广泛认可的框架体系。机器人的控制系统从智能化程度上来看分为三个类型，从低到高分别为程序控制系统、自适应控制系统和人工智能控制系统。

（1）程序控制系统

程序控制系统指通过给机器人的每一个自由度施加一定规律的控制，让机器人运行预设的运动轨迹。在程序控制系统作用下，机器人严格按照预设程序来工作，智能化程度最低。由同济大学袁烽教授牵头研发的 FURobot 智能机器人控制软件，可以嵌入 Grasshopper 平台，无缝衔接 Rhino 等建筑设计软件，打通从形体设计、加工路径设计到控制程序生成的全流程[5]（图 8-7）。

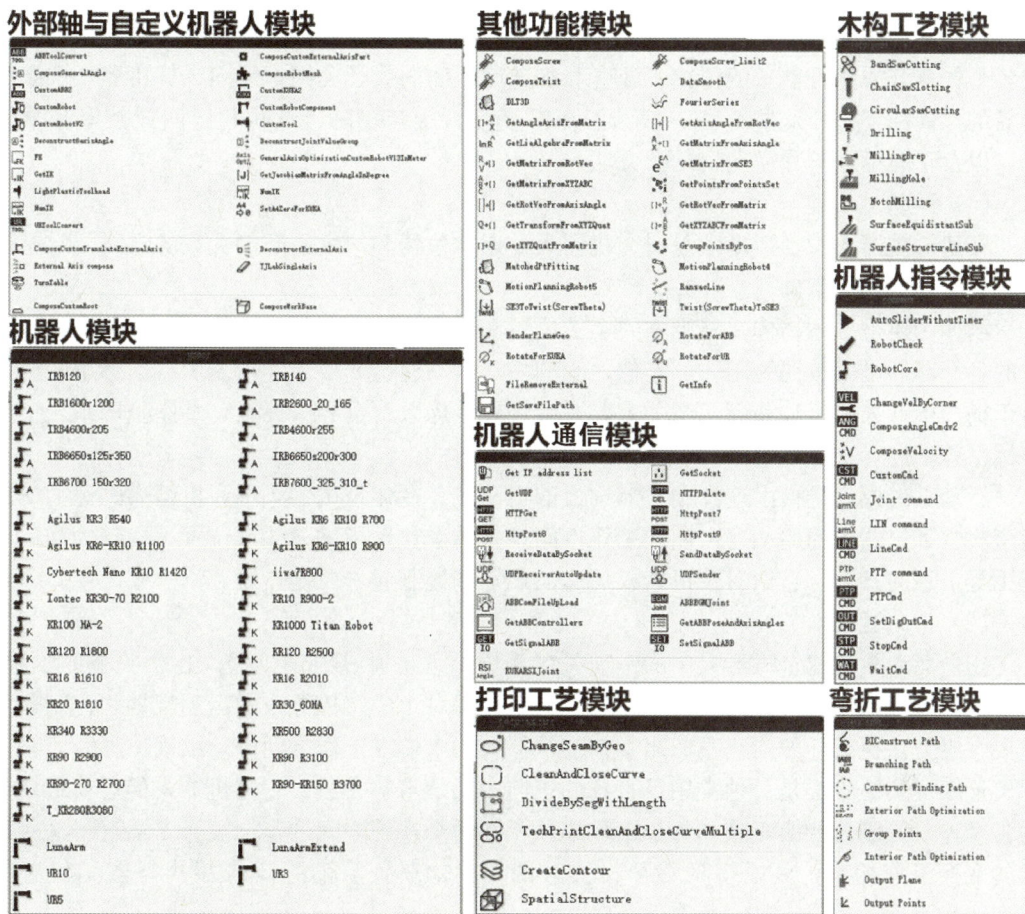

图 8-7　机器人控制软件功能模块

（2）自适应控制系统

自适应控制系统是指当外界条件变化时，为保证运动品质，或者为使机器人根据已有经验自行调控品质，机器人控制系统的结构和参数能随时间和条件自动改变。

（3）人工智能控制系统

人工智能控制系统无需事先对机器人运动进行编程，而是在运动过程中根据机器人所获得的外部和内部状态信息，实时确定应该施加的控制作用。

由于建筑建造任务的复杂性和不确定性，建筑机器人的控制系统搭建需求会更加复杂，需要在工业机器人控制系统基本类型的基础上，根据实际需求进行研发。

8.2.2　建筑机器人运动学与动力学

建筑机器人的运动学和动力学算法是建筑机器人的关键技术，它们使机器人能够在空间中进行准确的姿态和位置控制，以完成建造任务。下面简要介绍这两种算法的概念：

1. 运动学算法（Kinematics）

运动学是研究机器人姿态、位置和速度之间的关系的学科。运动学算法通过推导机器人各个关节（或执行器）的位置、速度和加速度之间的数学关系，从而计算机器人末端执行器的位置和姿态。这些算法一般涉及矩阵变换、旋转矩阵、欧拉角、四元数等数学概念，以及正向运动学和逆向运动学方法。

（1）运动学基础

在建筑机器人中，运动学是研究机器人姿态、位置和速度之间的关系的学科，它是机器人控制和规划的基础[6]。

刚体变换是描述物体在三维空间中的位置和姿态的数学工具。在建筑机器人中，机器人的各个部件可以被视为刚体，它们之间的相对运动通过变换矩阵来表示。坐标系的选择对于描述机器人的运动和姿态至关重要，常用的坐标系有世界坐标系、基座坐标系、工具坐标系等。

运动学链模型是指由连杆和关节构成的运动链。在建筑机器人中，机器人的运动学链模型决定了机器人的运动自由度和工作空间。关节参数是指描述关节位置、旋转轴和运动范围等信息的参数，它们对于机器人的运动规划和控制起着关键作用。

（2）正向运动学

正向运动学是建筑机器人中的一项关键算法，它是通过给定机器人各个关节的参数，来计算机器人末端执行器的位置和姿态。这个过程对于建筑机器人的运动规划和控制非常重要，因为在执行任务前，我们需要知道机器人的末端在工作空间中的准确位置和姿态。

连续变换矩阵法是一种常用且直观的正向运动学求解方法。它将机器人的运动链划分为多个连续的刚体变换矩阵，每个矩阵描述相邻两个连杆之间的坐标变换。通过将这些连续的变换矩阵相乘，可以得到整个机器人的变换矩阵，从而确定末端执行器的位置和姿态。

DH（Denavit-Hartenberg）参数法是另一种常用的正向运动学方法（图 8-8），特别适用于串联结构的机器人。它通过定义一组DH参数来描述相邻两个连杆之间的几何关系和运动学特性。这样可以通过逐步求解DH参数，得到整个机器人的变换矩阵，进而求解末端执行器的位置和姿态。基于可变DH参数模型，可构建机器人自动化标定系统，以灵活适应智能建造的各种复杂工况[7]。

假设有一个机器人臂由三个旋转关节组成，需要求解末端执行器在给定关节角度下的位置和姿态。首先，我们可以根据机器人的结构和关节参数，使用连续变换矩阵法计算出机器人的变换矩阵。然后，通过变换矩阵得到末端执行器的位置和姿态。另外，我们也可以使用DH参数法来求解该机器人的正向运动学，通过定义关节之间的DH参数，逐步求解变换矩阵，最终得到末端执行器的位置和姿态。

正向运动学在建筑机器人中有广泛的应用。它不仅可以帮助机器人规划运动轨迹，还可以在执行任务时实时获取末端执行器的位置和姿态信息，用于监控机器人运动。在智能

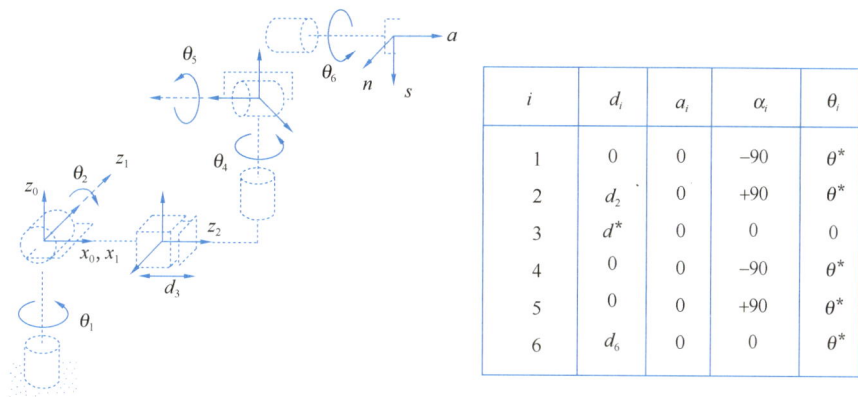

i	d_i	a_i	α_i	θ_i
1	0	0	−90	θ^*
2	d_2	0	+90	θ^*
3	d^*	0	0	0
4	0	0	−90	θ^*
5	0	0	+90	θ^*
6	d_6	0	0	θ^*

图 8-8　DH 参数法典型示意图

建筑施工中，正向运动学可以用于控制机器人的姿态，确保其准确地进行砌墙、焊接或喷涂等操作。同时，正向运动学也是实现机器人路径规划和避障的基础，通过不断更新末端执行器的位置信息，可以在复杂环境中保证机器人的运动安全和高效。

（3）逆向运动学

逆向运动学是建筑机器人中另一个重要的算法，它是通过给定机器人末端执行器的位置和姿态，来逆向求解机器人各个关节的参数。逆向运动学在建筑机器人中的应用十分广泛，它使得机器人能够根据特定的目标位置和姿态来规划运动路径，从而实现精确地控制并执行任务。下面详细介绍逆向运动学的相关内容。

解析法是一种常用的逆向运动学求解方法，它通过代数或几何方法推导逆向运动学的解析解。对于一些结构简单的机器人，可以使用解析法来直接计算逆向运动学解，这样可以得到精确的解决方案。解析法的求解过程通常包括建立机器人的运动学方程，然后根据末端执行器的位置和姿态逐步求解关节参数，这样就可以得到满足目标位置和姿态的关节角度，从而实现精确地控制。

对于结构复杂的机器人或运动学方程较为复杂的情况，解析法可能无法直接求解逆向运动学问题。在这种情况下，可以使用数值优化算法来逼近逆向运动学解。数值优化算法通过迭代过程，不断调整关节参数的值，使得末端执行器的位置和姿态逐渐接近目标值。常见的数值优化算法包括迭代法、牛顿法、梯度下降法等。数值优化算法的求解过程相对复杂，但是它适用于各种类型的机器人，可以得到较为精确的解决方案。

假设有一个机器人臂由三个旋转关节组成，需要将末端执行器移动到特定的目标位置和姿态。我们可以先通过正向运动学求解出机器人末端执行器在当前关节角度下的位置和姿态；然后通过逆向运动学算法，将末端执行器的位置和姿态与目标位置和姿态进行比较，调整关节参数，使得末端执行器逐渐靠近目标位置和姿态。通过不断迭代，我们可以得到满足目标要求的关节角度，从而实现机器人的准确控制。

逆向运动学在建筑机器人中有广泛的应用。它不仅可以用于机器人的运动规划和控制，还可以用于实现机器人的路径规划和避障。同时，逆向运动学也是实现机器人自主导航和自适应控制的基础，根据实时感知的环境信息，调整关节参数和路径规划，使机器人能够在复杂环境中安全高效地执行任务。

2. 动力学算法（Dynamics）

（1）动力学基础

在建筑机器人中，动力学是研究机器人在外力作用下的运动学特性和关节驱动力之间关系的学科。动力学算法是建筑机器人中运动控制和规划的重要组成部分。在开始介绍动力学算法之前，我们先了解一些动力学的基础知识：

1）牛顿-欧拉动力学方程：牛顿-欧拉动力学方程是描述机器人运动学和动力学关系的常用数学模型。它基于牛顿力学和欧拉运动方程，将机器人的运动和动力学问题转化为求解关节的加速度和扭矩的问题。

$$F = ma \tag{8-1}$$

$$M = I \frac{\mathrm{d}\omega}{\mathrm{d}t} + \omega \times I\omega \tag{8-2}$$

式中　F ——作用在刚体上的外力总和；

　　　m ——刚体的质量；

　　　a ——刚体质心的加速度；

　　　M ——作用在刚体上的外力矩；

　　　I ——刚体的惯性张量；

　　$\dfrac{\mathrm{d}\omega}{\mathrm{d}t}$ ——刚体的角加速度；

　　　ω ——刚体的角速度。

2）关节力与末端执行器力：在动力学中，我们关注的不仅是机器人的姿态和位置，还有机器人各个关节及末端执行器的力和扭矩。机器人的关节力与末端执行器力之间有密切的联系，这个关系对于机器人的运动控制和力控制至关重要。

3）机器人惯性参数：机器人的惯性参数是指描述机器人的质量、转动惯量和重心位置等物理特性的参数。准确估计机器人的惯性参数对于进行动力学建模和控制至关重要。

（2）动力学建模

在建筑机器人中，动力学建模是一个重要的任务，它涉及描述机器人在外力作用下的运动学特性和关节驱动力之间的关系。动力学建模为机器人的运动控制和规划奠定了基础，使机器人能够在外界环境变化的情况下做出相应的响应和调整。正向动力学建模和逆向动力学建模是机器人动力学中的两个关键方面，它们分别用于模拟机器人在给定关节状态下的运动和求解关节状态以实现期望的末端执行器姿态。

1）正向动力学建模：正向动力学建模是通过已知机器人的关节输入（如关节角速度和关节力/力矩），来预测机器人末端执行器（如机器人手臂末端）的运动。简单来说，它将关节输入映射到末端执行器的运动中。

在正向动力学建模中，我们需要考虑机器人的动力学参数，例如质量、惯性、摩擦等，以及机器人的几何结构。通过应用牛顿-欧拉方程、拉格朗日动力学等物理学原理，可以建立机器人的正向动力学模型。

正向动力学模型的应用包括机器人控制、轨迹规划、仿真和虚拟现实等。它可以用于评估机器人在给定关节输入下的运动响应和稳定性。

2）逆向动力学建模：逆向动力学建模是通过已知机器人的末端执行器状态（如位置、速度、加速度等），来求解机器人的关节输入（例如关节力/力矩或关节角速度）的过程。

简单来说，它将末端执行器的运动映射到关节输入。

在逆向动力学建模中，我们需要使用机器人的正向动力学模型作为基础，同时考虑末端执行器的状态信息。由于逆向动力学问题通常是非线性和多解的，解决这些问题可能需要使用数值优化方法或递归算法来求解关节输入。

逆向动力学的应用包括机器人控制、路径规划、姿态控制、力/力矩控制等。它在机器人系统中起到了关键作用，可以帮助机器人实现特定的末端执行器运动要求。

正向动力学建模用于预测机器人在给定关节输入下的末端执行器运动，而逆向动力学建模用于求解机器人的关节输入以实现期望的末端执行器运动。这两个建模方法在机器人动力学中非常重要，在机器人控制和规划领域发挥了关键作用。

（3）运动控制与力控制

在建筑机器人中，运动控制与力控制是两个关键的控制模式，它们使机器人能够按照预定的轨迹运动，并在外界力作用下保持稳定的姿态和力度。本节将详细介绍运动控制和力控制的相关内容，以及动力学算法在实现这些控制模式中的应用。

1）机器人的运动控制方法：运动控制是指控制机器人的位置和姿态，使其能够按照预定轨迹或目标位置运动。在建筑机器人中，常用的运动控制方法包括：

① 比例-积分-微分（Proportion-Integral-Differential，PID）控制：PID 控制从 20 世纪 30 年代末期出现以来，已成为模拟控制系统中技术最成熟、应用最广泛的一种控制方式。技术人员和操作人员对它也最为熟悉。在工业过程控制中，由于难以建立被控对象精确的数学模型，系统的参数经常发生变化，所以运用控制理论分析综合代价比较大[8]。PID 控制技术结构简单，参数调整方便，其实质是根据输入的偏差值，按比例、积分、微分的函数关系进行运算，运算结果用以输出并进行控制。它是在长期的工程实践中总结出来的一套控制方法，实际运行经验和理论分析都表明，对许多工业过程进行控制时，这种方法都能得到比较满意的效果。

② 模型预测控制（Model Predictive Control，MPC）：MPC 是一种先进的控制方法，它于 1989 年首次被提出，基于动力学模型预测机器人未来的运动，从而进行优化控制[9]。

③ 路径规划：路径规划算法帮助机器人找到一条最优的运动路径，使其能够在复杂环境中高效地移动。

2）力/力矩控制算法：力/力矩控制是建筑机器人中另一个重要的控制模式，它使机器人能够在外界力作用下保持稳定的控制模式。力/力矩控制可分为两种类型：

① 力控制：力控制是指机器人根据外界作用力的大小和方向来调整其末端执行器施加在工件上的力。在一些需要保持恒定力的建造任务中，力控制尤为重要。

② 力矩控制：力矩控制是指机器人根据外界扭矩的大小和方向来调整其末端执行器施加在工件上的扭矩。力矩控制可用于实现精细的装配和操作任务。

3）动力学与力控制的结合：将动力学算法与力控制算法相结合，可以实现更精确的力控制。通过不断更新机器人的动力学参数和实时控制机制，可以使机器人在复杂环境中稳定地执行任务。例如，机器人在进行装配操作时，需要根据外界力的变化实时调整力控制参数，以保持稳定的装配质量。

8.2.3　建筑机器人的路径规划算法

在建筑机器人领域，路径规划是一项关键的技术，它决定了机器人在施工环境中如何高效、安全地移动和完成任务。本章将介绍三种常用的路径规划算法。

1. 离线路径规划算法

离线路径规划算法是指在机器人开始实际移动之前就已经计算好整条路径的算法。这种算法适用于静态环境，其中没有障碍物的移动。在建筑机器人中，离线路径规划算法常用于规划机器人在已建成的结构上的运动，如规划一个机器人在楼层上的行走路径。

（1）最短路径算法

最短路径算法旨在找到两个点之间最短的路径。其中最著名的算法之一是 Dijkstra 算法，它适用于无权图和非负权图。在建筑机器人中，可以使用最短路径算法规划机器人在已建成的结构上的最短行走路径。

（2）A * 算法

A * 算法（A-Star）是一种启发式搜索算法，它结合了 Dijkstra 算法和贪心算法的优势。A * 算法通过引入启发式函数（Heuristic Function）来评估节点的优先级，从而更加高效地寻找最短路径。在建筑机器人中，A * 算法可以用于规划机器人在复杂环境中的行走路径（图 8-9)[10]。

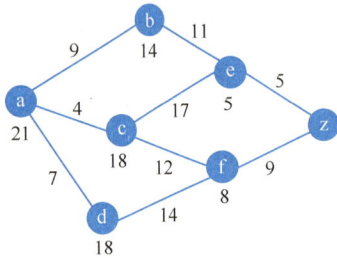

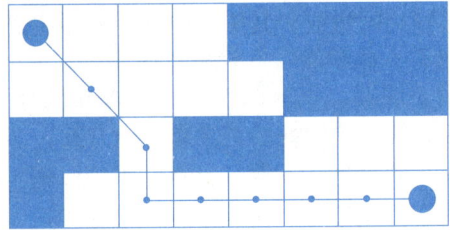

图 8-9　A-Star算法示意图

2. 在线路径规划算法

在线路径规划算法是指在机器人实际移动过程中根据实时感知到的环境信息进行路径规划的算法。这种算法适用于动态环境，其中可能有障碍物在机器人移动过程中出现。

（1）动态窗口方法

动态窗口方法是一种经典的在线路径规划算法，它通过实时调整机器人的速度和方向，以避开即将出现的障碍物。这种算法在建筑机器人中广泛应用于规划机器人在施工现场的移动路径。

（2）基于 MPC 的路径规划

MPC 是一种先进的控制方法，它结合了路径规划和动态控制的优势。在 MPC 中，机器人根据当前环境的状态和预测模型来优化未来的路径和动作。在建筑机器人中，MPC 算法可以用于规划机器人在复杂和动态施工环境中的路径[11]。

3. 集成路径规划算法

在实际应用中，通常会将多种路径规划算法进行集成，以充分发挥各自的优势，同时弥补各自的不足。

（1）混合路径规划算法

混合路径规划算法将离线和在线路径规划算法结合起来。例如，在已建成结构上，机器人可以使用离线规划的最短路径来快速到达目标区域，然后再通过在线规划算法绕过障碍物到达具体的施工点。

（2）多层次路径规划算法

多层次路径规划算法将全局路径规划和局部路径规划相结合。全局路径规划决定机器人整体的移动策略，而局部路径规划负责在复杂环境中实时避障。这种算法在建筑机器人中常用于实现高效且安全的施工任务。

建筑机器人的路径规划算法涵盖了离线和在线两类。离线路径规划适用于静态环境，可用于规划机器人在已建成结构上的移动路径。在线路径规划适用于动态环境，可用于实时避障和动态控制。集成路径规划算法将多种算法结合，以满足实际应用需求。在设计建筑机器人时，选择合适的路径规划算法对于提高机器人的性能和效率至关重要。

8.2.4 建筑机器人的感知与定位

1. 机器人定位技术原理

机器人依靠环境感知系统完成定位功能。移动机器人环境感知系统由内部传感器和外部传感器共同组成。其中，内部传感器主要针对机器人自身状态和位置进行检测，可以包括多种传感器类型。外部传感器主要用于构建环境地图，可以采用激光、雷达、摄像头等测量环境中的物体分布。

从定位方法角度而言，机器人定位技术可以分为相对定位、绝对定位和组合定位。

相对定位包括惯性导航（Inertial Navigation）和测程法（Odometry）两种主要类型。惯性导航通常使用加速度计（Accelerometer）、陀螺仪（Gyro）、电磁罗盘（Electronic Compass）等传感器进行定位，但相关研究表明惯性导航定位的精度并不理想。相对而言，测程法的使用更加广泛。一般意义上的测程法定位是指利用编码器测量轮子位移增量推算机器人的位置。机器人定位过程中，需要利用外界的传感器信息补偿测程法的误差。基于编码器和外界传感器（例如声呐、激光测距仪、视觉系统等）的信息，可以利用多传感器信息融合算法进行机器人定位。

绝对定位方法种类多样，常用的定位方法包括导航信标（Navigation Beacon）、主动或被动标识（Active or Passive Landmarks）、地图匹配（Map Matching）、GPS 定位、概率定位等。导航信标定位主要采用三视距法（Trilateration）和三视角法（Triangulation）进行位置计算；主动或被动标识定位比较常见，利用具有明显特征的、能被机器人传感器识别的特殊物体作为标识进行定位，如超声波发射器、激光反射板、二维码等；地图匹配是移动机器人通过自身的传感器探测周围环境，并利用感知到的局部信息进行地图构建，然后将该地图与预先存储的环境地图进行比照，通过两地图之间的匹配关系计算出机器人在该环境中的位置与方向。2019 年，同济大学与上海一造科技有限公司组成的联合研究小组，采用二维码绝对定位技术，利用移动建造木构机器人，搭建了一座 12m×5m×4m 的机器人木构停车棚，实现了机器人自主寻位与智能建造（图 8-10、图 8-11）[12]。

相对定位方法的优点在于能够依据运动学模型自我推测机器人的航迹，但这种方法不可避免地存在随时间、距离增加而增加的累积航迹误差；绝对定位方法往往对环境条件要

图 8-10　机器人木构停车棚

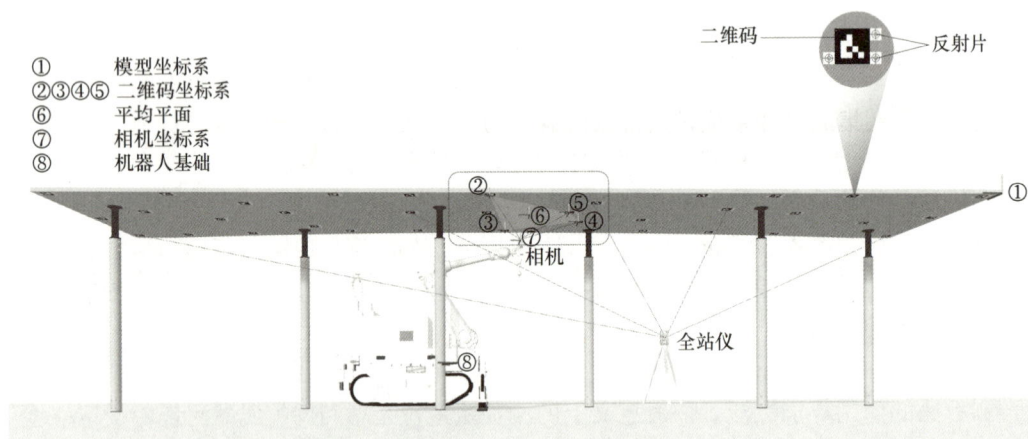

图 8-11　运用二维码在施工过程中实现精准定位

求高，地图匹配等技术处理速度较慢。将相对定位与绝对定位相结合，例如基于航迹推测与绝对信息矫正的组合，能够相互补足，有效提高定位精度和稳定性。

在信息不足的未知环境中，移动机器人的定位需要借助并发定位与环境建图（Simultaneous Localization and Mapping，SLAM）[13]。在这种情况下，移动机器人的定位与环境建图是密切关联的——机器人定位需要以环境地图为基础，环境地图的准确性又依赖于机器人的定位精度。

2. 建筑机器人定位技术运用

建筑机器人建造需要根据环境条件的不同采用适宜的定位技术。在工厂环境中，建造环境相对稳定，机器人定位以绝对定位为主，相对定位为辅；而在现场复杂的环境条件下则以相对定位为主，绝对定位为辅。

瑞士国家数字建造研究中心（National Centre of Competence in Research，NCCR）桁架机器人移动范围达到 $45m \times 17m \times 6m$。为了提高精度，研究人员对机器人末端进行了闭环定位控制。机器人状态由大型定位追踪系统 Nikon iGPS 加以测量，采用 ABB 的外部制导运动（Externally Guided Motion，EGM）系统将参照轨迹发送给机器人。EGM能够以250 Hz频率获得有关机器人状态的反馈并向机器人发送位置和速度参考，这些参考可以以关节或姿势模式呈现。iGPS中有一组发射器可以发射探测器能够接收的红外激光脉冲，根据这些脉冲的时间差，确定探测器的位置，多个探测器组合在一起构建一个框架，由主要软件Surveyor进行跟踪。Surveyor可以以40Hz的恒定速率输出帧位置的更新。iGPS系统的性能测试表明，如果校准良好、可视性良好、发射器布局最佳，可以提供亚毫米级的高质量位置测量。在实验室开展的砖迷宫（Brick Labyrinth）、DFAB之家（DFAB HOUSE）空间木结构搭建（Spatial Timber Assemblies）、轻质金属结构（Lightweight Metal Structures）等建造实践中，该定位系统对于建造系统的精准度发挥了至关重要的作用。

8.3 建筑机器人硬件共性技术

8.3.1 建筑机器人集成硬件系统

1. 概述

建筑机器人集成硬件系统，是将以机器人为主体的多种设备和仪器通过通信和配合，组成能够完成特定建造任务的硬件装备，主要涉及设备选型、现场传感与控制、末端执行机构设计和先进工艺集成应用几个方面。除了硬件部分，该系统还包括信息交互、编程、设计、动力学仿真等软件环节。

从系统控制的角度来看，建筑机器人系统可以分解为传感器、控制器与执行器。建筑机器人与施工场地构成一个动态系统，为了满足建筑施工准确性的要求，实现机器人的精确加工和灵活建造，在设计机器人系统时，需要掌握自动控制原理。其核心是传感器将系统的输出结果及环境状态反馈给控制器处理，从而指示执行器进行操作（图8-12）。

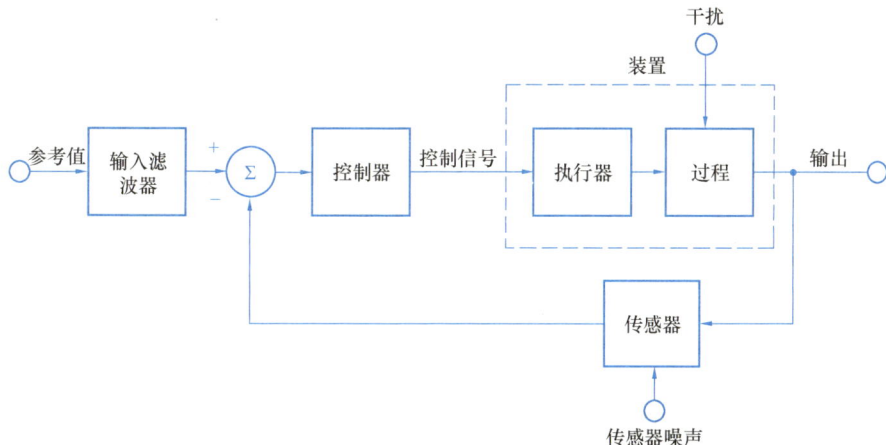

图 8-12 基本反馈系统的组件流程图

一般而言，建筑机器人都是从特定工艺出发而进行硬件集成，在开发时需要充分了解建造生产流程、工艺特点、上游设计需求等，与建筑、结构、测量等专业密切相关。基于这些信息，再进行功能定制、设备选型、机构设计和集成，使多样的设备连接成为一个复杂的网络，相互配合完成建造任务，这又与机械、电气等专业相关。

从开发者角度来看，设备的集成一般从原型机开始，从实验过渡到实践，从研究转向生产，由设计和施工行业发掘和总结问题、进行初步实验。这要求设计师除了要了解建造工具与建造过程，从工具创新的角度推动设计与建造的整合，还要具备开发"原型"机器人的能力，同时推动跨学科的"产-学-研"综合研究路径，使研究成果能够切实地为施工建造提供便利与新的可能性。

2. 传感器、控制器与执行器

机器人反馈系统的核心是输出控制的过程，机器人通过软件与编程实现这一过程的逻辑控制，而机器人的控制器、执行器与传感器为实现这一过程提供了硬件基础，三者缺一不可。对于三者基础原理的认知与对各类型硬件的调用与组合，使建筑师能够合理地构建原型机，并对其进行快速迭代，实现所设计的大部分功能。

传感器是将某种环境状态按一定规律变换成所需形式的信息输出的检测装置，通常由敏感元件和转换元件组成。从能量角度看，传感器是一种换能器，从一个系统接收能量并转化为另一种形式。建造过程常见的环境感应包括压力感应、加速度感应、位移感应、温度感应、流量感应、距离感应和视觉识别等。越是复杂和多元的信号，越是存在一定程度的相互耦合，因此需要对这些信息进行解耦，从而获得所需结果。

控制器是处理传感器的信息并发出控制信号的组件，其目标是使输出结果与目标结果相符。对于控制算法，较为经典的是 PID 控制器，由比例单元（P）、积分单元（I）和微分单元（D）组成，分别实现该系统的弹性控制、阻尼控制和稳态偏差消除。PID 控制器主要适用于线性且动态特性不随时间变化的系统，对于更复杂的系统，现代控制理论有一系列对应的方法。当然，控制器也可以是非常简单的逻辑器件。如同济大学建筑与城市规划学院袁烽教授团队研发的专利"一种应用于机械臂上的夹取工具"，由一个继电器构成了该工具的处理器：机器人发送高电平到工具端上时，继电器控制五位三通气阀接通气路 A，将抓手夹紧；机器人发送低电平到工具端上时，继电器控制气阀变更气路将抓手张开。

执行器是可以产生实际效应以改变环境的装置，常见的机器人工具端执行器包括钻头、铣刀、锯、打磨器、抓手、吸盘、焊枪、喷枪等。当然，机器人本体作为最重要的执行器之一，其功能是使末端工具以精确的轨迹运动。不同的工具给予其不同的功能，这即是机器人的开放性所在。正因如此，建筑机器人集成硬件系统是以机器人为主体、配合多种外围设备的系统。

对于建筑机器人工具端原型机（图 8-13）的开发，以 Arduino 系列为首的单片机是大多数开发者的首选。单片机又称微控制器（Microcontroller），是把中央处理器、存储器、定时器、输入输出接口、通信接口等都集成在一块集成电路芯片上的微型计算机，其低成本和灵活性为实验试错和反复调试提供了诸多便利。

单片机作为具备信息处理的中枢，常常进行模拟量和数字量之间的转换，对于模拟量到数字量的转换，包括积分、逐次逼近、并行/串行比较等方法；而从数字量到模拟量，常采用脉冲宽度调制（Pulse Width Modulation，PWM）的方式进行比例控制（图 8-14），这种输出方式可以理解为使用高频率的开关控制来近似模拟信号。

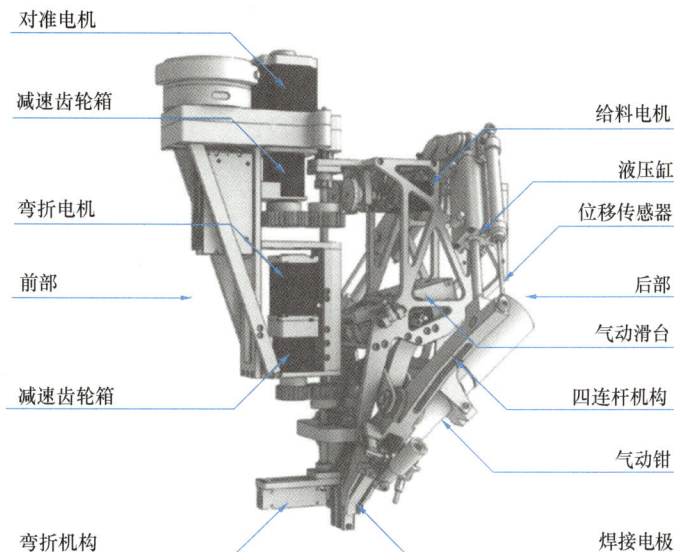

图 8-13　一个典型的建造工具端原型机，用于混凝土钢筋网架的现场建造

（图片来源：ETH Zurich）

在同济大学 2014 年上海"数字未来"工作营中，袁烽教授团队研发完成了一种高自由度、高精度、全自动砌砖机原型机，将 Arduino 作为其核心控制器。砖被批量储存在竖向储砖槽"弹夹"中，在 Arduino 的控制下，利用基于步进电机系统的二轴执行器，将砖块精确运送至机器人拾取位置，将传统反复的手工取砖、送砖工作替换为弹夹式的填充作业，极大地提高了作业效率，减少了人工工作量。通过与机器人控制柜进行通信，控制砌筑过程的信号，同时也通过传感器及相关辅助执行器，构建了机器人自动送砖机构，与机器人的砌筑过程进行联动。

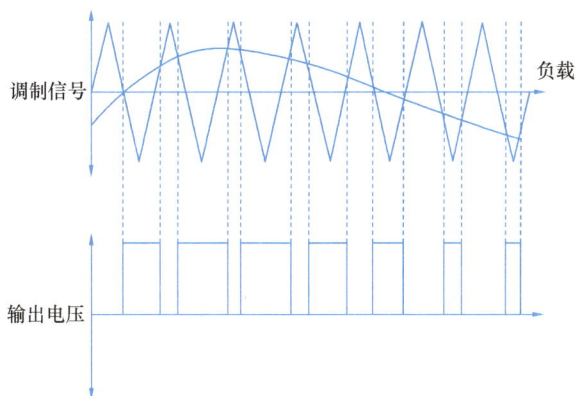

图 8-14　脉冲宽度调制 PWM 逼近模拟信号

3. 先进工艺的集成应用

智能建造在施工工艺上主要通过增材、等材和减材三个方面的创新来提高效率和质量，而施工工艺的实现离不开硬件工具端系统。根据不同工艺，其硬件系统各有特点。

（1）增材工具端

增材制造技术根据施工模型信息，将混凝土、塑料、金属合金、砂石等原材料直接成型为建筑构件，可大大减少材料浪费、简化施工环节。增材制造的实现形式表现为 3D 打印，即通过各种材料精确堆叠，来实现快速、高效的建筑施工。当前相对成熟的主要是混凝土 3D 打印和塑料 3D 打印，这两种工艺不仅可以制造建筑构件本身，还可以为建筑结构制造模板。

增材工具端系统主要包括供料系统、成型系统和辅助系统。供料系统实现材料输送或泵送、供料速度控制、缺料补料检测等。成型系统实现从原材料转化为建筑构件的机制，常见的包括混凝土和黏土的挤出或喷射成型、塑料和焊材等熔融材料的冷却成型、砂石或固体废弃物颗粒的胶结成型技术。辅助系统则主要完成材料冷却、余料回收、扫描检测等环节。

（2）等材工具端

等材建造技术的核心理念是在不增加或减少材料总量的前提下，通过改变材料的形状、结构或表面特性来实现设计目标。这种技术的应用可以减少材料浪费，提高材料利用率，同时也能够创造出独特的设计效果和结构性能。等材建造技术的工具端系统是实现这些工艺的关键，通常包括用于固定和定位材料的夹具、用于实时监测施加在材料上的力的传感器、监测材料变形尺寸的测量设备、液压或电动驱动系统等。

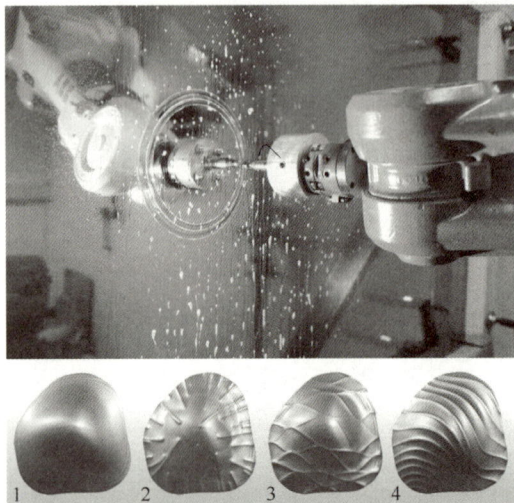

在等材建造技术中，金属弯折是一种常见的处理方式，它涉及对金属板材或杆件进行弯曲，以适应特定的设计需求。金属渐进成型则是另一种等材建造技术，它通过逐步增加材料的局部应力，使材料逐渐形成所需的形状。这种方法可以在不切割或焊接的情况下，创造出流线型或曲面形状的产品，可以用于制造各种结构和装饰部件（图 8-15）。

（3）减材工具端

减材建造技术通过从原材料中去除多余的部分来塑造出所需的形状和结构。这种技术从一块较大的材料开始，通过切割、磨削、钻孔等手段逐步去除多余材料，直至形成最终产品。减材建造技术在

图 8-15 机器人金属渐进成型技术
（图片来源：丹麦皇家美术学院）

木材加工、石材雕刻等领域有广泛的应用。

激光和热线切割是基于线性切割逻辑的减材加工建造工艺。激光切割工具端利用激光技术对金属板材、有机玻璃等材料进行精确切割，加工速度快且材料利用率高；泡沫热线/热刀切割工具端主要用于切割聚苯乙烯（EPS）、聚氨酯（PU）和聚乙烯（PE）等可熔融轻质材料，能够快速实现大体积材料的加工成型。

木材铣削工具端可以在木材表面上进行切削、钻孔、雕刻等，以实现各种形状和纹理的木材加工需求。常见的木材铣削工具端包括钻头、铣刀、链锯、带锯、圆盘锯等。这些工具与多自由度的机器人相结合，通常可以发挥更大的作用。例如 2021 年袁烽教授团队进行的基于带锯的双曲木梁加工工艺研究，将相对传统的带锯装载于机械臂上，开创了一种新的建筑木材工艺（图 8-16）（扫二维码视频 8-1）。

视频8-1 机器人
带锯切割工具
与工艺

建筑机器人工具端系统通过增材、等材和减材等方面的创新，可以提

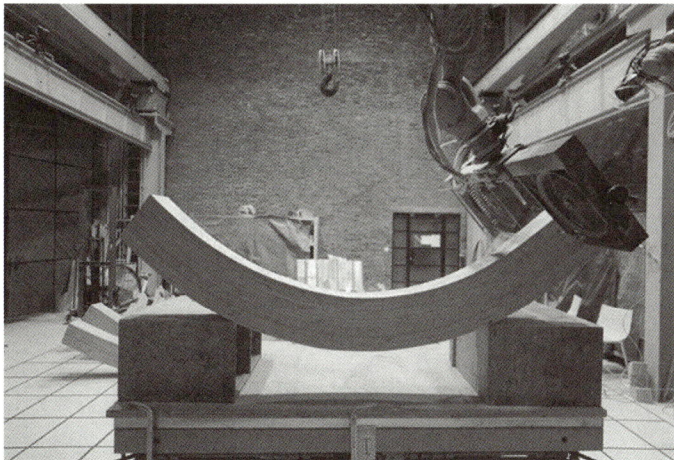

图 8-16　利用机器人带锯切割工具端进行曲线胶合木构件加工

高建筑施工的效率、质量和可持续性。这种先进技术的应用有助于推动建筑行业的发展，实现更高水平的智能化和自动化[14]。

8.3.2　建筑机器人机构构型设计

建筑机器人的作用是使材料或建造工具经历所设定的运动过程，以完成建造。因此建筑机器人的选型及后续使用，都与运动学密切相关。机器人构型的选择，需要充分考虑工作任务的各项因素，包括工作范围、建造精度、荷载、稳定性、成本效率等。

1. 空间与自由度

以刚体为主的机械运动是建造过程最普遍的现象，因而自由度是建筑机器人选型需要考虑的基本因素。刚体在三维空间具有的位置和方向各有 3 个自由度，机器人需要具有不少于任务要求的自由度。例如实现单个物体在现实世界内的自由平移，至少需要 3 个自由度；若还需任意旋转，则至少需要 6 个自由度；对于避障和姿态有特殊要求的，则需要更多自由度。

当前最为成熟的是单自由度的驱动单元，如电机、气缸等驱动下的关节、滑轨、推杆、拉索等，其中以伺服电机和减速机的组合最为普遍。这些驱动单元常常被称作"轴"，并与传动机构共同组合成为更高复杂度的机械整体。多个轴根据旋转和平移的组合，形成了不同的构型，并且在工作范围、精度等性能方面各有特点，以满足不同任务需求。

机器人的运动学问题可以用空间来描述。机器人的工作空间是将末端执行器纳入计算下机器人末端能够到达的位置集合；与工作空间相对应的是任务空间，即建造任务表达的空间。只有当工作空间包含任务空间，机器人才可能胜任该工作。

2. 串联与并联机构

建筑机器人从活动关节的组合方式来看，分为并联和串联两大类，其在运动空间上各有特点。串联机器人的运动和形式都相对灵活，同样尺度的机构下工作范围更大，但刚度较差、负载较小、存在误差积累。相比机械加工，建造任务一般是移动性较强、精度和速度要求较低的任务，因此当前在建造领域的中小型机器人主要是串联式的。

并联机器人是较晚被应用的构型，目前常用于分拣、搬运等任务。其特点是刚度高、负载大、运动性能好，无累计误差，精度较高；但工作范围相对机构自身也较小，且难以单独实现大幅度的旋转。在建造领域，其对于大重量物料的大行程搬运有结构优势，随着控制技术的发展，拉索式并联机器人被用于较大尺度的建造。

从运动学的角度来看，串联机器人的逆运动学方程较难解，而并联机器人的正运动学方程较难解。对于求解的个数，串联机器人的逆运动学可能有多解，而正运动学有唯一解；并联机构的逆运动学有唯一解，而正运动学可能有多解。

3. 常见建筑机器人构型

（1）围合型机构

围合型机构的特点是尺度可以做得较大，但移动性较差。它通常是固定式的，也常作为其他构型机器人的移动平台（图8-17）。

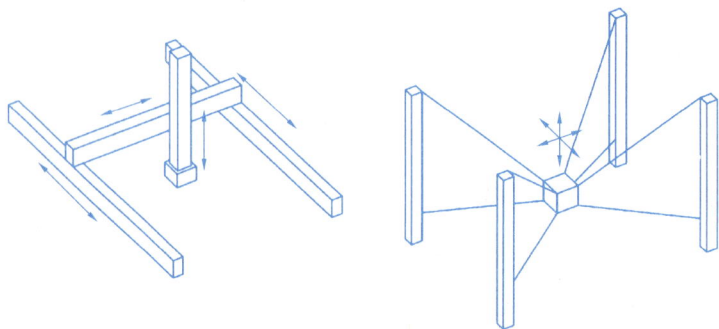

图8-17　直角坐标型机构（左）和拉索并联机构（右）

直角坐标构型又称笛卡尔坐标构型，是最为直观也是最为普遍的构型，用于实现末端的平移运动。其组成部分包含直线运动轴、运动轴的驱动系统、控制系统和终端设备。直角坐标构型具有3个自由度，其3个轴均为线性滑轨。该构型具有超大行程、组合能力强等优点。

直角坐标构型的工作空间利用充分，运动求解简单直观，无奇异点；在刚度保证时，其精度在各处一致。但缺点是机体较为笨重，一般至少包含3根大梁，常被称为"龙门式"机器人。

拉索并联构型一定程度上克服了直角坐标构型的笨重缺点，其运动速度也更快、成本更低，方便实现更大尺度的建造任务。但是当前技术下的拉索驱动精度较差，运动控制算法也在发展当中。另外，为了保证末端的稳定性，约束通常是有冗余的。

（2）臂状机构

臂状机构大部分都是串联型机器人，一般至少包含一个根部的旋转关节，其特点是在同样尺度的围合机械具有更大的工作范围，更为轻巧，具备装载在移动平台上的潜力。但其精度在各处是不同的，精度主要与臂长成正比，且与根部旋转关节的性能联系紧密。常见臂状建筑机器人构型见表8-1。

常见臂状建筑机器人构型   表 8-1

类型	示意图	结构	工作空间
圆柱坐标型			
球面坐标型			
关节型			

　　圆柱坐标构型至少包含一个竖向线性滑轨和一个根部的旋转关节，由此形成圆柱形的工作范围。如极坐标型机器人、水平多关节机器人。其特点是以相对简单的机构和较低的成本获得较大的工作范围和较好的稳定性，塔式起重机就是一个典型且常见的案例。顺应性装配机械臂（Selective Compliance Assembly Robot Arm，SCARA）也是一种基于圆柱型坐标系的 4 个自由度的工业机器人，具有 3 个旋转轴和 1 个移动副轴，定位精度主要由前两轴保证。SCARA 机器人被广泛地应用于各种高速高精度装配作业中。

　　球面坐标构型的第一第二轴为旋转关节，第三轴为线性滑轨，即回转、俯仰和伸缩运动，由此形成一个球状工作范围。世界首台工业机械臂 Unimate 就采用了这种构型。其特点是尽量将关节集中在根部，从而提升机构的灵活性。但是末端的旋转姿态无法确定，因此通常在末端会进一步装载小型关节。

　　关节型机器人又称回转坐标型机器人，即通常所说的"机械臂"，是灵活度最高的构型之一，其全部轴均为旋转关节。由于较多的旋转轴，其求解较为复杂，并且存在一些奇异点。常见的关节型通用机器人具有 6 个自由度，即有 6 个关节；对于一些简单的水平搬运任务，从成本和稳定性出发减少为 4 个自由度，由此出现了码垛机器人；而对于需要姿态适应复杂工作环境、与人进行交互的协作型机器人，又会增加到 7 个自由度。

　　对于大多数建造任务，由于建造过程是实现单个刚体在空间中的自由运动，因此理论上 6 或 7 个自由度都可以满足。而在一些特殊场景下，例如特大范围的建造，还会采用更多的冗余自由度。例如 2015 年出现的 Hadrian X 超大范围砌砖机器人，在 3 个自由度的大型起重机末端搭载了更灵活的 6 个自由度的伸缩臂。

8.3.3 建筑机器人移动技术

1. 建筑机器人移动技术概述

机器人移动技术通过配备移动机构，能够大大提高机器人的活动范围，扩展机器人的工作空间。于是根据建造任务的需要，涌现出一系列机器人移动技术，大致分为两种类型：轨道式，即以不同类型的导轨为引导，以增加机器人本体在特定轨迹上的移动范围；移动平台式，主要包括轮式、履带式、足式等移动技术。

2. 轨道式移动技术

轨道式移动技术主要依赖行走轴带动机器人在特定的路线上移动，以扩展机器人的作业半径和应用范围。行走轨道系统主要由轨道基座、机器人移动平台、控制系统和安全、防护、润滑装置组成。轨道长度和有效行程根据实际需要进行定制，轨道的驱动单元常作为机器人的外部轴来控制和管理。根据机器人与外部轴的相对位置，机器人轨道可以分为地面行走轴、侧挂行走轴和吊挂行走轴。

（1）地面行走轴

地面行走轴即机器人沿着固定在地面上的线性导轨移动，这是最常用也是结构最简单的一种移动方式。导轨一般采用常规的直线形式，在某些特殊情况下，如机器人需要环绕工件进行作业时，行走轴也采用弧形或环形设计；甚至可以利用模块化的优势，根据具体需求临时定制或调整轨道路线。地面运行轨道轴具有经济简单的优势，但轨道占用大量地面空间，可能给材料运输、人员操作等活动带来不便。

（2）侧挂行走轴

侧挂行走轴是将机器人安装在建筑结构或龙门桁架结构的侧面，充分利用了竖向空间，因此地面空间被解放，可以用于布置工件或其他工序。例如，侧挂式行走轴下部配置翻转台，可以与机器人共同组成焊接机器人工作站，用于大尺度构件、长焊缝的焊接。

（3）吊挂行走轴

吊挂行走轴与侧挂行走轴在功能上大体相仿，解放了地面空间。在实际应用中，吊挂行走轴常常是三轴系统，机器人安装在末端，得以在更广阔的三维空间中移动，打破单一轨迹的限制。

同济大学联合上海一造科技有限公司，于2015年率先研发了全球首例用于建筑生产的空间桁架式吊挂机器人组（图8-18），两台KUKA-KR120-R1800机器人吊挂在一个三轴桁架系统上，加工空间达到12m×8m×4m。该机器人组实践了机器人木构预制、砖构预制、制陶预制、三维打印等多项较大尺度的建造工艺，并成功应用于上海松江名企园、2018年威尼斯双年展中国馆等30多个产品和建筑生产中。

3. 移动平台式移动技术

移动平台主要是针对现场建造任务（图8-19）。轨道移动技术决定了机器人只能沿着固定轨迹移动，无法适应崎岖路面及高约束条件空间，因而更适应预制工厂、实验室等结构化环境，而施工现场的复杂任务则需要无固定轨迹限制的移动平台来完成。移动机器人的移动平台式构型主要有轮式构型、履带式构型、飞行器构型和足式构型。

图 8-18　全球首台空间桁架式建造机器人组

（图片来源：上海一造科技有限公司）

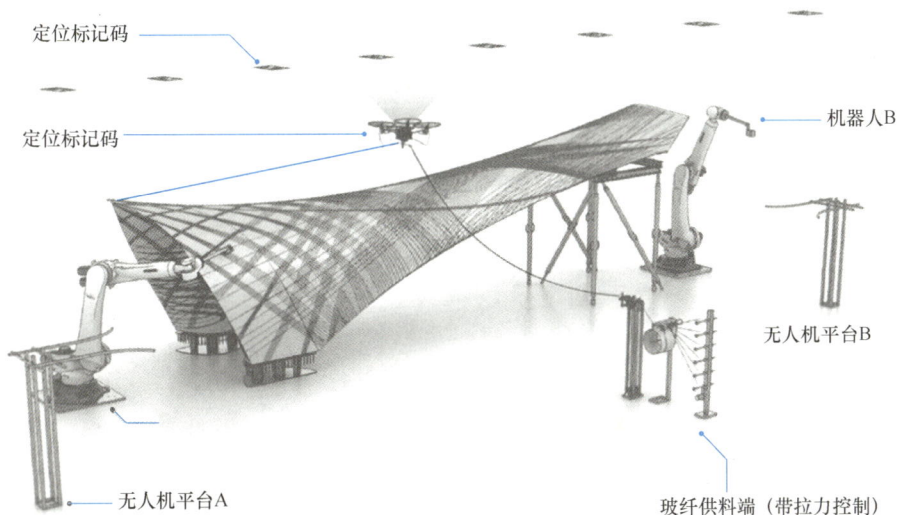

图 8-19　移动机器人大尺度碳纤维编织

（图片来源：ICD Stuttgart）

（1）轮式构型

由于建筑机器人本身很重，实践中的轮式移动装置一般是四轮以上的结构，可以在平整路面上快速移动，但难以进行爬楼梯等跨越高度的工作。通常，轮式行走装置的每个轮子都由独立的电机控制，能够自由旋转或侧向滑动，因此四轮平台可以在平面上实现前后、左右以及自转 3 个自由度的运动。

2013 年 KUKA 发布了全向式移动机器人 KUKA Moiros。该移动机器人单元由三部分构成，一个负载 8t 的 KUKA OmniMove 移动平台、一个 120kg 级的 Kr QUANTEC 系列的 KUKA 机器人以及 KrC4 软件和控制系统，可以实现 5m 的垂直高度以及几乎无限制的水平移动。

2016 年上海一造科技有限公司开发了一款相对小巧的全向移动式现场机器人建造平台，平台搭载负载 60kg 级的 KUKA 机器人，主要用于现场机器人建造研究。2016 年 8 月在上海池社项目中，该移动机器人平台首次进行机器人现场砌筑实验，借助机器人移动平台实现了长条形曲面墙体的自动化砌筑。

（2）履带式构型

履带式又称无限轨道式，通过将环状的轨道包裹在数个车轮的外围，使车轮在环形的无限轨道上行走，不直接与地面发生接触。其中履带作为缓冲，较大的接触表面积降低了对地压强，其上的履齿还可以防止打滑，因而在松软、泥泞和崎岖不平的地面环境表现出较好的移动性能。根据履带结构的不同，大致可分为单节双履带式、双节四履带式、多节多履带式、多节轮履复合式以及自重构式移动机器人等。

其中单节双履带式机器人是最常见的移动机器人类型。2014 年 ETH 开发的第一代现场建造机器人（In-situ Fabricator）是典型的单节双履带式建造机器人，搭载了臂展 2.55m、负载 40kg 的 ABB IRB4600 机器人（图 8-20）。ETH 的这款履带式机器人开展了一系列塑料、金属网格结构的建造研究，在实验室环境下开展了大尺度建造。上海一造科技有限公司研发的移动建造机器人同样采用履带式构型，可适用于多种工艺场景，包括砌砖与离散木构建造等（图 8-21）。

图 8-20　ETH 开发的第一代现场建造机器人
（图片来源：ETH Zurich）

（3）飞行器构型

飞行机器人在无人机的基础上增加了外部定位系统，以满足建造任务对精确定位的需求。飞行机器人可以在三维空间无限制地飞行，通过数控编程可以在没有脚手架的情况下进行复杂设计的砌筑或组装。ETH 的飞行组装建筑（图 8-22）是首个采用飞行机器人搭建的建筑装置。项目采用四台四轴飞行器（Quadrocopters）协同工作，无人机搭载实时视觉导航

视频8-2　ETH开发的第一代现场建造机器人

图 8-21　上海一造科技有限公司移动建造机器人
（图片来源：上海一造科技有限公司）

系统，用来确定机器人位置和材料摆放角度，最终将 1500 块砖垒砌成一个 6m 高的塔形结构。无人机的局限性在于其负载能力较小，尽管可以通过多台飞行机器人协作搬运重物，其总负载仍相当有限。同时，在非结构环境下，面对粉尘、噪声、信号干扰，无人机的精确定位和控制也是一大挑战。

图 8-22　ETH 的飞行组装建筑项目
（图片来源：ETH Zurich）

（4）足式构型

足式机器人是具有足部结构，能够根据不同地形自动改变形态的移动机器人。地形适应能力极强，能在复杂路面行走，完成奔跑、爬楼梯、跳跃等复杂动作。在复杂的建筑施工环境中，足式构型移动平台是机器人理想的移动平台选择，足式机器人的运动控制能力体现在机器人的地形适应能力和场景覆盖能力，能有效适应复杂环境。同时足式机器人对足运动的精准控制可以调整机器人重心，显著提升其负载自重比，减少对机器人的负载要求。

例如波士顿某公司的足式机器人方案，其负载自重比已超过 1（5～8kg 自重，负载10kg）。建筑机器人移动技术已经取得了可观的成果，但是远未达到使用需要。影响机器人移动技术的因素除了硬件之外，导航与定位、通信与传感技术、运动控制、路径规划等相关技术也是制约移动机器人成熟应用的主要因素。随着传感器技术、信息物理系统等信息技术的飞速发展，移动机器人将得到完善和发展，并在智能建造领域扮演重要角色。

随着自动化技术的发展和生产力需求的提高，施工现场工人数量将进一步减少，移动式建筑机器人必将成为施工工地的中坚力量。与此同时，施工现场日益完善的信息化整合程度，对移动机器人的感知、协作、定位功能都提出了更加严苛的要求。构建多尺度信息融合、多工艺整合的移动建筑机器人平台，并结合 BIM 场景的移动建筑机器人软件进行软硬件协同开发，是未来移动式建筑机器人发展的必由之路。

8.4 建筑机器人的建造工艺

8.4.1 建筑机器人增材建造工艺

1. 建筑机器人混凝土建造技术

虽然近代混凝土的发展只有不到 200 年的历史，但是由于混凝土材料的经济性和其优良的结构性能，混凝土已经成为当今社会上用量最大、使用范围最广的建筑工程材料。随着机器人控制技术的优化和迭代，混凝土打印技术已经可以在相对低的预算条件下实现更高的建造自由度。

（1）机器人混凝土 3D 打印技术

现阶段，在机器人辅助下的混凝土 3D 打印工艺主要有轮廓打印工艺和立体混凝土打印工艺。轮廓工艺是通过从电脑控制的喷嘴中分层挤出混凝土材料的建造技术。利用固定在机器人末端关节法兰盘上的打印喷嘴，按照预先设定的机器人运动路径，实现层积式打印效果。同时，借助快硬混凝土的特性，轮廓打印工艺可以实现建造过程中的自承重，并在化学作用下随着时间的推移达到完全强度，因而免于支撑模板。立体打印混凝土主要是指恩里克·蒂尼（Enrico Dini）研发的 D-Shape 的打印工艺。其基本原理是在混凝土打印基料上利用打印喷嘴滴入材料固化剂，并令其在封闭的几何图形中固结成型。

由于不需要模板，混凝土 3D 打印工艺同其他混凝土施工方法相比有显著的优势：既有自密实混凝土无须振捣的优点，也有喷射混凝土便于制造繁杂构件的优点。当前，混凝土打印技术在材料性能研究、打印精度与控制方面还有很大的提升空间，需要更多的研究与实践。

（2）机器人混凝土动态滑模工艺

瑞士 ETH 研究团队将传统的滑模铸造技术与机器人技术相结合，研发了一种叫作智能动态铸造（Smart Dynamic Casting）的混凝土建造工艺。

智能动态铸造项目用到的滑模（Slip forming）是一种动态铸造工艺，最早由工程师查尔斯·黑格林（Charles F. Haglin）于 1899 年与弗兰克·百威（Frank Peavey）合作发明。在滑模工艺中，混凝土被连续浇筑到分层模板中，该模板根据混凝土的水化速率设定速度进行垂直移动，使得材料在模板释放后自支撑。然而，传统的滑模工艺在生产复杂混凝土几何形状时在自由度方面受到限制。在智能动态铸造中，滑模工艺中典型的液压千斤顶由 6 轴机器人代替。在机器人滑模过程中，混凝土在机器人滑模中从软变硬，从而允许结构通过机器人控制的滑模轨迹动态成形（图 8-23）。智能动态铸造工艺使滑模系统成形的自由度大大提高，并且不需要为每个生产的结构单独制造模板。这种方法为复杂的混凝土结构提供了几乎无废弃材料的施工技术。

图 8-23　智能动态铸造滑模工艺
（图片来源：ETH Zurich）

2. 建筑机器人陶土 3D 打印

机器人陶土打印工艺是一种利用机器人 3D 打印技术来生产陶土的工艺。机器人陶土轮廓打印工艺是基于传统陶土手工艺盘绕技法的制造工艺，通过使用数字设计与机器人建造技术，可以将泥条盘筑的过程转化为机器人的动作。机器人工具头沿着形体表皮连续移动，层层堆叠出陶土构件表皮的形状。机器人陶土层叠轮廓制造工具端主要包括储料装置、送料装置和挤出装置三个主要部分，陶泥储存在储料装置中，通过送料装置运输到挤出装置，通过机械臂控制伺服电机带动挤出装置运动，进而挤出陶泥（图 8-24、图 8-25）。

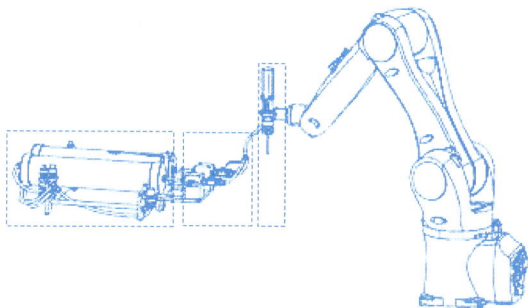

图 8-24　陶土层叠制造工具端图解

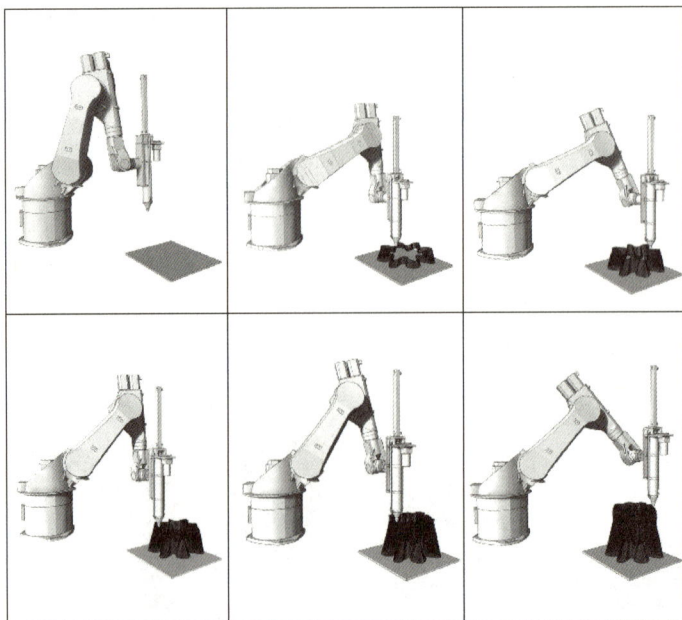

图 8-25　陶土层叠轮廓制造工艺过程图解

3. 建筑机器人改性塑料 3D 打印

塑料作为一种成本相对低廉且可塑性极强的原材料，是最受欢迎的打印耗材。改性塑料材料打印有层积打印与空间打印两种主要工艺。

（1）改性塑料层积打印工艺

机器人改性塑料层积打印工艺的成型原理与桌面级 3D 打印机非常相近，高温熔融热塑性高分子材料由挤出头端头挤出，通过机器人三维运动模式，熔融的线状物可以准确地勾勒出一条指定路径。在机器人层积打印工艺中，打印头的运动轨迹是根据单元层打印构件的外轮廓线而形成的，并逐层移动上升。

在建造领域中，机器人的层积打印技术通常用于大尺度构件的打印作业，而往往大尺度的建筑构件都伴随一定的承重要求。因此，机器人层积打印工艺对前期的模型设计有极高要求，对几何形态、结构逻辑、建造合理性等多方面因素应综合考虑。另外，层积打印工艺的工具端研发使用也需要具备机械、电气、材料等跨学科知识。

2017 年上海数字未来工作营在同济大学建筑与城市规划学院展出了全球首座机器人改性塑料打印步行桥，该桥就是由机器人层积打印工艺完成的。2020 年南京欢乐谷东大门项目中首次大规模使用了机器人改性塑料 3D 打印板材，成为当时最大的 3D 打印应用规模的单体建筑（图 8-26）。

与传统制造业相比，机器人层积打印工艺节省了极大的人力成本，在极短的时间内完成了大尺度建筑构件的预制。该技术的完善和成熟将给未来建筑行业带来重要影响（图 8-27）。

（2）改性塑料空间打印工艺

机器人空间打印工艺是近年来发展的一种新工艺，由于它在打印路径的设计上拥有更强的灵活性及创新性，越发成为更多设计者们的选择。

图 8-26　南京欢乐谷东大门

图 8-27　同济大学建筑智能设计建造（AIDC）机器人层积打印加工过程

在空间打印工艺中，挤出的线状物不再像层积打印那样互相叠加在一起，而是依据空间定位系统连接当前点与下一个点。机器人空间打印工艺可以挑战比层积打印更加复杂多变的造型。不同于层积打印工艺的路径画法依靠截面切片的思路来处理，空间打印路径是一个三维空间的网格系统。这种三维路径的设计方法没有一个具体的标准，它可以是根据特定图案生成的纹理，也可以是通过算法逻辑生成的空间路径（图 8-28）。

机器人空间打印工艺赋予了空间结构新的定义，实体通过三维网格化的转变后，用类网格的空间桁架系统代替实体打印，可以极大地减轻自重、优化自身结构性能，在设计的选择上也更加灵活多变。

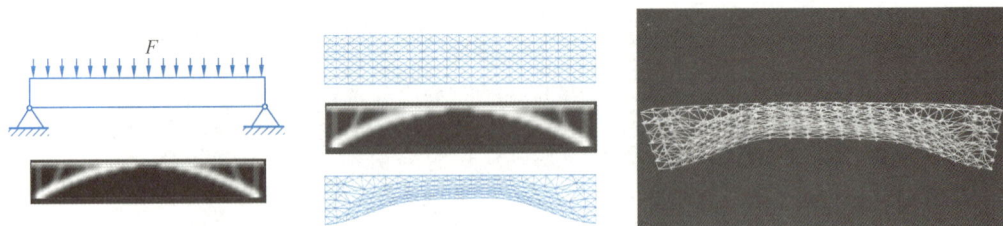

图 8-28　基于结构拓扑优化的空间打印构件

4. 建筑机器人金属 3D 打印

金属 3D 打印又称金属快速成型，属于数字热加工的一项技术。金属的 3D 打印技术始于 2002 年，目前全球市场主要有激光和电子束两大类金属快速成型技术[15]。

与传统的金属成型工艺相比，金属 3D 打印技术可以减轻构件重量，制作高度复杂的零件，金属 3D 打印技术在工业领域有着非常广泛而强烈的需求。然而，效率与成本是金属 3D 打印大规模应用的两大限制要素。不同于常规的金属粉末烧结成型原理，机器人金属打印工艺接近于机器人塑料打印的挤出成型方式，使用金属挤出并与焊接结合的方法，实现层积式成型。对于建筑的建造而言，焊接式机器人金属打印的最大优势体现在机器人空间运动能力带来的大尺度复杂结构建造上，这是普通的金属 3D 打印机无法实现的。

同济大学袁烽教授团队在 2018 年上海数字未来中通过机器人金属焊接式打印实现了跨度约 11m 的拱桥打印。桥以受压的拱形作为整体形式实现了轻盈坚固的建造（图 8-29）。2019 年同济大学袁烽教授团队继续堆焊式金属 3D 打印拓扑结构的研究，进一步挖掘金属打印在拓扑结构方面的应用潜力。其在水平层积式三 D 打印的基础上开发了多向层积式三 D 打印，实现了更大自由度的拓扑结构塑形（图 8-30）。

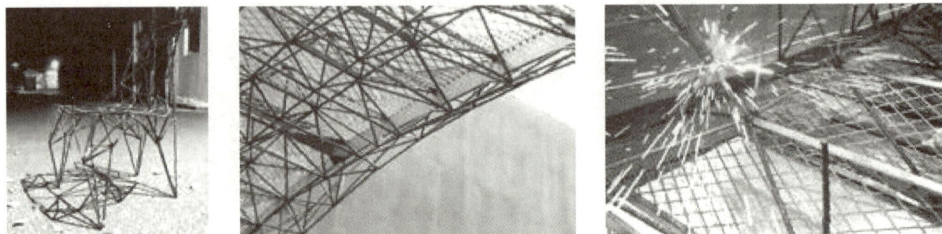

图 8-29　机器人金属 3D 打印

图 8-30　电弧熔融层积式三 D 打印

5. 建筑机器人砌筑工艺

砖作为人类最古老的建筑材料之一，它的建构文化属性在当代建筑实践中依然受到很多建筑师的青睐。在数字设计工具与建筑机器人技术快速发展的当下，砖的砌筑方法已经不再局限于传统丁顺式的组装框架下，旋转、渐变、错缝等更多非线性的砌体形式逐渐走进人们的视线[16]。同时，结构有限元技术和性能模拟技术的日益成熟也可以实现更具有逻辑的砌筑流程。机器人砖构技术可以显著减少对人力、物力及时间的消耗。同时，与传统人工砌筑相比，机器人可以连续高效工作的属性为砌筑时所需要的大量重复的取砖、抹灰、砌筑等动作提供了良好的支撑。通过编程，砌体的参数化模型可以转变为机器人可识别的代码，从而精确地完成所需的复杂砖构形态。

位于乌镇"互联网之光"博览中心园区主展馆东侧的水亭（图 8-31），是数字化设计和机器人砖构一体化的一次实践。为了保证砌筑的准确性和时间成本，所有的砖墙由机器人进行批量定制生产，现场预制完成后所有墙体可以直接进行吊装，在短短的一周内便成功完成了自由渐变的整体形式。在 2020 年完成的江苏园博园的城市展园丽笙酒店项目中（图 8-32），机器人用远小于常规砖墙砌筑砂浆层的超薄型 4mm 砌筑砂浆进行墙体砌筑，使得每平方米的砂浆使用量降低为常规墙体的 1/3，并且墙体更加平整细腻。

图 8-31　水亭

图 8-32　江苏园博园丽笙酒店

8.4.2　建筑机器人减材建造工艺

建筑机器人减材建造工艺通常是通过切削工具（刀具、磨具和磨料）把坯料或工件上多余的材料层切去，使工件获得规定的几何形状、尺寸和表面质量的加工方法。

1. 建筑机器人木材建造工艺

根据木材生产方式的不同，建筑结构用木材可以大致分为三类：原木（Log）、锯材（Sawn Lumber）和胶合材（Glued Lumber）。现代木材生产技术通过机械设备或化学方法对木材进行干燥、质量分级、局部拆解、移除缺陷等处理，或者将小尺度的木材组合成大尺度材料，改变木材原有的基本特性，使其成为具有理想性能的工程木材。胶合材是指采伐下来的原木首先被处理成不同尺度的原料，然后通过胶合或紧固将原料重组成具有特定结构承载能力的工程木产品。胶合材的生产原料主要包括板材、薄木板（Veneers）、刨花（Strands）和纤维（Fibers）等（图 8-33）。

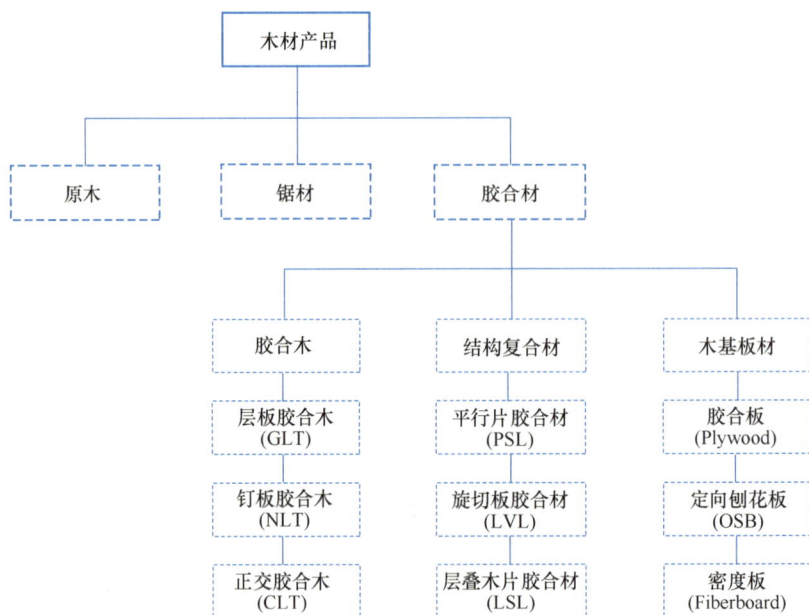

图 8-33 木构材料分类

（1）建筑机器人木材切割工艺

锯切是木材切削加工中应用最广泛的一种加工方式。木工锯切工具种类繁多，既包括框锯等传统手工工具，电圆锯、曲线锯、链锯等电动工具，也有带锯、台锯等机械工具。机器人锯切工艺将传统锯切工艺与机器人的运动能力相结合，用来完成更加复杂、精确的锯切任务，把传统锯切工艺提升到新的维度（图 8-34）。

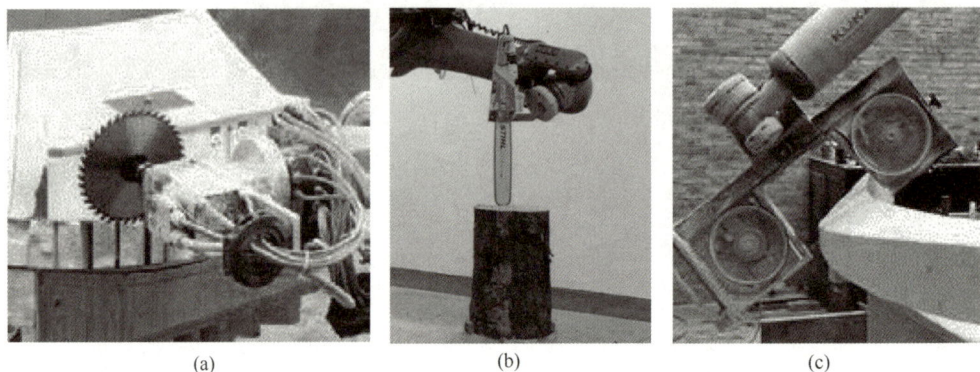

图 8-34 常用机器人切割工具

（a）机器人圆锯；（b）机器人链锯；（c）机器人带锯

（图片来源：ICD/ITKE，University of Stuttgart；Tom Pawlofsky；上海一造科技有限公司）

机器人带锯切割是其中最具潜力的切割加工方式之一。带锯以环状锯条绷紧在两个锯轮上，沿一定方向做连续回转运动，以进行锯切（图 8-35）。带锯效率高且锯路小，广泛用于木材原木剖料、大料剖分、毛边裁切等。通过将带锯与机器人的系统集成，机器人可以实现带锯切割方面的连续变化，从而切割出复杂的直纹曲面形式。

图 8-35　机器人带锯工具

（2）建筑机器人木材铣削工艺

铣削是一种典型的减材建造方法，以高速旋转的铣刀为加工刀具对材料进行逐层切削加工。在铣削加工中，被加工木材称为工件，切下的切削层称为切屑，铣削就是从工件上去除切屑，获得所需要的形状、尺寸和光洁度的产品的过程。木材铣削主要包括两个基本运动：主运动和进给运动。主运动是通过铣刀旋转从工件上切除切屑的基本运动。进给运动是通过机器人或加工台面的运动使切屑连续被切除的运动。机器人铣削的进给运动主要通过机器人移动路径的编程来完成。

根据加工对象的不同可以将机器人木构铣削分为两种：二维轮廓铣削和三维体量铣削（图 8-36）。机器人铣削过程不仅需要建立有关铣削运动、工件组成、刀具参数等基本概念，还需要对刀具切屑方向、回转方向、倾斜角度、刀具与工件稳定性等因素进行综合考虑，以满足加工精度和表面光洁度的需求。

随着现代木结构对产业化升级的迫切需求，传统机械化加工技术难以实现现代木构建造所需的生产力水平。建立在数字化设计与机器人建造技术基础上的木构工艺可以成为现代木结构产业升级的重要支撑。

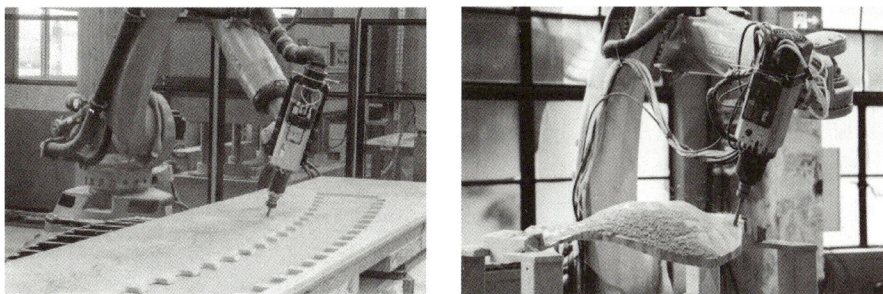

图 8-36　机器人轮廓铣削

（图片来源：ICD/ITKE，University of Stuttgart；上海一造科技有限公司）

2. 建筑机器人石材建造工艺

（1）建筑机器人石材切割工艺

拱券结构是西方古典建筑的经典，用于拱券结构加工的切石法蕴含着西方古典建筑师对几何学的研究，不仅包括纯粹的"点、线、面"形态生成关系，还包含几何学与静力学的结合。在现代，当重新思考一个石材砌筑的建筑时，力学与切割工艺依旧是两大核心因素[17]。

机器人可以辅助加工超大规模的石材，保证单元之间的精确拼接；同时在力学生形软件的帮助下，设计师可以创造出更有机而精确的造型，优化材料使用效率。机器人石材切割工艺一方面需要考虑整体结构性能与机器人加工能力，对建筑形体进行合理划分；另一方面需要设计合理的切割路径，生成路径代码指导机器人建造。

麻省理工学院肖恩·科利尔纪念碑是力学软件辅助生形和机器人精确切割相结合的典型案例，它以数字化技术加工石材，演绎出充满纪念仪式感的构筑物（图 8-37）。

图 8-37　麻省理工学院"肖恩·科利尔纪念碑项目"
（图片来源：Höweler＋Yoon Architects）

从方法论上来说，肖恩·科利尔纪念碑的设计过程是数字模型模拟和实体模型实验的往复推演过程。实体模型可以对设计进行物理测试，同时能够预演其安装程序。利用实体模型，可事先进行振动模拟及稳定性试验，数字模型可用于分析、优化设计，以减少材料消耗，并确保设计的合规性。而建筑机器人的精准操作保证了设计得以实现，将最原始的材料以最高的精度、最合适的力学特性进行加工建造。

（2）建筑机器人石材铣削工艺

在 1989 年之前，所有的石材在开料完成后都是石匠用锯子在现场加工，工匠凭借手工测量、细致雕刻完成石材建筑构件。历史上，石匠通过刻刀对石料进行手工雕刻。对于某些对精度要求很高的复杂几何形体，手工雕刻的不足就更加显露无遗。机器人铣削工艺利用机器人的自由度操纵铣刀加工石材，显著提高了复杂石材构件加工精度与效率。

圣家族教堂的建造过程见证了建筑机器人石材加工技术的进步。工程师将机器人铣削工具端的运动分为平移运动和绕轴转动。高迪的圣家族教堂上很多渐消面组成的柱子样式就是两次轮廓曲线在同轴平移时反向旋转获得的轮廓交集（图 8-38）。作为一个异形建筑，圣家族教堂的形态设计思路得以传承是因为它大多由数学公式描绘的曲线定义出空间中的造型。工程师和石匠从最初的手工拟合到参数模拟切割，再到当前的机器人铣削，实为对石材加工工艺的持续探索。

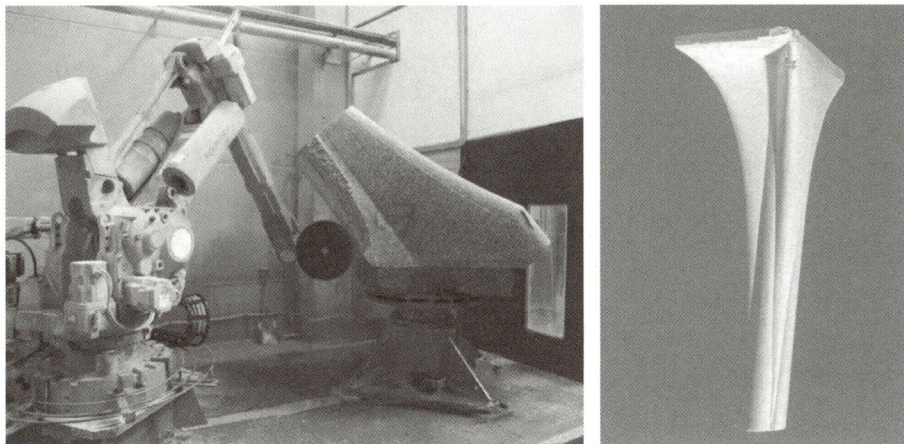

图 8-38　机械臂切割石材
（图片来源：Mark Burry）

2016 年威尼斯建筑双年展由菲利普·布洛克（Philippe Block）团队设计建造的阿米狄洛穹顶（Armadillo Vault）是一种无钢筋无砂浆的砖石结构（图 8-39）。该项目一共由 399 块切割的石灰石块组成，覆盖面积 75m²，跨度超过 15m，最小厚度只有 5cm。每个石块只有凸面的上下表面，便于高效切割。侧面根据力的流动方向进行了平面的榫槽连接。阿米狄洛穹顶展示了压力形式的逻辑和美学。它利用了先进的计算性设计方法和机器人建造技术，创造了一种富有表现力的几何形态，同时又能有效地利用材料。

图 8-39　阿米狄洛穹顶
（图片来源：ETH Zurich）

3. 建筑机器人陶土雕刻工艺
雕刻是传统陶泥塑形工艺的一种，自古以来就被应用于陶土制品的加工过程。机器人

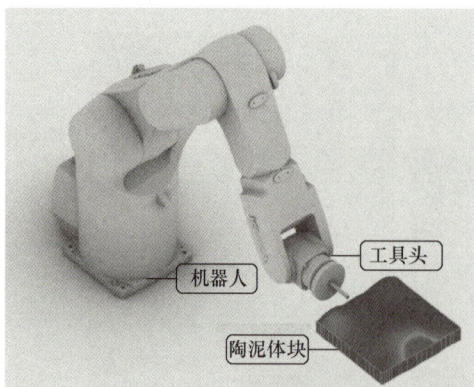

图 8-40　工具图解

陶土雕刻工艺起源于传统的陶土雕刻工艺，通过在机器人末端安装类似传统陶土雕刻刀的工具端对陶泥体块进行雕刻，用以对陶土进行减材制造（图 8-40）。

通过陶土雕刻工艺得到的机器人陶土制品通常是实心的，适用于进行表面平整光洁的构件的制造。陶土雕刻工艺通常分为三步：首先对陶泥进行配比，再对需要切割的陶泥进行压平压实，再根据需要雕刻的图案选择相应的工具端对陶泥进行精细的表面处理。机器人雕刻过程需要对陶泥的配比特性和刀具的切削方向、回转方向、倾斜角度、刀具与工件稳定性等因素进行综合考虑（图 8-41）。

图 8-41　工艺流程图解

4. 建筑机器人泡沫切割工艺

机器人泡沫切割工艺是一种利用机器人控制热线的形状和位置，对可发性聚苯乙烯板（EPS）泡沫进行熔切的方法。热线是一种由镍铬合金制成的薄金属条，通过焦耳热加热到 300~400℃，然后缓慢接触 EPS 泡沫，将其切割成所需的形状。热线的两端分别固定在两个机器人的末端执行器上，通过改变执行器的位置和方向，可以动态地变化热线的曲率。热线沿着经过几何理化的曲面轮廓移动，从而生成双曲面的可发性聚苯乙烯板（EPS）模板。这些模板可以用于现场或预制混凝土施工。这种工艺的应用范围很广泛，可以用于制作复杂的混凝土结构，如桥梁、建筑、雕塑等。它可以实现双曲面的设计，同时降低成本和时间。

丹麦奥德科（Odico Aps）公司研究的"动态刀刻（Blade Runner）"项目展示了一种机器人热线切割可发性聚苯乙烯板（EPS）泡沫的工作流。设计师首先将被切物体几何有理化：将双曲面转换为欧拉弹性曲面片段，并且充分考虑了生产的各种约束，如热线的长度、机器人的工作范围、EPS 块的尺寸和公差等。然后通过三个机器人控制热线切割 EPS 泡沫的实验，展示了不同类型的双曲面模板，如凸面、凹面和双曲面，以及拼接成一个完整结构的样品（图 8-42）。其中常规 CAD 建模操作与机器人热线制作和标准混凝土浇筑技术相结合的循环工作流程，也证明了该方法与现有建筑工作流的兼容性。

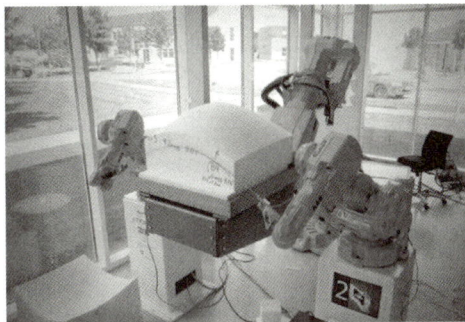

图 8-42 机器人泡沫切割工艺

（图片来源：Odico Formwork Robotics）

8.4.3 建筑机器人等材建造工艺

等材建造是一种加工前和加工后材料的大小形态发生了变化，但是质量没有变化的建造工艺。在机器人建造的框架下，等材建造工艺也被赋予了新的内容。

1. 智能建造机器人金属建造工艺

（1）建筑机器人金属折弯工艺

金属折弯工艺是利用金属的塑性变形实现工件加工。目前，金属折弯作业主要使用数控折弯机，可满足大多数工程应用的需要。折弯机器人已经发展为钣金折弯工序的重要设备，折弯机器人与数控折弯机建立实时通信，工业机器人配合真空吸盘式抓手，可准确对多种规格的金属产品进行折弯作业。

自动折弯机器人集成应用主要有两种形式：一是以折弯机为中心，机器人配置真空吸盘、磁力分张上料架、定位台、下料台、翻转架等形成的折弯单元系统；二是自动折弯机器人与激光设备或数控转台冲床、工业机器人行走轴、板料传输线、定位台、真空吸盘抓手形成的板材柔性加工线（图 8-43）。

除了金属板材外，金属杆件折弯同样是建筑机器人建造研究的重要领域之一。在2015 年上海"数字未来"& DADA "数字工厂"工作营中，罗兰·斯努克斯（Roland Snooks）团队使用机器人协同技术，建造完成了基于集群智能策略设计的金属杆件结构（图 8-44）。

（2）建筑机器人金属焊接工艺

焊接机器人在整个机器人应用中占比40％以上，焊接机器人的发展基本上同步于整个机器人行业的发展。随着建筑焊接结构向大型化、重型化、精密化方向发展，手工焊接的低效、不稳定无法适应建筑钢结构工程发展要求，建筑钢结构采用机器人自动焊接是大势所趋。建筑钢结构焊接机器人适用

图 8-43 "机器人网格褶皱"项目两个六轴 ABB 机器人和一个固定端均配合塑料吸盘的末端效应器实现金属板折弯

（图片来源：Gregory Epps & RoboFold Ltd）

图 8-44　上海"数字未来"& DADA"数字工厂"工作营与罗兰·斯努克斯黄铜群及其机器人协同金属折弯建造

于预制及现场全位置焊接，可沿着固定轨道往复运行，辅以跟踪和控制系统，实现稳定高效的建筑钢结构焊接。

焊接机器人系统包括机器人本体、机器人控制柜、焊机系统及送丝单元、变位机、工装夹具等基本组成部件，建筑钢结构现场施工作业主要采用移动式轨道焊接机器人。除了刚性轨道外，柔性焊接轨道的出现提高了复杂曲线焊缝的焊接质量。柔性轨道由磁性吸附，其柔性好且装卸方便，RHC-2 和 RHC-3 焊接机器人均建立在柔性导轨之上。

随着焊接过程向高度自动化及完全智能化的方向发展，多智能体机器人等先进机器人技术将很快应用于焊接机器人领域。

（3）建筑机器人金属渐进成型工艺

金属板材渐进成型的数控技术是 20 世纪 90 年代由日本学者松原茂夫（Shigeo Matsubara）提出的新型薄板加工工艺，通过金属材料局部塑形变形，在局部加工出常规手段无法加工的复杂曲面造型。与传统的充压成型不同，其在成型过程中不需要专用模具，灵活性高，设备能耗低，无噪声、无污染，属于绿色加工的范畴。近年来，薄板金属表皮在建筑中应用广泛，机器人金属渐进成型薄板为建筑金属表皮设计提供了更多选择。

数控渐进成型根据成型时的接触点不同可分为单点混合式（TPIF）、单点式（SPIF）、多点式（DPIF）等多种类型（图 8-45）。在单点混合式中，薄板和工具头、支撑板同时接触，单点式以单点工具头接触板材，多点式以双点工具头接触板材（图 8-46）。单点式和单点混合式可与至少 3 轴的机器一起使用，多点式需要两个至少具有 3 个轴的同步机器。ABB机器人的多运动（Multimove）协同技术、KUKA 机器人的机器人耦合（Roboteam）技术能够实现多机器人同步运动，能够满足上述所有类型的渐进成形加工需求[18]。

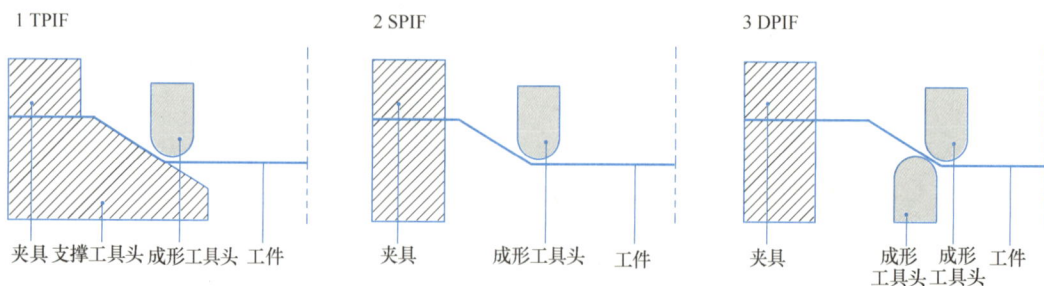

1 TPIF

夹具 支撑工具头 成形工具头 工件

2 SPIF

夹具　成形工具头　工件

3 DPIF

夹具　成形工具头 成形工具头 工件

图 8-45　数控渐进成型

图 8-46　SPIF 与 DPIF
（图片来源：TU Dortmund University）

2. 建筑机器人木缝纫工艺

机器人木缝纫工艺是一种探索新型薄木板结构连接方式的尝试，通过整合机器人建造技术与工业缝纫技术，采用缝合的方式连接薄木板。木缝纫作为一种新的木结构节点，相对于木胶和螺栓来说具有更加稳定的性能。通过将二维薄板弯曲并缝合，木缝纫工艺创造了一种建造三维弹性结构系统的新方法。

机器人木缝纫工艺由德国斯图加特大学 ICD 研究所开发，在 2015—2016 年 ICD/ITKE 研究展亭中进行了综合应用和展示。该展亭是首个将机器人缝纫技术运用于木材建造的建筑尺度的项目。该研究展亭运用自下而上的设计理念，从对沙钱（Clypeasteroida）的结构形态分析出发，开发出一种基于双层弹性弯曲椴木胶合板的结构系统，并通过将机器人缝纫技术引入建造过程，创造出轻质且高性能的空间木壳结构（图 8-47）。

图 8-47　斯图加特大学"2015—2016 ICD/ITKE 研究展亭"
（图片来源：ICD/ITKE，University of Stuttgart）

8.4.4　基于人工智能的建筑机器人工艺

近年来，基于人工智能的建筑机器人工艺研发已经成为建筑领域一个引人注目的前沿领域。随着建筑机器人被赋予感知和反馈功能，机器人能够根据不同场景和任务作出实时决策，在实践中为解决传统施工中的诸多难题提供了新思路。

1. 基于人工智能算法的建筑机器人工艺

基于人工智能算法的建筑机器人工艺研发将前沿人工智能技术与建筑工程实践相融合，使得建筑机器人能够从历史施工数据中学习，并根据不断积累的数据持续优化模型，最终实现智能规划、智能控制和智能决策。基于人工智能算法的建筑机器人工艺使机器人不再被动地执行固定的程序语言，而是能够自动学习并优化预制生产与施工过程中的各项任务，从而更好地适应不同的工程要求。该技术能够有效提高机器人适应复杂环境与工况的能力，避免潜在的碰撞等安全风险，将建筑机器人智能施工提升到一个全新的层次。

苏黎世联邦理工学院开展的"深度木构"（Deep Timber）项目采用深度强化学习来指导机器人组装榫卯连接的木结构（图 8-48）。项目将一个开有榫卯节点的木方插入另一个木方的对应节点上，收集力矩传感器数据和机器人工具端的位移观测值，来学习机器人组装动作，并将训练好的模型部署到机器人上。与传统的机器人编程相比，这种学习方法能够实时适应构件的不准确性和初始错位等。

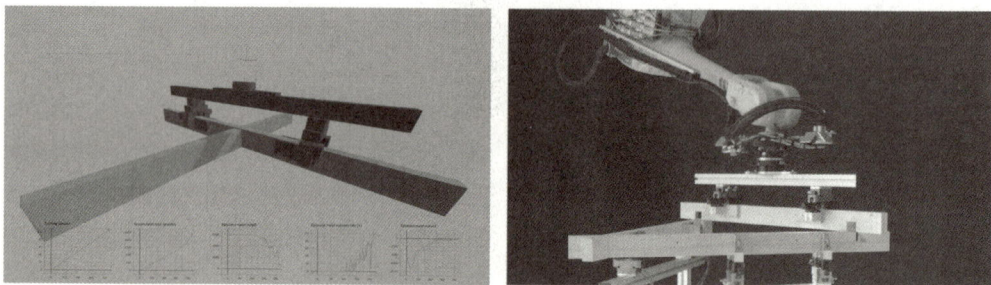

图 8-48　"深度木构"项目通过深度学习训练机器人组装榫卯节点
（图片来源：ETH Zurich）

2. 基于大数据的建筑机器人工艺标准化

大数据技术使得在建造领域收集、存储和分析大量的结构化和非结构化数据变得可能。基于大数据的建筑机器人工艺标准化方法，代表了建筑领域迈向智能化和高效化的重要一步。这一方法旨在通过收集、分析和应用建筑机器人操作数据，以制定一套标准化的工艺流程，从而提高建筑施工的效率、质量和一致性。

通过在机器人本体及工作环境中部署传感器，可以实时监测和记录建筑机器人的各项操作数据，包括运动轨迹、力传感器读数、执行器状态等。这些数据通过数据挖掘和分析技术，可以识别出工艺的优势和瓶颈，制定出一套标准化的建筑机器人工艺流程。这些流程可以涵盖从施工准备、材料处理、机器人加工、装配到最终建造的各个环节。通过分析不同项目中的数据，可以为工艺优化、效率提升提供依据。例如，可以通过分析不同的机器人组装顺序或运动路径在项目中的表现来优化机器人装配路径设计。标准化的机器人建造工艺可以确保机器人在不同项目和场地中保持一致的操作方法，减少人为误差和不确定性。

机器人建造工艺的标准化能够提高施工质量、降低使用门槛，为施工企业提供更加规范的产品和工艺，同时也为培训人员提供了更明确的指导，有助于智能建造技术的快速推广应用。

3. 软硬件一体化的建筑机器人工艺库

软硬件一体化的建筑机器人工艺库代表了智能建造的未来方向。通过将先进的软件算法与高性能的硬件平台相结合，建筑机器人工艺库整合了各类工艺的软硬件要素，以创造标准化工艺，为智能建造的全面应用提供坚实基础。建筑机器人建造装备整合优化的传感器、执行器及控制系统，可以确保机器人在执行建造任务时具备稳定的精度和效率。通过集成智能算法，机器人可以快速完成任务规划、路径优化和实时决策等。基于软硬件一体化的标准化工艺库，开发人员可以快速定制新的建筑机器人与建造技术，并快速部署到建造环节。这种集成性简化了开发流程，减少了重复研发周期，能够进一步推动智能建造技术的快速应用。

8.5 建筑机器人的产业化发展

8.5.1 机器人 3D 打印工艺应用案例：乌镇"互联网之光"中心

乌镇"互联网之光"中心项目采用了"几何参数化""结构参数化"以及"建造参数化"的一体化设计原则——如何实现最小用钢量、最大跨度、最短施工周期的建造目标，以及数字孪生的设计施工一体化控制、机器人预制建造、机器人现场建造等全方位数字建造综合技术集成示范应用；希望通过性能化设计技术与数字建造的高度融合实现后人文时代的全新目标。

红亭作为乌镇"互联网之光"博览中心景观大道中的主要节点，为以"智能建造"为主题的景观通廊起到了点睛之用。红亭总建筑面积 273m²，场地面积 487m²。作为复杂砖结构壳体结构，数字建造系统在复杂构件批量定制生产与现场施工方面起到了重要作用。红亭的建造中引入了建筑机器人 3D 打印模板建造技术，利用机器人 3D 打印的预制化结构单元为壳体提供复杂曲面形态的结构模板。在 3D 打印模板的几何设计上，基于原始UV 四边形网格设计了一种风车形图案，形成互承支撑结构。这主要是由于改性塑料 3D打印材料的杨氏模量较低，该结构可以提供比普通的四边形网格更好的刚度。其打印材料消耗量较原始方形网格模板降低了 30%。在打印模板的功能设计上采用了复合功能设计，结合聚氨酯喷涂、机器人铣削等现代数字加工技术，赋予结构模板更多的保温隔热等性能，模板在建筑上永久保留，并发挥保温隔热等构造功能，避免了模板拆卸的二次浪费。

最终整体被拆分为接近 1500 个 3D 打印单元，基于 Grasshopper 环境的建筑机器人编程软件 FURobot 提供了机器人编程 3D 打印工艺支持，然后由 8 台 3D 打印机器人打印完成，同时利用和设计模型中对应编号系统，最大限度地优化了现场超 600m² 的壳体曲面模板拼装（图 8-49）。红亭的全部建造过程由完整的设计模型进行尺寸定位上的指导。现场搭建结果通过三维扫描反馈至虚拟模型中进行比对，从而指导现场调整。全三维扫描检查将最大公差控制在 ±2cm 范围内，使砖壳的最终砌体精度达到一个较高水平。建造完成后进行最终现场荷载试验，以检查壳体在不同荷载工况下的结构响应，最终在可行走区域添加了 90t 砂袋，将试验结果与有限元分析结果进行比对，确保了结构安全性及其与分析结果的一致性（图 8-50）。

图 8-49　机器人 3D 打印过程

图 8-50　红亭实景与三维扫描指导安装

　　云亭总建筑面积 139m²，场地面积 233m²，主要由建筑机器人改性塑料 3D 打印工艺完成。其在内部划分为 3 个空间体量，分别为 1 个室内咖啡厅、2 个半露天休憩平台，形成 3 束各自独立的伞状结构。通过采用一系列拓扑优化算法来提高云亭的整体结构性能，从而优化展亭的形式，在进行结构计算后原本平展的屋顶转换成整体起伏的几何形状，其结构刚度大大增加。在拓扑优化的同时，根据结构内部应力分布，展亭整体自动划分为不同的加工构件，形成简洁高效的结构框架。在云亭的建造过程中，针对项目定制开发的 3D 打印分板程序直接对接建筑师手中的设计几何信息，从而生成可 3D 打印的分板模型。云亭主体部分划分为 400 余块不同的打印构件，所有的构件通过 4 台建筑 3D 打印机器人在两周内预制完成，运往现场进行装配。装配过程也同样使用到机器人定位技术，机器人直接接收各板块三维位置信息，经过现场坐标标定后，由机器人直接进行异形墙板的现场定位，单构件装配误差小于 2mm，整体装配误差小于 20mm。在智能设计和机器人建造技术的支持下，云亭结合了结构性能分析技术与改性塑料打印路径优化流程，采用工厂预制化生产与现场装配的建造方式，革命性地提出了一种基于新型材料的"数字孪生"生产模式（图 8-51）。

图 8-51　云亭实景与机器人现场 3D 打印板装配

8.5.2　机器人砖构工艺应用案例：南京园博园丽笙精品酒店

在对乌镇"互联网之光"中心的探索之后，南京园博园丽笙酒店的建造实践再次实现了突破，其中表现在机器人砖构工艺方面。建筑立面上的如山水泼墨创作中的飞笔光影印记，凝聚了超过 500 幅抽象山水意象的人工智能模型训练，首先采用深度学习生成对抗网络（Generative Adversarial Network，GAN）对金陵山水画卷的结构、笔法进行风格迁移；通过生成器和鉴别器的迭代与博弈，生成与崖壁风貌契合的数字山水画卷；同时，借助灰度离散几何提取，再用参数化手段转化为砖的旋转角度，从而模拟画卷中的山脉形态等关键意象与要素，得到最终立面的图像与数字建构效果。在该酒店的机器人建造实践中，所有砖块的空间坐标与旋转角度通过参数化程序写入计算机几何模型，砖构建筑机器人实现了对砖块的精准抓取、抹浆与砌筑。AI 智能生成的图像投射在超过 4000m² 的砖构立面上，将图像上不同的灰度信息离散为 0°～40° 不等的砖块旋转角度，通过旋转之后的砖块在砖构立面上的凹凸形成不同灰度的阴影，完成图像信息的投射与转译。砖构立面采用江南传统建筑材料青砖，同时以钢板、玻璃作为辅助性建筑材料，实现对在地文化记忆的设计与再现 。同时，该项目用远小于常规砖墙砌筑砂浆层的机器人自动化砌筑专用的薄型

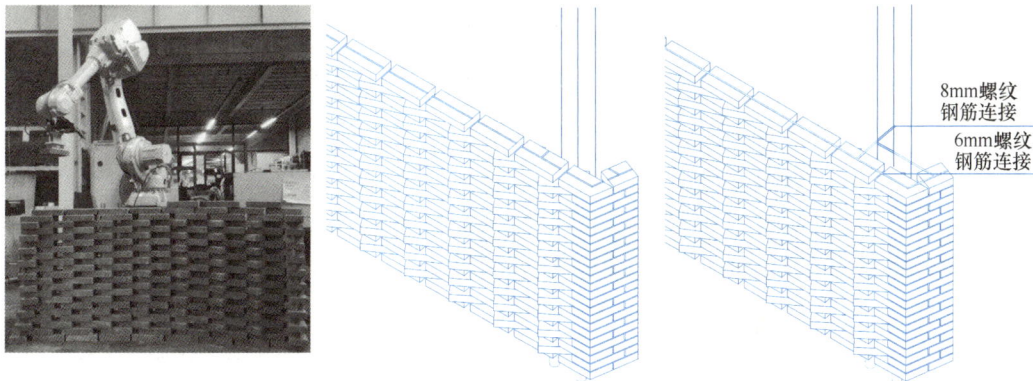

8mm螺纹
钢筋连接
6mm螺纹
钢筋连接

图 8-52　模块化砖墙与龙骨构造方式

4mm 砌筑砂浆，在机器人高精度砂浆涂抹工艺和薄型专用砌筑砂浆的帮助下，每平方米的砂浆使用量降低为常规墙体的 1/3，并且墙体更加平整、细腻（图 8-52）。从近几年的实践来看，从数字化设计到机器人建造流程不仅极大地拓展了砖构建筑设计的可能性，也给工程建筑学带来了更多的契机。

8.5.3 机器人木构工艺应用案例：四川省成都市天府农博园瑞雪多功能展示馆

建筑机器人建造技术与大规模批量定制化生产的结合开启了木结构建筑实践的新模式：一方面，大批量定制化建造的灵活性与数字建造的高效率使其能够应对空间木结构等复杂的结构体系；另一方面，从长远看，大批量定制模式具有更高的经济性，使得个性化与定制化的木结构建筑不再是大城市的特权，可以广泛应用于大范围的乡镇建设中。四川省成都市天府农博园瑞雪多功能展示馆是综合性运用机器人木构技术大批量定制化生产的典型案例。初期方案由密肋木梁出发，继而联想到的图像网格镶嵌迁移出了另一种和连续壳体空间适配的结构类型——互承结构。项目选取正多边形的 11 种阿基米德铺砌作为互承几何库原型。对每个互承结构的单元杆件进行几何有理化，投影得到的互承结构定位线是具有多控制点的平面 NURBS 曲线，可以通过控制误差范围，利用提取曲线几何特征点构建圆弧线的方式来进行面向建造的优化。团队分别提取了每根杆件的端点与曲线中点，然后通过这三点构建圆弧线，来拟合原本的 NURBS 曲线。在面向工厂预制件的场景中，木制杆件的圆弧半径种类过多会造成杆件加工成本大幅度攀升。因此，在原有拟合结果的基础上，通过遗传算法的学习优化可以将圆弧的半径进行归纳与整合。最后，从最开始人工归纳的 5 个区间、5 种半径圆弧优化迭代到了最终的 2 个区间、2 种半径圆弧，并对于半径过大、无限接近于直线的圆弧划定区间，将其归纳成直线杆件，得到了误差指标小于6cm 的归纳最优解，所有杆件被统一归纳为直线杆件、3.9m 半径的圆弧杆件以及 9m 半径的圆弧杆件这三种类型。这种数字化的深化设计在合理的误差范围内通过几何系统优化，大大提高了后续机器人加工的效率（图 8-53）。

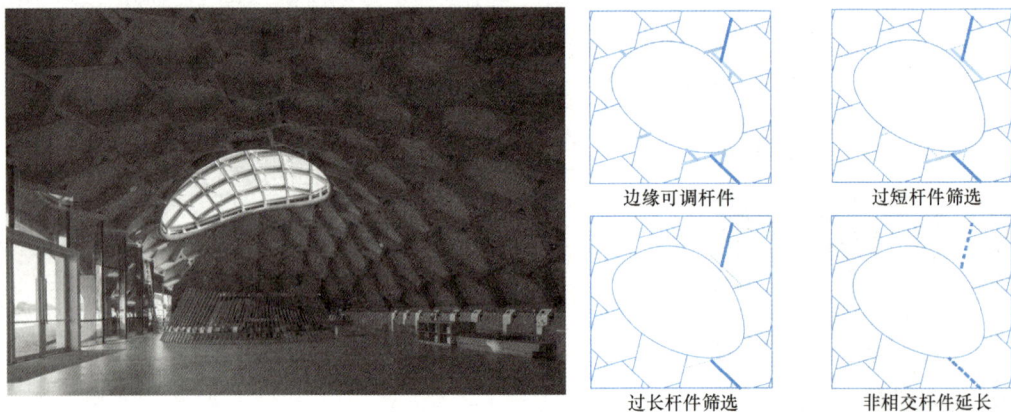

边缘可调杆件　　　　过短杆件筛选

过长杆件筛选　　　　非相交杆件延长

图 8-53　互承木结构效果与几何优化

项目采用两个六轴机器人来实现数字模型与建造之间的连接。机器人建造过程的设计与加工工具的工作空间、加工范围直接相关。两台机器人分别配备了一台 18000rmp 的主轴电机和定制化带锯，通过转换工具头能够完成所有构件的粗加工和精加工（图 8-54）。对同一个节点，机器人需要一系列加工路径，首先需要制定木料粗加工的路径，从一根完整木料中铣削出需要的大体形式；其后，一些细节如螺栓孔、开槽等需要额外的加工路径来实现。加工过程和铣刀的直径实际上对节点的设计形式产生了一定的反馈，主要体现为节点转角位置的圆角化。机器人模拟过程一方面保证建造的顺利进行，同时能够直接生成机器代码，输出给机器人进行实际加工。除了建筑几何信息之外，这一过程无须其他几何信息的辅助。机器人大批量定制的加工方式有效保证了大批量构件的顺利完成，不仅提高了加工精度，同时也有效减少了加工时间和成本。针对各种类型的单元梁构件，团队也设计了基于钢填板、螺栓、钢钉等结构构件参与的不同类型节点，整体的屋面互承木构与外围控制曲线的钢环梁之间采用钢叉板进行了较为稳固的连接，分别通过焊接、螺栓连接的方式将钢木结构的交接处稳固定位，使方案的整体结构在不同材料体系中得到统一（图 8-55）。

图 8-54 多机器人协同木构工艺

展望

随着参数化设计流程的建立，从几何参数化、性能参数化到建造参数化的打通，建筑的设计职责与生产分工正面临重新定义。当建筑师可以直接无缝衔接生产工艺与流程，提升的不仅是生产效率，更重要的是未来的建筑形式与建筑产业格局。机器人建造作为未来建筑产业化的物质载体，将大大推进建筑定制化生产和智能化现场建造的实现过程。以机器人技术为核心的建筑建造方式，可以完成复杂逻辑形体的加工，从而形成一种以性能、材料性质为出发点的精确制造的高效率、高品质建造模式。这种建造模式意味着建筑师对原型设计与建造的介入达到了一个更深的层面。

当前，国内外机器人建造技术的研发和应用大部分处于实验室阶段，对于复杂的现场施工环境和批量化生产的需求，如何通过协调机器人平台、工具端研发、建筑材料、建造

局部节点分布图

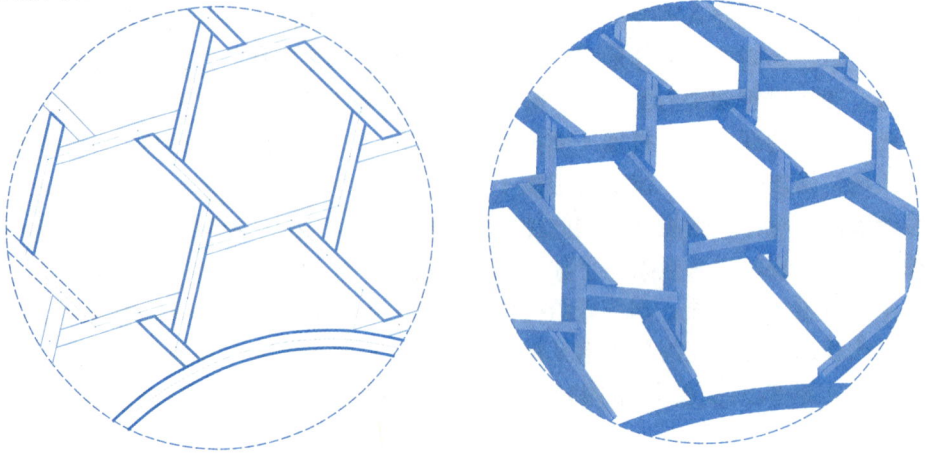

B1类杆件-节点1

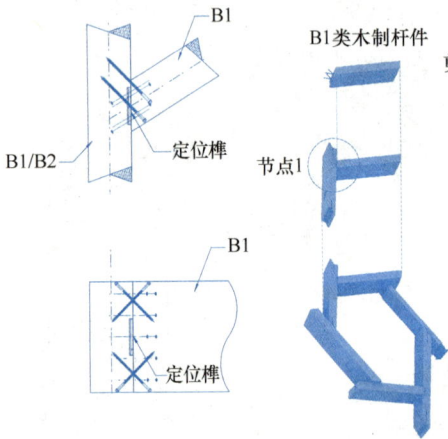

B1类木制杆件

B1

B1/B2　　定位榫

B1

定位榫

节点1

B2类杆件-节点2

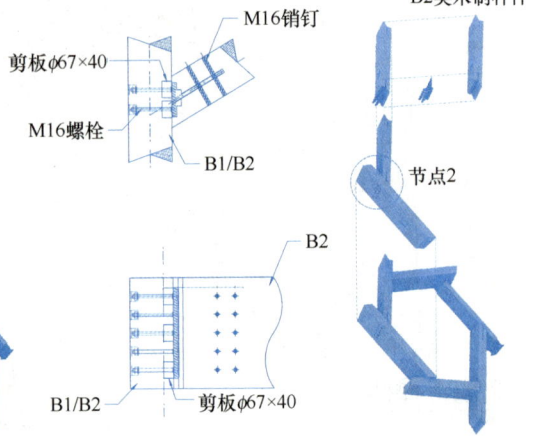

B2类木制杆件

M16销钉
剪板φ67×40
M16螺栓
B1/B2

节点2

B2

B1/B2　　剪板φ67×40

B3类杆件-节点3

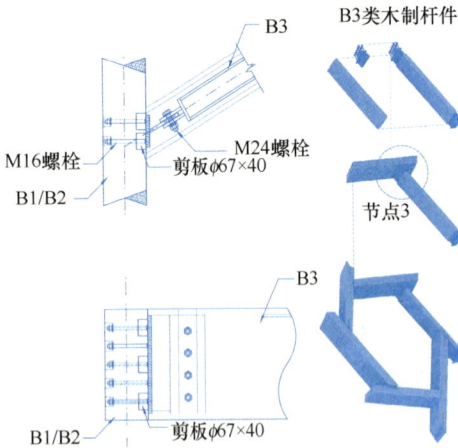

B3类木制杆件

B3

M16螺栓
剪板φ67×40　　M24螺栓
B1/B2

节点3

B3

B1/B2　　剪板φ67×40

B4类杆件-节点4

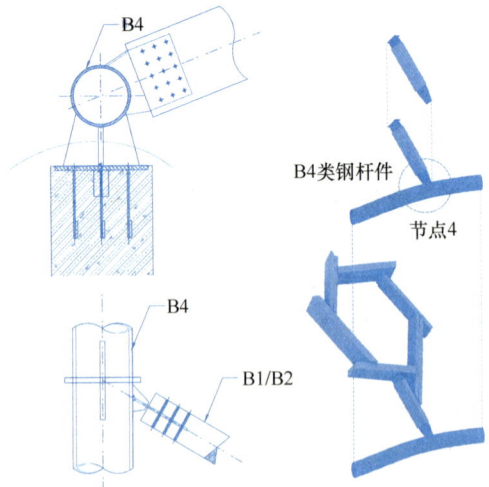

B4

B4类钢杆件

节点4

B4

B4

B1/B2

图 8-55　构件分类与节点细部

任务和现场环境之间的关系，优化机器人建造工艺，将成为建筑产业化未来发展的重要步骤。保持对已有技术深化与整合的同时，在建筑产业化发展的进程中不断保持对新技术的纳入和整合也会为建筑产业化的发展不断助力。

综上所述，一幅宏伟的蓝图正在缓缓展开。在未来，随着云端建筑信息的即时传递，建筑师可以从设计之初便开始控制整个项目从设计到施工的全过程。与此同时，材料、结构、暖通等工程师也能够通过云端虚拟建造平台直接参与到产业链中，与设计师进行深入探讨、调整，从而在保证设计完成度的同时最大限度地实现建筑的性能化水平。这个基于虚拟建造平台的全产业沟通平台可以让不同工种在产业链中发挥自己的专业作用，对实际施工过程进行模拟与仿真，还能预见并有效避免节点碰撞等常见的施工问题。由于高效优化了建造过程中对人工以及人为经验的依赖，设计生产的即时反馈也成为可能。设计与生产一体化的机器人建筑产业化将提高生产效率与建筑的使用性能。

随着数字设计与建造技术的逐渐成熟，基于机器人建造的建筑产业化发展体系也将日渐落实。我们有理由相信，在工业4.0时代的大背景下，网络化信息传递以及性能化定制将在未来成为建筑产业升级的重要内容。随着新材料、新工艺与新产业的全生命周期信息化整合，个性化设计与定制、预制服务的对接，建筑机器人建造手段将逐步深入未来建筑产业化的进程当中，最终到达一个智能高效精造的数字未来。

本章小结

本章内容主要包括建筑机器人的定义、类型与工作流程；软硬件共性技术；建造工艺和应用案例。建筑机器人是实现智能化设计的载体以及赋能手段。时至今日，建筑设计已变成一种群体性实践，不断有设计软件工具包和专门化的工艺研发参与到这个智能化流程之中，而建筑机器人作为这种新工作模式中重要的一环，承担着将设计转化为实体建筑的重要任务，是实现智能化设计知识共享库的载体。同时，以建筑机器人为核心的设计建造一体化工作流程，打通从数字到物理的智能建造工作场景和应用模式，助力当下基于数字信息的智能建造应用，为中国智能建造未来赋能。本章通过全面介绍建筑机器人的概念、原理、技术、工艺、应用案例相关知识，建立了完整的建筑机器人知识体系。

思 考 题

1. 从建筑全生命周期的角度，谈谈建筑机器人在设计建造一体化中的作用与意义。
2. 在工厂环境与复杂环境中，建筑机器人定位技术有何异同？
3. 分析不同建筑机器人几何构型的具体差异及其适用场景。
4. 请根据增材、等材和减材三类工艺的特点，简述其应用场景。
5. 结合案例，谈谈建筑机器人如何推动建筑大批量定制化生产，以及如何在乡镇可持续建设中发挥更加积极的作用。

【动手作业】在三维建模软件中设计一个非标准建筑构件，根据对机器人 3D 打印技术的理解，完成该建筑构件的打印路径设计。

本章参考文献

［1］ Hutter M，Gehring C，Lauber A，et al. ANYmal-toward legged robots for harsh environments［J］. Advanced Robotics，2017，31(17)，918-931.

［2］ Bang S，Kim H，Kim H. UAV-based automatic generation of high-resolution panorama at a construction site with a focus on preprocessing for image stitching［J］. Automation in Construction，2017，84(dec.)：70-80.

［3］ Bock T，Linner T. Construction robots - elementary technologies and single-task construction robots［M］. Cambridge：Cambridge University Press，2017.

［4］ Moritz，Doerstelmann，Jan，et al. ICD/ITKE Research Pavilion 2014-15：Fibre placement on a pneumatic body based on a water spider web［J］. Architectural Design，2015，85(5)：60-65.

［5］ Lu M，Zhu W R，Yuan P F. Toward a collaborative robotic platform：FUROBOT［C］//Architectural intelligence：selected papers from the 1st international conference on computational design and robotic fabrication (CDRF 2019). Springer Singapore，2020：87-101.

［6］ Bottema O，Roth B. Theoretical kinematics［M］. New York：Dover Publications，1990.

［7］ Young K Y，Chen J J，Wang C C. An automated robot calibration system based on a variable DH parameter model［C］//Proceedings of 35th IEEE conference on decision and control. IEEE，1996，1：881-886.

［8］ Johnson M A，Moradi M H. PID control［M］. London：Springer-Verlag London Limited，2005.

［9］ Garcia C E，Prett D M，Morari M. Model predictive control：Theory and practice—A survey［J］. Automatica，1989，25(3)：335-348.

［10］ Duchoň F，Babinec A，Kajan M，et al. Path planning with modified a star algorithm for a mobile robot［J］. Procedia Engineering，2014，96：59-69.

［11］ Zuo Z，Yang X，Li Z，et al. MPC-based cooperative control strategy of path planning and trajectory tracking for intelligent vehicles［J］. IEEE Transactions on Intelligent Vehicles，2020，6(3)：513-522.

［12］ Chai H，Wagner H J，Guo Z，et al. Computational design and on-site mobile robotic construction of an adaptive reinforcement beam network for cross-laminated timber slab panels［J］. Automation in Construction，2022，142：104536.

［13］ 高翔，张涛. 视觉 SLAM 十四讲：从理论到实践［M］. 北京：电子工业出版社，2017.

［14］ 袁烽. 数字化设计与建造新方法论驱动下的范式转化［J］. 建筑技艺，2014(4)：30-31.

［15］ Mostafa Y，Elbestawi M A，Veldhuis S C. A review of metal additive manufacturing technologies［J］. Solid State Phenomena，2018(278)：1-14.

［16］ 袁烽，张立名. 砖的数字化建构［J］. 世界建筑，2014(7)：26-29.

［17］ J Meejin Yoon，Eric Howeler. Robotic stereotomy the mit sean collier memorial［J］. Paper Presented at Robotic Futures，2015：89-93.

［18］ P Nicholas，M Zwierzycki，Esben，et al. Adaptive robotic fabrication for conditions of material inconsistency increasing the geometry accuracy of incrementally formed metal panels［C］//Fabricate 2017. Ucl Press，2017：114-121.

智慧运维与服务

知识图谱

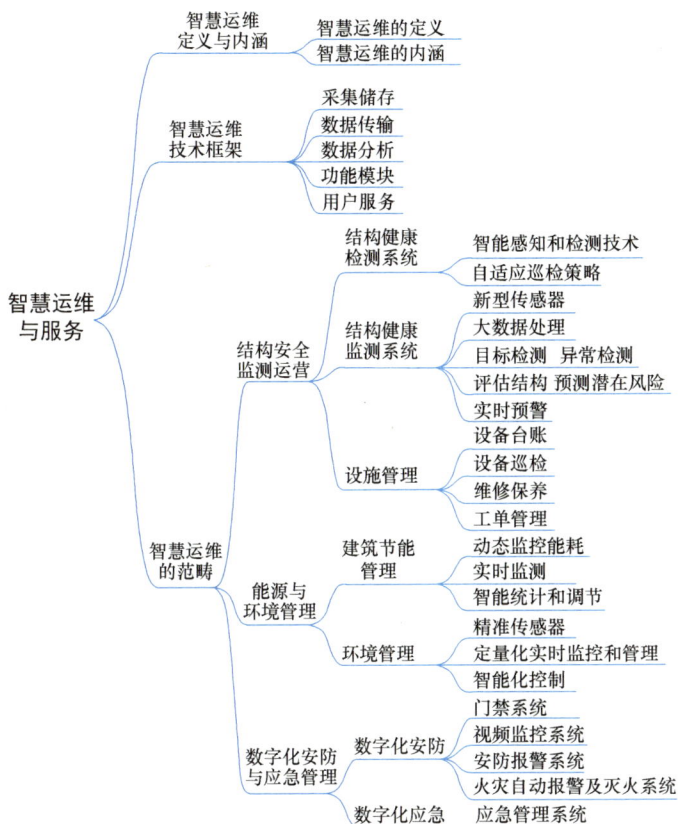

本章要点

知识点1. 智慧化运维。

知识点2. 结构监测、能源与环境管理、数字化消防与应急管理。

知识点3. 建筑结构智慧化运维典型应用。

学习目标

（1）了解并掌握智慧化运维的定义和内涵。

（2）了解并掌握智慧化运维的框架。

（3）了解并掌握结构安全监测运营。

（4）了解并掌握设施、能源与环境及安防与应急的数字化管理。

（5）了解智慧化运维在土木工程领域的典型案例场景。

（6）了解智慧化运维的发展趋势及建筑智能终端。

9.1　智慧运维定义与内涵

高速的城市化进程和庞大的基础设施建设，形成了大量的建筑物、交通、能源等设施。庞大的建筑与基础设施需要更高效、精准的运维服务，以确保其运行良好。与此同时，快速发展的物联网、大数据、云计算以及人工智能技术不仅为数字化、智慧化运维提供强大的工具和方法，更将重新定义基础设施的管理方式。同时，智慧运维能够通过数据分析和智能化管理，实现能源和资源的更高效利用，从而有效地降低环境负担[1]。

国际设施管理协会（IFMA）对运维管理的范畴进行了划分，涵盖不动产、长期规划、建筑项目、建筑物管理以及办公室维护五大类[2]。从传统角度看，运维管理主要聚焦于建筑、交通、能源、通信等基础设施和设备。随着人们生活品质的提高，运维服务的内容与范围也在不断拓展。运维管理已经不再是简单的设备维护，而是延伸至多个方面，以满足不断变化的社会和市场需求。实时监测与预测成为确保建筑结构安全运行的重要手段；自动化运维系统减少人为失误，提升工作效率；资源利用的优化更加注重节能减排，为可持续发展作出贡献；快速定位和精准排查使故障排除与维修效率得到明显提高；个性化服务满足用户多样化的需求和偏好；可视化管理使得管理者和用户更直观地了解设备的运行状况；智能安防和消防应急系统的发展保障了人员和设施的安全。这一系列发展不仅是对技术和管理方法的挑战，更是为了满足人们日益增长的期望。智慧运维的内涵远不止于表面所见，它代表了一场深刻的变革，是将数字化技术与运维管理系统融合，以实现更高效、更智能的设施管理，从而确保建筑和基础设施的持续高效运行。

传统的纸质化运维靠人工操作与记录，消耗大量人力物力，且容易出现人为失误和安全隐患。随着信息革命的推进，运维逐步转向基于信息系统的信息化模式，实现流程化和平台化，极大地提高效率。数字化技术的出现使得运维数据能实时监控和管理，并逐渐成为运维服务的核心。近年来，随着人工智能在各行业的迅速发展和算力不断提升，机器能够帮助管理人员更高效地进行决策和操作，从而提升运维的智能化和自动化水平，同时显著提高运维的精细化管理水平。

新兴技术方兴未艾，正以前所未有的速度和深度，深刻地影响着运维管理的方式。物联网建筑自动控制系统、设备管理与维护信息系统、物业管理系统等带来更智能的设施控制和实时监测能力，物联网和云计算技术的融合则打破时间和空间的限制，为远程运维提供便捷。BIM模型和地理信息系统（GIS）为建筑管理和空间规划提供更全面的视角，激光扫描技术、虚拟现实和增强技术则将现实与虚拟融合，为解决问题提供全新手段。同时，人工智能和大数据的运用赋予运维管理更精准的预测和分析能力，使决策更加科学可靠。这些新技术不仅改变运维管理的方式，更在深层次上重塑了管理思维和方法，推动着运维管理朝着更智能、高效和可持续的方向不断发展。在这个数字化与人工智能的时代，企业和管理人员也清楚意识到，通过高效的运维管理，可以实现更大程度的效益提升。智慧运维管理已然成为业务管理中不可或缺的一环，是实现持续发展的重要保障。

9.2　智慧运维技术框架

深刻理解智慧运维的重要性，必须首先掌握其技术框架。智慧运维是一个综合性的设计，它包括数据采集和存储、数据传输、数据分析、功能模块的构建以及最终用户的交互与体验等多个关键层面。智慧运维的关键在于数据的价值挖掘。通过物联网、传感器等技术，实时数据采集、传输和分析成为现实，为运维提供了持续的信息流。智慧运维的另一个关键特点是智能化决策。大数据分析和人工智能技术赋予运维管理人员更深入的洞察力，可以基于历史数据和趋势分析作出更明智的决策。这种数据驱动的决策不仅提高设备的可靠性，还有助于更精准地维护计划和资源配置，最终优化运维成本和效率。总而言之，智慧运维代表一种迈向智能、高效、协同的未来。它从数据采集到智能分析，从决策支持到协同合作，都在不断地推动着运维管理的前沿。

智慧运维技术框架是指为了确保建筑物的安全和可持续运营而建立的一套维护和管理体系。一套完整的智能运维技术框架通常具有"感""传""知""能""用"五个部分（图 9-1），即采集存储、数据传输、数据分析、功能模块和用户服务。

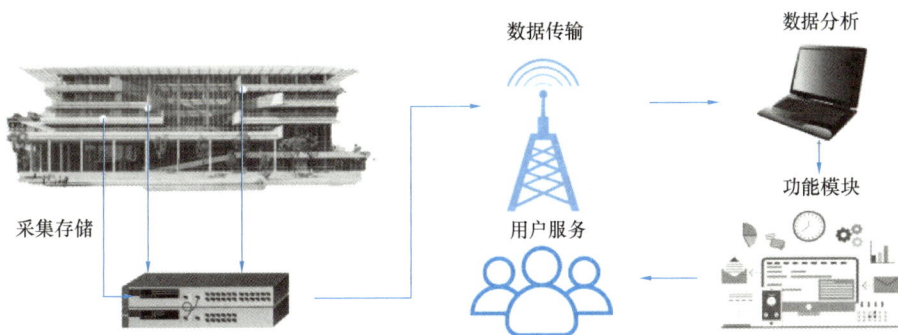

图 9-1　智能运维技术框架

1. 采集存储

采集存储是整个智慧运维服务体系的基础，运用多种数据采集技术，可以实时感知设施设备的状态和环境信息，为运维决策提供准确、及时的数据支持。

数据采集存储的具体形式有多种。如物理、化学、视觉感知，以及来自第三方系统数据和人工抄表等，并与 BIM 模型对接，每种形式都具有不同的特征和应用场景。物理感知是利用传感器和物理设备感知环境与物体状态的方法，通过测量和监测物理量（如温度、湿度、压力、光照等），能够获取精准的实时数据。例如，温度传感器通过测量电信号变化来反映温度变化，广泛应用于居家、食品贮存、医疗设备和气象观测等领域；振动传感器用于测量振动或震动，特别在结构健康监测中有重要应用。化学感知利用化学传感器和检测技术感知、分析化学物质的存在和浓度，实时监测环境中的化学成分变化，进行环境质量评估与预警，用于设备运维、安全监测与环境控制。视觉感知使用摄像头和图像处理来理解物体、场景和运动，通过图像或视频数据分析可实现结构检测、识别和跟踪，在结构健康监测中可用于病害检测，通过 AI 辅助识别建筑表面裂缝，提高检测效率。第三方数据对接中统一编码格式可标准化数据，连接不同系统至智慧运维平台，支持运维决策。BIM 模型整合了建筑项目信息，包括设备和空间等内容，然而其信息量较大，可能影响到运维效率，通过对特定信息进行有针对性的调用和数据量的精简，可以优化系统的运行速度，从而支持系统更快地运行，并提升整体效能，有效的 BIM 信息管理有助于实现高效、智能和可持续的运维。人工抄表在数字化建设中也有实效，可以提高效率，为后期维护提供可靠信息。

数据传输后需要在中央管理系统存储和管理，以支持监测、分析和决策。可用数据库、云存储等进行数据存储，包括清洗、整合、索引和备份，以提供高效访问和分析。数据存储方案确保数据的安全、可靠和可用，支持后续处理和决策。智能运维数据传输中，数据存储介质的选择对于传输和后续处理至关重要。云存储是常见选择，它通过网络将数据存储在远程服务器上，提供高可用性、扩展性和备份恢复功能。多地域冗余可确保数据可靠性，满足灵活扩容需求。云存储在数据共享、备份和远程访问方面表现优异，适合管理和分析。数据库管理系统允许创建、访问、管理和操作数据，包括关系型、非关系型和时序数据库。关系型数据库以表格形式存储数据，使用 SQL 管理和查询，它适用于处理结构化和复杂的数据，并具备有效的事务管理机制，能够确保数据的完整性和一致性；非关系型数据库适用于非结构化和可扩展数据，处理大规模和高并发情况；时序数据库专为时间序列数据设计，适用于实时数据处理。数据库提供存储、索引、查询、事务等功能，满足数据可靠性和一致性要求。数据备份与恢复确保数据的可靠性和连续性，以应对数据丢失、系统故障和灾难。备份策略包括完全备份、增量备份和差异备份，恢复策略包括全盘恢复和部分恢复。备份应定期进行，验证备份数据完整性。备份数据存储需与原始数据分开，远离原始位置，以预防意外发生。恢复过程需测试和演练，确保迅速有效恢复。

2. 数据传输

智能运维技术框架是一个基于智能化技术和数据驱动的综合管理系统，旨在提高建筑结构的可靠性、安全性和效率。数据传输在智能运维体系架构中扮演着重要角色，其关键在于选择适合的数据传输协议、确保数据的安全性，并进行高效的数据储存与管理，如图 9-2 所示。作为体系的重要组成部分，数据传输的目标是将在运维过程中产生的多种数

数据采集

通过有效的数据采集，智能运维系统能够获得可靠的设备和环境数据，为后续的数据传输、存储和分析提供支持。

数据安全

数据的保密性、完整性和可用性，对于敏感数据在物联网中的传输至关重要。

数据传输协议

数据传输协议定义了数据的传输格式、通信规则和安全性要求，以确保数据在传输过程中的完整性和可靠性。

数据传输

数据存储与管理

传输的数据需要在中央管理系统中进行存储和管理，以支持后续的监测、分析和决策。

图 9-2 运维数据传输体系

据从现场传送至中央管理系统，以实现实时监测、深度分析和明智决策的支持。

在智能运维中，选择适合的数据传输协议是确保数据高效可靠传输的关键。协议界定了传输格式、通信规则和安全需求，以保障数据传输完整性和可靠性。各种数据传输协议在智能运维领域具有不同特点和适用范围。选择协议时需考虑实时性、带宽、安全等因素，同时新兴协议如 CoAP、AMQP 等也提供更多选择。通过明智选择和应用合适的协议，智能运维系统可实现可靠高效的数据传输，为后续处理和分析提供支持。随着智能设备和物联网的普及，确保数据的保密性、完整性和可用性变得至关重要。为此，采取多种手段来保护数据安全，包括：通过加密算法将数据转换为密文，确保只有授权接收方可以解密读取，以防止窃取或篡改；对通信双方进行身份认证和授权。身份认证可验证通信方的合法性，授权决定接收方的数据访问权限；利用防火墙监控流量、拦截恶意攻击以及入侵检测系统实时监控网络行为，防范潜在的入侵行为，保障数据传输安全；采用安全协议如 SSL/TLS 协议，保证数据传输完整性，通信加密可确保数据保密性，有效防范篡改、窃取等风险；记录传输中的安全事件和操作日志，用于监控和分析，有助于及早发现和处理安全问题。

3. 数据分析

数据分析包括数据压缩和归档、数据预处理、数据分析与建模和数据挖掘与智能优化。

在数据分析之前，需要对原始数据进行预处理。这包括数据清洗、特征选择筛选和标准化等步骤。数据清洗解决缺失值、异常值和噪声问题，保证分析结果准确性；特征选择筛选最具代表性特征的数据，提升模型性能；数据标准化统一不同尺度特征，避免权重偏差，通过降维减少维度，降低计算负担，提高模型效率。经过预处理，数据分析和建模成为核心。统计分析、机器学习和人工智能等技术应用于模式识别、异常检测、趋势分析和预测建模。模式识别通过历史数据学习设备正常模式，为异常检测提供基准；异常检测识别异常行为和故障，方法包括基于规则、统计和机器学习；趋势分析评估演变，使用统计和机器学习方法；预测建模预测未来行为和故障，利用时间序列、回归、神经网络等方法。数据分析不仅可以监测和预警，还可以实现智能优化，利用统计和机器学习技术，从数据中发现模式和知识。通过聚类、分类、关联规则和异常检测等技术，提取信息，如设备故障早期迹象。智能优化结合数据分析和优化算法，提供智能决策和优化方案，改善运维效率和资源利用。决策支持系统结合数据分析和业务规则，提供可视化界面，帮助决策。

4. 功能模块

智慧运维涵盖广泛的关键模块，包括结构安全监测及设施管理、能源与环境管理、安防、消防与应急管理。这些模块在运维过程中都扮演着独特而且不可或缺的角色。具体而言，实时监测与快速检测模块通过高效的数据分析，确保建筑和设备能够稳定安全地运行；数字化能源管理模块以用户舒适度为前提，有效实现了节能减排的目标，同时推动可持续能源的应用；环境管理模块致力于维持用户在健康舒适的室内环境中的长期居住；安防和消防与应急模块更进一步保障用户的隐私安全，以及在火灾、地震等突发事件中的应急保护。这些关键模块相互融合，为建筑运营提供全方位的数字化支持。

5. 用户服务

在系统中，根据用户的角色和权限特点，将其划分为四个主要类别，分别为企业管理者、项目管理者、项目执行者和业主。每个类别拥有特定的操作权限，以确保系统的安全性和高效性。企业管理者拥有最高权限，具备处理系统内全部数据的权利，他们可以深入了解整个运维系统的状态和运行情况，从而做出战略性决策；项目管理者的权限局限于其所负责的项目数据，他们能够获取有关其所管理项目的详尽信息，从而更好地监管和推进项目的进行，这有助于确保项目的有序推进和达到预期的运营目标；项目执行者的主要职责是在执行层面进行数据的更新和更改，他们能够根据具体情况对设备状态、维护记录等数据进行实时更新，从而保障设施的正常运行和维护；业主作为系统中的重要一环，主要负责数据的反馈和报警，他们能够及时发现异常情况并触发相应的报警机制，确保设施运行的稳定性，然而，为了维护数据的保密性，他们并不具备访问项目数据的权限，这一安排有助于数据的安全性。通过这种精细化的角色和权限划分，智慧运维系统能够更好地满足不同用户的需求，保障数据的安全和完整，并实现更高效、更智能的设施管理。

9.3　结构安全监测运营

运维中的结构安全指的是在设备、系统或基础设施的运营和维护过程中，确保其结构的稳定性、可靠性和安全性。其对象包括各类基础设施，如桥梁、隧道、建筑等。结构安全的保障通过结构健康的检测、监测和评估，可以及时发现结构的异常状况、损伤或破坏情况，提前预防事故的发生，保障人员和财产的安全。结构健康检测和监测系统是一种集成传感、数据采集与传输、结构状态参数与损伤识别、性能评估与预测技术的自动化、信息化监测系统，主要目标是提供对结构的实时或定期检测和监测，以便及时发现结构的问题和损伤，并采取相应的措施进行维修和保养。通过该系统，可以对结构的安全性、可靠性和耐久性进行准确评估，并为决策者提供数据支持，以制定合理的维护策略和决策。

以桥梁结构为例，长期以来，传统的桥梁检测以人工检测为主，主要依赖于目视检查、手工测量和基于仪器的局部检测，且时常需要维护人员悬挂在桥梁下方，或从高架平台上着手检测。不仅耗时费力，往往需要中断结构的使用，还易忽略细节之处，检测准确性在很大程度上依赖于检测人员的专业水平和检测经验，为桥梁质量埋下隐患。近年来，随着技术和装备的不断发展，智能检测技术（图 9-3）已经能够实现对外部病害的智能感知，并且可以智能地自适应巡检。外部病害的智能感知基于多尺度图像检测原理，实现桥梁表观病害的实时识别，例如裂缝、漏筋、混凝土剥落和拉索状态。同时，利用灰度直方图匹配算法和多视角匹配方法，实现病害的精准定量与自动定位；结合具备飞行-吸附爬行-定点栖停多模式自由转换功能的无人机以及移动检测车、无人船等空-地-水全方位装备，能够高效、精准地检测桥梁的各个部位，包括体型庞大以及高墩、高塔、桥底和水下等难以到达的地方。以爬行式无人机检测为例[1]，无人机从起飞到抵达桥梁待检测位置，途中在桥底进入顶部吸附状态，在桥塔和桥墩等构件上则采用立面吸附状态。操作人员可通过控制无人机移动以检测病害，以每秒 30 帧的速率拍摄视频。视频同时传输至无线信号发送器，后者将其转换为模拟视频信号并降低视频质量，然后通过无线信号发送至地面站进行数据处理。该方法的视频信号不仅延迟时间短，而且监测病害识别速度极快。相较

外部病害感知方法与巡检设备

轻量化基础网络

衡量预测 → 人工标签
对抗学习

快速识别
+
精准定量

多视角匹配方法
自动定位

桥梁场景定制化的空-地-水全方位设备

桥上拉索检测

剥落

露筋

裂缝

桥下梁底巡检

水下墩柱探查

模型驱动的自适应巡检策略

扫描

GPS   STM32   Teigger signal

1 Hz square wave

10 Hz square wa

相机-激光融合系统

几何信息： 墩柱节点 ⇒ 桥梁线形 ⇒ 三维点云

指导

📷 = ▮ 几何模型驱动的整体规划

大-自由转换-小

桥面

高塔、缆索

墩柱

可碰撞无人机

爬行式无人机

无人船系统   ● 动态反馈思想的自适应检测

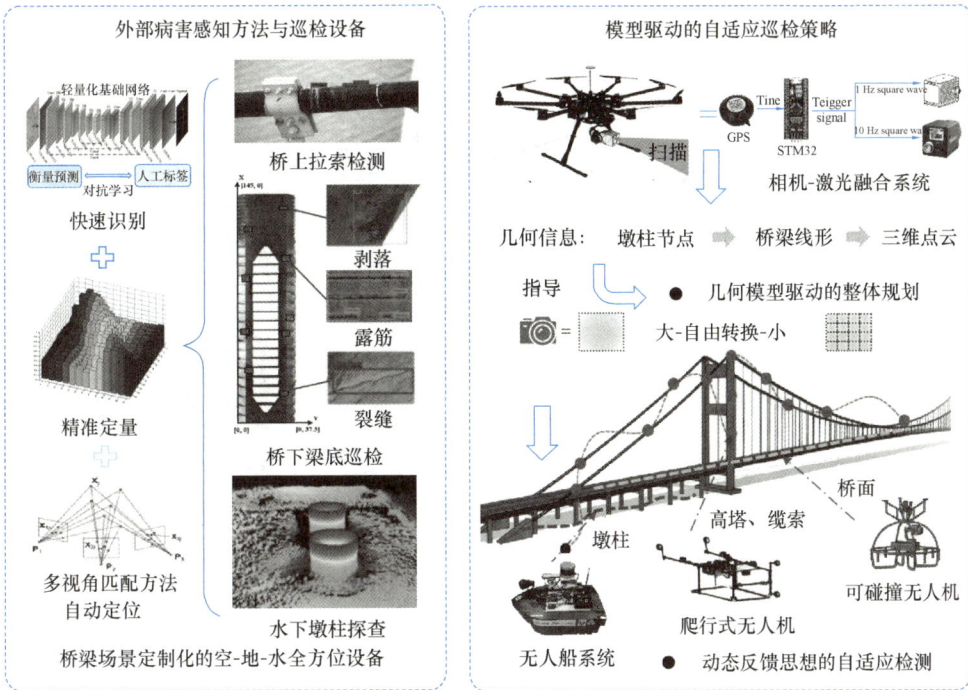

图 9-3 桥梁结构病害智能检测

于传统的人工检测方法，这种智能化的检测方式大大提高了效率，并且具备更高的精准度和减少漏检的优势。

智能自适应巡检系统是基于图像激光融合的桥梁几何信息快速获取方法和重建场景模型驱动的多尺度自适应巡检策略而设计的。该系统利用深度学习目标识别辅助和相机-激光标定融合的结构三维重建方法，利用无人机能够快速、准确地建立桥梁"点-线-体"（墩柱节点、桥梁线形、三维点云）多层级几何模型【桥梁三维模型】。基于这些重建模型和实时检测结果的反馈，无人巡检平台（例如多模式无人机【检测无人机 1 和检测无人机 2】和无人船）能够动态自适应规划巡检路线，实现对桥梁整体、构件以及重点区域的多尺度自主巡检，无需人工干预。在后续维护阶段，运维人员可以根据规划方案制订定期检测计划，对高墩、高塔、长索等难以检测的地方进行裂缝、剥落、索套破损、螺栓松动等多类病害的定期检测，及时地发现桥梁病害，并采取相应措施。

结构健康监测系统（图 9-4）由传感器和采集设备等硬件系统以及数据分析处理和评估管理系统等软件系统组成。采用的传感器要求具有高度感受结构力学状态的能力，能够将应变、位移、加速度等测量参数直接转换成采集信号输出。最早开发的传感器技术是电子式传感技术。随着力学、信息、网络等学科的研究发展及实际工程应用的需求，越来越多的诸如光纤传感技术及光学相机、微波雷达等非接触式传感技术等得到了广泛的应用。

视频9-1 桥梁
三维模型

视频9-2 检测
无人机1

视频9-3 检测
无人机2

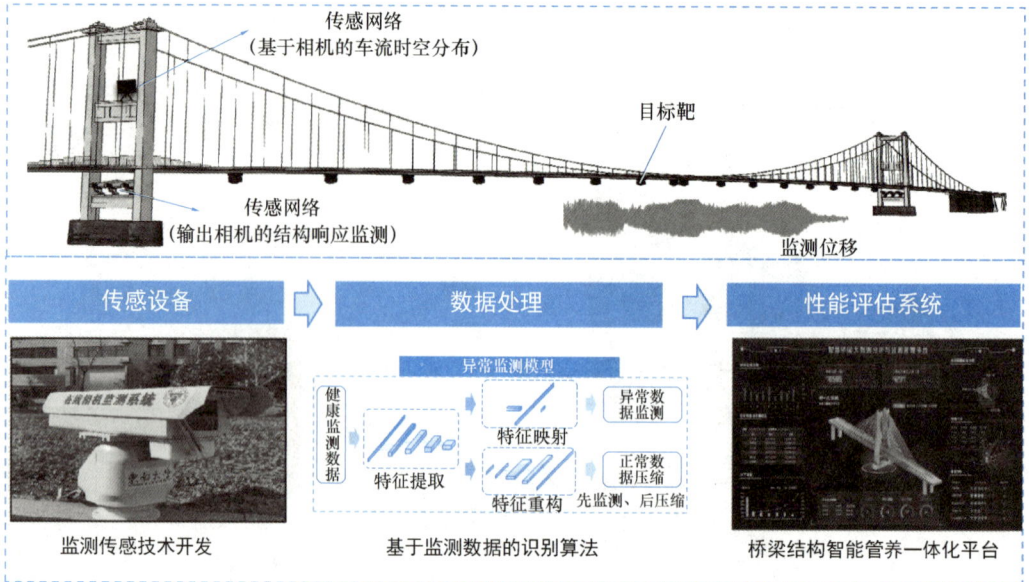

图 9-4 桥梁结构健康监测

光纤传感器利用光纤的特性来感知应变。当桥梁受到外部力作用时，结构会产生微小的变形，导致光纤的长度发生微小改变。这种长度变化会引起光纤中的光信号强度或相位的变化，进而被传感器捕捉和记录下来，经过数据处理，转化为应变数据，从而反映桥梁结构受力情况。

光学相机传感技术是一种基于现代数字图像处理和分析技术的非接触式全场光学测试方法，可实现桥梁支座动态转角和位移实时监测[3]。通过红外阵列靶标多特征点作为视觉输入构建相机与运动目标坐标系的几何关系，并通过嵌入式处理平台边缘计算直接输出可发送给终端用户的桥梁位移和转角，从而实现桥梁支座动态位移和转角的全天候、无线、实时监测。

微波雷达传感技术由雷达信号处理机和监控单元两部分组成。它利用雷达发射微波信号并接收反射信号，测量目标物体的位置和运动，同时可调整雷达波束照射位置，获取区域内目标全程各点的径向微变形数据。在桥梁监测中，微波雷达通过调整雷达波束照射位置监测目标物体（如桥梁上的特定点）的位置变化。当桥梁受外部荷载作用时，通过算法计算出相应的挠度和转角，实现桥梁振动位移的无接触式、多点同时监测。

采集设备将传感器获取的数据进行采集、处理和传输，将数据传输到数据分析和结构分析系统进行后续处理。基于大数据、人工智能、结构分析等手段，对采集到的数据通过目标检测与异常监测模型进行分析和处理，实现结构状态参数的识别和损伤检测。通过对结构的连续测试和数据分析，可以实时监测结构的当前状况，评估结构的安全性，并预测未来的性能和潜在风险。结构健康评估管理系统将监测数据、维护记录和运行指标等数据进行可视化处理，以直观的图表、图形、动态效果等形式展示在大屏幕上，以便运维人员、管理者和决策者能够更好地理解和分析结构的健康状况，实时显示各种监测数据，如位移、振动、应力、应变等，以及结构的状态参数和实时数据趋势。当监测数据超过设定的阈值或出现异常情况时，大屏可以以醒目的方式显示警报信息，提醒运维人员注意和采取相应的措施。通过大屏展示，可以将结构的历史数据和变化趋势进行回顾和比较。运维人员可以通过图表、动画或时间轴等方式查看结构健康状况的演变和历史数据的变化，以便更好地分析结构的长期变化和趋势。此外，大屏展示可以将结构的三维模型和虚拟现实技术相结合，实现更直观的展示效果。通过虚拟现实技术，运维人员可以在大屏上以更真实的方式体验结构的外观和内部状况，进一步了解结构的安全性。

除了结构的安全监测，设备设施的管理也是日常运维的重要内容。设施管理是对基础设施如桥梁隧道建筑或各种设施和设备的维护、保养、运营和管理的过程。设施管理的目标是确保结构物的设施和设备处于良好的工作状态，以提供安全、舒适和高效的使用环境。

设施管理涵盖了四个主要内容，即设备台账、设备巡检、维修保养和工单管理，如图 9-5 所示。设备台账作为其中的基础，详细记载着设备的关键信息，包括型号、基本参数、性能、零部件构成以及预期使用年限等要素。借助准确的设备台账数据，管理团队能够更精准地制订维护计划和资源调度，从而确保设备始终保持高效运转状态。这种精细的管理不仅能够高效保障维修保养工作，同时也为设施的可靠性和使用寿命提供了坚实的支持。

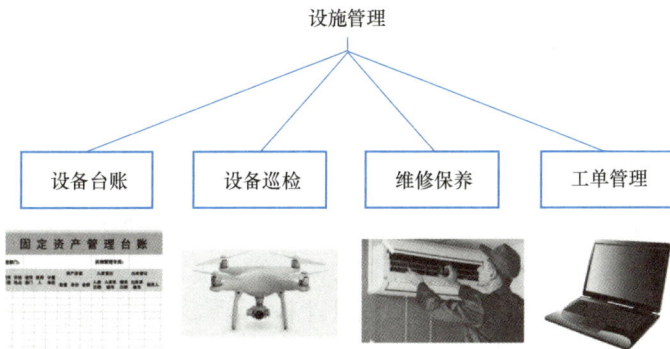

图 9-5　设施管理

设备巡检常用的方式有三种，人工巡查、半自动巡检和智能自动化巡检。人工巡查涉及人员实地检查设备状态，半自动巡检借助辅助工具进行检测，而智能自动化巡检则依赖先进的传感技术和数据分析，能够实现实时监测、自动识别异常，并提前预测潜在问题。智能自动化巡检已经成为巡检管理的主流方式，其主要工作模式是在 BIM 模型的基础上，巡检人员可以依照模型的指引规划巡检路线，利用智能化设备进行周期性的快速检测，大大提高工作效率。此外，由于不同的设备所需要的巡检人员和设备的不同，由运维系统动态分配巡检任务可以合理分配人力和设备资源。在数据存储方面，BIM 可以将每次收集的巡检信息统一归档，当巡检人员发现设备出现故障时可以快速查阅往期的巡检资料，方便巡检人员查找问题。

维修保养的主要方法有三种，即事后维护、事前维护和预测性维护。在这些方法中，事后维护是在设备出现故障或问题后采取的修复措施，强调的是快速响应和恢复设备功能；事前维护旨在定期检查和保养设备，以预防潜在故障，并确保设备处于良好工作状态；而预测性维护则依靠数据分析和监测技术，提前识别可能的故障迹象，从而能够采取相应行动。在维修保养领域，预测性维护被认为是最优的方法。

9.4 能源与环境管理

建筑节能是国家节能减排实现双碳目标的重要任务。为了降低建筑运营过程中能量的消耗，减少建筑运营成本，并提高能源使用效率，建筑能耗量化管理和效果评估逐渐充当起重要的角色。通过统筹与能源相关的各个系统并进行协调控制，科学地选择和制定能源管理的控制方案，实现建筑的智能化运行，从而最终达到建筑节能减排的效果，并提升建筑环境品质和管理水平[2]。同时在现代社会，人们在室内度过了大部分时间，因此室内环境的质量对健康、舒适感和生产效率产生着极其重要的影响。环境质量的影响因素涵盖广泛。首要的是空气质量，其次还有温度和湿度。此外，光照和噪声水平也是不可忽视的关键因素。数字化环境管理的目标在于通过综合性的管理方法，对建筑结构和设施在运行过程中对用户所带来的环境影响进行高效监控和精确控制。为此，数字化环境管理的主要聚焦点包括上述各个环境因素，通过智能和数字化的手段来优化用户体验，创造更加舒适和健康的室内环境。

1. 建筑节能管理

建筑节能管理的核心在于综合管理建筑内各种能源消耗系统，包括冷热水系统、空调系统、照明系统、安防消防监控系统等。该管理过程主要依赖于动态监控设备的能耗数据，结合智能的能源统计和调节方法来控制能源消耗。此外，通过实时监测关键设备能耗、智能分析能耗设备效率，管理者能够洞察能源成本的来源和发展趋势，从而制定精准的节能策略。

建筑中的冷热源主要包括暖通、空调和冷热水制备系统，如何在满足人们日常需求的前提下最小化各设备的能耗，是建筑能源管理的挑战之一。为解决这一难题，暖通空调自控系统发挥着关键作用，它可划分为冷热源管理和空调末端监控两部分。在冷热源管理方面，如图 9-6 所示，系统运用空调机组 DDC 结合环境内安装的传感器，实时监测冷热水

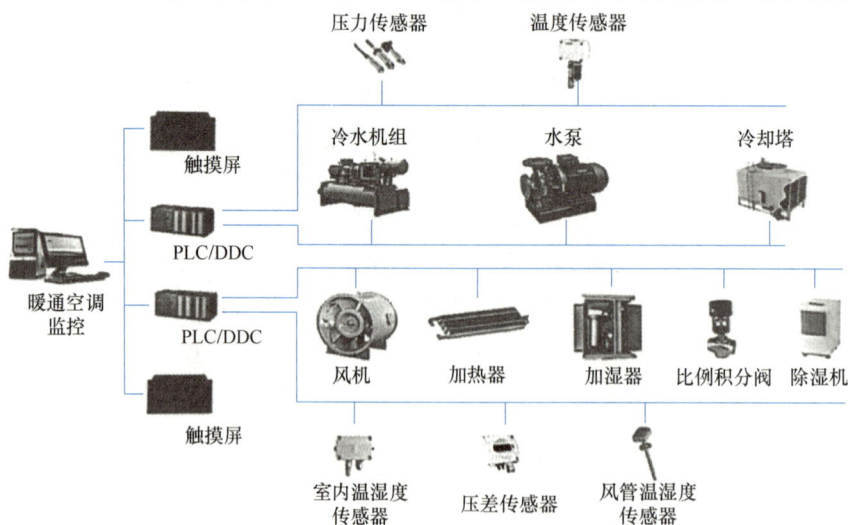

图 9-6　暖通空调管理系统[2]

（图片来源：郑展鹏，窦强，陈伟伟，等．数字化运维［M］．北京：中国建筑工业出版社，2022）

以及空调系统的运行状态，包括温度、湿度、风速、压差等参数。这使得系统能够根据实际需求和环境变化，智能地调整空调设备的运行模式和参数，从而避免不必要的能耗。同时，通过数据分析和预测模型，系统可以预测建筑内温度变化趋势，以便提前进行调整，从而避免高负荷时段下的过度空调运行。此外，空调系统的空调末端监控部分，也是能源管理中的重要环节。最佳设备配比的确定有助于在满足舒适度要求的前提下，以最低能耗运行系统，从而实现能源消耗的有效优化。系统记录并汇总冷热水及空调系统的能耗数据，并生成能耗报告和分析，为管理者提供了解能耗情况并采取节能措施的依据[2]。

照明自控系统通过感知环境光线、监测人员活动或利用预设的时间表，自动调节照明设备的亮度、色温和开关状态，以提高能源利用效率、提升舒适度并延长照明设备的使用寿命。这一系统的核心在于其智能调控能力，能够自动而平滑地调节电路的电压和电流幅度，以解决由于不平衡负荷引起的额外功耗问题。这个系统的运作原理是基于先进的控制算法，通过监测电路的负载情况和电能需求，实时调整电路的电压和电流，使得每个电路都能够以最有效的方式工作，从而提高整个电力系统的效率和稳定性。同时，智能感应技术通过感知环境光照和运动等因素，智能地调节照明亮度，确保在不同的使用场景下都能达到最佳的照明效果。照明自控系统的应用范围广泛，无论是大型商业建筑、办公楼，还是公共场所如公园、街道，都能受益于它带来的智能化节能。并且通过实时监控和追踪供电情况，系统能够及时检测出任何异常情况，比如电压过高或过低等，从而防止电路过载或者供电不足的情况，确保照明系统的稳定运行。

建筑能源管理系统集成了供暖、通风、空调、照明等多种设备系统，从而实现对建筑能耗的全面监控与精细管理。运用先进的传感器技术和数据分析手段，系统能够实时监测建筑内部的温度、湿度、能耗等关键指标。通过智能控制算法的精准调整和优化，极大地减少了能源浪费现象。

2. 环境管理

环境管理（图 9-7）主要包括四方面内容：空气、热湿、光照和噪声环境。

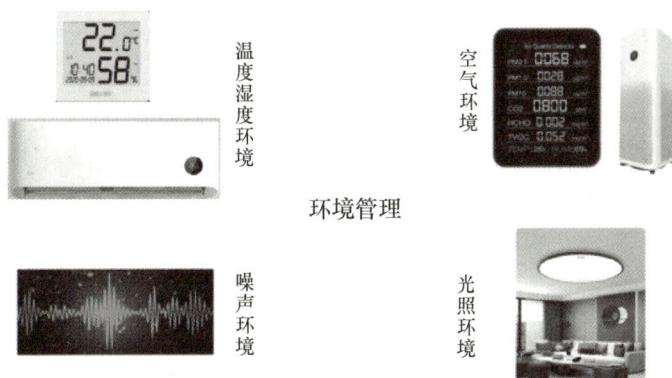

温度湿度环境

空气环境

环境管理

噪声环境

光照环境

图 9-7　环境管理

近年来，随着室内建筑材料的复杂化、电子设备的迅速增加、房屋通风能力的减弱以及城市空气的污染，室内空气质量问题日益凸显。室内环境中污染物的积累，包括来自建筑材料和香水等的挥发性有机化合物（VOCs）、室内漂浮的颗粒物及 CO、CO_2 等有害气体。这种污染物的上升趋势使得人们面临更高的患疾病风险，例如呼吸问题、过敏反应等健康问题，引发的健康隐患日益严重。在这一背景下，数字化环境管理通过定量化的方法对室内空气进行监控和管理。通过配置精准的化学传感器，系统能够实时统计有毒气体和颗粒物的浓度，为室内空气质量提供可靠的数据支持。更进一步，数字化环境管理设定了预警值，一旦污染物浓度超过预警值，系统将自动触发应急机制，启动室内空气净化或排风系统。这种智能化的响应机制，可以有效应对突发的污染情况，确保室内环境的质量得到稳定控制。

室内环境中温度和湿度也是生活环境的重要因素。过高或过低的温度会影响人体的舒适感和生理功能。同时，不适当的湿度可能导致细菌滋生和霉菌生长，对健康造成威胁。数字化环境管理下的温度和湿度管理将与能源系统一起工作，数字化温度和湿度管理可以通过传感器和智能控制系统实时监测室内温度和湿度，这有助于确保室内温度和湿度始终处于舒适的范围内，满足居住者和工作人员的需求。此外，数字化温度管理可以根据不同时间段和使用需求自动调整温度，在不降低人舒适感的情况下，通过预设温度计划和智能化算法，系统能够在不同时间段自动调整供暖、制冷和通风系统，从而实现能源的高效利用。

光照是另一个关键因素。充足的自然光可以提高人们的情绪和注意力，同时也有助于维持正常的生物节律。不良的照明条件可能导致眼睛疲劳和不适。数字化环境管理下的光照管理，在建筑物设计阶段应考虑利用自然光，在运维阶段通过光感应传感器等设备实时监测室内光照强度，系统可以根据不同时段、天候和使用需求，自动调整照明设备的亮度，确保室内始终有足够的光线，同时避免能源的浪费。此外，数字化光照管理可以根据人们的活动和健康需求，实现光照的个性化调节。例如，在工作区域提供充足的光线，促进效率和注意力；在休息区域创造柔和的光线，营造轻松舒适的氛围。数字化光照管理还可以结合窗帘控制等系统，实现自然光与人工照明的协调，系统可以根据室内外光照情况，智能地调整窗帘开合和照明设备的亮度，从而最大限度地利用自然光，减少能源消耗。

噪声水平对室内环境的影响也不可忽视。过高的噪声会影响集中注意力、睡眠质量和心理健康。室内噪声环境下的数字化管理是一种利用数字技术和智能系统对室内噪声水平进行监测和控制的方法。它的目标是实现室内的安静和舒适，同时优化能源效率和用户体验。首先，数字化噪声管理可以通过噪声传感器等设备实时监测室内噪声水平。系统可以根据不同时段和区域的噪声情况，自动调整空调、通风系统等设备的运行，以降低噪声产生的可能性。其次，数字化噪声管理可以对噪声源进行定位和分析。系统可以通过传感器和智能算法，确定噪声源的位置和特征，从而有针对性地采取措施进行控制，例如调整隔声设施或隔声材料。此外，数字化噪声管理还可以结合人员流动和活动信息，实现智能化的噪声控制。系统可以根据室内的人员密度和活动类型，自动调整设备的运行状态，以确保噪声在合理范围内。

9.5 数字化安防与应急管理

在智慧运维的框架下，安防、消防与应急管理扮演着至关重要的角色。这些关键领域的目标不仅是在火灾、各类风险和紧急情况下能够迅速有序地采取适当措施，保障人员的安全，还包括在平常的管理中预防潜在风险，及时消除隐患，创造一个安全可靠的环境。安防、消防及应急管理的范围广泛，包含多种关键系统，如门禁系统，通过智能卡、生物识别等方式保障特定区域的安全进出；视频监控系统，实时记录和监测建筑内外的动态；安防报警系统，当异常事件发生时发出警示信号；火灾自动报警系统，确保在火灾初期及时发出警报；自动灭火系统，能够自动启动灭火剂以抑制火灾蔓延；应急管理系统，提供指导和协调资源以保障人员的安全。

1. 门禁系统

门禁系统是一种旨在监管和规定人员进入特定区域的安全解决方案。其核心目标是限制只有被授权的人员才能够进入特定的区域，从而保障建筑物、场所或设施的安全性和管理效能。

传统的门禁系统通常基于物理钥匙、NFC 卡片、电子门锁或密码锁等形式，用于限制进入特定区域。且只有提供了正确的凭证（如卡片或密码）的人员才能解锁门禁设备。但也存在一些限制。例如，凭证可能被遗失或被盗用，从而导致安全漏洞。同时，管理系统和凭证的操作可能较为繁琐，难以实现灵活的权限控制和实时监控。数字化门禁系统采用数字技术和智能手段，实现对特定区域的访问控制和管理，涵盖多种形式，如指纹识别、虹膜识别、人脸识别等新型技术，并采取实时监控和远程控制，以便在需要时采取适当的措施。与传统门禁系统相比，数字化门禁系统具备更高的智能化水平、更大的灵活性和更好的便捷性，它充分应用现代技术，提升了安全性、管理效率和用户体验。

2. 视频监控系统

视频监控系统是一种利用摄像头和相关设备来监视特定区域并记录视听信息的系统。它广泛应用于各种场所，如商业建筑、公共场所、工厂、交通枢纽、学校等，用于提高安全性、监管和管理效率。

传统系统采用模拟摄像头和模拟录像机（VCR）等设备。摄像头通过模拟信号传输图像，录像机将这些信号录制在磁带上。然而，这种技术限制了画质的清晰度和细节，同时布线相对复杂，需要独立的视频和电源线路，存储容量也受限，导致检索和管理录像不够灵活，而且传统系统不支持远程访问，用户必须亲临监控中心才能查看录像。与之相比，数字化系统采用更为先进的技术配置，其中包括数字摄像头、数字录像机以及基于物联网的 IPVS 系统。在这个方案中，数字摄像头通过数字信号传输图像数据，不仅提高了图像传输的质量，还减少了信号损失。而 IPVS 系统负责将这些数字数据有效地储存在硬盘或云存储中，从而确保数据的安全性和可靠性。同时，IPVS 系统还通过一个配置的控制台来管理和操控摄像头与录像机的功能，使得操作更加便捷和灵活。此外，数字化系统的另一个优势在于实时设备显示，它可以迅速将摄像头捕捉到的图像数据实时显示在显示设备上，并支持高清画质和远程访问，使得用户可以清晰、即时地了解监测区域的情况。

3. 安防报警系统

安防报警系统是一种通过传感器、探测器、设备以及相关的软硬件组件，实时监测环境中的异常情况的系统。它的功能包括监测潜在威胁、入侵、紧急事件以及其他安全问题，并在发现异常时发出警报，以便及时采取必要的应对措施。

传统的安防报警系统在使用时通常需要通过有线连接将各种安防设备，如探测器和报警器，进行互联。这些系统的功能相对较为有限，通常仅涵盖入侵侦测、烟雾报警等基本警报功能。一旦警报触发，需要人工介入才能对情况进行处理，因此更多用于简单的基础安全报警，难以应对更复杂多变的安全问题。与传统系统相比，数字化安防报警系统采用更现代化的无线连接方式，如 Wi-Fi、蓝牙、物联网等，从而极大地减少烦琐的布线步骤，使安装和配置变得更加简便。这些数字化系统具备多种功能，包括入侵侦测、火灾报警、视频监控等，其功能更为多样化和丰富。值得一提的是，数字化系统能够整合智能分析技术，如人脸识别和行为分析，从而提升监控和报警的智能水平。当异常情况发生时，这些系统能够迅速生成警报，并根据事先设定的规则进行智能判断，必要时快速触发应急响应，减少了人工介入的需要，大大提高安全响应的效率。此外，数字化系统还支持远程控制和访问功能，用户可以通过智能手机、平板电脑等移动设备随时随地实时监控报警状态，对系统进行远程控制和管理。这种便捷性为用户带来更高的灵活性和便利性，使得安全监控可以更加主动和及时。

4. 火灾自动报警及灭火系统

火灾自动报警及灭火系统是为应对火灾威胁而专门设计的高效安全设备系统。其主要目标在于实现对火灾的早期监测，自动触发报警程序，并在必要时启动灭火措施，从而全面保护人员的生命安全以及财产资产。

从传统的火灾自动报警及灭火系统到数字化系统，我们能够清晰地看到巨大的技术升级和功能改进。传统火灾报警系统采用有线连接，需要烦琐的布线工作，且功能局限于狭窄范围，仅限于单一的操作，如烟雾探测和声光报警。在火灾爆发时，仍然依赖人工介入来启动灭火措施。同时，系统缺少智能分析功能，无法自动识别火灾的类型、规模，或是区分警报的真伪，而且报警范围受限于局部区域。数字化火灾自动报警及灭火系统不仅具备基本的火灾监测和报警功能，还能够对现场情况进行智能分析。这意味着它们能够自动判断火灾的严重程度，并在必要时自动触发灭火装置，在火灾初期迅速作出响应。更为关键的是，这些智能系统能够识别火灾的特征和类型，避免不必要的虚警。

5. 应急管理系统

应急管理系统是一套有组织的方法和资源，旨在帮助人类社会应对多种突发情况和灾难。其主要任务是预先规划，以最小化人员伤亡和财产损失。这些突发情况包括自然灾害（例如地震、风暴、洪水、火灾），人为事故（例如工业事故、恐怖袭击）以及公共卫生危机（例如疫情暴发）。应急管理系统通过协调各种资源，包括人员、设备和信息，以及制定应急计划和流程，确保在紧急情况下能够快速、有序地采取行动，并在灾后阶段进行恢复工作，使社会能够尽快恢复正常运转。

传统的应急管理系统主要仰赖人工协调和指挥、电话、广播等途径进行通信和信息传递。受制于人工协调，信息在流转过程中可能遭遇延迟，进而影响了快速的决策和响应。传统系统中的数据常分布于各个不同的部门和机构，造成数据整合和共享的难题，导致信息的孤立。因信息传递和协调的滞后性，传统系统在作出反应和应对方面往往需要更多的时间。在大规模灾难中，传统系统很可能面临人力短缺、信息阻塞等问题。相较之下，数字化应急管理系统则运用传感器、监测装置、无线通信等技术，能够实时地收集、传送和分享重要信息，进而使得决策能更快速且更准确。它可以整合来自多个不同来源的数据，展开深入的分析，协助决策者更充分地理解现状并拟定对策，自动化且智能化地执行任务，减少了人工介入的时间，从而缩短了响应的时限。此系统还能够促成跨部门、跨机构的协同合作，促进信息的共享与协调。通过数据分析和模型预测，数字化系统能够提前预警潜在的灾难风险，使得应急响应更具有前瞻性。

9.6　典型案例场景

9.6.1　绿色节能建筑

智能建筑是以建筑物为平台，基于对各类智能化信息的综合应用，集架构、系统、应用、管理及优化组合为一体，具有感知、传输、记忆、推理、判断和决策的综合智慧能力，形成以人、建筑、环境互为协调的整合体，为人们提供安全、高效、便利及可持续发展功能环境的建筑[4]。通过智能化运维服务，可有效监控和降低建筑能耗，推动智能建筑向绿色节能建筑方向发展，同时可监测和调控住宅的物理环境，为人们提供更健康舒适的居住环境。

绿色建筑是指在全寿命期内，节约资源、保护环境、减少污染，为人们提供健康、适用、高效的使用空间，最大限度地实现人与自然和谐共生的高质量建筑[5]。目前，很多建筑只在设计初期引入了绿色建筑的设计理念，在运维过程中并没有真正减少建筑能耗，一方面是没有对能耗进行监控，另一方面也缺少专业化的运维服务。研究智能运维服务在绿色节能建筑中的应用，实时监控建筑能耗，提供专业化的运维服务，对推进建筑真正实现低碳高效运行具有重要意义。

例如，某公司为圣玛丽医院（位于加拿大不列颠哥伦比亚省）打造的综合能源管理信息系统，成功实现了该医院的低碳高效运营。通过传感网络的布设，能够监控圣玛丽医院的详细能耗数据（图 9-8），发现该医院主要的能源消耗来自于泵机、风扇、插头负载和照明系统的耗能。通过报告期内 7 个工作日的平均每小时电力需求热图（图 9-9），可以确定星期二为一周中的能耗优化关键日（每星期二平均电力需求在上午 8：00 至晚上 9：00之间始终高于 200kW）。针对这些待优化的能耗问题及相应设施，专业化运维公司可以提

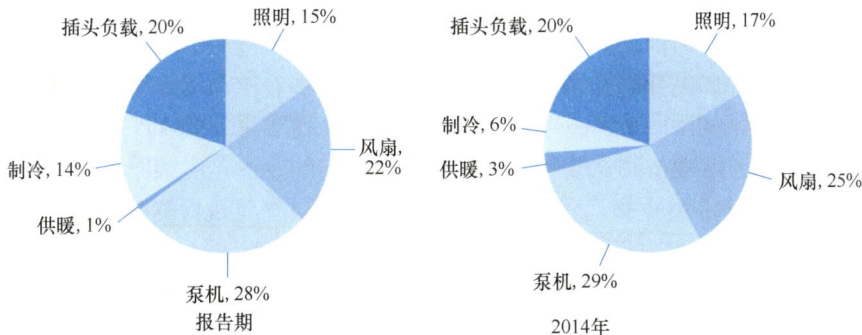

图 9-8　圣玛丽医院各类系统能耗饼状图

（图片来源：Caba intelligent buildings and big data 2015 report）

	SUN	MON	TUE	WED	THU	FRI	SAT	Hourly Avg
Midnight	137	159	160	155	137	142	145	148
1:00 AM	134	145	156	146	131	136	140	141
2:00 AM	131	139	143	140	134	129	138	136
3:00 AM	129	131	131	137	134	131	137	133
4:00 AM	125	127	134	138	133	128	140	132
5:00 AM	130	125	138	140	135	132	137	134
6:00 AM	129	132	142	141	133	131	137	135
7:00 AM	130	137	166	154	149	141	143	146
8:00 AM	151	175	192	171	165	154	151	166
9:00 AM	169	183	187	175	168	155	164	172
10:00 AM	165	181	190	176	172	166	162	173
11:00 AM	162	184	191	177	168	169	161	173
Noon	165	186	192	178	172	169	162	175
1:00 PM	168	189	193	179	175	173	168	178
2:00 PM	176	195	195	147	164	174	170	174
3:00 PM	176	194	196	47	123	175	173	155
4:00 PM	184	197	192	182	177	177	178	184
5:00 PM	187	198	194	182	178	179	180	185
6:00 PM	190	195	194	183	181	181	179	186
7:00 PM	191	199	195	187	179	180	180	187
8:00 PM	187	192	195	182	180	182	183	186
9:00 PM	184	192	194	176	169	169	174	180
10:00 PM	173	178	173	162	159	160	162	167
11:00 PM	165	173	163	152	147	150	150	157
Daily Avg	159.89	171.16	175.26	158.49	156.79	157.60	159.00	

图 9-9　报告期内 7 个工作日的平均每小时电力需求热图

(图片来源：Caba intelligent buildings and big data 2015 report)

出对应的节能优化措施，并通过持续的数据收集与分析，对比优化前后的节能效果，不断改进节能优化措施，以持续保持该建筑的最佳性能。实际数据显示，通过专业化的节能运维服务，圣玛丽医院的耗能（EUI 278kWh/m²）远低于加拿大全国医院平均水平（EUI 439kWh/m²）。

目前，我国大型公共建筑对节能运行的需求十分迫切，亟需通过专业化的节能运维服务，降低建筑的能耗和运行成本，提升用户使用的舒适度。例如，青岛中德生态园（图 9-10），就聘请了专业的物业公司提供以节能为导向的专业化运维服务。物业公司通过数据监测与分析，获得供冷季、采暖季及过渡季能耗与空气质量检测分析报告，找出主要的待优化的能耗问题及相应设施。针对这些能耗问题，物业公司提出对应的节能优化措施，并持续监测能耗数据，用以对比分析措施实施前后的能耗情况，评价节能措施的效果。物业公司通过这种持续监测、持续改进的方式实现整个建筑的低能耗高效率的运营管理。通过对比青岛中德生态园 2017 年与 2018 年的能耗数据（图 9-11），可以发现，除了展示系统以外，其他各个系统的节能效果都很明显，且以热泵与新风系统尤为显著。而展

图 9-10　青岛中德生态园智能化楼宇系统

（图片来源：青岛中德生态园全过程咨询项目组）

图 9-11　青岛中德生态园 2017 年与 2018 年能耗对比图

（数据来源：青岛中德生态园全过程咨询项目组）

示系统能耗增加，则是因为青岛中德生态园 2018 年接待量较 2017 年增长较多。整体来看，该建筑能耗 2018 年较 2017 年降低了 16％，减少碳排放量 33836kg。以节能为导向的专业化运维服务不仅实现了节能环保，同时也节约了运营成本。

9.6.2　地铁数字化运营

以地铁运营的设备管理为例，借助数字技术，运营团队可对地铁众多的机电设备进行定期的维护保养和实时的维修管理，设备维护保养、设备维修管理系统如图 9-12 所示。企业可以建立设备维修与养护提醒体系，通过对设备名称、设备编号、设备类型、所属区域、所属系统、保养周期、提前提醒时间、保养事项及备注事项等进行记录存档，及时提醒维护人员定期完成设备维修与养护，实现对设备的周期维修与养护管理。

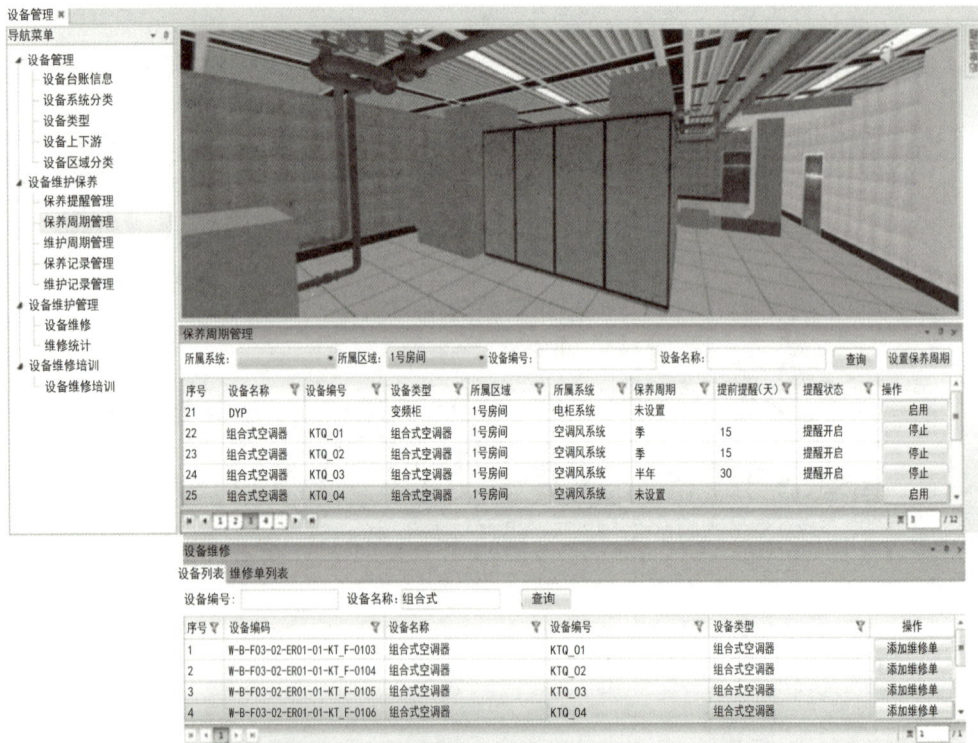

图 9-12　地铁运营设备维护保养、设备维修管理系统示意图
（图片来源：华中科技大学国家数字建造与技术创新中心）

　　此外，还可通过 BIM 模型，对地铁的商业空间进行管理，如各种广告资源管理、商铺的租赁管理等。基于 BIM 模型，还能模拟高峰期间的大客流，生成疏散方案。一旦发生紧急事件，可通过传感器，将疏散方案传递至车站的显示屏和指示灯，引导乘客的有效疏散，降低安全风险，如图 9-13 所示。

9.6.3　桥梁健康监测

　　广州珠江黄埔大桥为京珠国道主干线广州绕城公路东段，也是珠江三角洲经济区环形高速公路的东段和广州市高速公路网二环路的东段，是国道主干线跨越珠江的控制性工程，于 2008 年建成通车，南汊悬索桥跨径 1108m，桥宽 34.5m，跨径布置为 290m＋1108m＋350m。

　　在索塔上布设在线相机对主梁关键截面位移进行监测，在主跨八分点设置红外靶标作为监测点，红外靶标通过桥上电缆全天候打开。在线相机通过施工固定在索塔横梁上，其中跨中红外靶标会有两座索塔的两台相机同时监测，安装图如图 9-14 所示，红外靶标通过桥上电缆全天候打开。红外靶标通过基于工业相机的长焦光学系统成像在图像传感器上，接着利用嵌入式工控机进行图像处理识别以确定像点在图像中的精确位置，通过处理多个相邻时间点处的振动图像序列数据，即可得到靶标的位移时程数据，最后由物像关系确定红外靶标的实际位移。

　　如图 9-15 所示，利用光学在线相机可以实现更加精确和细致的桥梁支座动态转角和

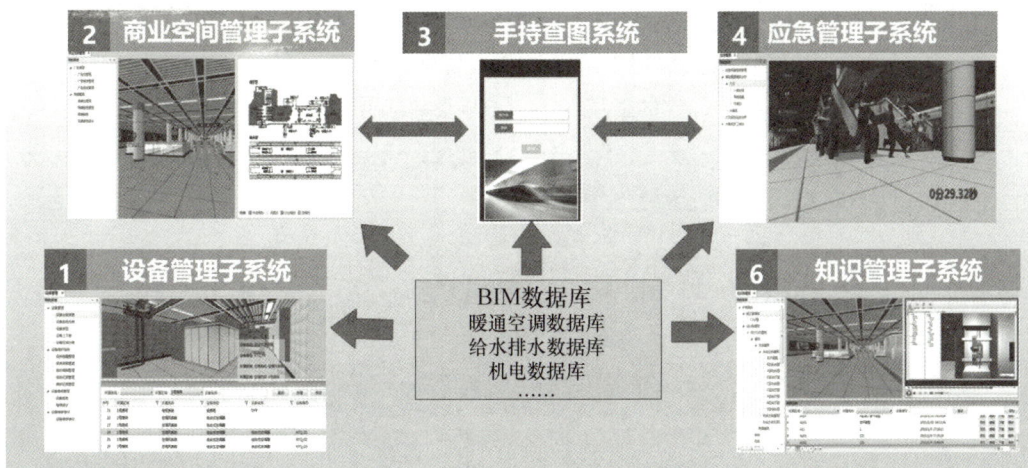

图 9-13　基于 BIM 的地铁车站运维服务
（图片来源：华中科技大学国家数字建造与技术创新中心）

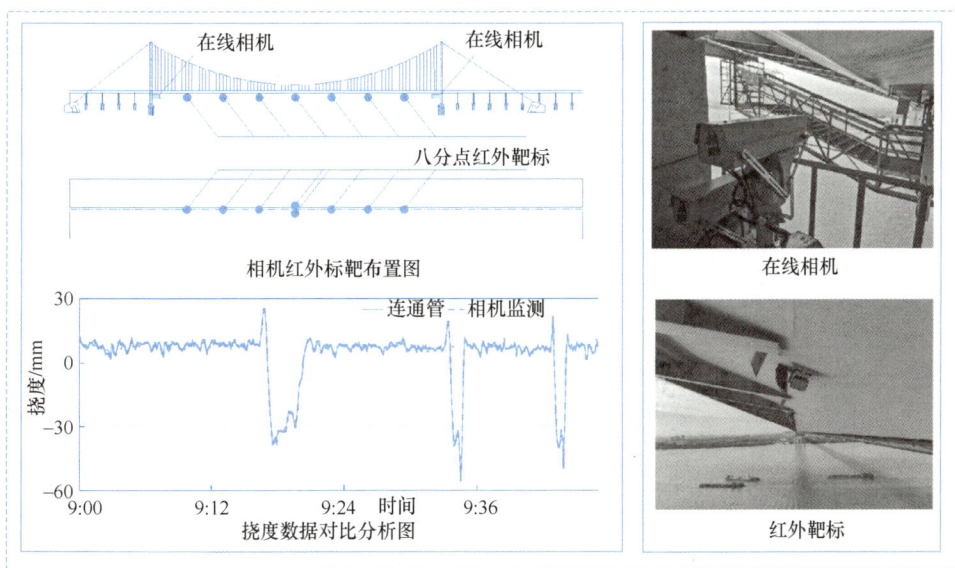

图 9-14　基于非接触视觉的主梁挠度监测
（图片来源：Feature-constrained real-time simultaneous monitoring of monocular vision odometry for bridge bearing displacement and rotation）

位移的实时监测。通过红外阵列靶标多特征点作为视觉输入，监测系统能够在更高的分辨率下捕捉支座的微小运动和变化，进而构建相机与运动目标坐标系的几何关系，确保监测数据的准确性和可靠性。嵌入式处理平台边缘计算的应用使监测系统能够实时地处理大量的图像数据，并直接输出可发送给终端用户的桥梁位移和转角数据，提高监测系统的实时性和响应能力，实现桥梁支座动态位移和转角的全天候监测，还使监测数据能够通过无线方式传输，为工程人员提供更加便捷和及时的监测信息。

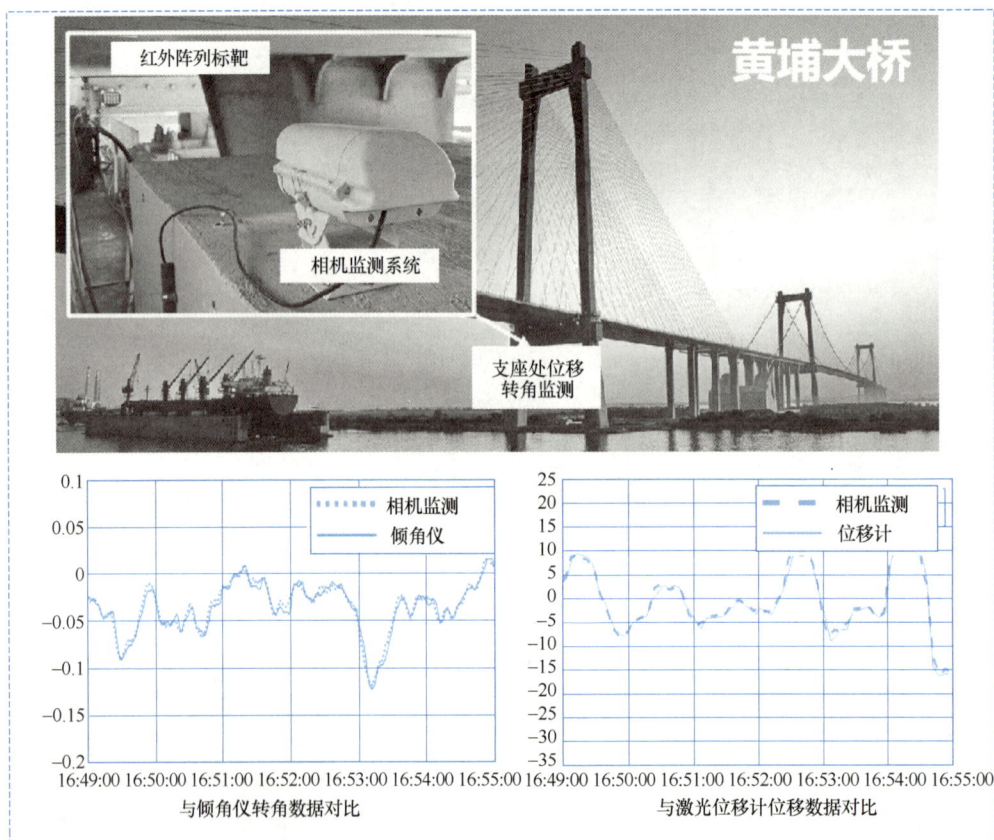

图 9-15　基于非接触视觉的支座位移转角监测

（图片来源：Feature-constrained real-time simultaneous monitoring of monocular vision odometry for bridge bearing displacement and rotation）

9.6.4　大型公共建筑运维

武汉国际博览中心（以下简称博览中心）占地 6000 余亩，是一个包括展馆、会议中心、酒店等多项设施的综合会展中心，是典型的一类公共建筑。博览中心是一个直径约770m 的圆形、多场馆、大尺度建筑，三环嵌套，建筑内部存在交通指引难、人车导航难等问题。在场馆及停车场布设室内定位等传感器网络为解决这些问题并进一步构建智慧展馆提供了解决方案，如图 9-16 所示。在停车场安装智能车位检测终端，不仅能随时掌握空车位情况，还能识别具体车位的车牌号码，为访客返回寻车提供便利；应用低功耗蓝牙信标等技术布置室内定位系统，结合路径导航算法，可以实现室内室外的一体化导航；通过对定位数据的分析，还可以展现人员流动情况，从而判断访客的偏好和需求，为展馆的进一步布置优化提供参考。

对于运营管理人员，可以通过系统获取用户行为数据、POI 点位查询频率等信息（如图 9-17 所示），结合数据挖掘和分析，在前期能为管理决策提供数据支持，在后期可以应用于用户的行为指引。访客的位置数据还能作为展馆空间展位进一步优化的依据，提高布局的合理性和有效性。例如，通过记录坐标信息合成访客热力图，可以直观显示哪些展位

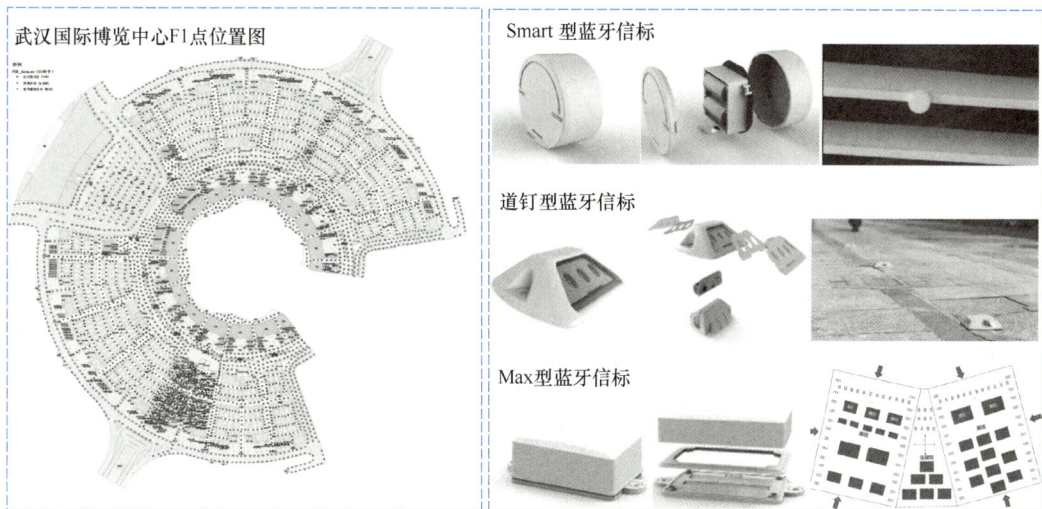

图 9-16 定位传感器信标类型及安装部署示意图
（图片来源：华中科技大学国家数字建造与技术创新中心）

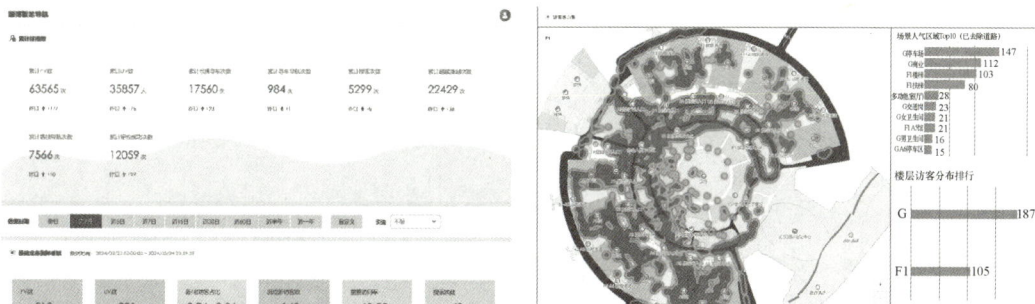

图 9-17 后台管理之大数据平台示意
（图片来源：华中科技大学国家数字建造与技术创新中心）

更受欢迎，哪些展位可能需要加强宣传引导等；用户的搜索行为数据（比如热门搜索词）为进一步的优化措施和商业投放提供了依据。

9.6.5 智慧城市

大数据技术不仅在计算机领域有着巨大的价值，它也为越来越多的其他传统领域，如金融、机械、土木工程等，提供了新的解决方案与思路。本节就智慧交通大数据的应用进行介绍，以体现大数据技术作为第四范式在各个领域的作用。智慧交通前身为智能交通系统（Intelligent Transportation Systems，ITS），ITS 最早由美国在 20 世纪 90 年代提出，经过 20 多年的发展已有了巨大的进展。在最近几年，随着来自更多不同来源的数据被收集，ITS 逐渐从过去的技术驱动系统走向数据驱动的智慧交通。在交通领域中充分运用物联网、云计算、人工智能、自动控制、移动互联网等现代电子信息技术以及大数据技术，通过对大量交通信息数据进行处理，可使交通系统在区域、城市、城际甚至更大的时空范围具备感知、互联、分析、预测、控制等能力，以充分保障交通安全、发挥交通基础设施效能、提升交通系统运行效率和管理水平。

在道路智慧化过程中，提高道路的通畅程度是首要任务，结合大数据，我们需要从过去传统被动控制与管理转向预判性主动控制，因而对交通拥堵的识别、预测是这一目标的基础工作。

有学者指出，对于交通数据时空特征的分析可以基于轨迹数据进行交通热点分析和异常轨迹的检测，也可以利用历史流量的序列进行区域短时交通流量的预测，还可以在历史拥堵状态数据的基础上研究时空关联性，挖掘拥堵的原因和分析拥堵的趋势[6]。相关研究成果广泛应用于分析城市道路拥堵路段的关联性，从主动控制需求产生的角度进行精准化交通需求管理。

例如，基于某市线上交通地图数据的拥堵区域识别研究，对城市道路拥堵形成、发展与消散的机理分析以及城市道路拥堵时空关联性分析，实现对城市道路拥堵全生命周期发展机理的深入理解，从而在城市交通拥堵治理的研究、管理决策中起指导作用[7]。首先，利用在线服务提取了交通拥堵地图快照，这些快照涵盖了城市交通网络的拥堵信息。然后，运用先进的图像分析技术，精确提取这些地图中的交通拥堵数据，并将其转化成可供模型训练的数据集。通过对这一数据集的系统训练，成功让模型捕捉到交通拥堵的时空特征。在经过充分训练后，模型能够准确地预测特定时间段内的交通拥堵情况（图 9-18），这取得了令人满意的结果。最后，基于对交通拥堵的识别与预测成果，提出了一系列针对网约车的交通需求管理方案，旨在实现需求分布的平衡与出行结果的优化。这些方案不仅从需求管理的角度出发，也考虑了对城市交通整体系统的积极影响，为城市交通拥堵治理和管理决策提供了有益的指导。

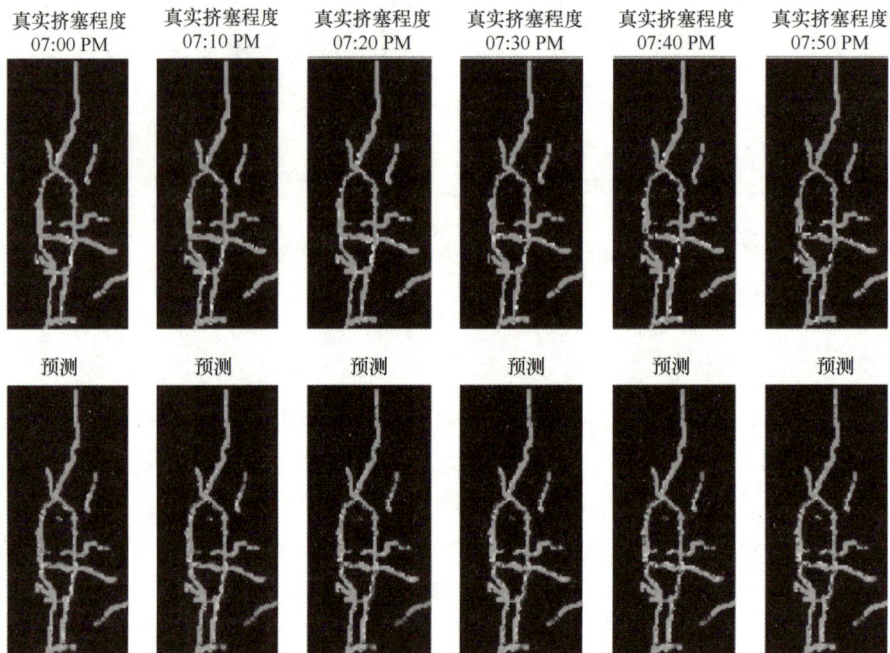

图 9-18　某时刻道路地面挤塞真实值与预测值对比[7]

（图片来源：Deep autoencoder neural networks for short-term traffic congestion prediction of transportation networks）

展望

未来，随着数字化技术的不断发展，建筑产品也将迎来新的形态，包括数字化工程产品和智能产品。这些产品将与传统实物产品融合，使建筑产品逐渐由单纯的实物转变为"实物＋数字"的形式，形成智能建筑产品，为用户创造更多价值。此外，数字化技术还将助力构建能源微网络，提升智能功能，实现产品的价值增值。这一趋势不仅将改变我们与建筑环境互动的方式，还将提高建筑的效率和可持续性，以更好地满足现代社会的需求。

在智能建筑产品的不断完善和更新下，其影响也将进一步延伸至建筑行业的各个领域。通过利用各类传感器、计算设备和人工智能算法，智能建筑产品将物理空间和信息空间融合，形成建筑智能终端。在物理空间方面，智能感知传感器与建筑本体将协同工作，收集用户数据并调节环境参数，以满足不同用户的需求；而在信息空间方面，用户数据将被传输、分析和利用，为用户提供个性化的服务体验。建筑智能终端具备嵌入式、上下文理解、自适应和透明等特性，使用户能够更加便捷地享受智能化的建筑管理和服务。此外，在满足用户体验的前提下，通过智能化手段实现对建筑环境的精准监控和调节，建筑智能终端还能实现能源优化、建筑管理简化、健康监控等多样化应用。

本章小结

本章主要介绍了智慧运维与服务的核心理念和关键要素。其核心是数字化和人工智能技术的运用，结合运维管理系统，以高效管理为中心，致力于确保建筑和基础设施的高效运行。智慧运维技术框架的建构是一个综合性的设计，包含多个关键层面的考量和安排，从数据采集和存储、数据传输，到数据分析、功能模块的构建，以及最终用户的交互与体验等方面，都是不可或缺的角色。

在智慧运维的主要领域中，涵盖了结构安全及设施管理、能源与环境、安防、消防以及应急等多个方面。这些领域构成了智慧运维的重要内容，同时也是智慧运维服务体系的重点关注对象。随着新型技术的不断发展，这些领域正得以不断优化并提升效率，例如，通过结合物联网技术实现设备之间的智能互联，或是利用人工智能算法提升数据分析的精准度，从而更好地应对各种运维挑战。这种持续的技术创新和优化努力，将进一步推动智慧运维与服务的发展，为建筑和基础设施的可持续运行提供更为可靠的保障。

思考题

1. 运维和智慧化运维的内涵分别是什么？
2. 智慧化时代下，运维管理的需求主要有哪些？
3. 简述智慧化运维服务体系架构。智慧化运维主要涵盖哪些方面？
4. 结构安全监测运营的两个主要方法是什么？有什么区别？简述两种方法的内容。
5. 设施管理的四个主要方面是什么？
6. 简述能源管理与环境管理的主要内容。

7. 数字化安防、消防与应急管理包含了哪些系统？并简要回答智慧化技术在其运维中发挥的作用。

8. 结合本章典型案例场景，试举一个智慧化运维在现实中的应用案例。

9. 简述智慧智能建筑产品和建筑智能终端的概念。

【动手作业】利用流行的检测框架（如 YOLO，Faster R-CNN 等）对结构表面病害进行自动检测。

本章参考文献

［1］ 张建，吴刚. 长大跨桥梁健康监测与大数据分析——方法与应用［M］. 北京：中国建筑工业出版社，2022.

［2］ 郑展鹏，窦强，陈伟伟，等. 数字化运维［M］. 北京：中国建筑工业出版社，2022.

［3］ Su ZY，Wei B，Zhang J，et al. Feature-constrained real-time simultaneous monitoring of monocular vision odometry for bridge bearing displacement and rotation［J］. Automation in Construction，2023，154：105008.

［4］ 中华人民共和国住房和城乡建设部. 智能建筑设计标准：GB 50314—2015［S］. 北京：中国计划出版社，2015.

［5］ 中华人民共和国住房和城乡建设部. 绿色建筑评价标准：GB/T 50378—2019［S］. 北京：中国建筑工业出版社，2019.

［6］ Zheng Y，Liu Y，Yuan J，et al. Urban computing with taxicabs［P］. Ubiquitous Computing，2011.

［7］ Zhang S，Yao Y，Hu J，et al. Deep autoencoder neural networks for short-term traffic congestion prediction of transportation networks［J］. Sensors，2019，19(10)：2229.

建筑产业互联网

知识图谱

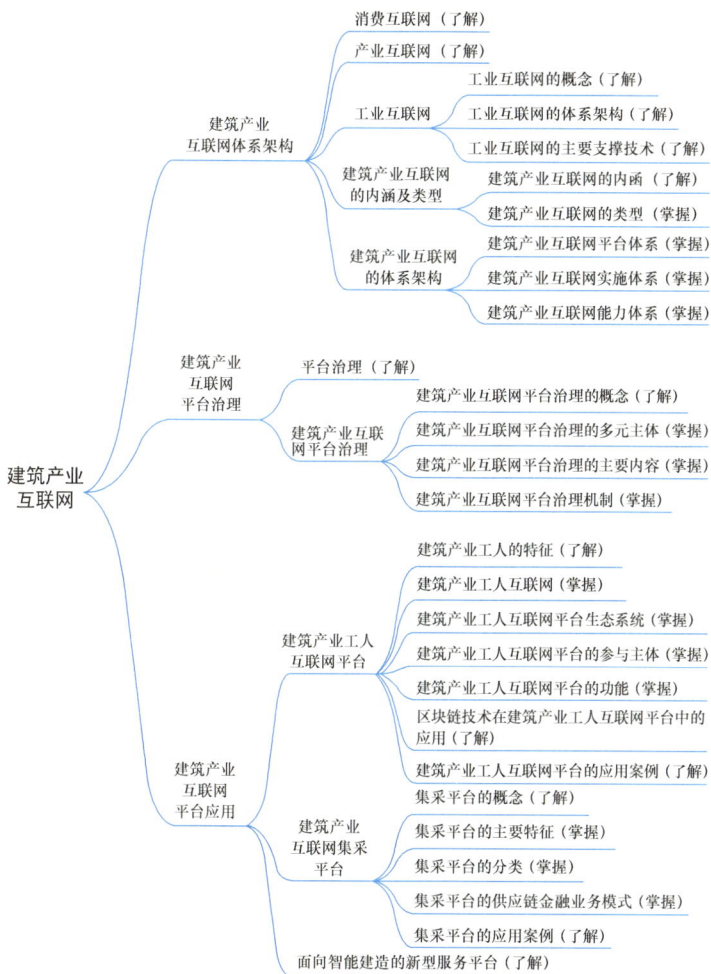

建筑产业互联网
- 建筑产业互联网体系架构
  - 消费互联网（了解）
  - 产业互联网（了解）
  - 工业互联网
    - 工业互联网的概念（了解）
    - 工业互联网的体系架构（了解）
    - 工业互联网的主要支撑技术（了解）
  - 建筑产业互联网的内涵及类型
    - 建筑产业互联网的内涵（了解）
    - 建筑产业互联网的类型（掌握）
  - 建筑产业互联网的体系架构
    - 建筑产业互联网平台体系（掌握）
    - 建筑产业互联网实施体系（掌握）
    - 建筑产业互联网能力体系（掌握）
- 建筑产业互联网平台治理
  - 平台治理（了解）
  - 建筑产业互联网平台治理
    - 建筑产业互联网平台治理的概念（了解）
    - 建筑产业互联网平台治理的多元主体（掌握）
    - 建筑产业互联网平台治理的主要内容（掌握）
    - 建筑产业互联网平台治理机制（掌握）
- 建筑产业互联网平台应用
  - 建筑产业工人互联网平台
    - 建筑产业工人的特征（了解）
    - 建筑产业工人互联网（掌握）
    - 建筑产业工人互联网平台生态系统（掌握）
    - 建筑产业工人互联网平台的参与主体（掌握）
    - 建筑产业工人互联网平台的功能（掌握）
    - 区块链技术在建筑产业工人互联网平台中的应用（了解）
    - 建筑产业工人互联网平台的应用案例（了解）
  - 建筑产业互联网集采平台
    - 集采平台的概念（了解）
    - 集采平台的主要特征（掌握）
    - 集采平台的分类（掌握）
    - 集采平台的供应链金融业务模式（掌握）
    - 集采平台的应用案例（了解）
  - 面向智能建造的新型服务平台（了解）

本章要点

知识点1. 工业互联网的基本概念。

知识点2. 建筑产业互联网的内涵。

知识点3. 建筑产业互联网的体系架构。

知识点4. 建筑产业互联网平台及其治理。

学习目标

（1）了解工业互联网和产业互联网的基本概念。

（2）熟悉建筑产业互联网的内涵、类型和体系架构。

（3）掌握建筑产业互联网平台治理的概念、主要内容和治理机制。

（4）了解各类建筑产业互联网平台的功能及其应用案例。

建筑产业互联网是工业互联网在建筑领域的延伸，通过全产业互联互通促进建筑产业转型升级。本章介绍了工业互联网的概念与体系构架，在此基础上界定了建筑产业互联网的内涵，从平台、实施层级与功能三个视角说明建筑产业互联网的体系架构，介绍建筑产业互联网平台治理，以及各类建筑产业互联网平台的应用。

10.1 工业互联网

10.1.1 工业互联网的概念

工业互联网是通过人、机、物的全面互联，实现全要素、全产业链、全价值链的全面连接，颠覆传统制造模式、生产组织方式和产业形态，打造新型基础设施、应用模式和工业生态，推动传统产业加快转型升级、新兴产业加速发展壮大[1]。工业互联网包含互联、数据、服务与创新四大要素。其中，互联指工业经济全要素、全产业链、全价值链的全面连接；数据是海量工业数据管理、建模与分析的数字化平台；服务是制造模式、服务模式与商业模式的变革；创新是支撑制造业数字化、网络化、智能化转型，催生新模式、新业态、新产业，重塑工业生产制造和服务体系。

在工业互联网发展的背景下，各国相继提出了对应的战略，以求在这一新领域中抢占先机，其中以德国、美国、日本与中国为代表的工业互联网战略见表10-1。

各国工业互联网战略 表10-1

国家	战略	主导部门	含义
德国	工业4.0战略	德国联邦教育局及研究部和联邦经济技术	提升制造业的智能化水平，建立具有适应性、资源效率及基因工程学的智慧工厂，在商业流程及价值流程中整合客户及商业伙伴
美国	工业互联网战略	美国工业互联网联盟	美国工业互联网注重跨行业的通用性和互操作性，以业务价值推动系统的设计，把数据分析作为核心，驱动工业联网系统从设备到业务信息系统端到端的全面优化
日本	互联工业战略	日本工业价值链促进会	互联工业战略主要包含三个核心内容：人、设备和系统相互交互的新型数字社会，通过合作与协调解决工业新挑战，积极推动培养适应数字技术的高级人才
中国	中国制造2025、互联网＋、工业互联网	工业和信息化部	以网络、平台、安全为核心，从业务视图、功能架构、实施框架、技术体系四大部分进行发展，打造新型基础设施、应用模式和工业生态，推动传统产业加快转型升级、新兴产业加速发展壮大

从宏观层面看，工业互联网通过工业经济全要素、全产业链、全价值链的全面连接，支撑制造业数字化、网络化、智能化转型，不断催生新模式、新业态、新产业，重塑工业生产制造和服务体系，实现工业经济高质量发展。

从技术层面看，工业互联网是新型网络、先进计算、大数据、人工智能等新一代信息通信技术与制造技术融合的新型工业数字化系统，它广泛连接人、机、物等各类生产要素，构建支撑海量工业数据管理、建模与分析的数字化平台，提供端到端的安全保障，以此驱动制造业的智能化发展，引发制造模式、服务模式与商业模式的创新变革。

从工业经济发展角度看，工业互联网为制造强国建设提供关键支撑。一方面推动传统工业转型升级。通过跨设备、跨系统、跨厂区、跨地区的全面互联互通，实现各种生产和服务资源在更大范围、更高效率、更加精准的优化配置，实现提质、降本、增效、绿色、安全发展，推动制造业高端化、智能化、绿色化，大幅提升工业经济发展质量和效益。另一方面加快新兴产业培育壮大。工业互联网促进设计、生产、管理、服务等环节由单点的数字化向全面集成演进，加速创新方式、生产模式、组织形式和商业范式的深刻变革，催生平台化设计、智能化制造、网络化协同、个性化定制、服务化延伸、数字化管理等诸多新模式、新业态、新产业。

从网络设施发展角度看，工业互联网是网络强国建设的重要内容。一是加速网络演进升级。工业互联网促进人与人相互连接的公众互联网、物与物相互连接的物联网向人、机、物、系统等的全面互联拓展，大幅提升网络设施的支撑服务能力。二是拓展数字经济空间。工业互联网具有较强的渗透性，可以与交通、物流、能源、医疗、农业等实体经济各领域深度融合，实现产业上下游、跨领域的广泛互联互通，推动网络应用从虚拟到实体、从生活到生产的科学跨越，极大地拓展网络经济的发展空间。

10.1.2　工业互联网体系架构

我国工业互联网产业联盟已发布工业互联网体系架构 1.0 版本和 2.0 版本。工业互联网体系架构 1.0 版本提出了网络、数据、安全三大体系。工业互联网体系架构 2.0 版本在 1.0 版本的基础上，强调数据智能化闭环的核心驱动及其在生产管理优化与组织模式变革的作用。工业互联网体系架构 2.0 包括业务视图、功能架构、实施框架三大板块[1,2]。

业务视图阐述了企业通过工业互联网实现数字化转型的目标、方向、业务场景及相应的数字化能力，主要用于指导企业在商业层面明确工业互联网的定位和作用，如图 10-1 所示。业务视图包含产业层、商业层、应用层和能力层四个层次，从上至下，业务视图展示了企业如何在产业趋势中抓住机遇，实现数字化发展和能力构建；从下至上，反映了企业通过不断强化数字化能力来推动业务和企业整体转型，进而促进产业数字化[2]。

功能架构明确了企业实现业务所需的核心功能、基本原理和关键要素（图 10-2），主要用于指导企业构建工业互联网的支撑能力与核心功能，能够应用于多个行业。功能架构基于数据驱动实现物理实体与数字空间的连接、映射和优化，通过感知控制、数字模型、决策优化三个层次的数据功能构成信息流和决策流的闭环，优化工业数字化应用[2]。功能

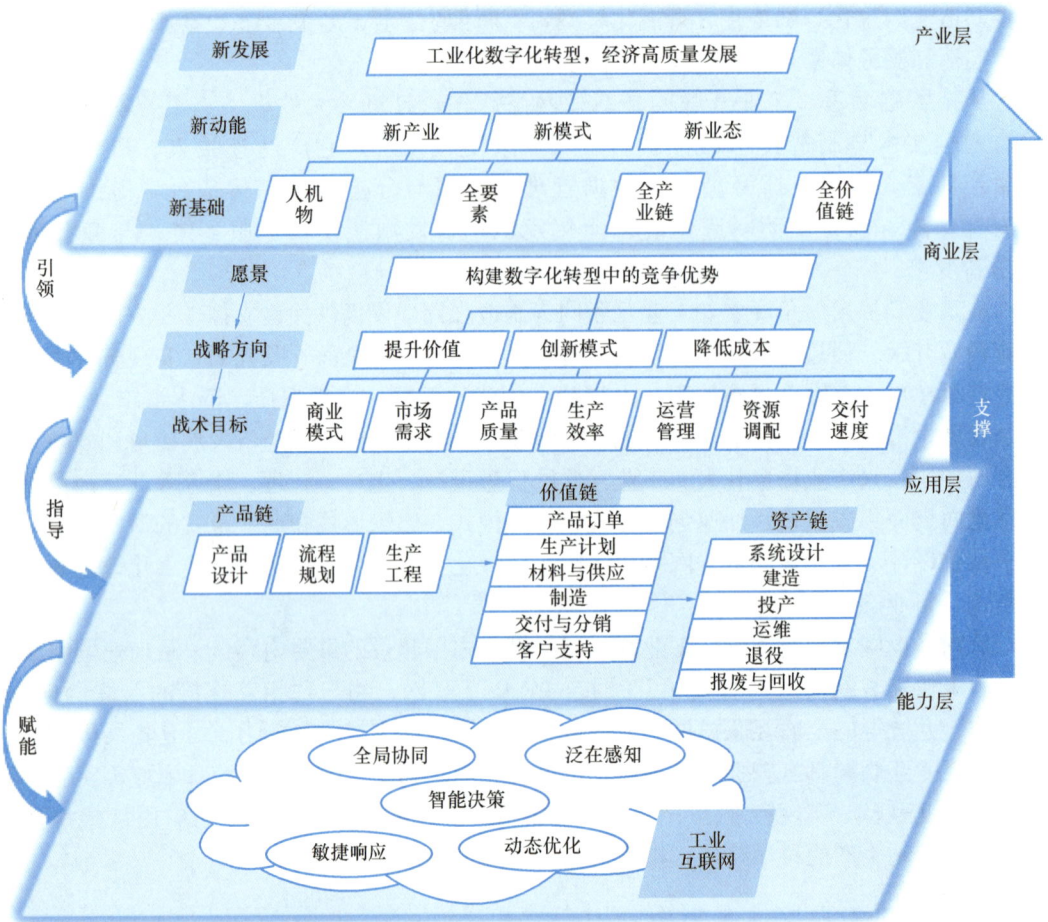

图 10-1 工业互联网业务视图

（图片来源：工业互联网产业联盟《工业互联网体系架构 2.0》）

架构可进一步细分为网络、平台和安全三个子功能视图，通过三者的互联和协同，打通设备、生产、管理和供应链条，实现数据整合和分析。

实施框架描述各项功能在企业落地实施的层级结构、软硬件系统和部署方式（图 10-3），旨在为企业制定工业互联网的实施规划和建设方案，指导技术选型和系统建设。该框架由设备层、边缘层、企业层和产业层四个层级组成，并明确了各层的系统架构、部署方法以及系统间的关系。设备层聚焦设备监控和维护；边缘层关注工艺和物料管理；企业层涉及订单和绩效优化；产业层则着重供应链和资源配置。这四层协同工作，以实现工业互联网的整体部署和应用。

10.1.3　工业互联网专业技术

工业互联网专业技术包含工业装备、智能感知技术、通信技术、计算技术、工业软件技术、数据处理分析技术、交互应用技术和安全技术等[2]，如图 10-4 所示。下面介绍工业互联网的三个关键技术——人机交互应用技术、标识解析技术和安全防护技术[2]。

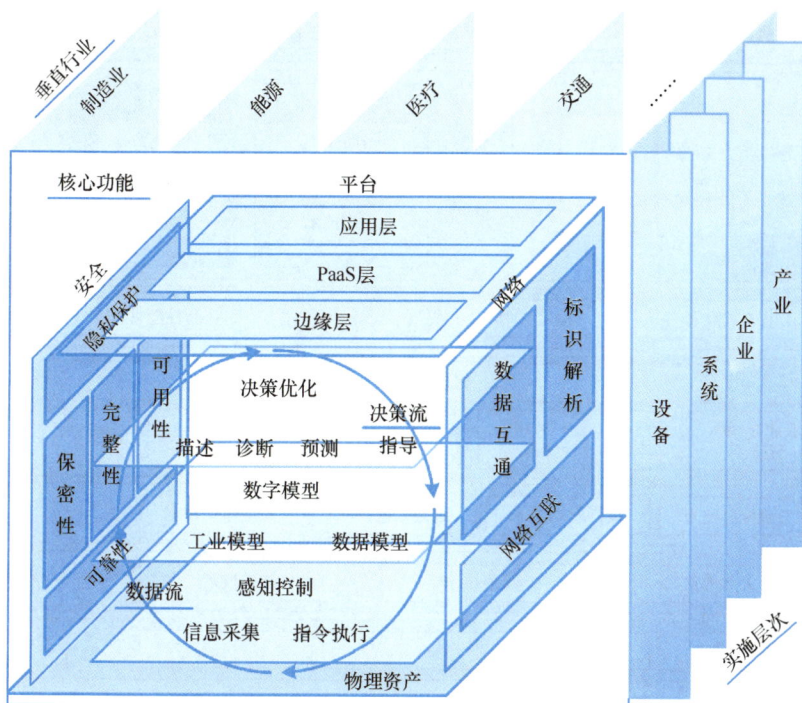

图 10-2　工业互联网功能架构

（图片来源：工业互联网产业联盟《工业互联网体系架构 2.0》）

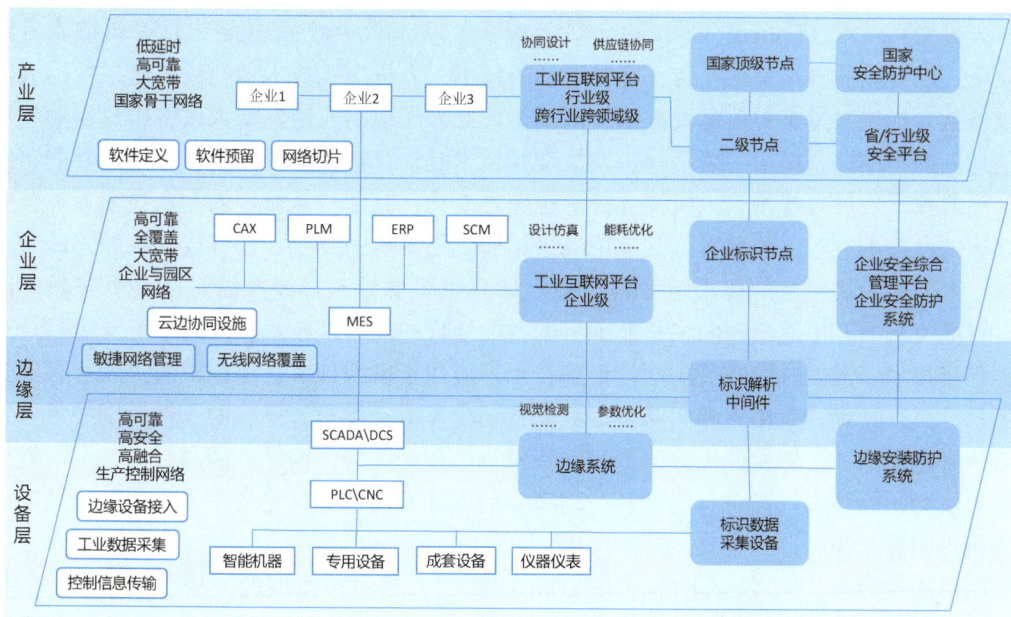

图 10-3　工业互联网实施框架

（图片来源：工业互联网产业联盟《工业互联网体系架构 2.0》）

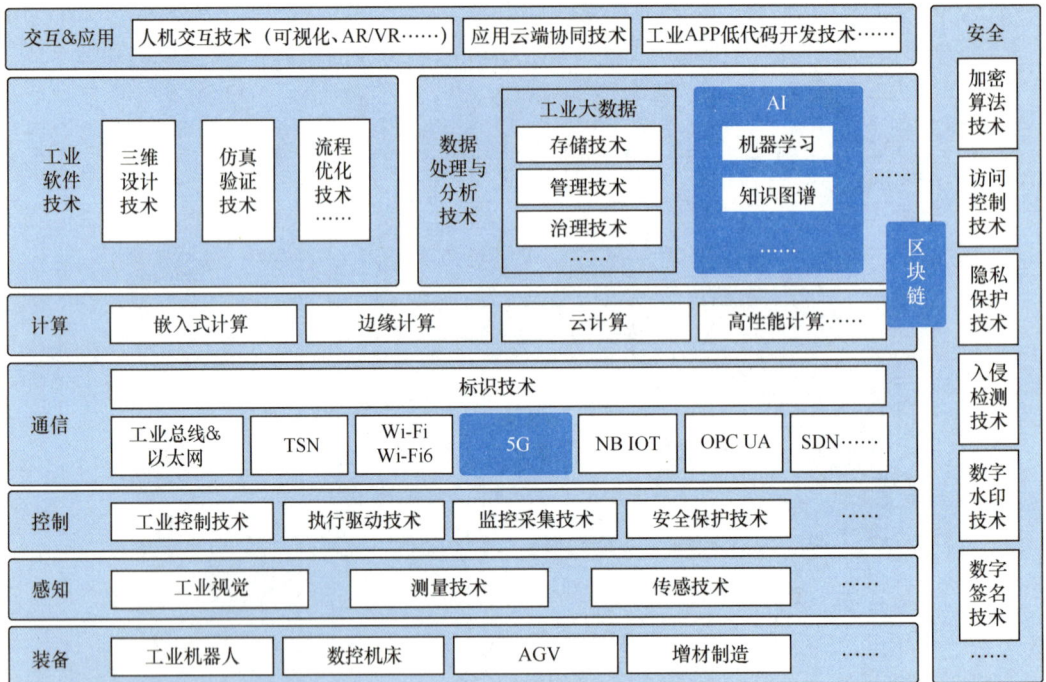

图 10-4　工业互联网技术体系

（图片来源：工业互联网产业联盟《工业互联网体系架构 2.0》）

1. 人机交互技术

人机交互技术（Human-Computer Interaction Techniques）是指通过计算机输入、输出设备，以有效的方式实现人与计算机对话的技术。人机交互技术包括机器通过输出或显示设备给人提供大量有关信息及提示、请示等，此外还包括人通过输入设备给机器输入有关信息，回答问题及提示、请示等。人机交互技术是计算机用户界面设计中的重要内容之一，随着技术发展与普及，人机交互技术也随之变化，其用户从特定的专业技术人员转变为普遍的设备拥有者、消费者，其应用场景拓展到更多样的终端、任务以及更频繁的人机对话。人们对人机交互的要求也变得更高，计算机要更懂人，彼此的对话要更自然。因此，目前人机交互也逐渐转向了智能手机配备的地理空间跟踪技术，应用于可穿戴式计算机、隐身技术、浸入式游戏等的动作识别技术，应用于虚拟现实、遥控机器人及远程医疗等的触觉交互技术，应用于呼叫路由、家庭自动化及语音拨号等场合的语音识别技术，针对有语言障碍的人士开发的无声语音识别技术，应用于广告、网站、产品目录、杂志效用测试的眼动跟踪技术，针对有语言和行动障碍的人开发的"意念轮椅"采用的基于脑电波的人机界面技术等。

图形用户界面（Graphical User Interface，GUI）是一种典型的人机交互技术，指采用图形方式显示的计算机操作用户界面。图形用户界面是一种人与计算机通信的界面显示格式，允许用户使用鼠标等输入设备操纵屏幕上的图标或菜单选项，以选择命令、调用文件、启动程序或执行其他一些日常任务。与通过键盘输入文本或字符命令来完成例行任务的字符界面相比，图形用户界面有直观性、易用性强，标准化程度高等许多优点。图形用户界面由窗口、下拉菜单、对话框及其相应的控制机制构成，用户看到和操作的是应用计算机图形学技术呈现的图形对象，在各种新式应用程序中都是标准化的，即相同的操作总是以同样的方式来完成。

增强现实（Augmented Reality，AR）技术是一种将虚拟信息与真实世界巧妙融合的技术，广泛运用了多媒体、三维建模、实时跟踪及注册、智能交互、传感等多种技术手段，将计算机生成的文字、图像、三维模型、音乐、视频等虚拟信息模拟仿真后，应用到真实世界中，两种信息互为补充，从而实现对真实世界的"增强"。虚拟现实（Virtual Reality，VR）技术，又称虚拟实境或灵境技术，是 20 世纪发展起来的一项全新的实用技术。虚拟现实技术囊括计算机、电子信息、仿真技术，其基本实现方式是以计算机技术为主，利用并综合三维图形技术、多媒体技术、仿真技术、显示技术、伺服技术等多种高科技的最新发展成果，借助计算机等设备产生一个逼真的三维视觉、触觉、嗅觉等多种感官体验的虚拟世界，从而使处于虚拟世界中的人产生一种身临其境的感觉。随着社会生产力和科学技术的不断发展，各行各业对 VR 技术的需求日益旺盛。VR 技术也取得了巨大进步，并逐步成为一个新的科学技术领域。

应用云端协同技术结合了云计算和本地计算的技术优势。通过通信带宽及计算能力提升，云计算将任务聚合到大型机上集中处理，之后再分散到用户终端设备进行处理，最后将大部分计算任务重新返回至云计算中心做最终处理，充分发挥了大型计算机的计算优势。但随着各种智能应用进入高速发展阶段，本地计算需求呈现指数级增长，将计算任务和数据全部交给集中式的云来处理并不现实，这种处理方式严重依赖网络环境，风险大大提高。于是，云端协同成为现如今常用的一种合理的解决方案。同时企业数字化转型进入全面融合期，端侧越来越智能、云侧与端侧的互动也更加密切，云端协同越来越成为众多开发者竞相研究的技术方向。

低代码 APP 开发技术。低代码（Low Code）是一种可视化的应用开发方法，用较少的代码、以较快的速度来交付应用程序，将其中部分代码做到自动化，因此称之为低代码。低代码是一个数字技术工具平台，基于图形化拖拽、参数化配置等更为高效的方式，实现快速构建、数据编排、连接生态、中台服务，通过少量代码或不用代码实现数字化转型中的场景应用创新。从低代码技术路径的角度来区分，通常可将其分为以下四类：第一种是表格驱动，即理论基础上是围绕着表格或关系数据库的二维数据，通过工作流配合表格完成业务流转，是一种面向业务人员的开发模式，大多面向类似 Excel 表格界面的企业信息应用程序。第二种是表单驱动，核心围绕表单数据，通过软件系统中的业务流程来驱动表单，从而对业务表单数据进行分析和设计，适合轻量级应用场景构建。第三种是数据模型，核心围绕业务数据定义，包括数据名称、数据类型等，通过抽象表单展示与呈现业务流程，在实践层面通过数据模型建立业务关系，通过表单、流程支持完善的业务模式，灵活性高，能够满足企业复杂场景和整体系统开发需求，适合对中大型企业的核心业务创新场景进行个性化定制。第四种是领域模型，核心围绕业务架构对软件系统所涉及的业务领域进行领域建模，从领域知识中提取和划分不同子领域（核心子域、通用子域、支撑子域），并对子领域构建模型，再分解领域中的业务实体、属性、特征、功能等，并将这些实体抽象成系统中的对象，建立对象与对象之间的层次结构和业务流程，最终在系统中解决业务问题，该模型适合业务框架与技术架构非常成熟的大型企业。

2. 标识解析技术

标识解析技术提供标识数据采集、标签管理、标识注册、标识解析、标识数据处理和标识数据建模功能[2]。标识数据采集主要定义了标识数据的采集和处理手段，包含标识读写和数据传输两个功能，负责标识的识读和数据预处理。标签管理主要定义了标识的载体形式和标识编码的存储形式，负责完成载体数据信息的存储、管理和控制，针对不同行业、企业需要，提供符合要求的标识编码形式。标识注册是在信息系统中创建对象的标识注册数据，包括标识责任主体信息、解析服务寻址信息、对象应用数据信息等，并存储、管理、维护该注册数据。标识解析能够根据标识编码查询目标对象的网络位置或者相关信息的系统装置，对机器和物品进行唯一性的定位和信息查询，是实现全球供应链系统和企业生产系统精准对接、产品全生命周期管理和智能化服务的前提和基础。标识数据处理定义了对采集后的数据进行清洗、存储、检索、加工、变换和传输的过程，根据不同业务场景，依托数据模型来实现不同的数据处理过程。标识数据建模构建特定领域应用的标识数据服务模型，建立标识应用数据字典、知识图谱等，基于统一标识建立对象在不同信息系统之间的关联关系，提供对象信息服务。

制造业企业多采用企业自定义的私有标识体系，标识编码规则和标识数据模型均不统一，"信息孤岛"问题严重。当标识信息在跨系统、跨企业、跨业务流动时，由于标识体系冲突，容易造成企业间无法进行有效的信息共享和数据交互，产业链上下游无法实现资源的高效协同。针对上述问题，应推动企业私有标识解析系统与公共标识解析系统的对接，为工业制造、供应链协同等具体行业应用提供规范的公共标识解析服务。同时，通过建设各级节点来提高公共标识解析系统的性能与安全保障，逐步形成安全高效的标识解析服务能力。

3. 安全防护技术

工业互联网安全防护技术主要保护工业互联网的可靠性、保密性、完整性、可用性、隐私和数据保护五大内容[2]。

可靠性指工业互联网业务在一定时间内、一定条件下无故障地执行指定功能的能力或可能性。其中主要包括设备硬件可靠性、软件功能可靠性与数据分析结论可靠性。设备硬件可靠性是指工业互联网业务中的工业现场设备、智能设备、智能装备、PC、服务器等在给定的操作环境与条件下，其硬件部分在一段规定的时间内正确执行要求功能的能力。软件功能可靠性，是指工业互联网业务中的各类软件产品在规定的条件下和时间区间内完成规定功能的能力。数据分析结论可靠性，是指工业互联网数据分析服务在特定业务场景下、一定时间内能够得出正确的分析结论的能力。在数据分析过程中出现的数据缺失、输入错误、度量标准错误、编码不一致、上传不及时等情况，最终都可能对数据分析结论的可靠性造成影响。四是人身安全可靠性，指对工业互联网业务运行过程中相关参与者的人身安全进行保护的能力。

保密性指工业互联网业务中的信息按给定要求不得泄露给非授权的个人或企业加以利用的特性，即杜绝有用数据或信息泄露给非授权个人或实体。一是通信保密性，对要传送的信息内容采取特殊措施，从而隐蔽信息的真实内容，使非法截收者不能理解通信内容的含义。二是信息保密性，工业互联网业务中的信息不被泄露给非授权的用户和实体，只能以允许的方式供授权用户使用的特性。

完整性指工业互联网用户、进程或者硬件组件具有能验证所发送的信息的准确性，以及进程或硬件组件不会被以任何方式改变的特性，其中主要包括通信完整性、信息完整性与系统完整性。通信完整性是指对要传送的信息采取特殊措施，使得信息接收者能够对发送方所发送信息的准确性进行验证的特性。信息完整性，是指对工业互联网业务中的信息采取特殊措施，使得信息接收者能够对发送方所发送信息的准确性进行验证的特性。系统完整性，是指对工业互联网平台、控制系统、业务系统（如 ERP、MES）等加以防护，使得系统不被以任何方式篡改即保持准确的特性。

可用性指在某个考察时间，工业互联网业务能够正常运行的概率或时间占有率期望值，可用性是衡量工业互联网业务在投入使用后实际使用的效能。其中主要包括通信可用性、信息可用性与系统可用性。通信可用性，是指在某个考察时间，工业互联网业务中的通信双方能够正常与对方建立信道的概率或时间占有率期望值。信息可用性，是指在某个考察时间，工业互联网业务使用者能够正常对业务中的信息进行读取、编辑等操作的概率或时间占有率期望值。系统可用性，是指在某个考察时间，工业互联网平台、控制系统、业务系统（如 ERP、MES）等正常运行的概率或时间占有率期望值。

隐私和数据保护指对于工业互联网用户个人隐私数据或企业拥有的敏感数据等提供保护的能力，其中主要包括用户隐私保护与企业敏感数据保护。用户隐私保护，是指对与工业互联网业务用户个人相关的隐私信息提供保护的能力。企业敏感数据保护，是指对参与工业互联网业务运营的企业所保有的敏感数据进行保护的能力。

10.2 建筑产业互联网体系架构

10.2.1 从消费互联网到产业互联网

互联网是全球性的信息交流通信技术，其发展可被总结为消费互联网和产业互联网两个阶段。消费互联网是在互联网和信息技术的支持下，为满足消费者的个性化需求和提供便捷服务而创造的一种消费模式，通过互联网和移动互联网技术，将消费者与商家、服务提供者等连接起来，实现更为便捷的交易流程；产业互联网是数字时代各垂直产业的新型基础设施，由产业中的骨干企业牵头建设，以共享经济的方式提供给产业生态中广大的从业者使用。通过从整个产业链的角度进行资源整合和价值链优化，从而降低整个产业的运营成本，提高整个产业的运营质量与效率，并通过新的产业生态为客户创造更好的体验和社会价值。

随着"互联网＋"上升为国家战略行动，互联网正逐步从消费服务业向传统产业渗透，传统行业悄然步入产业互联网时代，它是在当前成熟的消费互联网基础上逐渐向生产、制造、供给端延伸发展而来，但与消费互联网相比，产业互联网有以下四个明显的区别：

（1）目标对象：消费互联网面向广大消费者，提供便捷、个性化的消费选择和服务；产业互联网面向企业和产业链，关注企业的生产制造、供应链和生态合作，实现生产数字化、智能化。

（2）价值取向：消费互联网注重消费者的个性化需求和便捷体验；产业互联网注重生

产流程优化和产业链效率提升，目的在于提高生产效率和质量，降低生产成本。

（3）业务模式：消费互联网主要通过降低交易成本获利，更容易形成跨行业的综合性平台；产业互联网通过大规模的降本增效提高收益，由于行业差异性大，产业互联网基本上是垂直行业的龙头企业统领形成核心平台。

（4）技术层面：消费互联网用电子商务、移动应用等技术满足消费者需求；产业互联网用物联网、大数据等技术优化生产流程，两者技术交叉融合促进数字经济发展。

当前，消费互联网在激发和满足消费需求方面取得了巨大成效，产业互联网在提升供给能力和效益方面也进展显著。随着经济发展和技术进步，广大消费者、商家以及不同规模的企业都对产业协同提出了更高的要求。局限于各自擅长的领域进行"局部优化"将无法解决当前所面临的难题，将消费互联网与产业互联网贯通起来，形成有效的协同和双轮驱动，才能在各个环节实现更高水平的供需动态平衡。通过消费互联网，企业可以更好地了解消费者需求，提供个性化的产品和服务，增强市场竞争力；利用产业互联网，企业可以优化生产制造流程，提高效率和产能，降低成本，增强供应链的协同作用。二者的融合将推动传统产业向数字化、智能化转型，实现更高效、更灵活的生产和销售模式。例如，通过各类消费平台，消费者对商品进行个性化定制，生产企业通过数据分析实现智能化生产和设备管理，精准调配资源，提高生产效率和品质。消费互联网和产业互联网的双轮驱动有望为经济增长提供新的动能。

10.2.2　建筑产业互联网的内涵

建筑产业互联网是工业互联网在建筑行业这一垂直领域的延伸。建筑产业互联网以"互联网＋物联网"广泛连接、深度融合为技术驱动，通过对建筑工程全要素、全过程、全产业链的人-机-物的泛在感知、互联互通，构建支撑工程大数据管理、建模与分析、决策优化、反馈控制的数字化平台，实现基于数字孪生体的全周期生产运作协调优化和基于竞合共生生态的全价值链共享共赢。建设建筑产业互联网有利于促进建筑业向数字化、网络化、智能化方向发展，加速工程建造模式、产品服务模式、商业模式的创新变革，提高全产业链整体效益水平，推动整个行业实现高质量发展。

建筑产业互联网由平台、网络与价值三大核心要素组成：平台是全要素集成的枢纽、是资源配置的中心，是数据分析和决策控制的大脑，建筑产业互联网通过平台进行赋能，实现线上线下高度融合，具有虚实互动的特点；网络是感知互联的基础，建筑产业互联网具有很强的技术特征，通过各类技术（如5G、物联网、云计算、大数据、人工智能、区块链等）对建筑业全产业链资源进行连接和整合，且建筑产业互联网复杂的应用场景和广阔的应用范围（如工厂、工地、建筑设备、设施、供应链上下游企业、仓储物流、金融服务、专业服务等）也对其网络性能提出了挑战；价值是互联的内驱和目标，建筑产业互联网强调"商业模式创新＋利益机制优化"，重构并优化全产业价值链，实现基于建筑产业互联网的价值共创共享共生。

10.2.3　建筑产业互联网的类型

建筑产业互联网涉及业务范围广泛，根据其服务阶段、实施层级的不同，存在多种分类方式。

按服务阶段，传统建筑业大致可分为设计、施工、运维三大部分。按照服务阶段的不同，建筑产业互联网可分为建筑设计互联网、建筑施工互联网与建筑运维互联网。此外，随着建筑业数字化水平的进步以及工程建设项目全程"一张图"管理和协同应用的发展，针对项目全生命周期的建造全过程互联网也应运而生。其分类见表10-2。

按服务阶段划分的建筑产业互联网　　　　　　　　表 10-2

类型	功能特征
建筑设计互联网	针对项目设计阶段的通用服务
建筑施工互联网	针对项目施工阶段的通用服务
建筑运维互联网	针对项目运维阶段的通用服务

按照实施层级来看，即根据建筑产业互联网应用范围的不同，可将建筑产业互联网分为"人机料法环"基本要素类型、工厂工地类、企业类、供应链类和产业链类等。"人机料法环"基本要素类型的建筑产业互联网是以"标识解析"技术为基础的一种建筑产业互联网，是所有建筑产业互联网得以实现泛在感知、互联互通的基础，如感知工人工作状态、监控机械运行状态、感应材料库存状态等功能。工厂工地类主要指工厂加工、工地现场施工等的智慧工地平台，用于改善生产、施工建造工作。企业类建筑产业互联网是相关企业自身形成的企业平台，用于员工管理与业务处理等。供应链类建筑产业互联网是根植于工程供应链的建筑产业互联网，用于联系建筑材料供应商、制造商、工程分包商、工程承包商、工程业主等相关单位，通过企业之间的协作，加快资源配置效率。产业链类建筑产业互联网与供应链类相似，也是用于打破信息孤岛，加快建筑产业发展效率，区别在于产业链类建筑产业互联网不局限于某一项目的各利益相关方，而是有更多同质竞争对手，体现为以共享合作的方式加快整体发展。

以上基于不同维度的各类建筑产业互联网都是基于数据与知识共享的服务，是一系列价值创造与传递的过程。在各类建筑产业互联网中，平台运营方通过数据挖掘、分析和运用，既可以为平台客户提供信息安全、行业商情、用户行为分析等增值服务，也可以为政府部门提供行业发展现状统计、制定发展规划等服务。

10.2.4　建筑产业互联网体系架构

建筑产业互联网的体系架构包含平台体系、实施体系与能力体系三大维度，如图10-5所示。平台体系涵盖从数据采集端到 IaaS、PaaS、SaaS 各层级，共同组成建筑产业互联网平台操作环境；实施体系是建筑产业互联网在现实世界中的要素，包括从人、机、料、法、环等各类基础要素到供应链、产业链等宏观要素；能力体系涉及商业模式、新型业务与支持业务实现的网络能力、数据能力与安全能力等。该架构依赖 BIM、GIS、工程大数据、云计算、区块链和机器人建造等新技术，旨在实现智能化建造、网络化协同、服务化延伸和个性化定制。

1. 建筑产业互联网平台体系

平台是建筑产业互联网硬件或软件的操作系统与环境，是传统建筑产业云平台的升级，同时也是各类信息资源集聚共享的有效载体。如图10-6所示，建筑产业互联网平台体系包含端点层、边缘层、IaaS 层、PaaS 层和 SaaS 层。

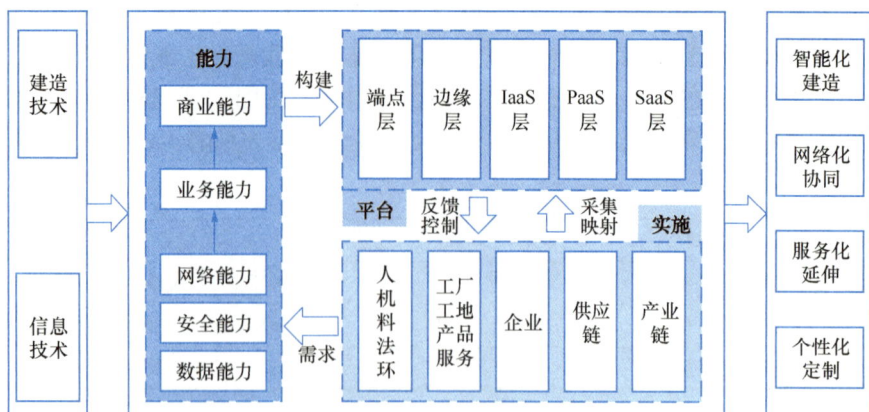

图 10-5　建筑产业互联网体系架构图

图 10-6　建筑产业互联网平台体系

端点层是建筑产业互联网的数据采集基础，通过传感器和物联网技术收集人、机、料、环的设备数据、产品数据、系统数据与软件数据等各类数据，为平台提供数据支持。

边缘层通过智能网关等新型边缘计算设备对数据进行初步处理和汇聚，同时将边缘分析结果传送给下一层级，实现深层处理应用。

IaaS 层（Infrastructure as a Service，基础设施即服务层）提供云基础设施，将 IT 基础设施作为服务，根据用户对资源的实际使用量计费，为企业建立建筑产业互联网提供基础设施服务。

PaaS 层（Platform as a Service，平台即服务层）提供包括大数据和应用开发在内的多种服务，结合云计算和建筑业知识，形成专业软件库和知识库，为企业提供工具模型，同时还能提供数据存储、共享、分析等数据服务，具备智能分析工具和专业处理方法，为用户带来建筑业数据的集成管理与价值挖掘。

SaaS 层（Software as a Service，软件即服务层）是平台服务输出层，通过在开放环境中部署应用，覆盖智能化建造、网络化协同、个性化定制和服务化延伸等场景，为企业提供定制化智能应用和解决方案。

2. 建筑产业互联网实施体系

实施体系是建筑产业互联网在现实世界的反映，由人机料法环、工厂工地产品服务、企业、供应链以及产业链五大层级组成，其架构如图 10-7 所示。其中，人机料法环、工厂工地产品服务属于微观层，关注具体的生产要素，目标是改善建设生产管理服务环节；供应链与产业链属于宏观层，关注建筑业整体情况，目标是调节产业链协同运作；企业介于二者之间，既关注自身的建设生产与盈利水平，又关注市场整体运作水平。

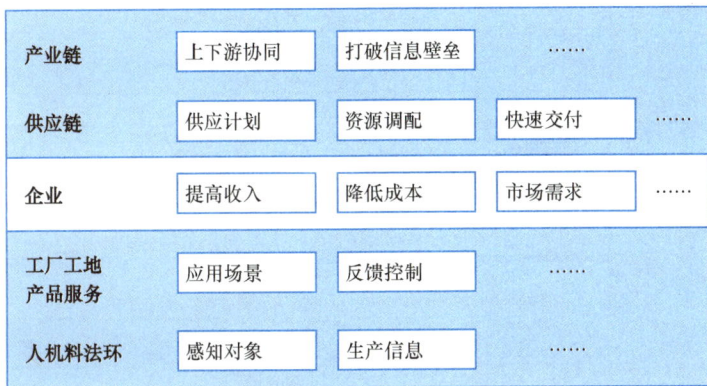

产业链	上下游协同	打破信息壁垒	……
供应链	供应计划	资源调配	快速交付 ……
企业	提高收入	降低成本	市场需求 ……
工厂工地产品服务	应用场景	反馈控制	……
人机料法环	感知对象	生产信息	……

图 10-7　建筑产业互联网实施体系

人、机、料、法、环的基础层对人机状态、材料供应储备、环境特征等数据进行收集，关注基础要素的各项信息。工厂、工地、产品、服务的场景层指的是将数据信息通过平台处理、存储、分析并结合至建筑行业的不同工作场景中加以应用，指导生产与服务。企业层针对高层决策者，帮助企业在战略层面通过建筑产业互联网获得竞争优势，并细化战术目标，如市场需求、产品质量、生产效率、运营管理等。供应链层关注供应计划、资源调配等宏观问题，通过数据互联和智能反馈协助产业供应链管理，助力产业供应链的安全保障。产业链层从全产业数字化转型角度出发，将互联网创新能力融入建筑产业各领域，推动建筑产业互联网的实现和升级，促进产业高质量发展。

3. 建筑产业互联网能力体系

建筑产业互联网能力体系包括五大功能体系，从上到下分别是商业能力、业务能力、网络能力、安全能力和数据能力架构，其中网络能力、安全能力与数据能力是发展建筑产业互联网的支撑，业务能力与商业能力是推动建筑产业高质量发展的动力，其具体结构如图 10-8 所示。

在商业能力与业务能力方面，建筑产业互联网通过融合创新，推动建筑业数字化转型和高质量发展，形成智能化建造、网络化协同、服务化延伸和个性化定制等数字化新业态，促进了新型企业组织形态和数字化产业业态的发展，创造更好的价值和收益。商业能力从商业生态逻辑、价值创造逻辑、共享共创逻辑和社会责任与公共利益出发，建立新型商业模式，形成商业生态、平台经济、共享经济等更具可持续发展特性的商业模式；业务能力从建筑产品链、建筑价值链和建筑资产链出发，对建筑生产流程、价值流动效率和全生命周期进行行业务创新。

商业能力	商业生态圈逻辑	价值创造逻辑
	共享共创逻辑	社会责任与公共利益
	......	

业务能力	产业链 产品流转、交付，企业牵引、对接……
	价值链 研发、生产、销售、服务、数物融合……
	供应链 跨企业协作、优势互补……
	......

网络能力	互联互通 网络接入方式、工程数据（非）实时转发、网络控制与管理、语义互操作、应用层通信……
	泛在感知 嵌入式技术、传感器技术、微电子技术、泛在感知与计算……
	标识解析 标识数据处理、标识数据建模、标识注册、标识数据采集、标签管理、标识解析……
	......

安全能力	可靠性 设备硬件可靠性、软件功能可靠性、数据分析结论可靠性、人身安全可靠性……
	可信性 用户隐私保护、企业敏感数据保护、通信保密性、信息保密性……
	韧性 网络系统的鲁棒性与弹性……
	......

数据能力	数据分析 回归分析、时间序列分析、聚类分析……
	优化决策 动态规划、规划分析、数据经纬、机器学习……
	知识管理 商业智能、电子协作、知识传递、知识发现、知识地图、专家定位……
	......

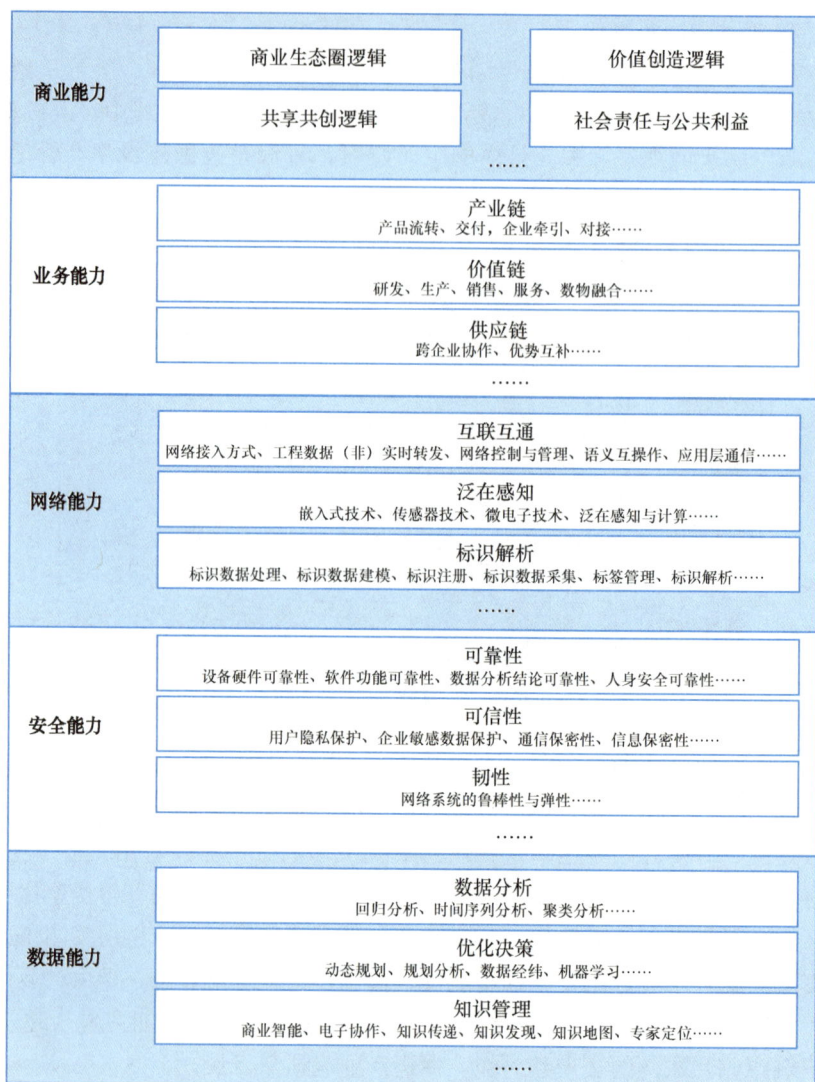

图 10-8　建筑产业互联网能力体系图

网络能力是建筑业数据传输交换的支撑基础，如利用嵌入式技术、微电子技术以及传感器技术实现泛在感知的能力，通过应用通信、语义互操作等实现要素之间的互联互通，通过标识数据采集、解析、处理及建模，形成建筑产业互联网的标识解析与异构数据沟通解决方案。

安全能力是网络与数据应用的重要保障，核心任务是通过监测预警、应急响应及隐私保护等手段确保设备、人员和数据的安全可靠，如通过设备硬件的部署管理、工程软件的研发测试等实现可靠，通过通信保密、信息保密及数据保护等实现可信。

数据能力是建筑产业互联网的核心，通过各种智能算法与云计算的强大算力，将采集到的工程数据进行分析，为建筑施工、管理及运维提供优化决策、积累科学经验，通过知识发现、知识传递和知识地图等方式实现知识管理，使知识和信息成为企业优势。

10.3 建筑产业互联网平台治理

平台作为连接供需双方的中介，扮演着至关重要的角色，其首要目标是匹配用户，通过商品、服务等为所有参与者创造价值。从古代的集市到现代的商场，平台的概念一直存在，并随着新一轮科技革命和产业革命而进化。信息技术和互联网的发展使得各种形式的平台迅速涌现，它们消除了时间和空间的限制，为不同用户群体之间的互动创造了开放的环境。通过资源集成、信息共享、交易规则制定，促进供需匹配。在建筑产业中，互联网平台作为信息资源集聚和共享的有效载体，能够直接连通全产业链，为建筑产业互联网服务各个环节中的各要素赋能。然而，随着互联网平台的快速发展，也带来了一些问题和挑战。例如，部分平台利用大数据和人工智能算法收集分析用户数据，可能侵犯用户隐私，引发用户数据泄露等风险。此外，一些企业在平台交易过程中可能提供劣质产品或服务，损害用户权益，严重破坏市场秩序。因此，平台的发展需要建立有效的监管机制，确保数据信息安全，防止市场违规交易，以维护公平竞争和用户权益。

10.3.1 平台治理的概念

在当前的互联网平台治理实践中，政府作为传统意义上的监管主体仍旧占据重要地位，但是互联网平台所具有的业务模式复杂、用户规模庞大等特点，使政府在平台监管过程中显现出人员力量缺乏、技术能力不足等问题，需要调动广大平台利益相关方参与平台治理。然而，平台企业、社会组织和用户等主体参与平台治理的积极性不足，经常性缺位，无法发挥治理优势，极大地影响了互联网平台的良性发展。

目前对于平台治理的概念并没有一个统一的定义，Eisenmann[3]提出平台包括平台设计和平台治理两方面，其中平台治理是指平台企业制定一套明确权利和义务的规则体系。Evans[4]认为平台治理是平台通过定制各种规则以控制平台运作，减少不良交易行为和管理问题，最大化自身利益。Janssen[5]提出平台治理是通过整合各种服务、功能以及技术，将不同的用户群体连接起来，创建一个共同体，降低交易成本。Parker[6]认为平台治理涉及哪些主体参与平台生态系统，如何进行价值分配，以及如何解决冲突的问题。简言之，互联网平台治理涉及市场秩序维护、平台规则制定、数据治理等问题，平台需重视自我治理、自我规制的重要性，充分发挥政府、用户、社会组织等主体的治理优势，优化治理路径。

建筑产业互联网平台治理可理解为由政府、平台运营方、平台交易方、公众、社会组织等共同参与，通过法律、制度、技术、经济等主要治理手段，对平台生态系统中的各类规则和参与者行为进行规范与管理，构建有序发展的平台生态系统，为工程建造的全生命周期管理提供支持和创造价值。

10.3.2 建筑产业互联网平台治理的多元主体

建筑产业互联网平台的参与主体都可参与平台治理，因此平台治理主体主要包括政府、平台运营方、平台交易方、公众及社会组织等。

政府作为市场管理者在平台治理中发挥着重要作用[7]。基于数字政府建设，政府可以构建广泛联系公众、企业和政府部门的数字基础设施平台。这种平台不仅可以促使行业治理体系由科层式行业管理体系向以数据为驱动的管理体系转变[8]，还可以探索大数据辅助的科学决策和市场监管机制，以弥补市场资源配置中的不足，维护平台生态的良好状态。其次，为了加强政府内部协作，各行业管理部门需要建立跨部门协同机制，推动工程数据的开放与共享，借助工程大数据平台统筹协调解决工程争议或事故，从而提升治理效能。此外，政府应积极动员公众及社会组织参与到平台治理中，确保社会公众、行业协会等主体对建筑产业互联网平台的监督渠道畅通[9]。

平台运营方作为市场交易的组织者，也在平台治理中起着关键作用。平台运营方不仅可以通过规则的修订、补充和完善来规范行业市场交易活动，还可以利用智能算法和大数据技术实现对平台交易活动全面、快速、准确地掌握，同时传递给各参与主体，实现交易活动的动态治理。为了营造良好的建筑产业互联网平台发展环境，政府和平台运营方需要明确划分各自的监管责任和侧重点，合理分配职责，提高治理效率。

平台交易方包括建设单位、勘察设计单位、咨询单位、工程总承包方、专业分包单位、制造与供应商、建筑产品运营维护服务商、数字化技术服务提供商等。互联网的开放、平等、共享特征使得平台交易主体可以更加容易地参与到平台治理中。一方面，平台交易方应将交易行为自律作为基础共识，在参与工程建造服务交易过程中互相监督，对违法乱纪行为进行举报。另一方面，平台交易方还需加强对平台运营方的数据合规利用、企业商业秘密保护等方面的监督，保障自身合法利益不受侵害。

面对日趋多元化、融合化与复杂化的建筑产业互联网平台形态，公众与社会组织需充分发挥社会监督作用。例如公众可以通过公众意见征求、平台意见建议等参与建筑产业互联网平台治理；行业协会等社会组织可以牵头制定团体标准、行业准则，维护行业秩序。

10.3.3　建筑产业互联网平台治理的主要内容

1. 数据治理

作为数据收集、处理和传输的枢纽，建筑产业互联网平台面临着复杂而严峻的数据治理挑战。建筑产业互联网平台引导或促成不同类型的主体在平台上进行设计、施工、材料供应等服务交易，并对服务的交易和实施过程进行管理，故平台聚集各类工程数据。而平台内的一些交易数据涉及工程企业的商业秘密，潜在的参与者担心数据泄露损害企业利益，丧失市场优势，往往不敢放心地将自身业务和数据置于平台上，阻碍了行业数据资源价值释放。

数据治理（图 10-9）主要包括四个方面[10]：一是要增大数据体量，将封闭的数据释放出来，为数据分析提供充足的"原材料"；二是要提升数据质量，实现数据标准化，为数据互通和数据分析提供"可用"数据；三是要促进数据的交易流通，让已有的数据流动起来，为不同数据集合之间建立更多的相关关系创造条件；四是要规制数据风险，维护各方主体数据权益，规范数据开发利用行为，营造合法有序的数据要素市场秩序。

2. 市场交易监管

建筑产业互联网平台作为沟通建筑业上下游产业链的重要平台，使得建筑企业依据不同工程任务需求提供满足功能和质量的可靠性服务。为了避免有的企业为谋取额外利益，

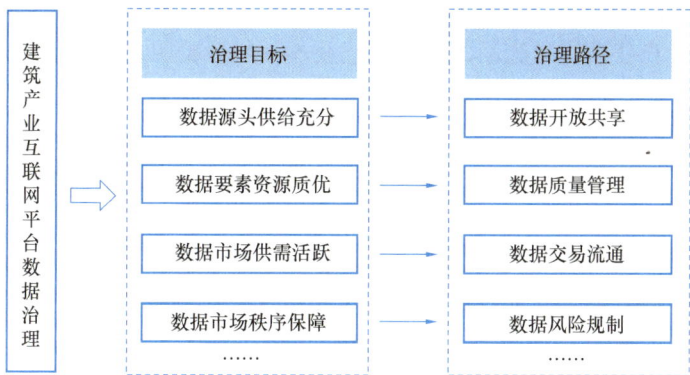

图 10-9   建筑产业互联网平台数据治理

出现以次充好、粗制滥造等不良行为，保障平台经济的健康发展，平台可以通过制定用户协议、交易规则、审核机制等一系列措施，来确保交易的公平、公正和透明，例如要求工程项目交易主体提供真实的身份和资质证明，以减少信息不对称和交易风险。在项目建设过程中，平台引入"互联网＋监管"的管理理念和技术，通过对人员、流程、数据、技术和业务系统等内容的有效集成，实现对工程项目建造全过程中的全要素监管。具体来说，可以利用数据挖掘技术对平台记录的时间、成本、质量、信誉等全方面工程建造信息进行处理，根据处理结果对项目参与主体行为进行监控与评估，从而实现对工程项目从项目报建、勘察设计、招标投标、采购分包、施工安装、竣工验收、运营维护等建设环节的高效监管。例如，若出现工程质量缺陷等问题，可通过平台进行反馈，公开相关建筑企业的不良行为并进行违规惩戒，维护建筑市场秩序。同时，基于建筑产业互联网平台构建基于数据的信用评价体系，实现企业、从业人员诚信信息和项目信息的集成化管理，规范交易主体行为。

另一方面，平台作为数字经济时代重要的资源配置与商业组织形态，平台运营方拥有技术或者经营、管理上的优势，集聚各类工程建造活动信息与企业经营信息，不仅能利用算法对工程安全、物资管理、施工质量等进行实时监控和数据分析，还能及时准确地掌握部分企业的商业秘密和个人隐私。然而海量的信息集成与挖掘，提升了数据泄露风险，可能损害用户利益。因此，需对平台行为进行监管，避免泄露企业的商业秘密以及侵犯用户隐私，营造良好的平台经济发展环境。监管部门可通过制定相关法律法规和政策标准，明确建筑产业互联网平台市场经营的准则与要求，规范平台运营方的行为，维护用户权益和公共利益。同时，还可以建立信息采集与分析系统，及时获取平台经营数据，依托 5G、大数据、人工智能等新一代信息技术推进监管创新，加强平台数据使用合规性审查，提高监管的针对性、科学性和时效性，保护建筑企业的商业秘密以及个人隐私。社会组织对平台经营行为进行监督，及时发现并报告违法违规行为，促进平台的自律和规范运营。

10.3.4 建筑产业互联网平台治理机制

建筑产业互联网平台治理机制包括经营主体准入、交易资源（服务）准入、知识产权保护及信用评价机制。

1. 经营主体准入

交易双方能否在建造服务交易的基础上建立相互信任的关系是建筑产业互联网平台的关键所在。因此，需要设计平台准入机制确保交易双方均能达到各自的利益诉求，以维持平台的吸引力以及资源集结力。

建设工程具有造价高、公共性及社会性强的特点，直接关系到人民的生命财产安全，因此要求从事建筑活动的企业必须具备一定的资质和能力，并经过政府有关部门的资格审查和认证后，才可以从事规范内的工程建设活动。当前，政府及行政主管部门对不同的经营主体设置了从业准入制度，通过设置从事建筑市场经营活动的最低门槛，来限制主体资格。企业资质构成了建筑业市场准入制度的核心[11]，不同资质等级决定了建筑企业参与招标投标的范围。经营主体准入制度是工程质量安全以及建筑市场交易正常有序进行的基本保障。

2. 交易资源（服务）准入

建筑产业互联网平台除了设计建筑企业的准入机制，以保障建筑市场交易的正常进行外，还需要设计工程建造资源（服务）的准入制度，从而支持任何有能力的企业或个人将所能提供的资源（服务）发布于平台，供建造活动的需求与资源（服务）匹配过程调用，保证平台的权威性以及匹配过程的可靠性。

3. 知识产权保护

在建筑产业互联网平台中，面向服务的理念将会影响建筑业的全面发展。建筑企业的发展理念将从建筑产品的生产转变为向用户提供具有丰富内涵的产品和服务，从满足用户的基本物质需求转变为通过知识来满足用户无形的深层次需求。为保证需求与资源的精确匹配，经营主体需要按照自身情况发布具有特色的资源（服务）。在服务提供过程中将产生大量有价值的数据，因此平台方需要建立相应的知识产权保护机制，以保证资源（服务）提供方的合法权益和盈利能力。

4. 信用评价

建筑产业互联网平台基于大数据、移动互联网等技术，能够催生基于数据的信用评价体系，服务交易各方的信用将可计算，交易风险得以降低。此外，在工程项目平台交易的场景下，信用评价越高、质量安全表现越突出的建筑市场参与主体能够获得更多的交易推荐机会。

10.4 建筑产业互联网平台应用

随着互联网的兴起，各类服务于建筑产业的平台不断涌现。这些平台借助技术要素支持，汇集成千上万的组织，共享资源与信息，将参与建筑生产活动的各个主体聚集成为利益共同体，助力建筑业的数字化、网络化、智能化转型。本节选取工人平台、集采平台与新型服务平台这三个代表性的平台来具体阐述建筑产业互联网平台的建设。

10.4.1 建筑产业工人互联网平台

建筑工人是建筑生产活动主要的劳动力来源。然而，目前我国建筑工人队伍存在流动性强、老龄化现象突出、技能素质不高、权益保障不到位等问题，不利于建筑产业转型升级。因此，《新时期产业工人队伍建设改革方案》《关于加快培育新时代建筑产业工人队伍的指导意见》等文件指出要加快推动建筑工人信息化管理工作，做到"搭平台，育能力"，运用现代信息技术，实现全国建筑工人数据互联共享，从而促进产业工人队伍建设改革。为此，要发展建筑产业工人互联网平台，加强数据分析运用能力，助力工人职业各阶段的信息化管理与产业工人培育，提高工人管理水平与生产效率。

1. 建筑产业工人

建筑产业工人是指不占有土地等生活资料，以劳动换取报酬作为主要收入来源，从事建筑业工作并能够享有工人的合法权益的群体。建筑产业工人是我国产业工人的重要组成部分，也是建筑业高质量发展的重要人力资源，是建筑工人队伍发展与培育的目标和方向，其主要特征如下：

（1）有门槛：有就业准入要求，不同工种不同能力的工人有对应的职业资格等级；

（2）有能力：具有与岗位相匹配的职业技能，并且具有高尚的职业道德；

（3）有组织：具有稳定的就业渠道和劳动关系；

（4）有评价：具有完整的评价体系，包括自我评价、企业评价和社会评价；

（5）有成长：具有完备系统的培育体系、在岗工人能再教育再培训；

（6）有保障：具有社会保险、社会福利和社会救助等完善的保障体系；

（7）有激励：具有基于岗位＋职级＋绩效的收入体系、公平的分配制度和通畅的上升渠道。

2. 建筑产业工人互联网

建筑产业工人互联网是产业互联网技术与建筑工人数字化治理理念深度融合形成的服务生态系统。建筑产业工人互联网既是建筑工人产业化转型升级的关键信息保障，也是建筑产业互联网的重要组成部分，是工人治理平台化的体现。它在互联网等技术的支持下，逐步贯通建筑产业工人全职业周期管理，联通建筑工人、政府、施工企业等利益相关体，帮助他们共享数据、整合资源、建立信任，形成围绕建筑产业工人的服务方案。建筑产业工人互联网具备以下特征：

（1）数据要素的互联

建筑产业工人互联网能为工人管理提供信息支持，是数据采集、存储、传输、分析、评价和辅助决策等服务实现的必要条件与物理基础。围绕建筑产业工人职业活动中的各种数据要素形成互联互通的网络，包括工人求职招聘信息、培训记录与技能信息等。

（2）服务平台的支撑

建筑产业工人互联网以支持信息汇聚和资源整合的互联网平台为服务载体，实现对建筑工人全职业周期的价值赋能。建筑产业工人互联网平台是产业互联网在人力资源管理方面的细化，是劳动力资源管理、分析和配置的关键，推动建筑劳动力服务价值提升。

（3）管理模式的优化

建筑产业工人互联网促进建筑人力资源管理和监管方式的新发展，整合多方参与和跨阶段的工人资源，推动单向管理模式向多元交互协同治理转变，激励劳动价值释放。它可拓展建筑工人生产与管理的边界，重组价值链，推动建筑工人集成管理延伸，释放新动能，助力建筑产业工人高质量发展。

3. 建筑产业工人互联网平台生态系统

建筑产业工人互联网平台是建筑产业互联网这一服务生态系统的载体，利用互联网平台信息资源的集聚性和共享性，连接建筑产业工人培育的各个主体，服务于建筑工人职业生涯各个阶段与各种场景、工程建设企业自有工人队伍建设、工程项目管理、建筑市场有序运行及政府监管，有利于保护工人合法权益，助力职业技能提升，完善绩效考核，促进高效就业，保障工人有序流动，强化信息管理，创新服务内容，最终培育具有工程职业伦理的技能型、知识型、创新型建筑产业工人队伍（图10-10）。

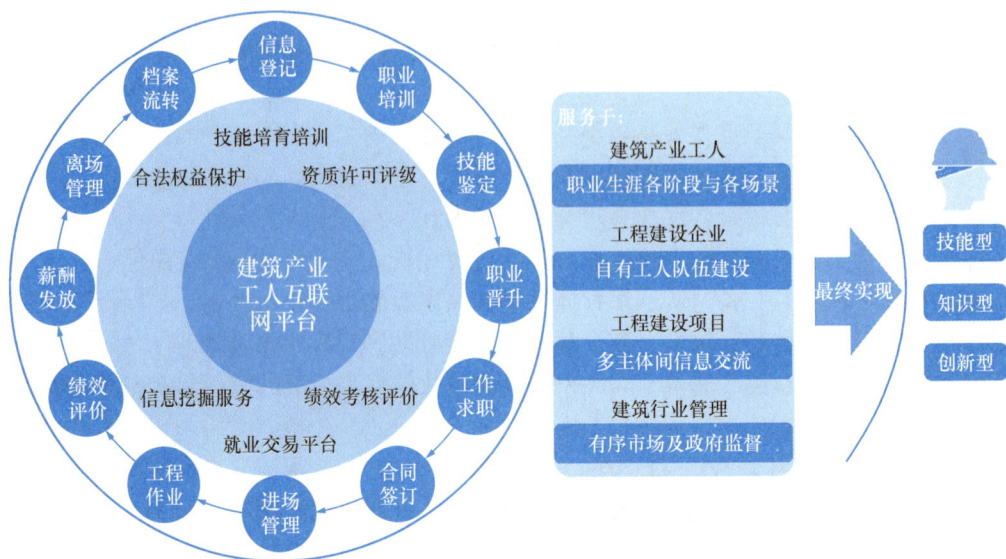

图 10-10　建筑产业工人互联网平台推进建筑产业工人培育

建筑产业工人互联网平台遵循"赋能-价值"的逻辑，从数据赋能、用户赋能和生态赋能三个层面赋能服务，创造价值并实现价值共创共享。

（1）数据赋能

平台具有高效的数据聚合与分析能力，基于数据提供新资源或增值服务，产业互联网上积累的数据能驱动价值发现与创造。基于平台上工人、企业等主体产生的数据，为建筑工人评价计算、劳务供需匹配推荐等服务提供数据支撑，实现数据赋能。数据驱动的各项服务优化了以往经验和业务驱动的管理过程，汇集了分散的工人数据，降低了管理风险与不确定性，逐渐形成工人过去记录可查、工人现在工作可见、工人未来培育明确的一体化贯通发展道路。

（2）用户赋能

平台在建筑产业互联网中作为媒介，连接各参与方用户，整合利益相关者的资源，逐步构建信任体系，促进数据可持续流通与共享，拓展产业与组织中可利用的资源边界。基于平台服务交易与治理模式，能形成用户的聚集效应，实现用户赋能。

（3）生态赋能

平台服务能通过加强用户互动与服务交换挖掘潜在需求，主导生态圈扩张方向与整合模式，实现价值链向价值网的演变，释放价值新动能，形成新业态。建筑产业互联网通过聚合各方参与，重构建筑工人培育治理的价值链，形成建筑工人互联网平台生态圈，实现生态赋能。

4. 建筑产业工人互联网平台的参与主体

建筑产业工人互联网平台的参与者涵盖了建筑工人产业化建设的各类主体，包括建筑工人、政府主管部门、培育基地、技能培训学校及技能鉴定机构、施工企业、劳务平台等。

建筑工人作为建筑行业的主力军，是建造活动最主要和最基础的劳动力资源。建筑工人个体既是平台生态中必不可少的参与者，也是平台活动中主要的服务与管理对象。培育新时代建筑产业工人是实现我国建筑业由劳动密集型向技术密集型转变的关键环节，有助于我国建筑业优化劳动力结构与管理模式创新。建筑工人参与建筑产业互联网平台生态活动，有利于形成完整的工人职业记录档案，提升工人数据价值，促进建筑工人产业化转型升级。

政府主管部门重视产业工人建设，积极推动工人队伍从农民工向产业工人转型，助力建筑业高质量发展。各级政府主管部门需要就培育新一代建筑产业工人、持续提升建筑工人技能水平、完善建筑工人技能认定体系、改善建筑工人的就业和生活环境等出台相关政策，并对建设产业工人队伍进行指导。

培育基地可以由劳务输出地政府与大型建筑企业合作设立，吸纳本地有意愿的城镇、农村人口进入建筑产业，并引导工人进行实名制建档。在明确产业需求的基础上，结合地方特色，与企业合作对工人进行初步的理论知识教育与实操训练，从而提升工人的基础职业素养。这些建筑工人能够满足建筑企业对自有工人的需求，也能引导成立一批专业作业企业或对外输出机构。

技能培训学校及技能鉴定机构负责建筑工人的技能提升、再培训以及技能水平的考核与鉴定，这是建筑工人产业化建设过程中不可或缺的环节。

建筑施工企业特别是专业作业企业，建立和使用自有产业工人队伍是企业发展的客观要求，也是企业做大做强的根本保证。然而，自有产业工人队伍的建设靠企业独自完成困难重重，需要政府、工人培育机构等共同发力，建筑施工企业提供资金及需求，培育机构为企业提供培训服务，政府主管部门制定相关激励政策等。

平台服务商在建筑工人、专业作业企业和施工企业等用户之间充当传递用工、招工、揽活、找活信息的中介。劳务平台通过汇聚多方信息需求，并集成智能优化算法，实现技能-岗位、技能-作业的匹配，提升建筑劳动力资源配置效率，同时使平台服务商获得收益。

5. 建筑产业工人互联网平台的功能

建筑产业工人互联网平台主要服务于建筑产业工人职业生涯各个阶段，帮助工程建设企业进行自有工人队伍建设和维护建筑劳动力市场有序流动及政府监管。

服务建筑产业工人职业生涯各阶段以及各种场景。根据建筑产业工人的工作性质、工人管理的具体内容以及产业工人信息的特点，从工人培训、求职、合约签订、工人进场、工人作业、绩效评价、工资发放、工人离场这几个阶段出发，对建筑产业工人进行服务。其主要包含以下部分：

（1）建筑产业工人实名制与职业培训鉴定。在实名制方面，通过平台记录保存建筑产业工人的职业信息，包括工人身份信息、培训及职级信息、从业记录、绩效信息等，便于建筑产业工人信息在不同企业、不同项目间流转，提升建筑产业工人信息管理效率。在职业培训鉴定方面，平台整合现有的建筑工人技能鉴定机构，制定建筑工人技能鉴定标准，将各工种各等级的技术要求具体化，通过平台向注册的所有建筑工人公开，从而为其日常劳务作业和参与技能鉴定提供参考，并实现用工企业与培训机构之间的订单式建筑工人培训，提高培训效率。

（2）建筑产业工人就业。利用平台实现建筑劳务供需双方高效精准对接，平台通过汇聚三方信息需求，并集成智能优化算法，实现技能-岗位、技能-作业的匹配，提高效益，支持建筑产业工人就业状态跟踪并形成可追溯的个人业绩电子档案、劳资双方用工后互评价、再就业服务、法务支持服务、最新政策公告与解读等。

（3）建筑产业工人权益保护。平台支持保障建筑工人薪酬福利待遇，通过建立全国统一的建筑工人薪酬总付一体化制度体系，将工种类型、技能级别、工作业绩和薪酬福利挂钩，使建筑工人充分享受城市"五险一金"待遇等。除此之外，平台能收集建筑工人和用工企业提出的利益诉求、改进建议等。

（4）建筑产业工人作业。充分利用物联网技术，集成各类智能终端设备对建设项目现场劳务工人实现高效管理。平台能够实现实名制管理、考勤管理、安全教育管理、视频监控管理、工资监管、后勤管理以及基于业务的各类统计分析等，提高项目现场劳务用工管理能力，辅助提升政府对劳务用工的监管效率，保障劳务工人与企业利益。

帮助工程建设企业进行自有工人队伍建设。借助平台的建立和推广运用，逐渐替代"建筑劳务公司""包工头""带班"的市场作用，实现用工方式正规化，管理方式规范化。其主要包括以下几个阶段：

（1）发展建筑业劳务"专精特新"企业。鼓励、引导有一定组织、管理能力的"建筑劳务公司""包工头"通过引进人才、设备等途径向总承包和专业分包公司转型发展，做专做精，成为建筑业用工主体。

（2）引导企业培育自有工人队伍。待其发展到一定阶段，逐步严厉打击"包工头"式非法用工，逐步消除"建筑农民工群体"。通过激励政策鼓励建筑企业提高自有建筑工人比例，培育自有建筑产业工人队伍，利用平台整合多重资源，企业与培训机构针对市场需求共同制定在职工人人才培养计划和目标，签订培养协议，由第三方培训机构根据协议分批次、分层面、分种类地对企业建筑工人开展教育培训工作，企业做好过程监督和成果验收，减少企业过多精力的投入。

（3）建立施工承包企业以自有建筑产业工人为主体的用工方式。自有工人负责承担施工现场作业带班或监督等工作，其受到平台的监督和保护。自有工人将与长期用工单位建立相对稳定的劳动关系，依法签订劳动合同，实现建筑业农民工向技术工人转型，并提高建筑产业工人的归属感。

帮助维护建筑劳动力市场有序流动及政府监管。平台整合了承包企业、专业作业企业、建筑工人、建筑项目等多方信息。通过多维统计和行业数据分析，能够为政府部门监管和政策规划提供可靠的数据支撑。一方面，在信息全面的基础上，将平台各参与主体与其在建筑市场中的历史表现联系在一起，有利于形成对不良履约行为的制约，从而形成建筑劳动力市场的良性竞争秩序，形成建筑行业诚信体系。工人参与"恶意讨薪"、包工头组织恶意讨薪、用工单位拖欠工程款等，平台则将行为主体纳入黑名单，一定期限内不得在平台进行任何交易；另一方面，住房和城乡建设部、各级建设主管部门、建筑业行业协会、人力资源与社会保障部门等利用平台进行全过程监管和服务，时刻了解建筑劳动力市场动向，有利于多部门协同规划，制定有效政策。

6. 区块链技术在建筑产业工人互联网平台中的应用

信息的有效收集是建筑产业工人互联网平台良好运行的基础，是信息被充分挖掘与准确分析的前提，是规范建筑市场数据管理的基本要求。然而，建筑工人信息管理的参与者众多，依托企业或行业组织等构建的中心化信息管理系统存在不平等的数据控制，难以取得各方信任，同时这些信息涉及各地政府、企业及工人隐私，很多企业或地方政府不愿共享信息，导致平台建设推进困难。区块链作为一种去中心化的分布式账本数据库能够有效解决这些问题，基于区块链的链式数据结构以及共识机制，各方能够维护一致的信息副本，实现工人信息的加密防篡改，缓解信息不对称与权利不对等，进而促进信息的全行业共享，助力工人队伍的产业化发展。2020年12月发布的《住房和城乡建设部等部门关于加快培育新时代建筑产业工人队伍的指导意见》就提出要充分运用区块链等现代信息技术进行建筑产业工人信息管理，在实践中，国内建筑工人实名制平台"云筑劳务"已尝试将区块链技术运用到平台建设中。

在建筑产业工人互联网平台的实际运用中，需要政府主管部门、施工单位、劳务分包企业、培训学校等建筑劳动力市场参与者共同建立维护一个记录建筑工人信息的区块链，借助区块链技术，对建筑产业工人在各个阶段产生的信息进行集成化管理，如图10-11所示。这使得建筑产业工人的信息更加真实有效，保障其数据的连贯性和可追踪性，提高数据的利用价值，改善当前数据流失严重、数据利用率低下的问题，通过区块链技术优化产业工人管理流程。

在工人职业生涯发展层面，技能培训学校根据建筑工人个体作业绩效、评价信息以及用工企业需求能够提供更具有针对性的培训方案。将培训过程中的阶段性信息、培训考核信息以及资质发放信息存储于区块链之上，有助于加强对教育培训阶段的监管，确保工人真正掌握相关资质技能，保障工人资质的真实性，减少资质伪造、篡改事件的发生。技能鉴定机构依据链上积累的工人作业大数据能够不断完善和丰富技能评价体系。劳务平台中通过区块链技术，可以保障工人实名制信息、从业记录以及历史评价的完整性和真实性，使之不被篡改，从而为双向选择提供更加真实、有效和对口的求职和岗位信息，使之更加透明化、科学化。

在监管层面，集成到区块链的建筑产业工人数据，经个人隐私信息加密后，可以向政府主管部门公开，支撑部门依据链上数据实施动态的劳动力市场管控与治理，及时对风险问题进行整治，且能根据现实应用情况以及行业现状对现有的制度进行修改与优化，及时发现现有制度的不足，不断完善实名制管理系统、工人信息管理平台。例如，依据工人建造的产品信息、能力评价信息等可以有效组织针对工人的个性化职业教育和培训；依据工人的工作状态信息可以识别其不安全行为模式、负荷等，进而进行及时干预，预防安全事故发生；依据与工人实名认证关联起来的建造过程信息支持维权举证等。

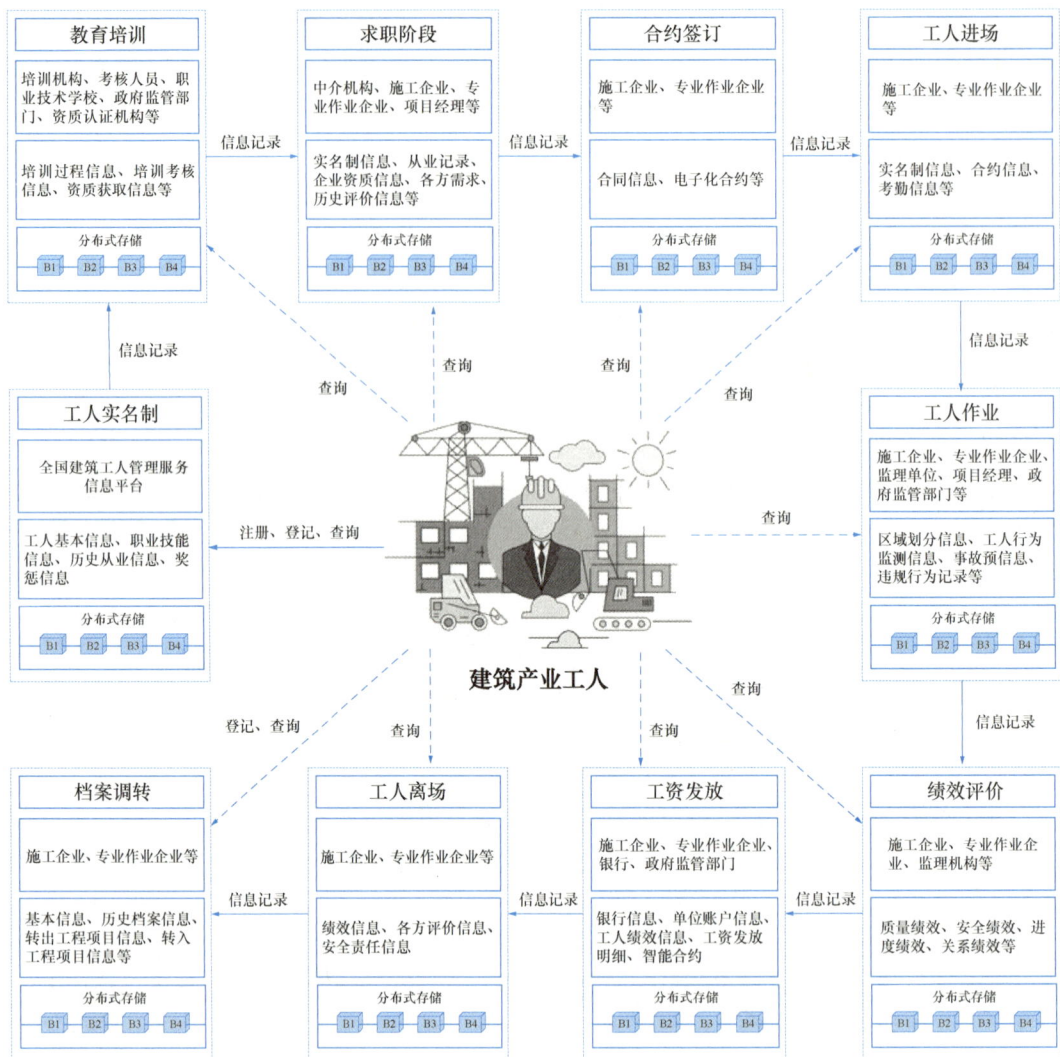

图 10-11　区块链在建筑产业工人职业生活各阶段、各场景信息管理中的应用

在工程建设项目层面，区块链中每个建筑产业工人会获得数字身份，其执行的每项任务也有对应的智能合约，合约规定了工人需要执行的活动内容，需要达到的质量、进度目标以及任务的权责划分。当工人完成一项任务并在智能合约中得到确认后，将会根据相关规范启动验收步骤，随后智能合约将自动完成薪资发放。整个过程按照智能合约的条件语句自动执行，责权利划分明确，避免了纠纷，有效保障工人权益。同时，依赖于区块链技术留痕后的不可篡改证据，一旦出现类似拖欠工人工资等现象，基于恰当的信用措施，如对相关责任方实行信用负面清单管理，形成天然的分布式、自证、共举的约束机制。施工企业还能够通过链上数据充分考量工人队伍的个体技能水平差异，优化作业人员安排，落实质量安全管理制度，提高生产效率。

7. 建筑产业工人互联网平台的应用案例（视频 10-1）

现代信息技术正在向建筑业广泛渗透，催生了基于互联网的建筑工人信息化管理与服务新模式，推动了政府、行业机构、施工企业等不同组织的互联互通，促进融合与协作，积极发挥各自在技术、数据、用户等方面的优势，开展建筑产业工人互联网平台建设的实践探索。

"建筑产业工人综合评价系统"是云筑网、中建产研院与华中科技大学等共同合作开发的平台。该平台制定有统一的数据收集标准，并提供开放接口，允许各企业与各单位进行已有业务系统集成对接，实现数据多源汇聚。平台底层基于区块链技术支持，各地政府或大型企业作为联盟链节点加入平台系统，实现数据的共享、可信认证与溯源。每一个节点都是一个区域数据中心，数据上传后由节点向区块链平台进行数据指纹注册，用于其他节点进行数据同步和数据有效性验证。平台设计有工人、班组、企业数据库集成信息用于档案管理，为产业工人评定、劳务用工服务、职业技能培训、工人权益福利等应用场景提供数据支持。建筑产业工人综合评价系统框架如图 10-12 所示。

图 10-12　建筑产业工人综合评价系统框架

建筑产业工人综合评价系统平台面向不同用户群体，设计有多个业务应用场景，为平台的参与方提供多样化与个性化的服务。

（1）电子档案数据库：联盟链各节点参与方通过统一的标准与接口收集数据并共享至平台，平台分类整合资源，搭建工人库、班组库、企业库等数据库，形成建筑产业大数据基础，为后续各类服务提供数据支持。面向具体场景应用，依据内置规则设计进一步整合生成工人档案、班组档案、企业档案，支持黑名单、日常监管等服务。

（2）工人评价：建筑工人的评价难以形成并采用统一的标准，因各地规则与组织内部需求而有所不同，平台为各用户提供个性化的评价指标定制服务。不同的参与单位可根据实际情况制定建筑产业工人的评价指标，同时也为同属地间提供可共同制定的评价指标，实现评价结果在不同属地间互认互通。

（3）职业技能培训：依据工人档案数据，可为不同等级的工人制定职业技能培训体系，针对不同的工人群体进行有针对性的教育和培训，帮助建筑工人职业晋升，同时将培训记录在平台数据库中，可以避免重复培训，减少管理成本。

（4）权益福利：依据制定的评价规则，可为不同等级的工人制定供差异化的薪资福利，引导企业将薪酬与建筑工人技能等级挂钩，实现"技高者多得、多劳者多得"，同时也激励工人注重职业技能与工作能力的提升，助力建筑工人高质量发展。

（5）建筑劳务：平台可以改善劳务用工管理过程，通过在线交流，提供劳务用工撮合服务。基于海量工人信息，抽象出工人画像，支持查验工人履历的真实性，帮助用工单位快速招聘优质工人，同时集成大量招工信息，能够为工人定向推荐合适的工作，为建筑劳动力供需双方提供撮合推荐服务，提高劳动力市场的配置效率。

10.4.2　建筑产业互联网集采平台

1. 集采平台的概念

建筑企业通过应用数字技术，转变其经营理念、管理模式、业务流程和采购方法，促进采购过程网络化、在线化、协同化，实现采购过程数字化转型。建筑产业互联网集采平台是实现企业采购过程数字化转型的载体，其依托互联网技术聚合建筑产业链上下游的企业，并利用大数据、人工智能和区块链等技术为采购过程提供支持。该平台引导采购过程参与主体在平台上发布建筑材料等供给和需求信息，促进参与主体成功交易，并管理交易信息和交易过程。

2. 集采平台的主要特征

建筑产业互联网集采平台通过集中整合优势资源和规范化管理线上交易过程，为采购需求方（如建筑企业、施工企业）和采购供给方（如建筑材料生产企业）提供资源信息和交易场所，缩短了交易流程和信息传递时间，提高了采购效率。从集采组织、集采需求、集采流程、集采目标四个维度分析建筑产业互联网集采平台的特征，主要有：

（1）集采组织：建筑产业互联网集采平台通过设置集采交易规则、集采交易流程等机制，接收采购需求方的采购信息，为其匹配适宜的采购供给方，促成交易。考虑采购需求的多样化，平台需要加强采购需求方与采购供给方的协同合作，建立集中统一、专业高效、层级分明的集中采购组织体系，为建筑产业互联网集采平台的成功运用提供组织基础。

（2）集采需求：建筑产业互联网集采平台的采购需求为技术标准统一的通用货物或服务。针对个性化采购需求、未形成统一技术标准的货物或规模较小的零星项目，由于难以进行分类、供需信息描述，一般不适用于集中采购。尤其需要注意的是，若将集中采购需求按照一定标准进行分层次采购，会增加采购成本、降低采购效率。

（3）集采流程：鉴于建筑产业互联网集采平台上采购需求、参与企业、采购环节多，且采购流程持续时间长，因此平台需要提高采购规范化程度。与单一项目采购相比，集中采购的采购文件审定、采购分标分包规则、评审办法和评审组织等规定兼具简单重复性、适应性强和管理复杂性的特征。

（4）集采目标：由于建筑产品的社会属性，建筑产业互联网集采平台的社会影响、法律与廉政风险大，因此，建筑产业互联网集采平台的公共性、透明度、规范性等要求高。平台可发挥规模优势，提高采购效益、降低采购成本，实现企业集约化发展的价值目标。

与单个分散采购相比，集采平台平衡各个价值目标的综合难度较大。

3. 集采平台的分类

建筑产业互联网集采平台功能丰富，包括交易撮合服务、线上招标投标服务、信息集成发布服务、物资供应链管理等。依据平台服务模式的不同，可以按照集采主体、集采需求、交易模式及盈利模式等多维度进行分类。

（1）按集采组织主体分类

按集采组织主体不同，建筑产业互联网集采平台可分为建筑企业组织的集采平台和科技公司组织的集采平台两大类。

随着建筑业对数字化转型的需求，尤其在2015年"互联网＋"行动政策的推动下，一些大型建筑企业积极响应国家号召，推动信息技术在建筑业的应用和发展，纷纷成立电子商务公司，形成建筑企业组织的集采平台，如中建集团的云筑网等。

鉴于建筑行业准入门槛相对较低、获客机会相对较大，新型科技公司依靠其互联网、物联网、云计算等技术的开发优势，通过交叉渗透和逐步扩散等模式逐步渗透建筑集采市场，促进了建筑企业集采数字化转型。同时新型科技公司的出现也给其他集采组织主体带来了一定的压力，其借助快速学习能力、迭代能力、勇于试错能力以及承担风险能力，不断压缩建筑产业的市场空间和利润空间。

（2）按集采需求分类

按照集采需求和集采供给主体对采购过程和平台的需求，建筑产业互联网集采平台可以分为三类。

第一类是综合集采平台，其以大数据、区块链技术等为核心，为采购双方提供大宗建材、零星物资的撮合交易等服务。针对建筑行业集采管理常见的"采而不集，集而未管，管则难控"问题，平台创新构建线上集采、区域联采、直播采购等"互联网＋集中采购"模式；针对建筑工地零星物资采购"管理缺位、交易不透明、价格和数量缺乏有效管控"的问题，平台则采用商城自营模式，通过缩短供应链、降低流通成本、开拓厂家直供渠道、开发厂商源头等方式为客户创造更多价值。

第二类是集采招标平台，为采购双方提供咨询、设计服务，劳务、材料、机械采购等的线上招标服务。采购需求方根据具体的工程项目，利用集采平台发布采购招标信息，吸引优质采购供应商入库竞标。

第三类是集采信息整合平台，致力于为招标投标中介机构（招标代理机构、咨询机构、建设单位、设计单位）、各类供应商、采购商以及海内外机构提供项目招标、采购、招商等信息的发布与查询服务。集采平台众多，采购信息分散，采购供应商难以及时准确抓住投标机会。而集采信息整合平台将分散的信息收集起来，通过短信邮件、电话等方式及时准确地更新招标预告，采购供应商因此能够把控项目招标进度，满足招标采购需求。

（3）按交易模式分类

集采平台的交易模式主要有招标投标模式和撮合模式。按照交易模式的不同，建筑产业互联网集采平台可分为：

招标投标平台是现有工程招标投标模式的电子化和网络化形式，以解决传统招标投标过程中的信息不透明、操作不规范等问题。采购需求方发布招标公告和招标文件，采购供给方选择投标并编制投标文件，双方在招标平台上完成交易。

撮合平台则是平台基于知识和规则，利用大数据等技术开发匹配算法，撮合采购需求方和采购供给方达成交易，并自动形成电子合同，提供物流运输以及售后服务等。

（4）按盈利模式分类

按照盈利模式的不同，建筑产业互联网集采平台可分为：

一种是平台作为交易中介，为采购需求者匹配安全、稳定、优质的资源以满足其需求。其收益来源于用户注册费、会员费、交易提成等。

另一种是企业依托具体工程，利用平台发布招标信息，设置供应商入库标准，收取一定的服务管理费用，通过整合人材机供应资源，在集中采购的过程中做到降本增效。

4. 集采平台的供应链金融业务

（1）集采平台供应链金融业务的兴起

与其他行业相比，建筑行业供应商资金具有回笼周期较长、投入较大的特点，在生产和建造过程中存在因垫资引发资金支出过多的情况，加之环境、气候、市场等众多不确定因素影响，导致应收款项无法按时收回，大量资金被长期占用，成本不断攀升，甚至企业面临资金链断裂风险。

我国已发布一系列政策推动建筑金融业务发展，尤其是进入"十四五"以来，建筑企业普遍处于转型的关键时期，新的行业、新的产业结构，对企业的产融结合提出新的要求。国务院办公厅印发《关于积极推进供应链创新与应用的指导意见》（国办发〔2017〕84号），鼓励商业银行、供应链核心企业等建立供应链金融服务平台，为供应链上下游中小微企业提供高效便捷的融资渠道。同时，2020年商务部、中国人民银行等八部门联合下发《关于进一步做好供应链创新与应用试点工作的通知》，着重强调要充分利用供应链金融服务实体企业，旨在通过创新运用供应链金融这一新的金融模式，打通产融结合通道。

为降低建筑企业由于资金链断裂等所带来的风险，建筑产业互联网集采平台的业务范围逐渐拓展至供应链金融业务。在集采平台供应链金融模式中，施工企业等核心企业利用自身信用以及与金融机构签订担保协议，协助金融机构建立完善的企业信用评价体系，帮助上下游的中小企业拓宽融资渠道并节省融资成本，增强融资服务效率，将单个企业不可控风险转变为供应链企业整体的可控风险。其中，建筑核心企业在建筑供应链中处于主导地位，是集组织、计划、协调、控制和指挥为一体的核心企业，对供应链活动进行组织和管理。

建筑产业互联网集采平台及其供应链金融业务相辅相成，共同发展。建筑产业互联网集采平台已形成完善的建筑采购供应链，为集采平台供应链金融业务的兴起提供用户和载体。集采平台的供应链金融业务利用互联网技术对于数据的收集、分析、处理能力，建立完善采购供应链中中小企业的信用评价，逐渐弱化核心企业在供应链金融模式中的作用。同时基于集采平台，核心企业可以将交易数据实时上传，平台可以对数据实时分析，从而预测把控中小企业的运营情况，有利于及时发现风险并进行处理，供应链金融模式依靠建筑产业互联网集采平台得到了进一步完善。

（2）集采平台的供应链金融服务业务模式

为保证采购交易的顺利进行和缓解建筑企业融资难问题，集采平台组织主体往往与能提供稳定融资的机构合作，形成集采平台的供应链金融服务业务。平台接收供应商融资申请，并将交易信息、历史贸易信息、征信信息等打包提供给金融机构，金融机构审核相关资料，通过审核后向供应商放款，贷款到期后由核心企业（采购方）向金融机构兑付，如图 10-13 所示。

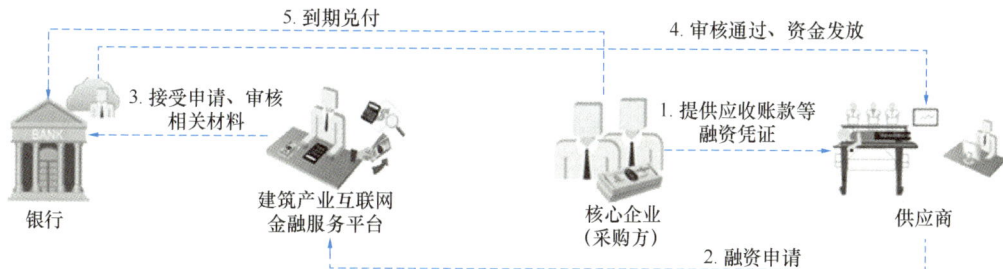

图 10-13 供应链金融业务模式

基于互联网的建筑行业供应链金融服务平台，充当实体企业和金融机构之间信息不对称的桥梁。当企业申请融资时，平台为银行提供真实的融资凭证，借助数字信息技术，实现对供应链金融贷前、贷中、贷后的实时、全方位风险监控，从而降低违约风险，帮助提升金融服务的价值。与传统银行借贷模式相比，集采平台的供应链金融服务业务模式更有利于解决中小微建筑企业由于经营不稳定、信用不足、资产欠缺等因素导致的融资难问题。

（3）区块链技术赋能供应链金融

集采平台的供应链金融服务业务的核心要素是信用，其源于金融机构通过分析整个供应链运行中动态、真实、完整、实时的信息对金融服务对象的"精准画像"，判断金融服务对象的信用强弱，确定投资风险，从而作出是否支持的决策。集采平台的供应链金融既涉及供应链上产品的原材料供应、生产、流通、分配、交换和消费的所有环节，又涵盖应付账款方、增信机构、保理机构等多个参与方，各类信息被分割在各个环节和参与方中，容易形成信息不对称、不及时、不完整、不准确，没有信息的有效沟通和真实传递，将导致信任缺乏的"痛点"，资金流和物流将变得支离破碎、效率低下。

区块链技术作为互联网时代下的新型互联网技术，凭借其"分布式记账、不可篡改、透明可溯、智能合约"等特征，具备解决建筑行业供应链金融核心要素"痛点"的潜力，已在金融领域得到广泛应用和认可。对于建筑行业供应链金融而言，区块链技术可建立透明性融资账本，减少信息不对称问题；可实现"去中心化"特征，降低人为因素；可实现智能合约功能，降低供应链金融人力成本；可作为电子票据补充，提升供应链金融服务质量，形成区块链支持的供应链金融服务，如图 10-14 所示[12]。区块链技术能够改变建筑行业供应链金融产业形态，突破原有金融产业约束，实现更高效与更安全的发展。

在区块链技术的协助下，建筑行业供应链金融可以打破现有的第三方信用模式，去中心化的技术有助于解决供应链中核心企业信用传递层层衰减的难题，无限可分割特性则可充分发挥核心企业信用在链上无损流转的功能，真正做到价值零损失、价值最大化，为其交易方式及商业模式创造出更为宽广的创新空间，降低供应链金融交易过程中的成本与风险，增强供应链金融服务的便利性与覆盖面，进而引发建筑产业互联网集采平台供应链金融的变革与创新应用。

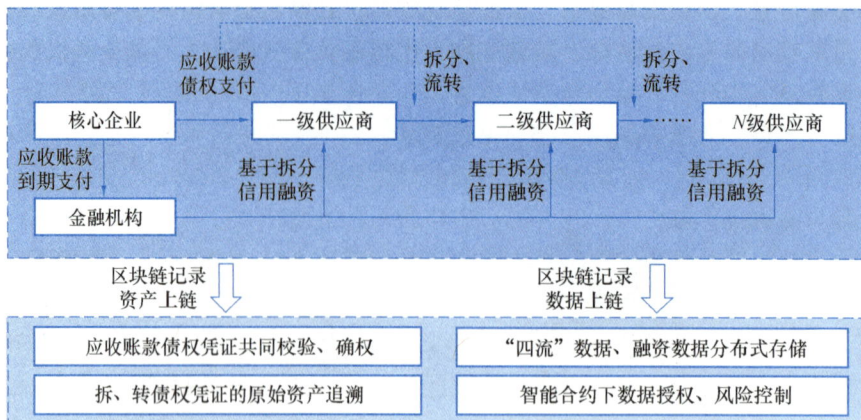

图 10-14　区块链支持的供应链金融服务

5. 集采平台的应用案例（视频 10-2）

云筑网是中建电子商务有限责任公司响应国家"互联网＋"战略，在中建集采平台的基础上，依托中国建筑及其战略合作伙伴庞大稳定的采购需求、优质可靠的供应商资源、高效便捷的金融支持，以"平台化发展、产业链共赢"为主旨，倾力打造的集电子化招标、在线交易、物流整合、供应链融资等服务为一体的专注于建筑行业物资采购领域的垂直电子商务平台。

视频 10-2　集采平台操作流程

"云筑集采"平台通过打造线上阳光集采，线下区域联采的"互联网＋"集中采购新模式，为全行业提供专业的集中采购服务。云筑集采不仅将传统线下询价、招标投标、订单、合同、结算等业务环节通过电子商务平台转移到线上进行，有效保证了供求双方遵循公开、公正、公平的契约原则，实现采购全流程的公开透明，有效控制企业的采购成本。而且云筑集采还有着规范的管理体系和较强的运作能力，利用电商平台通过批量采购、公开招标投标、规范报价、集中供应等方式，改进了传统建筑物资采购的交易流程与交易时间，大幅降低企业采购的交易成本。

云筑网中的"云筑数科"是中建集团打造的建筑行业综合性金融服务平台，其依托行业优势和信息优势，与"云筑集采"业务结合，整合各大金融机构的优质资源，有效地将物流、资金流和信息流结合。"云筑数科"现有的"保理易"金融产品提供了以建筑企业为核心的反向保理业务模式，利用该产品能使建筑产业供应链中的借款企业降低成本，扩大生产规模等，还可以强化核心企业在供应链中的控制地位。利用保理模式融资能有选择性地增强和巩固优质供方的合作关系，使供应商能够盘活其应收账款，来更好地帮助企业降低机会成本，促进更多的市场交易。"保理易"产品具体的业务流程如下：

（1）中建核心企业将优质合作供应商推荐给银行，银行完成供应商基础资料审核，批准供应商融资资质；

（2）中建采购人员在中建云筑集采平台生成和供应商的采购合同，然后根据合同下订单，进行线上收货、验货、生成结算单，之后将应付账款信息及其他相关业务数据通过云筑金服平台向银行融资平台进行推送作为融资交易凭证，申请在线融资支付，由于该保理业务为采购方（买方）发起，即为反向保理业务；

（3）中建财务人员和供应商进行应收账款债权转让确认和融资金额确认，然后由供应商在线发起支用申请，银行审核通过后，向供应商账户放款；

（4）应收账款到期时，核心企业付款至供应商在银行的回款账户，偿还融资。

云筑网利用先进的电商平台对建筑行业物资采购进行供应链整合，随着业务发展，云筑网已逐步拓展云筑优选、云筑劳务、云筑数科等业务版块。各版块相互补充，云筑集采和云筑优选大幅优化建筑物资采购流程，提高建筑电商行业整体水平，云筑数科为业务发展提供资金支持，由此形成云筑科技体系完整的业务生态圈。

10.4.3　面向智能建造的新型服务平台

面向智能建造的新型服务平台是建筑行业与服务行业交叉融合和互相渗透的产物，是指基于建筑产业互联网，在工程物联网、边缘计算、云计算、互联网等技术的支持下，整合面向服务的建造和基于建造的服务，融合形成新的建造模式。随着新兴技术在建筑领域的深度赋能和实践应用，越来越多的新型服务平台开始涌现，下面将以三种典型的新型服务平台——大模型服务平台、项目管理服务平台、设施设备维护服务平台为例进行介绍。

1. 大模型服务平台

随着人工智能大模型的涌现和工程大数据的不断丰富发展，大模型正成为推动建筑行业平台化转型的关键力量。大模型是由深度神经网络构建而成的机器学习模型，具有大规模参数和复杂计算结构，能在海量数据中学习更为复杂的模式和特征，因此具备更强大的泛化能力和涌现能力。大模型服务平台是以人工智能大模型为基础建立的应用平台，其在通用领域显现出丰富且强大的服务功能，随着工程大数据的不断发展，建筑业的大模型服务平台也逐渐形成。

在通用领域，基于大模型的平台利用人工智能技术自动生成文本、图像、视频等的新型内容创作方式，能够高效、个性化地生产高质量内容。2022年11月，OpenAI公司推出了划时代的人工智能大模型平台ChatGPT，借助最新的GPT-4o和DALL·E3大模型，其不仅可以对输入的语言、图像、音频等进行处理，还可以根据用户的提问与要求即时生成有逻辑的回应或符合文本意思的图片，可以做到与人类无障碍互动式交流。2024年初，OpenAI推出的文本生成视频模型Sora一经发布，便受到了全球范围内的广泛关注，用户输入一段提示词，经由Sora模型便可生成最长1分钟的高质量视频内容。在国外，谷歌（Google）推出的多模态Gemini大模型拥有极强的跨模态能力，同时引领跨设备协同，将大模型平台与智能终端相结合，旨在推动智能终端革命；微软（Microsoft）推出的人工智能代码补全工具Copilot，帮助程序员更快、更准确地编写代码；Midjourney和Stable Diffusion打开了AI绘图的新时代。在中国，百度于2023年3月推出的文心一言（ER-NIR-bot）标志着首个中文大模型平台的诞生，对中文的理解与回答能力首次超越了ChatGPT，之后一年内，腾讯的混元大模型、阿里巴巴的通义千问大模型、华为的盘古大模型等相继出现，大模型开始不仅局限于对用户问题做出回应，更注重大模型与公司其他产品的联动与交互。

对于专业领域的平台服务，医联推出的MedGPT覆盖疾病预防、诊断、治疗、康复等多个医疗内容，打造互联网"AI医生"；学而思推出的九章大模型MathGPT面向全球数学爱好者和科研机构，打造以解题和讲题算法为核心的大模型平台；理想打造的Mind-

GPT 是汽车行业唯一真正围绕车载场景的大模型，用户可以通过语音互动来调控汽车的各项功能。

面向建筑业，大模型服务平台在工程设计阶段能够理解设计意图和需求、辅助生成概念方案、自动绘制部分设计图纸，同时快速处理大量设计规范和标准，确保设计方案的合规性，并通过自然语言的交互使设计过程中的沟通更加高效直观；在施工管理方面，大模型服务平台通过对工程进度、资源配置、质量监控等信息数据的实时分析，同时理解施工过程中的复杂问题，提供专业的建议和解决方案帮助项目管理者作出更加精准的决策，从而提升施工效率和工程质量；在建筑设施的后期运维管理中，大模型服务平台通过对建筑使用情况、能耗数据、维护记录等信息的分析，能够预测设施的维护需求、自动生成维护计划、保障自动化系统的运行，实现智能运维。

譬如建筑业的大模型服务平台在专业领域知识获取和设计施工方案自动生成等功能上发展较为成熟。面向建筑业的知识获取，上海建工推出的 Construction-GPT 利用生成式大语言模型、半监督微调、大模型价值对齐等技术识别技术人员输入的问题，并基于私有的建筑领域知识库，通过网页及小程序为技术人员提供建筑工程技术资料检索服务，技术人员可通过对话问答方式，快速、全面了解最新规范标准、工程图集、内部技术文件中的详细规定与要求。广联达推出的建筑行业大模型 AecGPT，能够覆盖建筑行业规划、设计、交易、成本、施工、运维及综合管理等多个专业知识领域，提升大模型在建筑垂直领域的知识理解能力，打造建筑业的大脑。

与此同时，大模型服务平台通过深度学习对数据特征进行分析提取，能够基于各类产业数据提供更丰富的生成式内容服务。各类大模型与建筑行业报告、文档和图纸等数据内容相结合，诞生了多种多样的自动化生成服务。例如，对于施工方案，基于多源语义相关性算法与领域模型，仅需 3~5 分钟便可自动生成无需二次编辑的施工方案与技术交底书；对于施工图纸，基于图纸对象生成算法，开发的施工图纸智能绘制系列 CAD 插件可以一键自动生成施工方案的 CAD 图纸，为行业增效。大模型服务平台能有效地与各类建筑数据产生良好的交互，例如钢结构异形截面智能生成、空间钢结构参数化建模等技术已被应用在许多建设项目中，很大程度上减轻了技术人员的设计负担。

2. 项目管理服务平台

智能建造将人工智能等先进信息技术与互联网平台思维融入工程建造与管理活动，进一步重塑项目管理业务和优化管理流程，驱动项目管理向数字化、智能化模式转型，催生了众多智能项目管理服务平台。智能项目管理服务平台是集成先进信息技术的智能化监控与协同管理服务平台，对工程项目的设计、施工、运维等全生命周期服务进行高效整合与优化，为工程项目管理数据集成共享、协同工作、自动化流程管理、资源优化配置、远程监控以及质量安全管理等赋能，为工程项目各方提供智能化、个性化服务。总体而言，这是一种基于智能建造先进手段的数字化项目管理与服务模式，提高工程项目管理的效率和质量，推动建筑产业数字化转型。以下从建筑设计审图和施工安全管理两个方面，具体介绍项目管理服务平台的应用案例。

在建筑设计方面，项目管理服务平台能够实现基于人工智能算法的智能审图，从而提高建筑审图效率。小库 XKool 作为世界上第一个人工智能建筑设计师，也是第一款在实际建筑应用层面上实现了人工智能的系统平台。只需要一台联网设备，即可帮助建筑师和开发商等完成常规的实时规范审查等工作。该平台结合了机器学习、大数据与云端智能显示等技术，将多种先进算法融入最简易的操作中。用户通过该平台上传二维 CAD 格式总图、确认项目信息，小库 XKool 就可以智能识别平面将其智变为三维方案模型，同时实时反馈是否符合规范要求，能否通过日照验算，实时导出经济技术指标与方案模型供用户参考。对系统自动生成的方案和手动编辑后的方案，小库 XKool 都会进行合理性和品质评分，同时进行视野、间距、便捷性和朝向等维度的评估。用户可以通过小库 XKool 的评估来判断方案的可行性和优质程度，实现智能评估。

再如在安全管理方面，项目管理服务平台允许跨越时空限制，平台化管理与人工智能算法结合实现了智能化施工安全管理，提升了施工安全管理能力。例如，以 Smartvid.io 为代表的施工安全管理服务平台，通过结合人工智能等技术，实现施工现场监视、观察和预测分析，评估建筑公司工作场所的风险和安全性，从而帮助降低建筑业风险。该平台内嵌名为 VINNIE（Very Intelligent Neural Network for Insight & Evaluation）的深度学习技术，可以处理大量施工现场图像和语音数据。根据 Smartvid.io 的相关案例显示，VINNIE 曾进行人工智能用于提升施工安全的示范，能在 10 分钟内辨识 1080 张施工照片，并正确辨识 446 张含有人像的照片，包括未佩戴安全帽工人、未着安全反光衣工人的照片。若依赖于安全主管则需要 4.5 小时才能完成相同的任务。因此，基于该平台允许安全主管随时检索现场施工过程数据，即使安全主管不在施工现场，也可以通过平板电脑等终端向工人提供安全建议，实现自动化监测。这种自动化施工管理平台为工地增加一对"眼睛"，允许动态辨识潜在风险因素，扩大了安全主管的管理范围。通过数字化技术和管理手段，为施工安全管理提供了灵活的工作场所和有效监管。

3. 设施设备维护服务平台

建筑产业互联网中的设施设备维护服务区别于传统的事后故障维护，是主动的、事前的，它结合设施设备的历史状态与相关数据，预测设施设备的维护和服务需求，并针对可能导致损害的原因进行修复，防止设施设备失效，从而延长设施设备的生命周期。而基于建筑产业互联网思维的设施设备维护服务平台则是利用工程物联网、边缘计算与云计算等技术，实现对设施设备性能状态数据的实时感知、可靠传输、高效解析、决策控制，同时面向用户使用设施设备所派生的相关服务需求，提供智能维护服务，是企业向设施设备下游产业链条方向的延伸。除了提供优质设施设备外，设施设备维护服务平台还在设施设备使用过程中主动为用户提供专业服务，既保证了设施设备的使用寿命，也为用户带来了良好的体验，还使企业在提供服务的过程中获得经济效益和口碑。对于建筑业，针对普通住宅，企业可提供保洁维修服务和物业管理服务；针对大型基础设施项目，如综合管廊、地铁等，还可提供复杂工程的智能运维服务。在建筑业中，设施设备维护服务平台已经得到了推广和应用，如建筑业数据分析预测平台——Uptake 平台、智能电梯运维平台——VANTIQ 平台、地铁运营维护服务平台、铁路运营优化平台等。

设施设备维护服务平台可以通过数据的采集与分析，实现对设施设备的智能监控、维护保养等功能，如建筑业数据分析预测平台——Uptake 平台利用传感器采集前端设备的各项数据，利用预测性分析技术以及机器学习技术提供设备预测性诊断、设施管理、能效优化建议等管理解决方案，帮助客户改善生产力、可靠性以及安全性。具体来看，通过在平台层提供相应的机器学习引擎，改善算法以快速实现数据分析，从而实现快速应用编译和部署，并形成最终解决方案。以某铁路工程为例，该铁路公司每月将车机进行故障送修，这种被动维修模式所需时间长，给铁路公司带来了巨大的损失。在此情况下，可通过对车机系统配备全面的传感器以确定车机的健康状况，从而优化维护计划。在这一过程中，平台使用自然语言处理（Natural Language Processing，NLP）来自动解决数据质量问题，从而让铁路公司在车机发生较大故障之前，通过小型维修计划来积极预防故障。与手动制定维护方案相比，人工智能方案处理的数据量增长了75%，清理、纠正和分析数据所需的时间大幅减少，计划外的停机间隔增长了34%，能够帮助企业每年节省4700万美金；又如上海仪电利用VANTIQ平台构建了智能电梯监控系统，实现了上海25万余部电梯的智能监控。通过智能电梯监控平台，不仅降低了40%的保险成本，还减少了50%的电梯停机时间，并将安全覆盖率提高至90%，同时可以接受来自不同电梯制造商的多种格式的实时数据。

基于数据的采集与分析，除了实现对设施设备的监控与维护，设施设备维护服务平台还可以对设施设备进行管理与评估，如在地铁运营维护服务平台中，运营团队可对地铁中众多的机电设备进行定期维护保养和实时维修管理，建立设备维护与养护提醒体系。通过对设备名称、设备编号、设备类型、所属区域、所属系统、保养周期、提前提醒时间、保养事项及备注事项等进行记录存档，及时提醒维护人员定期完成设备维护与养护，从而实现对设备的周期维护与养护管理；又如Konux开发的铁路运营优化平台，帮助铁路公司管理海量的数字资产，评估铁路运营情况，并随时分析铁路运营大数据，以大幅降低铁路运营的人力和管理成本。此外，Konux还提供基于数据的工程咨询服务，通过采集分析外部环境数据、经验数据及具体项目的相关数据，为工程建设项目前期规划、设计、决策以及工程项目实施、运营的全生命周期提供工程咨询服务。

展望

随着信息技术和工业互联网等技术的迅速发展，建筑产业互联网逐渐兴起，并受到企业的广泛应用和推广。目前，各类建筑产业互联网平台正逐步走向市场实践阶段。然而，在其发展和推广过程中，仍然存在诸多值得探讨和改进的问题。

基于建筑产业互联网的体系架构，本章提出由"平台体系、实施体系与能力体系"三大维度组成的建筑产业互联网体系架构，该体系架构可以从多视角、多方面指导企业创新与技术探索，为建筑产业互联网发展提供一定的理论支持。实际上，建筑产业涵盖多个不同领域，虽然它们都服务于建筑产业的整体发展，但在细节方面存在差异，例如服务对象、服务场景等。因此，不同行业的企业在实践过程中应根据自身需求和特点，对体系架构进行深入改进并赋予平台更多能力，以更好地满足业务需求。

随着建筑产业互联网的发展，越来越多的传统建筑企业搭建起企业内部、企业之间以及企业与用户之间资源动态协同和按需优化配置的互联网平台，迅速准确了解客户需求、实现沟通与协同，改变信息收集和处理的成本和效率。同时，随着建筑市场的持续变化，竞争日趋激烈，迫使更多企业选择平台化战略向基于互联网平台的生态型企业转变，企业间的竞争也转变为企业生态之间的竞争。企业资产和能力的互补性构成了这种生态圈，大型企业利用自身资源优势构建生态圈，中小型企业根据产业趋势和自身发展需求融入不同的生态圈中，寻求自身的良性发展，所有企业充分发挥自身优势、找到各自定位。以产业互联网平台为核心的资源所有者和互补者群体所形成的生态联系比传统供应链、精益建造等主导的合作关系更为稳定，平台吸引互补企业连接到生态中，对互补企业的技术、组织和战略赋能，促进互补企业的组织绩效和组织变革。随着互补企业的加入，互补企业将自身的技术和资源注入平台，实现互补企业与平台的协同共生和共同演化。在这种建造合作伙伴关系转向全过程参与、长期合作关系的价值网络运作背景下，市场竞争从单一企业竞争演变为产业链生态竞争。建筑产业链需要更紧密的协同合作，充分统筹协调不同企业资产和能力才能应对客户越来越强烈的服务需求，在服务建造的产业竞争中获得优势。建筑产业中的企业由竞争转向价值共创。通过生态赋能，在建筑产业生态中的所有企业都能够发挥各自的核心优势，协同合作、利益共享、风险共担。当平台应用到一定阶段，平台内大量数据和计算机技术的应用可以实现辅助决策等功能，实现数据赋能和技术赋能。当平台应用成熟后，丰富的数据驱动的应用和技术赋能的应用将使现有的生态模式发生改变，比如产生数据服务企业。建筑产业互联网与建筑领域的深度融合会产生建筑产业新模式。

本章小结

　　建筑产业互联网是工业互联网在建筑这一垂直行业的延伸。首先，本章探讨建筑产业互联网的起源和内涵，从工业互联网的概念出发，对比分析德国、美国、日本、中国四个国家的发展战略，详细阐述中国的工业互联网体系架构，深入探讨人机交互应用技术、标识解析技术、安全防护技术等工业互联网的关键技术，提出建筑产业互联网的定义、内涵和分类，进而从平台体系、实施体系与能力体系三个维度构建建筑产业互联网体系架构。在建筑产业互联网中，平台作为信息资源积聚和共享的有效载体，其治理成为关键问题。然后，本章介绍了建筑产业互联网平台治理的概念及平台治理的多元主体，并深入阐述平台治理的主要内容和机制。最后，本章介绍了建筑产业互联网平台在建筑产业工人管理、集采与供应链管理和新型服务管理等方面的应用，展示平台的实际价值和潜力。

　　目前，虽然建筑产业互联网已得到应用，但距离实现全要素、全过程、全产业链的互联互通以及经营管理与生产管理的深度协同优化尚有较大差距。未来应深入研究建筑产业互联网的基础建设、生态建设和平台治理等核心领域，如建立相关标准规范以夯实建筑产业互联网基础，激发多方主体协同合作以构建建筑产业互联网良好的生态环境，制定行业规范以解决建筑产业互联网治理问题。

思考题

　　1. 请谈谈你对建筑产业互联网的理解。

　　2. 试分析建筑产业互联网产生的背景。

　　3. 结合你对工程项目的了解，谈谈行业内存在什么样的痛点，可以采用哪一类型的建筑产业互联网来缓解这些痛点？

　　4. 简述建筑产业互联网平台治理主体及其作用。

【动手作业】请使用 Python 编程语言和 Web 框架（如 Flask、Django 等），开发一个简单的建筑产业互联网平台原型，包括所开发的建筑产业互联网平台市场调研、功能设计、用户界面设计和基本的原型开发等。

本章参考文献

[1] 余晓晖，刘默，蒋昕昊，等 . 工业互联网体系架构 2.0[J/OL]. 计算机集成制造系统，2019，25(12)：2983-2996.

[2] 工业互联网产业联盟 . 工业互联网体系架构 2.0[R/OL]. 2020.

[3] Eisenmann T，Parker G，Alstyne M W V. Strategies for two-sided markets[J]. Harvard Business Review，2006，84(10)：92-101+149.

[4] Evans D S. Governing bad behavior by users of multi-sided platforms[J]. Social Science Electronic Publishing，2012，41(11)：2119-2137.

[5] Janssen M，Estevez E. Lean government and platform-based governance-doing more with less[J]. Government Information Quarterly，2013，30(1)：S1-S8.

[6] Parker G，Alstyne M V. Innovation，openness，and platform control[J]. Management Science，2018，64(7)：3015-3032.

[7] 尹晓娟 . 互联网时代网络交易平台治理研究[J]. 商业经济研究，2020，(23)：88-92.

[8] 北京大学课题组 . 平台驱动的数字政府：能力、转型与现代化[J]. 电子政务，2020(7)：2-30.

[9] 李韬，冯贺霞 . 数字治理的多维视角、科学内涵与基本要素[J]. 南京大学学报（哲学·人文科学·社会科学），2022，59(1)：70-79+157-158.

[10] 中国信息通讯研究院 . 数据治理研究报告[R]. 2020.

[11] 张劲楠，宋刚 . 建筑工程市场准入制度研究[J]. 学术探索，2017(8)：102-107.

[12] 占济舟，张格伟 . 区块链供应链金融模式创新与保障机制研究[J]. 供应链管理，2023，4(4)：32-40.